■ 高等师范院校教材

XIANDAI JICHU XIEZUO XUE

现代基础写作学

主 编 ◎ 梁中杰　　副主编 ◎ 梁　冀　陈正平

四川大学出版社

责任编辑:梁　平
责任校对:邱　俊
封面设计:璞信文化
责任印制:王　炜

图书在版编目(CIP)数据

现代基础写作学／梁中杰主编．—成都：四川大学出版社，2015.7（2023.8重印）
ISBN 978-7-5614-8844-7

Ⅰ.①现… Ⅱ.①梁… Ⅲ.①汉语-写作-高等师范院校-教材 Ⅳ.①H15

中国版本图书馆 CIP 数据核字（2015）第 181452 号

书名	现代基础写作学
主　编	梁中杰
出　版	四川大学出版社
地　址	成都市一环路南一段24号（610065）
发　行	四川大学出版社
书　号	ISBN 978-7-5614-8844-7
印　刷	四川五洲彩印有限责任公司
成品尺寸	170 mm×230 mm
印　张	25.25
字　数	464 千字
版　次	2015年8月第1版
印　次	2023年8月第4次印刷
定　价	56.00元

◆读者邮购本书，请与本社发行科联系。
电话:(028)85408408/(028)85401670/
(028)85408023　邮政编码:610065

◆本社图书如有印装质量问题，请寄回出版社调换。

◆网址:http://press.scu.edu.cn

版权所有◆侵权必究

再版前言

《现代基础写作学》原是列入四川省教育厅21世纪高等师范院校教材建设规划的一部高等院校文科类教材，2002年由四川大学出版社出版发行，至今已达十余年。

写作能力是当今社会各个领域广泛注重的一个问题，尤其是在信息化发展时期，对于社会普遍需求的应用型人才所必须具备的能力而言，它显得更为重要。写作学不同于一般知识性学科，它不是以理解和掌握一定的理论知识为主要目的的。学习写作学的目的，是以其理论知识为指导，辅以切实的实践练习，从而培养较强的写作能力，提高写作水平，写出合格的文章，应用于社会各个方面，以切合社会对一切人才培养的终端要求。基于这样的目的，本教材在当初编写的过程中，即把注重基础性、体现现代性、强化创新性、加强实践性作为撰写全书的指导思想，将全部重点放在理论与实践结合、教与学结合、学与用结合上，尽力做到在理论上准确、简明、实用，在实践上具体、可行、有效。同时，亦基于对任何文章写作的过程都是一个作为写作主体即写作者如何发挥能动因素的过程的认识，本教材除了用较大篇幅谈写作思维之外，亦将写作思辨能力作为各种心理因素中居于中心地位的因素融贯各个章节。本教材还增加了以计算机和计算机网络为核心的写作手段现代化内容，以适应信息时代对写作的挑战。

本教材自出版发行以来，被各类院校写作类课程教学采用，得到各方好评，已重印12次。但十余年来，社会经济、文化发生了很大变化，教育制度的变革尤为显著。为适应新时代的要求，此次再版，对部分章节的内容作了局部修订，同时，为了在基础性的教学要求上便于教师的教学和学生的学习，在修订中保持了原书一册上下编两大类的体例和全部内容，未增加篇幅。

编　者

二〇一五年七月二十日

目 录

上编　写作基本理论

第一章　写作材料的内化 …………………………………………（ 3 ）
　第一节　写作材料概述 ………………………………………（ 3 ）
　　一、写作材料的界定 ………………………………………（ 3 ）
　　二、写作材料的类型 ………………………………………（ 4 ）
　　三、写作材料的积累 ………………………………………（ 4 ）
　　四、写作材料的使用 ………………………………………（ 5 ）
　第二节　观察与生活 …………………………………………（ 9 ）
　　一、观察与生活的界定 ……………………………………（ 9 ）
　　二、观察与生活的关系及作用 ……………………………（12）
　　三、观察的要求 ……………………………………………（14）
　　四、观察的方法 ……………………………………………（14）
　第三节　阅读与体会 …………………………………………（18）
　　一、阅读与体会的界定 ……………………………………（18）
　　二、阅读与体会的关系及作用 ……………………………（20）
　　三、阅读的要求 ……………………………………………（23）
　　四、阅读的方法 ……………………………………………（23）
　第四节　感受与情感 …………………………………………（25）
　　一、感受与情感的界定 ……………………………………（25）
　　二、感受与情感的关系及作用 ……………………………（27）

三、感受的要求………………………………………………（29）
　　四、感受的方法………………………………………………（32）
　范文点评…………………………………………………………（34）
　实践练习…………………………………………………………（38）
第二章　写作思维的深化……………………………………………（39）
　第一节　写作思维概述…………………………………………（39）
　　一、写作思维的界定…………………………………………（39）
　　二、写作思维的作用…………………………………………（40）
　　三、写作思维的类型…………………………………………（42）
　第二节　写作思维的运用………………………………………（47）
　　一、抽象思维在写作中的运用………………………………（47）
　　二、形象思维在写作中的运用………………………………（51）
　第三节　写作构思的基本要求…………………………………（54）
　　一、确立主旨…………………………………………………（55）
　　二、规划结构…………………………………………………（57）
　第四节　创造性思维的运用……………………………………（63）
　　一、创造性思维的界定………………………………………（63）
　　二、创造性思维的作用………………………………………（64）
　　三、创造性思维的类型………………………………………（65）
　　四、创造性思维的培养………………………………………（66）
　范文点评…………………………………………………………（69）
　实践练习…………………………………………………………（72）
第三章　写作语言的外化……………………………………………（73）
　第一节　写作语言概述…………………………………………（73）
　　一、写作语言的界定…………………………………………（73）
　　二、写作语言的作用…………………………………………（74）
　　三、写作语言的符号…………………………………………（75）
　第二节　写作语言的运用………………………………………（76）
　　一、写作语言的基本要求……………………………………（76）
　　二、写作语言的创新…………………………………………（83）
　　三、写作语言的类型…………………………………………（86）
　　四、写作语言的风格…………………………………………（88）

第三节　写作语言的培养……………………………………（ 90 ）
　　　一、在生活中积累……………………………………………（ 90 ）
　　　二、在阅读中感悟……………………………………………（ 91 ）
　　　三、在写作中锤炼……………………………………………（ 93 ）
　　　范文点评………………………………………………………（ 94 ）
　　　实践练习………………………………………………………（102）
第四章　写作方式的优化…………………………………………（103）
　　第一节　叙述…………………………………………………（103）
　　　一、叙述的界定………………………………………………（103）
　　　二、叙述的作用………………………………………………（104）
　　　三、叙述的类型………………………………………………（105）
　　第二节　描写…………………………………………………（107）
　　　一、描写的界定………………………………………………（107）
　　　二、描写的作用………………………………………………（108）
　　　三、描写的类型………………………………………………（111）
　　第三节　说明…………………………………………………（113）
　　　一、说明的界定………………………………………………（113）
　　　二、说明的作用………………………………………………（113）
　　　三、说明的类型………………………………………………（115）
　　第四节　议论…………………………………………………（117）
　　　一、议论的界定………………………………………………（117）
　　　二、议论的作用………………………………………………（119）
　　　三、议论的类型………………………………………………（121）
　　第五节　抒情…………………………………………………（122）
　　　一、抒情的界定………………………………………………（122）
　　　二、抒情的作用………………………………………………（123）
　　　三、抒情的类型………………………………………………（125）
　　　范文点评………………………………………………………（127）
　　　实践练习………………………………………………………（131）
第五章　写作成果的美化…………………………………………（132）
　　第一节　文面规范……………………………………………（132）
　　　一、文面的含义………………………………………………（132）

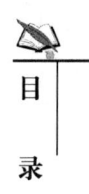

二、文面的作用……………………………………………………(133)

　　三、文面的要求……………………………………………………(133)

 第二节　文章修改的含义和作用……………………………………(143)

　　一、修改的含义……………………………………………………(143)

　　二、修改的作用……………………………………………………(143)

 第三节　文章修改的内容和方法……………………………………(145)

　　一、修改的内容……………………………………………………(145)

　　二、修改的方法……………………………………………………(146)

　　三、常用修改符号…………………………………………………(147)

　　实践练习……………………………………………………………(147)

第六章　写作手段的现代化……………………………………………(150)

 第一节　写作手段现代化概述………………………………………(150)

　　一、写作手段、写作工具与写作环境的界定……………………(150)

　　二、写作手段现代化的界定………………………………………(152)

　　三、传统写作手段…………………………………………………(153)

　　四、现代化写作手段………………………………………………(156)

　　五、电子文章与电子作品…………………………………………(161)

 第二节　现代化写作手段的实践……………………………………(163)

　　一、现代化写作环境………………………………………………(163)

　　二、材料工作………………………………………………………(167)

　　三、起草工作………………………………………………………(170)

　　四、修改工作………………………………………………………(173)

　　五、定稿工作………………………………………………………(173)

　　实践练习……………………………………………………………(174)

下编　文体基本理论

第七章　诗歌……………………………………………………………(177)

 第一节　诗歌的界定…………………………………………………(177)

 第二节　诗歌的分类…………………………………………………(178)

　　一、按内容和性质划分……………………………………………(178)

　　二、按体裁形式划分………………………………………………(178)

第三节 诗歌的特征……………………………………………(180)
    一、强烈的抒情性………………………………………(180)
    二、丰富的想象性………………………………………(181)
    三、悦耳的音乐性………………………………………(182)
    四、排列的形式美………………………………………(183)
  第四节 诗歌的写作……………………………………………(184)
    一、精心构思……………………………………………(184)
    二、创造意境……………………………………………(186)
    三、推敲语言……………………………………………(187)
    四、表现手法……………………………………………(188)
    范文点评…………………………………………………(190)
    实践练习…………………………………………………(194)

第八章 散文……………………………………………………(196)
  第一节 散文的界定……………………………………………(196)
  第二节 散文的分类……………………………………………(198)
    一、按照表现功能划分…………………………………(198)
    二、按照表现内容划分…………………………………(199)
    三、按照艺术风格划分…………………………………(200)
  第三节 散文的特征……………………………………………(201)
    一、行文洒脱与自由……………………………………(201)
    二、取材基本真实………………………………………(203)
    三、独特个性特征………………………………………(204)
  第四节 散文的写作……………………………………………(206)
    一、散文的叙事…………………………………………(206)
    二、散文的写人…………………………………………(208)
    三、散文的咏物…………………………………………(210)
    范文点评…………………………………………………(214)
    实践练习…………………………………………………(215)

第九章 小说……………………………………………………(216)
  第一节 小说的界定……………………………………………(216)
    一、小说与小说观念……………………………………(216)
    二、从历史发展看小说艺术及其实质…………………(217)

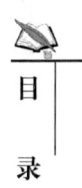

第二节　小说的分类……………………………………………………(218)
第三节　小说艺术的基本审美特征……………………………………(218)
　一、鲜明的人物形象…………………………………………………(219)
　二、生动的故事情节…………………………………………………(222)
　三、具体的生活环境…………………………………………………(223)
第四节　短篇小说的写作………………………………………………(224)
　一、选择自己熟悉的生活题材………………………………………(225)
　二、精心设计小说的故事情节………………………………………(225)
　三、努力刻画鲜明的人物形象………………………………………(227)
范文点评…………………………………………………………………(229)
实践练习…………………………………………………………………(235)

第十章　杂文……………………………………………………………(236)

第一节　杂文的界定……………………………………………………(236)
第二节　杂文的分类……………………………………………………(237)
第三节　杂文的特点……………………………………………………(238)
　一、形象说理，杂而有味……………………………………………(238)
　二、感应敏锐，内容博杂……………………………………………(240)
　三、体式多样，笔法灵活……………………………………………(241)
第四节　杂文的写作……………………………………………………(242)
　一、大处着眼，小处落笔……………………………………………(242)
　二、以实论虚，虚实结合……………………………………………(243)
　三、讲究手法，涉笔成趣……………………………………………(244)
范文点评…………………………………………………………………(246)
实践练习…………………………………………………………………(249)

第十一章　报告文学……………………………………………………(251)

第一节　报告文学的界定………………………………………………(251)
第二节　报告文学的分类………………………………………………(253)
　一、写人为主的报告文学和写事为主的报告文学…………………(253)
　二、歌颂性和批评性报告文学………………………………………(254)
　三、长篇、中篇、短篇报告文学……………………………………(254)
　四、全景式报告文学和单视角报告文学……………………………(254)
第三节　报告文学的特征………………………………………………(255)

一、新闻性…………………………………………………（255）
　　二、文学性…………………………………………………（256）
　　三、政论性…………………………………………………（257）
　第四节　报告文学的写作………………………………………（258）
　　一、选择典型题材…………………………………………（258）
　　二、深入采访调查…………………………………………（260）
　　三、合理安排结构…………………………………………（260）
　　四、注重人物刻画…………………………………………（261）
　　五、发挥议论特色…………………………………………（261）
　　六、体现社会责任感………………………………………（261）
　　范文点评……………………………………………………（262）
　　实践练习……………………………………………………（266）

第十二章　新闻报道……………………………………………（267）
　第一节　新闻概述………………………………………………（267）
　　一、新闻的界定……………………………………………（267）
　　二、新闻的作用……………………………………………（267）
　　三、新闻的分类……………………………………………（268）
　　四、新闻的特征……………………………………………（269）
　第二节　消息……………………………………………………（271）
　　一、消息的界定……………………………………………（271）
　　二、消息的分类……………………………………………（272）
　　三、消息的写作……………………………………………（273）
　第三节　通讯……………………………………………………（278）
　　一、通讯的界定……………………………………………（278）
　　二、通讯的特征……………………………………………（279）
　　三、通讯的分类……………………………………………（279）
　　四、通讯的结构形态………………………………………（279）
　　五、通讯的写作……………………………………………（280）
　　范文点评……………………………………………………（285）
　　实践练习……………………………………………………（286）

第十三章　公务文书……………………………………………（288）
　第一节　公务文书概述…………………………………………（288）

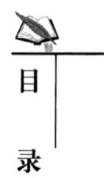

一、公务文书的界定……………………………………………（288）
　　二、公务文书的分类……………………………………………（288）
　　三、公务文书的特征……………………………………………（290）
　　四、公务文书的规范……………………………………………（291）
　　五、公务文书的格式……………………………………………（292）
　第二节　知照性公文…………………………………………………（296）
　　一、公告…………………………………………………………（296）
　　二、通告…………………………………………………………（296）
　　三、通知…………………………………………………………（297）
　　四、通报…………………………………………………………（299）
　　五、函……………………………………………………………（299）
　第三节　报请性公文…………………………………………………（300）
　　一、报告…………………………………………………………（300）
　　二、请示…………………………………………………………（301）
　　范文点评…………………………………………………………（302）
　　实践练习…………………………………………………………（305）

第十四章　事务文书………………………………………………………（307）
　第一节　事务文书概述………………………………………………（307）
　　一、事务文书的界定……………………………………………（307）
　　二、事务文书的分类……………………………………………（307）
　　三、事务文书的特征……………………………………………（308）
　第二节　计划和总结…………………………………………………（308）
　　一、计划的写作…………………………………………………（308）
　　二、总结的写作…………………………………………………（310）
　第三节　简报和规章制度……………………………………………（312）
　　一、简报的写作…………………………………………………（312）
　　二、规章制度的写作……………………………………………（317）
　第四节　调研报告……………………………………………………（320）
　　一、调研报告的界定……………………………………………（320）
　　二、调研报告的分类……………………………………………（320）
　　三、调研报告的特征……………………………………………（321）
　　四、调研报告的写作……………………………………………（321）

范文点评……………………………………………………(324)
　　实践练习……………………………………………………(326)
第十五章　日常应用文书……………………………………(327)
　第一节　专用书信…………………………………………(327)
　　一、自荐信与推荐信………………………………………(327)
　　二、感谢信…………………………………………………(329)
　　三、慰问信…………………………………………………(329)
　　四、申请书…………………………………………………(330)
　第二节　告启文书…………………………………………(330)
　　一、启事……………………………………………………(331)
　　二、海报……………………………………………………(332)
　第三节　礼仪文书…………………………………………(333)
　　一、贺辞与请柬……………………………………………(333)
　　二、讣告与悼词……………………………………………(334)
　　三、对联……………………………………………………(335)
　第四节　演说文书…………………………………………(339)
　　一、演讲稿…………………………………………………(340)
　　二、解说词…………………………………………………(345)
　　范文点评……………………………………………………(349)
　　实践练习……………………………………………………(354)
第十六章　经济文书…………………………………………(356)
　第一节　经济文书概述……………………………………(356)
　　一、经济文书的界定………………………………………(356)
　　二、经济文书的分类………………………………………(356)
　　三、经济文书的特征………………………………………(358)
　第二节　商业广告…………………………………………(359)
　　一、商业广告的界定………………………………………(359)
　　二、商业广告的写作………………………………………(360)
　第三节　商品说明书………………………………………(363)
　　一、商品说明书的界定……………………………………(363)
　　二、商品说明书的写作……………………………………(363)
　第四节　经济合同…………………………………………(364)

一、经济合同的界定……………………………………………（364）
　　二、经济合同的写作……………………………………………（365）
　　范文点评……………………………………………………………（366）
　　实践练习……………………………………………………………（368）
第十七章　文学评论…………………………………………………（369）
　第一节　文学评论的界定…………………………………………（369）
　第二节　文学评论的分类…………………………………………（371）
　　一、根据评论对象划分…………………………………………（371）
　　二、根据现代批评模式划分……………………………………（373）
　第三节　文学评论的特征…………………………………………（376）
　　一、科学性………………………………………………………（376）
　　二、理论性………………………………………………………（377）
　　三、社会性………………………………………………………（377）
　　四、再创造性……………………………………………………（378）
　第四节　文学评论的写作…………………………………………（379）
　　一、阅读是写作好文学评论的基础……………………………（379）
　　二、准确选定论题………………………………………………（381）
　　三、对论文文本进行缜密的构思………………………………（381）
　　四、文学评论文本成型的处理…………………………………（382）
　范文点评……………………………………………………………（384）
　实践练习……………………………………………………………（386）
后　　记………………………………………………………………（387）

上编
写作基本理论

第一章　写作材料的内化

积累写作材料的阶段即是写作活动的初始阶段。这种积累，绝不是纯客观的实录，而必须经过主观"内化"，即必须经过写作主体思想情感的过滤、沉淀，由客体存在升华为主体内识，并由感性认识上升到理性认识，只有这样的材料，才能成其为真正的"写作材料"。观察生活和阅读书籍、文章为写作活动提供了直接的或间接的材料，感受和体会就是观察和阅读的目的和结果。

第一节　写作材料概述

一、写作材料的界定

写作材料是指构成文章内容并在文章中表现主题的一系列事实或理念。这里所说的事实，是指客观存在的一切有形、有态、有声、有色的事物和现象，它们具有形象性、具体性；理念，多指人们的思想、观念和情感体验等，它们具有抽象性、概括性。

写作材料是形成文章的要素，它不仅是写作者已经采撷到的客观的东西，而且是已经作用于写作者意识的东西。它经过写作者由感性认识到理性认识的"内化"处理，是富有感知性的产物。这里的"写作材料"，是狭义的概念。

广义的写作材料概念还包括素材。素材是指写作者从社会生活中采撷到的、尚未经过加工处理的原始材料。

材料与题材、资料也有所区别。题材所反映的是某一方面的社会生活、社会现象。资料是指文章中所使用的文字依据、图表、影视胶片等等。

素材与题材的概念，一般只在艺术作品创作，特别是在文学创作范畴内使用；资料的概念一般只在实用文体写作中使用。

二、写作材料的类型

写作材料的类型，一般是从材料的性质形态上来划分的，可分为两大类。

（一）事实性材料

事实性材料是指客观存在的社会生活现象，或书籍、文章中提供的具体情况，包括人物、事件、数据、图表等。它适合各类文体写作。

（二）观念性材料

观念性材料是指经典著作、文件、重要理论文章中的理念性内容，它们具有科学性和权威性；还有一部分是指人们日常生活中流传的格言、警句、谚语等，它们具有经验性和公理性。

另外，还可从获得材料的途径来划分，将写作材料分为直接材料和间接材料。

三、写作材料的积累

任何文章的构成都不是虚无缥缈的遐想，它必须建立在写作者拥有丰富的写作材料的基础之上。俄国作家果戈理说："我从来没有以简单的复写来描绘人物。我创造人物形象是根据综合，而不是根据想象。我的综合包括的事物越多，我的创作就越真实。"（[苏]季莫非也夫《文学原理》）这就告诉我们，只有材料积累得多，写作者的写作构想才能发挥得好。材料的丰富与否，不仅直接影响到文章的内容是否充实、生动，而且影响到主题的开掘、结构的安排等等，甚至与写作契机的触发也不无关系。因此，尽可能充分地占有材料，是写作得以顺利进行的前提。

生活与书籍是写作材料的来源。从古到今，优秀的写作者总是从生活和书籍中不断地吸取滋养，在深入的观察、体验、感受、顿悟中获得可供写作的材料。所以，积累写作材料一般从两个方面入手：第一，多观察；第二，多读书。具体地说，可以有两类方法。

（一）生活速写

从人物、事件、地点、时间、原因、结果几个方面，粗线条地记下生活中发生的具有写作价值的事；或以简洁的文字记下一个人具有特征性的外貌、语言、行为动作等，力求从中表现出人物思想性格的一个方面；或做景象素描，勾勒某种景物、某个场面、某种环境的具体特征（也可不写得那么实在、具体，只记下"片断印象"——能浓缩某种景象氛围的写意式描写）。

（二）读书纪要

摘抄书中典型性的词、句、段等文笔精华；或转述书中有意义的观点、议论或故事、寓言；或做提要缩写，记下文章内容的要点及主题、风格、情节；还可记下对文章的分析、评价、感想等内容。

四、写作材料的使用

当写作者占有丰富的材料之后，随即就要面对使用材料的问题。使用材料涉及两个方面的问题：其一是如何选择材料，其二是如何辨析材料。选择材料是就文章对材料的一般要求而言，是对材料的鉴别、取舍，以准确判断材料的有效价值；辨析材料是就材料本身的功用而言，是对材料的安排、处理，以充分发挥材料的特定作用。这两个方面的问题，可归结到原则、要义上来说。

（一）选择材料的原则

1. 切题

这是指要选择最能表现主题的材料。无论写什么文章，都不能不考虑主题和材料的关系，都不能离开主题的支配去任意地、片面地选择材料。选择材料的主要目的是为了用最精当的材料，将主题表现得更加充分、突出、深刻，使材料更好地为主题服务。因此，选择材料的首要原则就是紧紧围绕主题，选择那些最能表现主题的材料。凡是与主题有密切关系的，能说明、烘托主题的材料，就选用；反之，就必须坚决舍弃。

2. 新颖

这是指要选择新鲜活泼、生动有趣的材料。新鲜活泼，是就材料的时效性而言；生动有趣，是就材料的表现力而言。一篇文章，若选用的材料是陈旧的、僵滞的，或者是呆板的、乏味的，文章便必然会显得没有鲜活性、生命感、缺少灵气和意趣。这样的文章，即使主题很正确，也难以打动读者。因此，选择新颖的材料，对于增添文章的"惊异性"审美效果，增强文章思想情感内蕴的表现力，借以吸引读者、感染读者，具有十分重要的意义。

具体地说，所谓新颖的材料，即是别人所未见、未闻、未使用过的材料，可分为两个方面。一方面是指社会生活中的新事物、新动态、新风尚、新面貌等，或是科学研究与实验中的新发现、新创造、新发明、新成果等，这类材料之新，是事实上的新；另一方面是指人们对宇宙自然、人生社会的新观念、新思想、新感受、新体验等，这类材料之新，是理念上的新。

无论是事实上的新材料还是理念上的新材料，都需要写作者站在时代精神的高度，把握跳动着的现实生活的脉搏，更新审视时代和生活的眼光，这样，才能真正地意识到并发现什么样的材料才是新材料，从而加以选择。

3. 典型

这是指要选择能够深刻地揭示事物本质、具有广泛代表性和强大说服力的材料。典型材料是个性与共性的统一，是特殊性和普遍性的统一。它是具体的、个别的，富有鲜明的个性特征，但它又能体现某一类材料的本质属性，具有普遍意义。选择典型材料，目的是通过个别反映一般，通过个性反映共性，这不仅是文学、艺术，也是所有文章写作反映现实生活和客观事物时应共同遵守的规律。凡是典型的材料，无论大小都具有写作价值。它可能是一个典型人物，一个典型故事，一个典型场面，也可能是一个典型细节，一个典型例证，一个典型数据。材料愈是典型，就愈富于表现力，用到文章中，就能起到以一当十、以小见大的作用，使文章精粹有力，主题深刻、突出，达到"窥一斑而知全豹"的效果，给读者留下深刻的印象。

4. 真实

这是指要选择确切可靠，符合客观实际情况的材料。文章的生命在于真实。这种真实性，很大程度上体现在文章内容方面，而材料正是构成文章内容的要素，因此，文章选取的材料真实与否，关系十分重大。所谓真实，包含两层意思：其一，它不是虚假的、编造的，而是现实生活中曾经出现过，或正在出现与即将出现的事实；其二，它不是偶然的、个别的，而是反映了客观事物一定本质的现象。第一种真实性是比较好把握的，比如记人，姓氏籍贯、面目特征、脾气秉性、言语动作等，要描述准确；叙事，时间、地点、人物、事件、原因、结果等要交代清楚；引文，作者、书（篇）名、出处，要摘引无误，这些都是容易做到的。需要强调的是对第二种真实性的理解，也就是说，只有第一种真实是不全面的。比如，有人高考未被录取，羞愧交加，以致精神失常，想寻短见，但你能据此得出高考制度不好，应予取消的结论吗？显然是不行的。所以，全面地衡量材料的真实性，对于如何选择真实的材料具有很重要的意义。

(二) 辨析材料的要义

1. 辨析材料的叙写详略程度

材料的使用不能平均用力。首先要从主题表达、接受对象等方面考虑材料的主次配置、详略疏密。一般说来，重要的材料宜详，次要的材料宜略；具体的材料宜详，概括的材料宜略；新材料宜详，旧材料宜略；人所难言者宜详，人所易知者宜略。古人所谓"久则论略，近则论详；略则举大，详则举小"（荀子语），"人弃我取，人取我与"（司马迁语）等说法，也就是这些意思。总之，使用材料要尽可能做到详略得当、疏密有致，这样才有利于表现主题，也才能使文章具有一种繁简适度、浓淡相宜的美感，从而更好地切合读者的接受心理。

2. 辨析材料的文体适应性

材料与文体之间，存在着一个适应与不适应的关系问题。一般说来，抽象性的、概括性的材料适用于实用性文章中偏重议论的文体；形象性的、具体性的材料适用于文学作品各类文体，也适用于应用性文章中偏重叙述的文体。但在实际的写作活动中，情况就要复杂一些。因为文章毕竟是一种构制复杂的物质实体，无论是表现形式还是内容涵纳，都不可能是纯粹的、单一的，因此，各类材料和各类文体交叉互用，突破一般性适应关系的现象也是存在的。同时，有的材料，其类别属性本身就比较模糊，要单从材料的性质上来判断它适合于哪一种文体，也是比较困难的；而且，写作者在处理材料时，也常常难免不受制于自身的文体表现特长和思维方式。所以，对于同一材料的处理结果往往会大相径庭。比如英国哲学家贝纳德·罗素在他的散文名篇《东西方幸福观》中，就使用了不少有关欧洲人和中国老子、孔子的人生观、道德观以及他们的行为等材料。这些观念和行为本来是融合在一起的，很难区分它们是抽象、概括的还是形象、具体的，而贝纳德·罗素正是使用这些材料写出了那篇富含哲理的议论散文。然而，我们也完全可以使用这些材料写成一篇关于"东西方幸福观"的议论文。这说明，在写作过程中，对于某一些具体材料，究竟用于哪种文体最好，还需从写作客体与写作主体两方面同时加以考虑，进行认真辨析，才能充分展示材料的写作价值。

3. 辨析材料的使用角度

同样的材料，在不同写作者的笔下，往往有不同的效用：所表现的情调不尽相同，所显示的力度不尽相同，所展现的魅力不尽相同。反之，好材料被写得很平淡，甚至写糟了的例子也是有的。这自然关系到如何使写入文章的材料处处紧扣主题，如何将所转述的事情、引证的道理说得生动有趣、情"深"义"重"等使用材料的能力问题。要做到这一点也是不容易的。撇开其他的修养、功夫不谈，单就如何把握材料不同的表现意义来说，它涉及一个如何选取使用角度的问题。所谓使用角度，即以一定的观念、认识或情感体验，去辨识、分析已进入写作者心理的写作材料。同样的材料，由于写作者在辨析它时，所选取的角度不同，它所表现出来的意义也会有所不同，比如《她记不得我，我记得她》（见本章范文）这篇散文，主要使用了两个材料：其一，"我"当年的初中老师，语文课讲得极好，她一生教过许多聪明的孩子，"我"便是其中最聪明的那一个；其二，不少孩子都吃过她煮的饭，我又是其中最饿、最馋的那一个，曾经一次吃掉了她的一小锅粥。这样的材料，其实是很平常的故事，几乎每一个当过学生的人都会遇到，如果仅仅是写表扬信似地直接使用它们，文章将会显得平淡无味。但作者在使用它们时，选取了一个很好的角度："我"去看望老师时，她老了，记不得"我"了，于是，"我"便讲了那两个小故事，想要唤醒她沉睡的记忆。这样一来，本来平常的材料便表现出了感人至深的力量。文章的最后还写道："她依然记不得我。"这就表现出了一个比赞颂一般的奉献精神还深刻的主题：老师的天职就是教好学生，并不需要报答，甚至不需要特意地记住她（他）的学生，以此来得到某种精神上的慰藉。所以，在写作过程中，对于材料的使用，要尽可能选取最佳角度，开掘思想情韵，调配笔墨色彩，或直接，或间接，让材料的表现意义最大限度地得到发挥，从而变平淡为生动，化陈旧为新奇。选取材料的最佳使用角度，一般要找准一个巧妙的思想情感"凝聚点"（比如上例中的"她记不得我"），所有材料的表现力都要"凝聚"在这一点上。

第二节 观察与生活

一、观察与生活的界定

（一）观察

观察一般指在事物的自然状态下为一定目的进行的有计划的知觉过程。它是人们认识事物的开始，是对自然现象、社会现象或人本身进行考察、了解的一种方法，常同积极的思维相结合。

写作活动中的观察不同于普通的观察。普通的观察是人类的一种普遍性行为，而写作活动中的观察是具有特殊意义的知觉活动。它是写作行为过程中的一个组成部分，是写作者对客观事物独到、准确的认识和理解，渗透了写作者大量的主观能动性。

自然、社会和人生都是写作者观察的对象。它们包含了客观世界的一切——自然环境中的山川河流、花草树木、鸟兽虫鱼、风声云色等等，社会环境中的城镇乡村、风俗人情、伟大变革、寻常生活等等。同时，写作者自身的主观世界也是观察的对象。大量创作实践证明，一个优秀写作者的视觉意识，不仅能对外部世界进行特殊观照，而且也能对内心世界进行深切审视，这是西方构造心理学派所揭示的人的一种重要心理活动。

写作者的观察具有三个方面的基本特征。

1. 主观能动性

不论是观察客观世界还是观察自我，观察中都无不渗透着观察者的知觉判断、思维联想和情感、意志等智能因素和非智能因素。正是由于这些主观因素能动地参与，观察才能愉快地、较长时间地进行，从而得到深刻、细微的观察结果，给写作提供积极有用的材料。苏东坡眼中的苇絮"似花还似非花，也无人惜从教坠"，杨花则"困憨娇眼，欲开还闭"；而李清照看海棠是"绿肥红瘦"，看菊花则觉得"人比黄花瘦"，等等。这些远非常态的物象之美，也正是由于诗人的主观能动性在观察过程中起了决定性的作用。

2. 感知综合性

写作活动中的观察，常常不只是视觉器官在发生作用，而且还调动了人的多种感官参与其中。视觉器官是人的高级感官，如果单从信息的获得量来看，视觉是主要的，因为根据视觉生理学的研究，一个平常人从外界获得的信息有90％左右来自于视觉。但是，正因为视觉器官是高级感官，它直接与人的心理发生联系，而人的各种感官又是一个极敏感的感知系统，因此，在观察的时候，人的其他感官的感知作用也会被积极地调动起来。达·芬奇说过："被称为灵魂之窗的眼睛，乃是心灵的要道，心灵依靠它才得以最广泛最宏伟地考察大自然的无穷作品。耳朵则居次位，它依靠收听肉眼目击的事物才获得自己的身价。"（《达·芬奇论绘画》）当代作家王蒙在谈短篇小说创作时也曾说："你看到了雨丝，这是一种视觉形象。这雨丝可能是细细的，因为是场春雨，不是夏天那种倾盆大雨；也可能你感觉到了一种凉意，有时候，你还会闻到由于下雨泥土潮湿的气息，甚至下雨以后树叶和花的颜色、气味，都会发生变化。下雨的时候，还包括阴天所给你的视觉感觉，这种阴沉天空的感觉，也许在某些人身上引起的是一种快乐……所以说，下雨这么一件很普通的事情，它是与你的视觉、嗅觉、听觉和你的许许多多的一系列复杂的感觉都分不开的。"（《王蒙谈短篇小说》）可见，在观察过程中，人的多种感知觉以及思维活动、情感活动等都在综合性地发生着作用。

3. 目的二重性

所谓目的二重性，就是说，对于直接性与非直接性的写作行为而言，观察相应地具有明确的目的性和非明确的目的性。在写作活动中，一般说来，由于写作行为的需要，观察是有目的性的。在这样的过程中，因为写作行为正在直接进行，为了获取写作所需要的信息和认识、体验，就需围绕着"写什么"的问题对既定的客观事物进行观察，包括对观察对象的宏观全貌、细枝末节和有关时间顺序、空间顺序等方面的把握。比如对风景名胜的观察常常就是这样，写作者大都带着要写好"此山此水"的目的，他们往往会根据自己的知识、情趣或人生体验，对眼前景物的某些特征进行比较定向、集中地观察，从而产生出有意义的结果。这种观察，我们把它叫作"有意观察"。它表现出的目的性特征是直接的，也是十分明确的。

然而，这只是问题的一个方面，问题的另一个方面，也是很重要的一个方面，即观察的目的性是间接的，或者说是非明确性的。康·巴乌斯托夫斯基说："永远不要有这种念头，以为这丛山梨树或这个白发苍苍的乐队的鼓手，以后写短篇小说的时候或许会有用，因此必须特意地甚至有几分矫揉造作地去观察他们。"（康·巴乌斯托夫斯基《金蔷薇》）这也就是说，"写短篇小说"的观察其实是应该摒弃那种明确的目的性的。实际情况也正是这样，无数优秀的作家，融入他们作品的观察材料，大都是在这种状态的观察中得到的。我们把这种观察叫作"无意观察"。当然，从根本的意义上来说，即从一切观察最终都是写作活动的"准备"这一意义上来说，这种"无意观察"也是有写作目的性的，只是它的确不十分明确，而是抛开了具体的写作意图，通过生活的"无意积累"，最终表现出来，所以它的观察目的也是间接的。

一般说来，"有意观察"适合于实用性文章写作，"无意观察"适合于文学作品写作。

（二）生活

对于"生活"这个字眼，我们是太熟悉不过了，但我们有时又觉得它既"熟悉"，又"陌生"。这对于生活中的我们是这样，对于写作者也是这样。因此，在研究写作活动的时候，有意识地谈一谈它，应该是十分必要的。

所谓生活，也叫社会生活，广义而言，是指人们为生存发展而进行各种活动的行为现象的总和。狭义地说，是指人们衣、食、住、行等方面的情形、境况。它具有以下三个最基本的特征。

1. 平常性

世界上的绝大多数人在绝大多数时候的生活都是平常的，即是说，生活具有平凡的、经常性的特征。因为我们每一个人都要为生存发展而进行各种活动，这些活动，从根本意义上来讲，几乎没有多少令人惊异的区别，而且，几乎每一天我们都要进行这些活动。我们必须首先正视生活的这种属性，然后才有可能从它本身的意义中发现它的伟大，因为正是千百万个这种"平常"成就了人类的伟大。

2. 复杂性

生活是十分复杂的。构成这种复杂形态的内容主要有几个方面：其一，是人们生存发展活动的多样性——人们为生存发展所进行的各种活动，虽然没有根本意义上的区别，但他们为认识、适应、改造、利用各自所处的自然环境和社会环境而做出的具体努力，却是千差万别、多种多样的；其二，是人们存在状态的社会性——人的存在是社会性的，因为人们要生存发展，就必须结成一定的社会关系,分工合作,互相依靠,而随着人类文明的不断推演,这种社会化的程度越来越高,人们之间的社会关系变得更加纵横交融,广泛细密;其三,是人们精神理念的个别性——人是以物质个体而存在的,都具有一般性的物质和精神的追求欲望,但因为每个人所处的自然环境、社会环境、生存状况以及受教育的程度等等不尽相同,因此,人们的精神理念也就相应地有所不同,甚至有很大差异。这些个别性反映到人们的行为上来,便显得形形色色、扑朔迷离,演化成许许多多或威武雄壮,或悲欢离合的古今故事,如此等等。这就使我们的生活愈来愈显示出它的复杂性。这种复杂性不仅突现了生活的基本属性,也意味着生活本身就是丰富多彩、千姿百态的。

3. 创造性

从本质意义上说,生活就是创造。人类的文明史,也就是人类的生活史。从茹毛饮血的远古到应用电子技术的现代,人们生活着,也在生活中不断地有所发现,有所发明。生活本身也就被赋予了意义——创造人类文明。每一个人的生活都是一份创造,或是直接的,或是间接的;每一份创造都体现着人们为人类文明所做出的贡献,或是物质的,或是精神的。没有创造,就没有生活;没有创造的生活,是没有意义的生活。所以,我们说,生活是平常的,但又是伟大的,就是对于生活的这种创造性而言。

二、观察与生活的关系及作用

(一) 观察发现生活

大千世界,时时刻刻都在发生着生活的故事。对于写作,从观察的角度来说,生活是无处不在、无时不在的行为客体。观察与生活,是一种行为与对象的关系。一般来说,作为客体存在的现实生活,不能直接作为可供写作的材料,只有通过观察去"发现"生活,才能采撷到可用之材。观察是从"珍贵的尘土"中筛取"金的微粒"的活动,意味着调动一切有关思想、情感、知识、人格、意志、个性等智能因素和非智能因素,能动地去发现蕴藏于生活中的真、善、美。没有作用于观察的生活,即没有被"发现"的生活,好比"杨家有女初长成,养在深闺人未识",其本身并不能显示出存在价值。"发现生活",是认识其价值所在的关键,是观察与生活之间的价值关系的体现。我们已经说过,观察与生活的关系是一种行为与对象的关系,但仅仅这样从对应关系的角度去认识二者之间的关系是不够的,更重要的是认识到这种行为与对象之间应有的价值关系，并且真正地去"发现生活"，体现出观察的作用。这是就直接观察（或叫"有意观察"）与生活的关系而言的。

（二）观察就是生活

我们已经认识到，对于有意识的观察活动，其行为与对象之间价值关系的体现是"发现生活"。这里所说的"生活"，一般是指写作者未曾参与过的生活。在这种观察与生活的对应关系中，强调的是观察，是观察的直接意识性。但是，我们紧接着就要谈到问题的另一个方面，即"无意识"观察的问题。

优秀的写作者，绝不仅仅是有意识的观察者，康·巴乌斯托夫斯基说："作家只是生活着，假如可以这样说的话，只是在这种材料中生活着，痛苦着，思索着，快乐着，参与大大小小的事件。自然，生活的每一天都在他们的记忆里，心上留下自己的标志和痕迹。"（《金蔷薇》）很明显，他强调的是生活，是参与生活，只要参与生活，自然就会获得许许多多动人的生活素材，而不必刻意地去进行一般意义上的观察。这就是说，要成为一个优秀的写作者，最重要的就是"参与生活"，参与了生活，就有了"自己的生活"，只要有了自己的生活，虽然在生活的过程中并没有具体的写作行为，没有直接意义上的观察，但到了有一天，当他拿起笔来写的时候，就会发现他已经用自己的心灵之眼对生活进行了许许多多的观察。这种"观察"，实际就是对自己所参与的生活的"体验"。没有这样的体验，没有对那些已经进入自己生活范围之内的"大大小小的事件"的熟悉和了解，生活也就失去了价值。可见，"参与生活"，体现了观察与生活之间的另一种更为重要的价值关系。因此，对于"无意识"的观察活动（即间接观察），就观察与生活的关系而言，我们可以这样说：观察就是生活，或者说，生活就是观察。在这里，生活已不再是独立于观察者之外的行为客体，观察与生活之间的对应关系，已经变成了一种互为意义的关系。

（三）观察为写作提供直接材料

我们已经知道，对于写作材料，如果从获取的途径来分，可分为直接材料和间接材料。所谓"直接"与"间接"，其中应该还有一个重要的含义，就是能否直接用作文章的主要思想内容。已经是写作成品的文章内容，是不能再直接作为另一篇文章的主要思想内容的，因为那已经是别人的东西，是别人对生活的体验，对世界的发现，写作者只能间接地去使用。但"生活"却可以直接作为主要思想内容而写进文章。生活是那样的丰富多彩，我们观察生活，对生活有所发现，有所体验，就会采撷到别人尚未见、未闻、未用的精金，将它铸造成自己的"金蔷薇"。生活是写作材料的重要来源。观察生活，便可以从这个取之不尽、用之不竭的源泉中，为写作直接提供最宝贵的材料。

三、观察的要求

（一）热爱生活

一个优秀的写作者，一定是一个热爱生活的人，他会随时张开心灵的眼睛去观察生活，看到生活的美；否则，即使世界上鲜花盛开，他也是视而不见。柳青说："一个对人冷漠无情和对社会漠不关心的人，无论他怎样善于观察人，也不可能成为真正的作家。"热爱是一种才华。热爱，才能产生强烈的感情和兴趣，去关心、体察一切人和事，也才能出现"人生际遇"，使你确有收获。

（二）培养敏锐的观察能力

所谓观察能力，即善于全面、正确、深入地认识事物特点的能力。这种特点，应该是此事物所有而他事物所没有的。写作需要这种能力。一个写作者，他的生活也许是平常的，但他需要从平常的生活中发现不平常的东西，这必须从思维能力、情感素质和思想修养、知识水平等多方面去加以培养。

（三）养成良好的观察习惯

契诃夫说："作家务必把自己锻炼成一个目光敏锐、永不罢休的观察家！……要把自己锻炼到让观察成为习惯，仿佛变成第二天性了。"（《西方古典作家读文艺创作》）成功的观察常常来自于这种习惯。怎样养成这种习惯呢？老舍认为应该坚持写观察日记。他说："要天天记，养成一种习惯。刮一阵风，你记下来；下一阵雨，你也记下来。因为不知道哪一天，你的作品里需要描写一阵风或一阵雨，你如果没有这种积累，就写不丰富。习惯养成之后，虽不记，也能抓住要点了。这样，日积月累，你肚子里的东西就多了起来。"（《写作格言轶事集锦》）

四、观察的方法

如果以观察时的目的和心态为标准，可以把观察分为科学观察和艺术观察。

（一）科学观察

科学观察着力于把握人对周围世界的科学认识关系和功利实践关系，以认识自然界和社会的规律为主要目的。因为科学观察取得的材料主要来自客体，所以，进行科学观察时观察者的心态应该是客观冷静的。科学观察一般适用于理论写作和应用写作。

科学观察有以下四种具体方法。

1. 视点观察

观察主体处于一定的位置，选取一定的角度进行观察。这样，位置有远近高下，角度有俯仰正反，观察的结果就有疏密、粗细、虚实之别。

这类观察可分为静视点观察和动视点观察两种。静视点观察是指观察者进行观察时，视点不移动；动视点观察是指观察者进行观察时，视点随着观察的需要而变动。

2. 分解观察

观察主体在意念上将整体性事物分解开来，一部分一部分地进行观察。观察时可作空间分解，也可作种类分解或部位分解，但都要使观察归向整体性特征。这样，才能获得既具体细致，又统一完整的感知印象。

3. 比较观察

对观察对象的形象、性质、状况、情态等方面进行比较，在比较中鉴别相互特征异同的观察。它可分为纵向比较和横向比较。纵向比较是对观察对象自身在不同阶段的反映、表现的比较；横向比较是对不同观察对象在同一时期或同一环境中的比较。

4. 跟踪观察

对观察对象进行反复的、经常的观察。所谓跟踪，并不是说观察主体对观察对象要形影不离，而只是强调这种观察要有一定的连续性。对于某些事物，如果仅仅做一次短暂的观察，是不足以认识、了解的，就需要进行跟踪观察。

上述这些观察，都需要对观察所得进行必要的储存。最有效的储存是做书面记录。此外，也可通过大脑有意识地识记。

这些观察方法，对于各类文体写作，一般都能适用。

（二）艺术观察

艺术观察着力于把握人对周围世界的审美关系，以发现、体察自然现象和社会现象美的价值为目的。艺术观察所撷取的材料有两个特点：第一，具象化，即着重撷取形象性材料，因为美总是具体的；第二，观察者的生理感觉和情感体验也是撷取的对象，因为艺术观察取得的材料既来自客体，又来自主体。由于这些缘故，进行艺术观察时，必然要更多地涉及观察者自身的情感活动。艺术观察主要适用于文学写作。

一般地说，可从如何观察人、事、景、物几个方面，对艺术观察做一定的划分。

1. 摄取别人的身体和灵魂

对于人物，观察主体的终极目的是观察人物的内心世界，但人物的内心世界除了人物自己以外，任何其他人是不能成为观察者的。那么，怎样达到这种目的呢？巴尔扎克说："当我观察一个人的时候，我能够使自己处于他的地位，过着他们的生活……听着这些人谈话，我就能体会他们的生活，仿佛自己身上就穿着他们那破旧不堪的衣服，脚上就穿着他们那双满是窟窿的鞋子；他们的欲望，他们的需求这一切都深入我的心灵，我的心灵和他们的心灵已经融而为一了。"（巴尔扎克《法齐诺·加奈》的前言）这就告诉我们，在观察人物的时候，观察主体唯一的办法就是通过观察自己的内心活动去推知人物的内心活动，要善于"设身处地"，将自己的身体和灵魂都置于别人的境地。这实际上是一种对生活的自我体验，也就是我们所说的"自我观察"。如果一个写作者的内心世界是丰富的、深刻的，并且具有这种自我观察的意识和习惯，那么，他从内部推知外部世界的观察能力就会比较强。能否"摄取别人的身体和灵魂"，是一个写作者有没有观察才气的表现。

2. 用心灵的眼睛看世界

生活中常常有这样的情况：平时看到的一些事情，并没有想到要记住，却反而牢牢地记住了，并且，回忆起来的时候，还总是激动不已。这也就是我们所说的无意观察。无意观察是一种"有情观察"，无意而有情，所以，那些曾经激动过心灵的往事，便成了永远的记忆。这种记忆对于文学写作，往往是十分珍贵的，因为它保存着经久不褪的个性、情感深色。要得到这样的收获，首先就要像我们前面已说过的那样，以饱满的热情投入生活。无意观察也并不是没有进行观察。张洁说："人和人是不同的。每个人的瞳仁，实际上是长在自己的心灵上。他们只能看见各自心灵所给予他们的那个界限之内的东西。"（张洁《方舟》）张洁的话，最好地解释了我们所说的无意观察。我们所说的"无意"，是对于有无直接的写作目的而言的。其实，在无意观察中，观察主体对那些曾经历过的事情，一定是有过深刻的观察体验的，只不过，他看见的不是既定目的指向的东西，而是与自己的个性、情感融和成一体的东西，他的所见，是心灵之眼的所见。这就是说，对于生活，观察主体不必带有明确的写作目的，只需真正地投入到生活中去，动情于生活，在深切的体验中，自然就会发现许多具有写作价值的生活事件。从这个意义上讲，无意观察的最佳心理状态应该是界于有意和无意之间的，具有无目的的合目的性。这样，使意识与无意识互相渗透，由于个性与情感的不可遏制的驱动，生活就会给他留下"心上的刻痕"。

3. 移情于景，留取印象

正如康·巴乌斯托夫斯基说过的一样，对于景物，也大可不必一定要带着描写它的目的去进行刻意的观察，观察主体只需对它留驻热情的目光就足够了。古人所谓"登山则情满于山，观海则意溢于海"（刘勰《文心雕龙·神思》），"岁有其物，物有其容；情以物迁，辞以情发"（刘勰《文心雕龙·物色》），也就是这个意思。观察景物，自然也需要饱含情感的眼光，并且，其情其感，应随着景物的变化而改变，这样，移情于景，就会留下可供今后写作的动人的观察记忆。但要留下这样的观察记忆，最重要的是观察主体是否获得了自己独特的"印象"。这种"印象"，并不一定合乎观察对象的客观形象特征，而是投映到观察者心灵中的"情化的自然"，带着强烈的个性和情感色彩。比如你仰望蓝天，觉得"那是一片神性的、明亮的蔚蓝，这种颜色，我们人类是无法调配出来的"，这就是观察景物所要求的"印象"。获得了这样的印象之后，还要做的就是康·巴乌斯托斯基所说的那样，将这种印象所引起的感情和思想状态以及其他有关的一切，在没有用到以前，都很妥善地保藏在这个感觉里，"当我在写某一篇小说时，再回到这种感觉中来，那么这一切立刻就会浮现在我们的记忆之中而落到纸上去"（康·巴乌斯托夫斯基《金蔷薇》）。

4. 以心察物，纵横联想

对于更微小的事物，在观察时，也不可像照相似的一一摄取其表象特征，纯客观地观察，而要有纵横感。即是说，要尽可能地将被观察物置于深广的时间和空间的背景之下，与历史的或是现实的有关情况联系起来，与自然环境或是社会环境联系起来，与人们丰富复杂的生活联系起来。比如，法国的布丰在《琥珀》一文中写到琥珀的成因时，就展开了异常深广的联想，他仿佛看见了大自然千万年来沧海桑田的巨大变化，看见了古老的松树林中，美丽的苍蝇与蜘蛛那一对小生命的致命遭遇，还看见了千万年后留在大海边沙滩上的"爷爷"和"孙子"的足迹。这时,"此物已是非物",他眼底的"琥珀"已不再是非生命的东西,而是"活"了起来,是"活的现实"。这样,他便获得了非凡的观察结果。这种充满情感的纵横联想,正是我们在文学写作中,观察"物"的时候切实需要的。

第三节　阅读与体会

一、阅读与体会的界定

(一) 阅读

阅读是通过了解文章、书籍等人类精神的载体所传达的内容,以获取知识信息为主要目的的智力活动。

人类认识自然与社会,进行写作活动,一是少不了生活实践,二是少不了书本知识。前者可以获得亲身感受,后者可以借鉴他人的经验。一个人的生活经验总是有限的,这对人的认识活动和写作活动都是一种不足。要弥补这种不足,就需要读书。读书可以从千百年积累起来的他人的经验中获得两方面的知识:实际生活知识与思想理论知识。实际生活知识可以拓展我们的生活空间,思想理论知识可以让我们看到真理与精神的闪光,从而也照亮我们自己的精神世界。因此,阅读是人们为生存发展而不断吸取力量的手段。

阅读也是一种能力,是人们生活、工作和学习不可缺少的一种能力。通过阅读,可以诱发、锻炼和增强思维、记忆、理解、想象、表达、创造等智能与非智能方面的心理机制。

阅读能力包括认读能力(对文字或图像的感知能力)、理解能力(通过想象与联想、分析与综合、归纳与概括、判断与推论等思维活动,了解文章、书籍内容的本质含义的能力)、评价能力(对阅读对象的思想内容、表现形式、风格特点等方面进行鉴别和评议的能力)、运用能力(对经过阅读、理解、评价而储存起来的各种知识,根据需要而灵活提取使用的能力)。

当今人类所处的时代,是一个知识载量激增,科学迅猛发展,人际交流日趋频繁的时代,它要求人们更新阅读观念,改善阅读方法,不断提高阅读效率，具有越来越强的阅读能力。

阅读又是一种极富创造意义的心理活动。阅读的过程，实际上是一个双向流动的过程，是一个读者和作者用文字或图像进行对话，相互之间传递知识、交流思想情感的过程。在这个过程中，读者不断地受到启示，产生种种体会。这些体会，常常具有可贵的创造性。

阅读的"客体"主要是书籍、文章，但时至今日，书籍、文章的概念已被大大拓宽，它也包括各种电子书、网络信息等。

阅读所获取的知识是他人的知识。所谓"他人"，是指那些曾经为人类的生存发展做出过贡献的前人和我们周围那些对生活与世界有所发现者、有所发明者。从这个意义上讲，我们也就知道了阅读的范围，它应当是千百年来，人们对自然的、社会的或历史的、现实的一切见解的记载。这就是说，除了因为一定的目的而系统地阅读之外，我们还要尽可能地"博览"。这对于写作，特别是文学写作，非常必要。阅读的内容要越多越杂才好。清人万斯同说："必尽读天下之书，尽通古今之事，然后可以放笔为文。苟其不然，则胸中不能无碍，胸中不能无碍，则笔下安能有神。"（《与钱汉臣书》）万斯同所言，一方面是强调读书的重要性，另一方面也就含有我们所说的"博览"之意。

（二）体会

体会是人们在社会生活中，人的大脑受人们的社会活动或信息的刺激，由于知识、观念与思维、情感等智能因素和非智能因素的能动作用而产生的体验、领悟等意念性心理活动。

每一个人都有自己的生活经历、个人际遇，都要接触大大小小的事，许许多多的人。这些世态人情、生活细故，作用于人的思想，就会产生各种各样的体会。一般说来，体会主要是对于人的精神意念而言，而且，它是比较理性的心理反应，与人的思维活动关系较大（它与感受有所区别）。但它同时也激活人的情感活动，从而强化对生活的认识和体验。

对于写作者，体会的概念已超出一般认识的范畴。它表现为写作者必须具备的一种品质和能力，因为它常常是写作者的思想、文化、艺术、人格等方面修养的反映，是写作者的认知、辨析、颖悟、创见等方面才能的体现。

这种品质和能力的意义内涵是"善疑，求真，创获"（梁启超《学人谈治学》）。对于写作中的阅读活动，"善疑"是重要的，因为不愤不启，不悱不发。阅读者应该处于愤悱状态，善于发疑，要在理解原文的基础上进行比较（同其他材料相比较）和联系（与客观实际相联系），发现其悖谬疏漏之处。有了疑问之后自然就要竭力去"求真"。如果把"真"——事实真相求到了，也就有了创见，有了收获。写作者一旦有了创见，先前所积累的材料和沉淀的理念便会如鸢在天，如蛟在渊，不管正面的、反面的，都一一鲜活起来，踊跃地为写作者所用。这一系列思维活动的过程，也就是体会的过程，思维活动的最终结果，就是体会的全部意义。

二、阅读与体会的关系及作用

（一）阅读产生体会

阅读与体会是一种行为与结果的关系。没有对书籍、文章的有效阅读，就不会产生写作意义上的体会。对于写作，阅读具有直接的重要作用，而体会则表现了阅读的这种重要作用。具体地说，这些作用体现在以下六个方面。

1. 义理有所遵循

"为学之道，莫先于穷理；穷理之要，必在于读书。"（朱熹《观书有感》）要写出见解真切、感情健康、思想积极、催人进取的好文章，首先就要有正确的观念、高尚的人格。要做到这一点，除了认真投入社会生活实践之外，还要善于在阅读中悟义明理。多读书，可以晓世物，广胸襟，明事理，知道义。这样，出言立意就可以更高远，就能道人之所不能道，见人之所不能见。

2. 思路有所开拓

叶圣陶说："作者有思路，遵路识斯真。"（叶圣陶《语文教学二十韵》）叶老所说的"遵路"，就是辨明作者的思路，弄清作者思想发展的轨迹。凡阅读文章，如果我们都能这样自觉地去揣摩作者的思路，分析文章布局谋篇的特点，领悟作者独到的构思匠心，那么，对培养思维的条理性，加强逻辑的严密性，从而拓展写作思路，不断提高写作思维水平，无疑是大有裨益的。

3. 材料有所览察

现代作家邹韬奋，在大量阅读之后，就发现了一个"有趣的事实"：所看的书虽然不能全都背诵出来，而且好像和它分了手，彼此都忘却了，但是一旦拿起笔来写作的时候，"只要用得着任何文句和故事，它竟会突然出现在脑际，效驰于腕下"。他说，"我在当时暗中发现了这个事实，对于阅读格外感到兴奋，因为我知道不是白看的，知道这事实上的确有益于我的写的技术的"。这就是说，"书痴者文必工，艺痴者技必良"。潜心阅读，就好比在波涛澎湃的大海中畅游，在繁花似锦的春天里漫步。我们看见了大海，看见了春天，同时，我们会在不知不觉中就记住了那些激荡过自己的"浪花"，陶醉过自己的"幽香"——那些览察过的书籍、文章内容，就会在潜移默化之中，给我们留下许多生动的记忆。

4. 体式有所仿效

"夫述者相效，自古而然"，"若不仰范前哲，何以贻厥后来？"（刘知几《史通》）屈原"独依诗人之义，而作《离骚》"（王逸《楚辞章句序》）。刘勰也指出："盖《文心》之作也，本乎道，师乎圣，体乎经，酌乎纬，变乎骚，文之枢纽，亦之极矣。"前人所论，是说写作文章也得要有适当而优美的体式，才能使文章显得秾纤得衷，修短合度。而通过阅读，便可仿效前人的创造，取式于优秀的范例，读得多了，就能领会各类文章的体裁特点之所在，从而巧妙地加以应用。

5. 语言有所汲取

古人云："操千曲而后晓声，观千剑而后识器。"写作文章，驾驭语言，要有足够的词汇量，还要有一定的技巧和机智。这种语言功夫的培养，很大程度上来自阅读。古今中外的名篇佳作，闪烁着语言的智慧之光，是我们学习语言的典范。阅读，尤其是反复阅读那些语言大师的文章，熟读到乃至能背的程度，许多句、段烂熟于心，脱口能诵，我们就必定会有所体味，天长日久，就会汲取到深厚的语言之功。

6. 技巧有所借鉴

鲁迅曾引用魏列萨也夫的话说："应该这么写，必须从大作家们完成了的作品去领会。那么，不应该那么写这一面，恐怕最好是从同一作品的未定稿本去学习了。在这里，简直就像艺术家在对我们用实物教授，恰如地指着每一行，直接对我们说——你看——哪，这里应该删去，这要缩短，这要改写，因为不自然了，在这里，还得加些渲染，使形象更加显豁些。"（鲁迅《不应该那么写》）这里就说到了写作技巧的问题。可见，广泛地阅读，特别是读名家名篇，足可借鉴师承，悟化技巧。

综上所述，可以看出，通过阅读，种种文章精妙便会汇聚心中。这是阅读的作用，也是体会的表现之所在。所以，我们可以这样说：阅读与体会这种行为与结果的关系，也就是一种价值关系，阅读产生体会，体会本身就是价值。

（二）阅读重在体会

对于写作，阅读的意义绝不仅仅是产生一般的体会。阅读的意义在于创造，创造也就是体会的根本价值所在。阅读既然是获取他人的知识，那么，我们阅读的直接目的就只能是借鉴他人。没有这种借鉴是不行的，因为人类的历史总是在继承中向前发展，不能凭空飞跃。但后来者也不能只是停留在原来的台阶上，而必须更上一层楼。这就需要创造。

阅读中的创造，首先在于"从阅读中突围而出"，即不要一味地被文章、书籍的思想内容所同化、困囿，而应在阅读的同时有所思考，有所评判，冷静地衡量它的思想意义、美学价值及可信程度，从书籍、文章的阐述或描绘中跳出来，这也就是所谓要能够"化出"。但这还不是阅读的最终目的，因为阅读的最终目的"并不是为了写批评或介绍"（钱钟书《写在人生边上》）。这时，也是最重要的，就还要想一想是否能够有新的发现，是否能够将那些思考、评判与其他材料相组接，或是与自己的生活体验、理念积淀相融合，引发思想的火花，以此寻求到生活的真谛，从而最后实现真正的创造。古人云："文律运周，日新其业。变则可久，通则不乏。趋时必果，乘机无怯。望今制奇，参古定法。"（刘勰《文心雕龙·通变》）这就是说，文章的创作规律总是运转不停的，每天都要发展它的成就，善于变化才能持久，善于会通才不会贫乏。因此，我们在阅读时，就应适应时代的需要，大胆地抓住因阅读而激发的写作契机，看准当前的社会发展趋势，参酌他人的杰作，确立自己卓越的见解。这也就是所谓的"悟道"。

由阅读而"化出"，由"化出"而"悟道"，"望今制奇，参古定法"，这就是阅读的根本意义。"悟道"，也就是这种根本意义上的体会。所以我们说，阅读最重要的是在于有没有这种创造性的体会。没有体会的阅读是缺乏意义的，没有创造性体会的阅读更是没有价值的。

（三）阅读为写作提供间接材料

对于材料而言，除生活之外，书籍、文章是唯一的重要来源。阅读可为写作提供间接材料。通过阅读获取的材料，可以直接作为文章中佐证性的事实、论据，但不能直接替代文章所要确立的认识、观念，不能成为文章主要思想内容的翻版；否则，便是承袭他人。这个问题在前面已多处提到，这里不再赘述。

三、阅读的要求

有效的阅读需要具备较强的阅读能力。阅读能力主要由理解能力、想象能力、鉴赏能力等几方面的智能因素构成。

（一）理解能力

理解能力是指对文章进行分析、综合的能力。它是运用逻辑思维方式（判断与推理）去把握文章在形式、内容方面的内涵的一种素质表现。要达到理解文章的目的，就需对文章进行分析解剖与综合概括，以解析文章的表层意义和深层意义，并对文章的内容、主题、结构、语言、表现手段等要素进行全面、系统的解读，然后获得整体的认识，发现和总结其中带规律性的东西，将文章彻底读懂。

（二）鉴赏能力

鉴赏能力是指对文章的内容、形式、风格等方面的鉴别能力和欣赏能力。它的特点是在理解的基础上，从评判、审美的角度出发，对文章做出更准确、更深刻、更全面的批判。这就要求阅读者具有宽广的文化视野（包括文化知识范围、生活经验积累等方面）。同时，还需要具有较高的思想认识水平，以获得较高层次的认识效果，使认识更接近文章的本质。

（三）想象能力

想象能力是阅读过程中的一种极其珍贵的思维品质。阅读时，除了对文章的内容进行理解、评判之外，还需根据语词提供的阅读表象，通过想象将文字描述还原为生活形象，进而重新组合，创造出新的形象。这首先要求阅读者建立合理的知识结构，以使想象更加开阔、深远，富于创造性。其次，还要求具备良好的情感素质。因为丰富、健康的情感是展开美好想象的直接动力。

此外，较强的记忆能力也是构成阅读能力的重要因素，不可轻视。

四、阅读的方法

（一）精读、略读、浏览相结合

精读即按顺序一字不漏地对文章仔细认读，不仅要"字求其训，句索其旨"，透彻理解文章内容，而且阅读时要加强想象、分析、评价等思维活动，以体会其情景，判断其真伪优劣。

略读又称跳读，即视其内容重要与否，进行跳跃式的快速阅读。这种方法，对于那些说明观点的一般材料和具体过程，常常略去不看；对于那些表达见解和观点的重要之处，往往反复注视。在略读中，较少具体想象。它要求阅读者运用概括能力抓住文章的主旨与脉络，对文章思想内容进行判断与把握。

浏览即扫描式的快速阅读。较之于略读，它虽然不是跳跃性的而是连续性的，但没有精读那么仔细。它的感知方式是行云流水式的。感知兴趣在阅读中起着较大的作用。

以学习为唯一目的的专题性阅读宜采用精读法；以采集写作材料为目的的专题性阅读宜采用略读法，略读之后，还可以重新精读重要之处；日常性阅读多采用浏览法。

由于阅读目的、对象、场合的复杂性，各种阅读方法常常交叉运用，互为补充。阅读者在阅读时应善于把精读、略读、浏览几种方法结合起来。

（二）做好阅读笔记

无论是哪种方法的阅读，在阅读过程中，都要养成辑录的习惯，做好笔记。这是积累知识、收集材料，进行学习和写作的重要手段。它可以及时、有效地保存那些有价值而一时又难以记住的东西。阅读笔记包括辑录笔记和辑录卡片。

辑录笔记的内容包括原文摘抄和心得体会。辑录时可从"小""大""了"三个方面加以考虑。"小"，是说笔记本要小，以便于随身携带；"少"，是指辑录的文字要精简扼要，以利于有更多的时间思索并及时辑录；"了"，是说对阅读对象要有比较透彻的了解，以避免盲目摘抄。辑录笔记容量大，辑录内容较系统完整。

辑录卡片在阅读中起着记录、保存、分析、检索等作用，同时，在使用时便于查找。制作卡片要注意单一性，即每张卡片只记一条材料，而且要加上题目，说明这条材料属于哪一类问题，以便分类整理，形成系统。还应注意具体性，即辑录内容要具体，材料来源要明确，要注明作者、译者、书（篇）名、期刊号、页码、版本等。卡片种类有索引卡、摘录卡和问题卡等。卡片虽有便于查检、携带方便的长处，但它的缺点是容量小，辑录信息不多，所以最好是把它和辑录笔记结合起来使用。

第四节　感受与情感

一、感受与情感的界定

（一）感受

感受是指人的感官接受客观事物的刺激而引起的一种心理反应。它是通过感觉和知觉从生活中摄取信息，在与感情的同化中所表现出来的一种智能行为。

感受既是客观的，又是主观的。我们说感受是客观的，是说它不是凭空产生的，而是来自的的确确存在着的客观事物，是由客观事物的存在而引起的，是人在实践活动中对客观事物的直接反映。但它同时又是主观的，因为它总是产生于具体的人，并且同每个人的个性特征、情感素质、知识水平、思想观念等主观因素密切相关。我们很难设想，两个不同的人对于同一客观事物，会有完全同样的感受。

感受作为一种能力，可分为一般感受能力和特殊感受能力。对客观事物的常态与表象特征的感受能力叫一般感受能力。它是一般人都具有的。比如，每个人都可以从那些经济、文化尚不发达的大山区的生活环境中感受到苦和累，或者再进一步从中感受到愚昧与落后。但这只是生理上的直接感知或心理上的表层感知。这种只限于一般范畴内的感知，便是我们平常所说的"感受不深"。感受不深，便难以写出有深刻意义的文章。因此，要成为一个优秀的写作者，就还需具有特殊感受能力。对于客观事物的本质特征和普遍意义的感受能力叫特殊感受能力。比如，《老井》的作者，能从太行山区一个平常的村子里世世代代打井不止的历史中，看到老井村人所具有的那种悲壮的执著精神，也就是中华民族在过去的几千年里于苦难中不断奋斗的精神。这就表现了作者的特殊感受能力。因为他能透过客观事物的表面现象，看到其中所蕴藏的最具本质特征和普遍意义的思想、观念、道理、情感。这种特殊感受能力也叫艺术感受能力，它不是每一个人都具有的，而需要从多方面加以培养。

生活是感受的源泉，感受来自对生活的观察。对于生活与观察而言，观察是一种行为活动，生活是行为活动的对象，感受则是行为活动的目的和结果。观察是感受的基础，人们通过观察生活而获得感受，观察越广泛、越深入，感受就越丰富、越深刻。

感受不同于体会。体会是侧重于对社会生活中人们的精神意念方面所产生的心理反应，它反映出行为主体思维活动的过程，所获取的主要是理性认识；感受更多的则是对人的行为活动或对客观事物的物态特征的内心体验，它不仅表现出行为主体思维活动的过程，而且更强烈地体现了情感的积极参与，所获取的主要是感性认识。譬如，一位同学，大学毕业了，立志到边疆去从事教育工作，在师生们为他举行的欢送会上，惜别的话语，动人的场面，使他置身于一种强烈的情感氛围之中，深深感到师生情谊的厚重。这是感受，它表现了行为主体感性认识方面的情感活动。但如果他不仅仅是这样，而且还从师生们一般的话语中，甚至从他们的眼神中，领会到一种更深层次的意思——你既然勇敢地做出了人生选择，那么，只要你勇敢地走下去，就一定会无愧于自己的人生。这就是体会，它反映了行为主体理性认识方面的思维活动。由此，我们可以看出：第一，体会表现理性认识，重在思维活动，而感受反映感性认识，重在情感活动；第二，感受与体会既互相区别，又互相融和，感受中有体会，体会中也有感受；第三，体会是感受的进一步升华，是感受的主观性内涵方面的特殊表现。所以，我们也可以把体会视为感受的一种特殊表现形式。

（二）情感

情感是人接受外界刺激，对客观事物所持态度的心理反应。它是人所固有的无限微妙、复杂的本质属性的表现，是人类特有的一种心理现象。

情感的产生，与人的自然属性和社会属性有根本关系。

人对客观事物持有各种各样的态度，比如厌恶或喜好、憎恨或爱恋等等。为什么会有这些态度呢？这就在于人的需求。人有各种各样的需求，需求的就喜欢，不需求的就不喜欢，而这些需求又来自人的本质属性。人具有自然属性的一面，即具有与生俱来的生理欲望，如食欲、性欲。肚子饿了，面对一盘食物，便会有需要的欲望，想吃掉它，持积极的态度，与此同时，便产生一种与之相适应的心理反应——喜欢；反之，则厌恶。喜欢或厌恶，就是情感的表现。这就说明，人的自然属性是情感产生的一方面的原因。另一方面，人又具有社会属性的一面，人们要生存发展，就必须进行各种社会活动，那么，也就会因为生存发展的基本需求而对周围的一切，对世态人事表示这样或那样的态度，并由此而产生各种情感反应。比如，受人赞誉时感到轻松愉快，遭人诋毁时觉得沉重痛苦；感受美好的心灵，会生出爱慕之意，目睹丑恶的行径，会涌起憎恶之情，等等。这些都是人的社会属性的表现。所以，人的社会属性便是情感产生的另一方面的原因。

人的情感，具有一般性的一面，还具有特殊性的一面。

人在自然状态下产生的常态情感，是一般性情感，比如前述的种种情感表现，就是这种一般性情感。这是人所固有的情感，是由客观事物的常态表现和人本身的基本属性所决定的。

但人的情感反应有时会显得十分复杂而且深刻，与常态情感有很大差异。比如，"感时花溅泪，恨别鸟惊心"，这是诗人感叹国运时事的伟大爱国主义情感的动人体现。这种情感表现，便是大大异于常态的——娇花带露，啼鸟啭声，本是悦目赏怀，但诗人所感，却是看花花溅泪，闻鸟鸟惊心。在这里，心理反应发生了变异（也发生了升华）。同样，阿Q挨了假洋鬼子的打，不但不愤怒，反而释然得意起来，也就是这种心理反应发生变异的表现。阿Q因为知道假洋鬼子的厉害，挨了打却不敢还手，无可奈何；但又还知道"老子打儿子"是天经地义的，而"儿子打老子"却是大逆不道，不成体统，假洋鬼子就是"儿子"。于是，由于性格、道德观念、人生经验等因素的共同作用，他便表现出了异于常态的特殊的情感反应。这里，反映了人极为复杂而且深刻的主观体验。正是由于人的这种主观体验，才使人具有了自己特有的情感世界。

二、感受与情感的关系及作用

（一）感受出于情感

我们知道，感受作为心理机制方面的一种能力，它除了以感知为前提的基本素质外，还有一系列其他心理素质的参与。而所有心理素质中，情感又是一个极其重要的因素。感受实际上是感知觉与情感共同作用的产物。没有情感的参与，便无所谓感受。有情，才会有所感动。动之以情，才能感受于心。情感渗透于感受的始终，对感受的深浅强弱起着制约和决定作用。这就要求写作者要有丰富的情感，而且，这种情感还应该是高尚的、美好的。这样，当我们投身于生活之中的时候，生活才会给我们以馈赠，让我们感受非凡。这正如康·巴乌斯托夫斯基所说，如果"我们的作品是为了预祝大地的美丽，为幸福、欢乐、自由而战斗的号召，人类心胸的开阔以及理智的力量占胜黑暗，如同永世不没的太阳一般光辉灿烂"，那么，"每一个刹那，每一个偶然投来的字眼和流盼，每一个深邃的或者戏谑的思想，人类心灵的每一个细微的跳动，同样，还有白杨的飞絮，或映在静夜水塘中的一点星光——都是金粉的微粒"（《金蔷薇》）。

（二）感受沉淀情感

托尔斯泰说："艺术起源于一个人为了要把自己体验过的感情传达给别人，于是在自己心里重新唤起这种感情，并用某种外在的标志表达出来。"

托尔斯泰关于艺术的这一著名定义可以概括为：艺术，即情感的审美表现，它要经过三个阶段，即情感的沉淀—情感的复呈—情感的外化。在这三个阶段中，情感的沉淀是一切的基础。情感的沉淀，也就是情感的体验，沉淀过的情感，也就是"自己体验过的情感"。没有这样的基础，就没有情感的复呈（即"在自己心里重新唤起这种感情"），更谈不上情感的外化（即"用某种外在的标志表达出来"）。

对于写作，情感是需要"沉淀"的。因为艺术表现即情感表现，或者说，艺术即情感，那么，这样的情感就必须是具有审美价值的情感。怎样才能"产生"这种情感呢？这就在于感受，在于行为主体的情感体验。对外部世界的感受，实际上就是内心情感世界与外部世界的交融相荡。外部世界是庞杂而细微的，情感体验往往不能一次性完成。情感体验是一个情感活动的过程，在这个过程中，初次体验过的情感常常再次内现出来，每一次内现，就是一次新的体验，也即是一次新的感受。如此多次反复，对情感的认识和理解就会越来越清晰，越来越深刻。这样，某种情感便在"记忆的流水"中"沉淀"下来。沉淀下来的情感也即是一种永远的情感记忆。它已经淘去了浮泛与浅薄的认识和理解，当最后复呈出来的时候，一般都具有审美的价值。因为它是那样叫人感动，叫人永远难忘。在情感沉淀的过程中，感受的作用极为重要。吴伯箫的散文《歌声》，就谈到了感受的这种作用。他说无论他在什么时候听到那种曾感动过他的歌声，脑海里就会呈现最初听到那歌声时的情景，"环境、天气、人物、色彩，甚至连听歌时的感觉"，都会从"记忆的深处"汩汩涌出。这里，因为感受沉淀了情感而成为复呈情感记忆的诱因。

（三）感受是写作活动的发端

对于整个写作活动，感受是其发端。

首先，感受充满积累写作材料的各个活动过程。我们已经知道，生活观察和阅读体会是写作材料的两个重要来源，而感受对于观察与体会，又有着至为密切的关系。尤其是对于生活观察，感受作为观察的目的与结果，就是观察所要获得的情感记忆。所以，我们说，在写作活动的初始阶段，感受是获取写作信息，提供写作基础的必备条件。

其次，感受是引发写作冲动的重要因素。写作冲动是写作主体在各种因素作用下产生的一种不可遏制的欲望。这种欲望促使写作主体实施写作行为。我们知道，由于感觉、知觉和情感等多种因素的共同参与，感受的心理机制是比较复杂的。常常有这种情况，即客观外物作用于感觉和知觉时，同时也触动了沉淀于心中的那种亟待喷涌而出的情感体验，于是，这种体验与感觉和知觉不期而遇，写作冲动便产生了。罗曼·罗兰产生《约翰·克利斯朵夫》的写作冲动就是这样。他在24岁那年登上罗马的霞尼古勒山，怦然心动，一霎时，仿佛瞥见克利斯朵夫这个人从地平线上"站立着涌现出来"（罗大冈《罗曼·罗兰在创作〈约翰·克利斯朵夫〉时期的思想情况》）。舒婷的诗《船》的创作也是如此。1972年，她从插队的山区调回厦门鼓浪屿。在这以后的三年里，她待业在家。她深深感到了理想与现实之间的似乎不可逾越的障碍。这种感受在她胸中悄无声息地涌动着。在一个落日的黄昏，她徘徊海边，看到一条船，搁浅在礁岸上，因此而产生了写作冲动。也就是说，当海边那样一幅景象作用于她的感知觉时，她胸中长期沉积的感受变得更为强烈、更为清晰，一时间涌流而出，于是，无法抑制的写作冲动便爆发了，《船》便诞生了。

三、感受的要求

（一）敏锐

丁玲说过："在生活中，即使是在极平凡的生活中，作家一定要看见旁人能见到的东西，还要看见旁人看不见的东西。"（《写作格言轶事集锦》）这就是说，一个优秀的写作者，要具有对生活的敏锐的感受力，即要"见人所未见"。就心理因素而言，敏锐的感受力主要来自丰富的情感，因为一切心理因素中，情感是驱动心灵感知世界的最积极的动因。从可能性来说，生活有多宽广，艺术就应该有多宽广，但是生活必须与情感发生火一样的关系，才能升华为艺术，而在情感世界以外的生活就难进入艺术的境界。因而，从现实性来说，在艺术中得到表现的仅仅是作家的心灵为之激动的那一部分。这也就是说，作家的感情世界有多宽广，他的艺术世界才有多宽广。多情，才会敏感。一个写作者，如果不愿在彩色绚烂的生活面前熟视无睹，就要丰富自己的情感，增强对生活的吸收力，即是说，要有一颗感情层次和品类都绝不单调的心。有了这样的心灵，才会在平凡的生活中有精彩的发现，而不至于把生活表现得枯燥无味，才会对内部或外部的情感世界以非凡的洞悉，而不至于浅薄平庸。

（二）独特

对于文章写作，尤其是文学写作，感受必须具有独特性，即唯自己所有而他人所没有的属性。托尔斯泰说："艺术感染力的大小决定于下列三个条件：（1）所传达的感情有多大的独特性；（2）这种感情的传达有多么清晰；（3）艺术家的真挚程度如何。换言之，艺术家自己体验他所传达的感情的深度如何。"（《西方文论选》下卷）在托尔斯泰看来，情感的独特性对艺术感染力的大小起着决定性的作用。那么，对于体验情感世界的感受行为而言，就必须具有自身的独特性。感受的独特性实际上是一种高度个性化的体现。所谓"个性化"，就是寻找"我"，寻找生活特征与自我情感特征的统一。高尔基在1912年给史坦尼斯拉夫的信中说："摆在人面前的任务是找自己，找到自己对生活，对人，对既定事实的主观态度，把这种态度体现在自己的形式中，自己的字句中。"优秀的写作者正是这样，他善于提炼自己个人的主观印象，从中找出具有普遍意义的客观的东西。这也就是说，他在观察生活的时候，善于发现自我感知世界中那些高质量的与众不同的成分，并且将它与某种生活特征融和起来，这样，客观生活便被他打上自己个性的烙印而显示出独特的风采。这时，我们便可以说，他的观察所得——对客观生活的情感体验（即感受），具有了独特性。要在生活中获得自己的独特感受是困难的，关键就在于寻找生活特征与自我情感特征的统一。只有这种统一，才能显示出艺术的魅力。鲁迅《社戏》中所描写的乡村的社戏，含着豆麦蕴藻之香的夜气，航船、渔火以及乡村孩子们从田里偷吃罗汉豆的情形，竟比大城市的一切都要好得多；还有朱自清《荷塘月色》中所抒写的那种"独处的妙处"，等等，都自由而流畅地表现了这种统一。

（三）深刻

感受，虽然以一时的感兴的形式出现，但真正有写作价值的感受，并非完全只是生动的情感，它同时渗透着明澈的理智。感觉到的不一定理解，理解了的才能更好地感受。一个优秀写作者对于生活的独特感受，是建立在他对全部生活的独特理解的基础上的。没有这个基础，只凭着情感的涌动，感受很可能是肤浅的。因此，感受还必须具有相当的深刻性。深刻的感受应该是从人类生存发展这个根本意义中激发出来的，即使是灵魂深处的奥秘的显现，也应该饱含着深厚的历史内容和人生体验。在它变幻的逻辑中要蕴含着对人生真谛的领悟,但它不是以理智形态出现的,而是情与理的融和。比如,张承志在他的散文《天道立秋》中写道:"那低低的唤声正阴柔地浸漫而来,一瞬之间,不可思索,永远汗流浃背的身体干了。我吃惊地四顾,发现行人们——北京人们都在彼此顾盼。……立秋……中国简练的总结呵。那个时刻里我突然懂得了古典的意味。……立秋二字,区别凉热,指示规律,它年复一年地告诉我们这些愚蠢的后人——天道有序,一切都在更大的掌握之中。"这篇散文主要是对"立秋"时复杂的感受的描述。从这些引用的文字中,我们已经可以看出作者对人与宇宙的深邃思考,还有对先辈认识自然的伟大智慧的崇敬之情。深刻的感受就是前面已说到的艺术的感受,这种深刻就在于生动的情感和明澈的理智的深度交融。它不像一般感受那样肤浅和芜杂,也不像理性意念那样呆板和抽象,它以感受的形式直接显示事物的本质,对事物特征的把握有一种更高更全面的准确性,让人想起生活中更多的事情,提高着人们对生活的思辨能力。

(四) 明晰

所谓明晰,即写作者要具有阐明感受的能力。因为感受是一种内在的心理体验,一般都带有模糊性、不确定性,只有使它变得明了、清晰,才能进入具有实际操作意义的写作活动阶段。这种阐明感受的能力,就是一种准确地概括和描述感受的能力。歌德在《说不尽的莎士比亚》一文中说:"一个人能达到的最高境地,是认识他自己,这可以启导他,使他对别人的心灵也有深刻的认识……我们说莎士比亚是最伟大的诗人之一,同时我们也承认,不容易找到一个跟他一样感受着世界的人,不容易找到一个说出他内心的感受,并且比他更高度地引导读者意识到世界的人。"歌德说得很清楚,一个写作者的最高境界,是认识自己,认识自己的思想情感世界。对于感受,最重要的心理因素是情感。那么,要对感受加以准确的概括和描述,首先就要对其中起着重要作用的情感状态加以剖析,即要认识到在自己的情感活动中,什么样的情感是与人民一致的,它是否具有独特性,它是平庸的还是饱含着人生经验,它是空虚的、肤浅的还是积极的、深刻的,它是庸俗的、低级的还是纯洁的、崇高的,它是年轻的、充满生命活力的还是已经老化、难以使人心灵激动的,如此等等。这种对情感状态的剖析是阐明感受的关键,只有这样对情感的认识明晰起来以后,才能够,也才有必要进一步揭示感受的发生、发展、变化和转换。当然,要准确地表现自己对生活的感受,并不是一件很容易的事情,因为人的情感体验中总有一些捉摸不定的成分,是难以一下子认识清楚的,需要反复地认识才能逐渐使它比较明白地显示出来。这种时候，特别需要深入地实践，包括写作实践和生活实践，从而不断地去丰富它、磨砺它，使它最后定型。也只有这样，才可能提高感受储存的利用率。

四、感受的方法

在谈到感受的方法之前，有必要先把观察与感受加以简单的比较。我们已经知道，观察与感受是一种行为活动和活动目的、结果的关系。观察是一种心理行为。观察一般反映的是物态，着眼于事物的行为、状态和具体形象；感受表现的则是心态，着力于主体受到外物刺激后的情感、思维活动。因此，感受是在观察基础上发生的更进一步的心理行为。人的心理行为常常是交融在一起的，无法截然分开。对于观察与感受，我们只是为了研究的方便才将它们分别加以叙述。那么，就感受方法来说，也就是在观察方法的基础上所做出的相应的种种描述。感受的方法一般可分为五种类型。

（一）捕捉初感

所谓初感，即是人对客观事物的第一印象，最初感受。人们在生活中往往有这种情况：第一次到一个陌生的地方，比如到北京，蓝天白云之下，天安门庄严雄伟，红墙黄瓦，飞檐翘角，留下的印象是深刻的；见到一个陌生人，若此人很有特点，比如有一颗大金牙，一笑就露出来，在阳光下闪闪发光，这种印象也会久久地留在你的记忆里。但是，如果见惯了，比如经常去北京，或者经常见到那位有一颗大金牙的人，便反倒觉得那些特点平常了，引不起自己的注意了。所谓"如入芝兰之室，久闻而不知其香"，便是这个道理。初感难忘，见惯而不惊，这就从正反两方面说明了初感的作用。

事物最本质的特征，往往是以优势法则表现出来的，即以占优势的地位表现出来的，并且，它又是其他事物所没有的，具有新异性。所以人脑能做出特殊处理，将它记住，经久不忘。

初感往往是无意注意所获，它对于把握事物的特征来说，不及有意注意那样全面、细致，而要简单一些、粗糙一些。但是，对事物的更深入的认识正是从这里开始的，如果根本就没有这个第一印象，很可能便会失去进一步了解事物的兴趣。因此，对于初感，应及时捕捉。

（二）升华感知

在感受的心理机制中，感觉和知觉是不可分的，所以通常将它们合起来称为感知。感觉是客观事物作用于感官时，主体对客观事物个别属性的反映；知觉是主体对客观事物的整体特征的反映。它们共同形成对客观事物的表象认识。随着情感的沉淀和与他事物联系、比较的加深，这种表象认识也可以上升到理性认识的高度。比如，我们感知的野菊形象，常常是傲霜而开的，当某种情感激发我们时，我们会把它与"凛凛傲骨""不与世人争荣"等理念性认识联系起来，从而表达一种比较深刻的思想。

（三）转换心理

所谓转换心理，即以不同的心理意识对同一客观事物加以感受。在感受活动中，这样进行心理意识的转换，可以透过同一客观事物的表象特征，获得不同的心理体验。比如，对蜜蜂酿蜜这种现象的感受：以赞美奉献精神的心理去感受——对人无所求，给人的却是极好的东西；以颂扬勤奋精神的心理去感受——四时更无冬日闲，采尽百花方成蜜；以悲悯同情的心理去感受——采得百花成蜜后，为谁辛苦为谁甜？……可见，这样转换心理去感知客观事物，可以表现客观事物的多重属性，从而给进一步的主题选择等思维活动提供必要的基础。

（四）辨识移觉

人的心理体制是一个十分敏感的综合性系统，五官的感觉是可以互通的。将这种感觉互通的感受方法运用到写作活动中来，叫通感，或叫感觉转移，又称移觉。在感知客观事物时，我们要注意体验这种由多种感官的感觉所引动的相应的心理反应，有意识地去强化它，使它变得明晰起来，成为一种可以表述的显意识。这对于写作有很大的好处。比如，朱自清在他的散文《荷塘月色》中，曾对荷花的香气做过著名的描述："微风过处，送来缕缕清香，仿佛远处高楼上渺茫的歌声似的。"这是以听觉移换嗅觉，描写荷香的清淡和高雅。再如："逝去的钟声/结成蛛网，在柱子的裂缝里/扩散成一圈圈年轮。"（北岛《古寺》）这是以视觉移换听觉，写一种古老、久远之感。可以看出，这些通感的运用，在写作上起到了非常微妙的作用。人们对某些客观事物的感受，如果直接加以描述，往往是比较困难的，即所谓"只可意会不可言传"，而通感则可以将这种不可言传的感受言而传之。

（五）突现异常

人由于心境、生活遭遇等方面的特殊原因，有时会产生不同于正常的、一般的感受，即异常感受。比如，"红萝卜"是"透明的"，它飞上天空，竟然像一道"金色的长虹"(莫言《透明的红萝卜》);"七月的夜"是"绿色的夜"(张承志《绿夜》);"太阳白得发黑"(铁凝《麦秸垛》)。这些已经定型的文字表述所反映出来的作者的感受,都是异于客观事物的常态特征的。这种异常感受,常常是下意识地出现在头脑中的,及时将它们捕捉住,并且让它们突现出来成为显意识,对于简约而精妙地表达独特深邃的思想情感,会收到很好的效果。

范文点评

【范文】

她记不得我,我记得她

江 兰

二十五年了。

如同二十五年前,我叩响了她的房门,我是她的学生;而今,我带着我的学生来这所中学实习。我的学生肃立在我身后,我肃立在她门前。

七十六岁的她,苍颜白发,眯眼打量着来客。我含笑摘下呢帽;我的学生也满怀敬意:"靳老师!"

她当然认不得我的学生——她的"徒孙",却也似乎认不得我了。

呵,老师,我要唤醒你沉睡的记忆。

……

"不多久,松柏林早在船后了,船行也并不慢,但周围的黑暗只是浓,可知已经到了深夜。……这一次船头的激水声更其响亮了,那航船,就像一条大白鱼背着孩子在浪花里蹿……"如歌的行板,悦耳的清音,发自你的内心——那旋律,构成一个遥迢的梦。这梦,并未远逝,至今缭绕在我心湖的上空。因此,我常给我的学生们讲:优美的朗读,能拓展含羞不语的文字所蕴藏的意境。但当时的我,只有惊异:我怎么会听见童话中小天使那银铃般的歌音?

"孩子们,想想:小朋友们看戏后划船回家,那船头的激水声为什么更其响亮了呢?"

"因为夜深了……"

"不,是因为他们肚子饿,想急着回家,就划得快些……"

对同学们的回答,我不以为然,举起了小手。我是在家乡的小河中长大的。

"那是因为逆……逆水行……行舟。"

而《社戏》中并没有写明顺水逆水的问题。也许没有必要写,也许静静的河汊,无所谓顺水逆水……总之,我的回答是你始料未及的。

……

她笑了,一如当时的笑容。

"有很多,聪明的孩子……"

她说,显然记不得我是其中的哪一个了。

……

那么,老师,你总记得困难时期吧?你带着我这个年纪最小的寄宿生到这里来,点燃小火炉,一点盐,一点油,熬了一小锅粥,叫我吃……滚烫的、醇香的粥,跟妈妈亲手做的一样;你的叹息,也跟妈妈爱怜的目光一样:"孩子,你太瘦了……"

……

她再一次笑了,没有了叹息:"熬粥的日子,不少……"

她依然记不得我。

我和我的学生告别了她,走在乡间的小路上。

我的学生不无惆怅:"她怎么会记不得你呢,老师?"

"我记得她。"我说。

(《光明日报》1985年2月9日第2版)

【点评】

这是一篇记叙散文。文章短小精巧,自有一种动人的情感内蕴。

它最突出的特点是材料使用得好。文章写的是"老师与我"的故事。这类题材的文章其实是最难写好的。因为老师对于我,除了好好教我读书,最多也就是在生活上还无微不至地关怀我,此外,一般便可能再也没有其他离奇的故事了。而这篇散文所写的就正是这样两个极平常的小故事。但这两个小故事却在文章中显示了并不平常的作用。这除了作者在叙述它们时饱含情感,笔调显得精致、轻灵之外,根本的原因就在于选择了一个很好的使用角度。作者没有像写表扬稿似的从正面直接来使用这两个材料,而是巧妙地另取了一个情感凝聚点,将它们的使用意旨都归向这一点:"我"去见"我"的老师,但"我"

的老师记不得我了，于是，"我"便讲了那两个小故事，想以此来唤醒老师沉睡的记忆，然而，"我"的老师依然记不得我。如此，其意义便不一般了。我们不能不为这样的奉献精神所感动：老师的天职就在于好好地教学生，并不需要学生的回报，甚至不需要特意地记住他的学生以求得某种精神上的慰藉。至此，两个平常的小故事便散射出了它们的光彩，一方面，看似辅助而实为主要地突现了文章主题；另一方面，也极为优美地从侧面显露了它们的本来意义。

化陈旧为新奇，变平淡为生动，是使用材料的精要所在，这篇散文最优秀的地方也就在这里。

【范文】

牛的写意

李汉荣

牛的眼睛总是湿润的。牛终生都在流泪。

天空中飘不完的云彩，没有一片能擦去牛的忧伤。

牛的眼睛是诚实的眼睛，在生命界，牛的眼睛是最没有恶意的。

牛的眼睛也是美丽的眼睛。我见过的牛，无论雌雄老少，都有着好看的双眼皮，长而善眨动的睫毛，以及天真黑亮的眸子。我常常想，世上有丑男丑女，但没有丑牛，牛的灵气都集中在它大而黑的眼睛。牛，其实是很妩媚的。

牛有角，但那已不大像是厮杀的武器，更像是一件对称的艺术品。有时候，公牛为了争夺情人，也会进行一场爱的争斗。如果正值黄昏，草场上牛角铿锵，发出金属的声响，母牛羞涩地站在远处，目睹这因它而引发的战争，神情有些惶恐和歉疚。当夕阳"咣当"一声从牛角上坠落，爱终于有了着落，遍野的夕光摇曳起婚礼的烛光。那失意的公牛舔着爱情的创伤，消失在夜的深处。这时候，我们恍若置身于远古的一个美丽而残酷的传说。

牛在任何地方都会留下蹄印。这是它用全身的重量烙下的印章。牛的蹄印大气、浑厚而深刻，相比之下，帝王的印章就显得小气、炫耀而造作，充满了人的狂妄和机诈。牛不在意自己身后留下了什么，绝不回头看自己蹄印的深浅，走过去就走过去了，它相信它的每一步都是实实在在走过去的。雨过天晴，牛的蹄窝里的积水，像一片小小的湖，会摄下天空和白云的倒影，有时还会摄下人的倒影。那些留在密林里和旷野上的蹄印，就会被落叶和野花掩护起来，成为蛐蛐们的乐池和蚂蚁们的住宅。而有些蹄印，比如牛因为迷路踩在幽谷苔藓上的蹄印，就永远留在那里了，成为大自然永不披露的秘密。

牛的食谱很简单：除了草，牛没有别的口粮。牛一直吃着草，从远古吃到今天早上，从海边攀缘到群山之巅。天下何处无草，天下何处无牛。一想到这里我就禁不住激动：地上所有的草都被牛咀嚼过，我随意摘取一片草叶，都能嗅到千万年前牛的气息，听见那认真咀嚼的声音，从远方传来。

牛是少数不制造秽物的动物之一。牛粪是干净的，不仅不臭，似乎还有着淡淡的清香，难怪一位外国诗人曾写道："在被遗忘的山路上，去年的牛粪已变成黄金。"记得小时候，在寒冷的冬天的早晨，我曾将双脚踩进牛粪里取暖。我想，如果圣人的手接近牛粪，圣人的手会变得更圣洁，如果国王的手捧起牛粪，国王的手会变得更干净。

在城市，除了人的浑浊气息和用以遮掩浑浊而制造的各种化学气息之外，我们已很少嗅到真正的大自然的气息，包括牛粪的气息。有时候我想，城市的诗人如果经常嗅一嗅牛粪的气息，他会写出更接近自然、生命和土地的诗；如果一首诗里散发出脂粉气，这首诗已接近非诗；如果一篇散文里散发出牛粪的气息，这篇散文已包含了诗。

（《散文》1997 年 11 期）

【点评】

这是一篇托物写意的抒情散文。此文写得优美别致，立意深刻。

天下何处无牛？谁没有见过牛？然而，有多少人这样地去观察过它，去抒写过它呢？——牛的眼睛是美丽的，而且，天空中飘着那么多白云，没有一片能擦去那美丽中的忧伤；牛角有时被用作为爱情而战斗的武器，草场上的战争竟也如人间的一样美丽而残酷；牛的蹄印是烙在大地上的印章，它比帝王的印章大气、浑厚而深刻；牛吃的是草，从远古一直吃到今天早上，我们从每一片草叶上都能嗅到千万年前牛的气息；牛粪是干净的，人的手接近牛粪，会变得更洁净，一首诗中如果没有一点儿牛粪的气息，这首诗已接近非诗……这篇散文正是这样将"牛"进行了分解观察，并且展开了出人意料的联想。这是作者以心灵的眼睛观照自然与生活的结果。我们可以看出，这心灵的深处饱含着对自然、生命和大地的深爱。它引导我们去进一步理解那些优美而别致的描述：人，其实也应该像"牛"那样，诚实而善良，大气而实在，不炫耀造作，不狂妄机诈，对生活无更多的要求，本质圣洁干净——这就是真美之所在。

实践练习

1. 学会制作资料卡片。从自己已有的资料中，选出 3 条，制成卡片。

2. 观察一个人的癖好、习惯，可以了解一个人的性格、心理、情绪等。例如：经常啃指甲、吃手指的人，心理往往不够成熟；热衷揶揄嘲讽的人，常常是一些攻击性强、好夸耀实力的人。根据你平时的观察，反过来说说如下人的行为、习惯：(1) 淳朴的山里人，多半_____；(2) 精灵的小商贩，大都_____；(3) 坦诚的读书人，常常_____；(4) 细心的学生，一般_____。

3. 读诗句"春色满园关不住，一枝红杏出墙来"，我们可能有这样的体会：美不可言而以无言言之——因为实在看不出诗句中有什么巧智夸饰之辞。我们可以由此铺展开去，写出一篇抒情、议论的散文。依照此例，试从中国古典诗词中找出相关诗句，谈谈体会，并写出 1~2 篇短文。

第二章　写作思维的深化

对于整个写作活动而言，思维是在感受和体会的基础上进一步深化的心理活动。这种深化是一个复杂的过程，也是一个充满智慧和艺术的过程。

第一节　写作思维概述

一、写作思维的界定

"思维着的精神"是"地球上的最美的花朵"（恩格斯语）。思维是人类大脑的特有功能，是人脑对客观事物的本质属性和事物之间内在联系的规律性所做出的概括与间接的反映。它是人类为了求得自身的生存和发展，在与大自然作斗争的过程中不断进化的产物。

思维具有间接性和概括性。间接性有两种含义：第一，表明思维的对象不像感知的对象那样是可以凭直观把握的事物的外在属性及其外部的联系，而是需要在这些感性认识基础上，通过分析与综合、抽象与概括等思维过程才能间接把握的事物的内在本质及事物间的内在联系；第二，表明思维借助于感官直观地得到对事物外在属性及其外部联系的有限认识，通过对事物的内在本质及事物间的内在联系的把握，可以间接地去理解和把握那些没有感知过的，或根本无法感知的事物。思维的间接性依靠概括性来实现。思维的概括性也有两种含义：第一，表明人的思维具有超越对事物的个体实在性把握的性质，它关注的是事物的普遍性和规律性；第二，由于概括性是反映全体同类事物性质的，所以在对该类事物的认知过程中,要经历几个过程,即由现象到本质,由片面到全面,由外部联系到内部联系,实现思维的间接性。这些性质使人类在前人思维成就上不断进步,进行创新。

二、写作思维的作用

写作是一项极其复杂的精神活动。它所提供的是观念化的精神产品,是人们的头脑对客观事物能动的反映,是作者对客观事物进行积极思维、深入认识的创造性成果。这正如马克思所指出的:"观念的东西不外是移入人的头脑并在人的头脑中改造过的物质的东西而已。"(马克思《(资本论)第一卷第二版跋》)不能想象有所谓离开思维的写作,写作的全部过程都离不开思维的积极参与。

写作过程是一个复杂的思维过程,这个过程可粗略地划分为写作的发生阶段、构思阶段和传达阶段。

(一)发生阶段需要写作思维的参与

发生阶段包括材料的储备、艺术发现和产生创作动机。

材料是写作的第一起点,日常生活和社会实践中的各种刺激和信息是汇成作者表象材料的主要来源。获取材料的方式一般分为无意获取和有意获取、直接获取和间接获取。

无意获取是指作者在社会生活实践中所接触到的大量刺激,他虽然没有进行有意的记忆或思索,但它们却悄悄地驻入作者的心灵,有一些甚至储存在记忆里。有意获取是作者出于某种冲动或为了完成某个已定的创作目的去寻找刺激和积累材料。

直接获取是通过观察、调查、实地采访等手段直接从生活中获取写作材料。比如,司汤达从过军,高尔基随流浪汉走过伏尔加河的每个码头,他们都直接从实践中获得了写作材料。间接获取,即通过阅读有关资料获取写作材料。比如:凡尔纳创作的100多部幻想小说,其材料都是从法国国立图书馆的书刊中获得的。大仲马写《三剑客》、姚雪垠写《李自成》都得益于大量地阅读历史书籍。在这些活动中,离不开想象联想、分类比较、鉴别分析等思维活动。

有了材料只是写作的最基本条件,没有艺术发现,材料就只是"散金碎玉"。艺术发现是写作者在社会生活中积累了一定材料的基础上,依据自己认识生活、评价生活的思想原则和审美趋向,对客观事物进行观察时获得的极富个体色彩的独特感知。独到的艺术发现是艺术富有独创性的内在原因。黑格尔在《小逻辑》中说:"假如一个人能见出显而易见之异,譬如说能区别一支笔与一匹骆驼,我们不会说这个人有了不起的聪明;……我们所要求的,是要能看出异中之同,或同中之异。"周敦颐从莲花中看到君子的高雅情操,许地山从落花生悟到谦虚做人的人生境界,托尔斯泰从一个妓女的堕落到灵魂的复活对沙俄政府的法律进行严厉的批判,都源自于作家的艺术发现。

创作动机是使作者投入写作的内在动力。它产生于材料有意无意的收集过程中,制约指导作家对材料进行遴选甄别,影响艺术发现的方向。创作动机分为远景动机和近景动机、主导动机和非主导动机、高雅动机和卑下动机、有意识动机和无意识动机。当作者的内心受到创作动机的强烈冲击时,如何从这些动机中挑选出最强烈、最具有持久性的动机,并贯穿于写作的始终,就需要作者进行积极的思维活动了。

(二)构思阶段需要写作思维的贯穿

艺术构思是作者在感受生活,获取材料和艺术发现的基础上,受创作动机的推动,在内心孕育艺术形象的过程。构思阶段要对文章进行整体构思和全面设计,包括根据题材选定体裁,艺术形象的塑造,情节结构的设计,表现角度的切入等等。

在构思阶段,作者要把大量的感觉材料由感性认识上升到理性认识,将积累的材料和艺术发现不断地融会、碰撞、整合、升华。作者的大脑高速运转,进行分析综合、抽象概括、联想想象等一系列的思维活动。

(三)传达阶段需要写作思维的深化

传达阶段就是通过恰当的语言文字和一定的表现形式,把作者对生活的思考和构思的成果通过一定的物质媒介物化、外化出来。作者的意思表达是否清楚、逻辑是否严密,就要看他能否把构思成熟的作品贴切地传达出来。当然,艺术传达并不是艺术构思简单的继续,它往往随着创作过程的推进不断修正、深化艺术构思。

语词的提炼推敲,技巧的选择(包括肖像、行动、心理的描写,顺叙、倒叙、插叙的安排,烘托、对比的运用),都离不开思维活动。

另外,写作完成后,作者对创作成果的检验、修改也需要各种思维活动的指导。

三、写作思维的类型

思维形式的划分是多样的：按思维内容的抽象性可划分为具体形象思维和抽象逻辑思维；按思维内容的智力性可划分为再现性思维与创造性思维；按思维过程的目标指向可划分为发散思维（即求异思维、逆向思维）和聚合思维（即集中思维、求同思维）；按思维过程意识的深浅可划分为显意识思维和潜意识思维。

从人类思维基本形式的高度来考虑思维分类，可以将其分为抽象思维、形象思维和创造性思维。

灵感思维和模糊思维并不是思维的基本形式，它不能离开抽象思维和形象思维单独存在，但它们是写作过程中常有的思维形式，对写作的成败影响很大，所以我们在这一节里把二者和抽象思维、形象思维并列起来介绍。又因为写作本身就是一个创造性活动，所以我们在第四节专门讨论创造性思维。

（一）抽象思维

抽象思维又被称为逻辑思维、概念思维、理性思维、理论思维。它们的内涵大致相似，但仍有一定区别。抽象思维是相对于直观动作思维和具体形象思维而言的。

抽象思维以揭示和把握事物的内在本质和一般规律为根本任务，依据一定的系统知识，遵循特有的逻辑程序进行思维活动。其内容和工具是一系列的概念、判断、推理等，具有概念性、抽象性和逻辑性。

抽象思维具有概念性。抽象思维的思维成果是理论。理论由一系列的判断、推理和论证构成。推理和论证以判断为基本要素，而判断以概念为基本构成要素。抽象思维具有抽象性。科学上的抽象是指一种思维活动过程，即根据大量的感性材料和经验事实，经过比较、分类、分析、综合，将一类事物同其他事物分离开，排除个别的、偶然的、外部的表面现象，抽取出普遍的、必然的、内部的本质或规律，从而实现对客观事物的认识。

在写作中，抽象思维能指导作家自觉地进行材料的积累，全面、深刻地认识和反映客观事物，克服片面性、表面性。它还能使作者在写作构思中科学、正确地预见事物未来的趋势，使文章具有先导性、预测性。以前，有很多研究者片面地认为，所谓艺术思维就是形象思维，作者的思维主要是形象思维。但有数据表明，抽象思维的思维成果占全部思维成果的 90% 以上。所以在写作思维的讨论中，我们要重视抽象思维的作用。

（二）形象思维

从系统发展和人类个体的发展上看，形象思维都比抽象思维早得多，成果丰富。人类对形象思维的研究是从文艺领域开始的，以对联想、想象的探讨为孕育期。我国古代关于比兴的讨论实际就是在讨论形象思维的特点。古希腊的亚里士多德说："想象不同于感觉和判断，想象蕴蓄着感觉，而判断里又蕴蓄着想象。显然，想象和判断是不同的思想方式。"文艺复兴时意大利哲学家、语言学家马佐尼说："诗歌由虚构和想象的东西组成，因为它是以想象力为根据的。"（《神曲的辩护》）19世纪俄国文艺批评家、哲学家别林斯基在1838年提出："诗歌不是别的什么东西，而是寓于形象的思维。""哲学家以三段论法说话，诗人则以形象和图画说话，然而他们说的都是同一件事……一个是证明，另一个是显示，他都在说服人，所不同的只是一个用逻辑证据，另一个用描绘而已。"他们都试图阐明形象思维的特点规律。20世纪30年代，苏联的高尔基、法捷耶夫等的论述使形象思维理论得以确立。20世纪50年代初苏联关于形象思维的争论影响到中国，引起我国众多学者的关注，并开始形象思维的研究。

形象思维的本质是把各种感官获得并储存于大脑中的客观事物形象的信息，运用比较、分析、抽象等方法，加工成为反映事物共性或本质的一系列表象（一类事物共同性的形象信息抽象、概括的结果，是观念性的形象），再以这些表象为基本单元，通过联想、类比、想象等形式，形象地反映客观事物的内在本质和规律。

形象思维具有形象性、想象性、非逻辑性等特征。形象思维的形象性指其思维形式是表象、联想和想象等形象性的观念，其表达、表现的工具或手段是观念形象的物化——图形、图像、造型、表达形象的语言文字、色彩、音调、旋律、节奏、手势等等。另外，形象思维的表达、显现形式也离不开形象。形象思维具有想象性是指它可以利用储存在大脑中的各种表象或感性形象，形成新形象的思维过程。创造任何艺术形象都必须运用想象和其扩大形式夸张与虚构。形象思维还具有非逻辑性，即它的思维活动不遵守逻辑规律，不是由一些形象一步一步地严格推演出另一些形象，不是线性的，而是平面性或立体性的。另外，形象思维的基本单元是表象，所以它也具有一定的概括性和抽象性。

形象思维的基本过程有两个阶段。形象思维的初级阶段是表象上升到意象，运用意象对客观事物进行形象识别，运用意象进行联想来反映、认识客观事物。形象思维的高级阶段则对意象进行进一步加工，通过想象创造新的形象，并运用新的形象，再通过想象来反映、认识客观事物的内在本质和规律。

形象思维的基本规律有形象相似律、形象典型律和形象整合律。形象相似律指正确的形象思维必须与反映的对象相似——形似、神似；形象典型律指形象思维中的典型特征是对思维对象本质特征和个性特征辩证统一的概括与反映；形象整合律指形象思维中的形象是由若干特征按照一定的结构组成的一个整体，各个特征之间相互关联，以至于可以从部分特征来想象整体的形象。

写作过程中需要大量运用形象思维，作者丰富的感性体验、艺术形象的塑造、意境的营造都离不开形象思维。

（三）灵感思维

灵感是神秘奇妙的，每个作者都期望能在写作过程中与它不期而遇。灵感思维对写作活动有重要的影响。灵感最早是由古希腊的德漠克利特和柏拉图提出并加以阐释的。灵感在希腊文中，原指神赐的灵气。灵感是情感和思想高度集中而产生的一种意识升华现象，也是一种积极、肯定和非常具有创造性的心理状态。它需要艺术家的苦心思虑、经验积累和敏锐心灵。

灵感的产生总是表现为一种突然和意外，同时它又那样神奇和具有创造性，令人着魔和沉醉，以至人们对灵感的解释常常带有神秘和唯心主义的色彩。在西方文论史上，对灵感的解释，常常与"神赐""天才"和"无意识"等理论观念联系在一起。英国著名美学家奥斯本在《英国美学杂志》1977年夏季号发表《论灵感》的文章中，总括西方灵感理论发展历史，认为有三种关于灵感产生的理论最为常见：一是古希腊时代，把灵感解释为神灵凭附。比如，柏拉图在《伊安篇》中就认为诗人创作不是凭技艺，而是凭灵感，凭诗神赋予的迷狂。二是19世纪浪漫主义盛行的时代，把灵感视为天才的自然流露。三是现代艺术理论，以弗洛伊德理论为依据，把灵感与无意识理论结合起来，认为灵感即是无意识的产物（《外国文艺思潮》）。其实，灵感的产生需要作者长期的积累，周恩来说灵感是"长期积累，偶然得之"，宋人吕本中说"悟入必自工夫中来"，都强调灵感产生的客观基础。

灵感具有偶然性，它的到来不可预知，不可重复。陆机在《文赋》中说："若夫应感之会，通塞之纪，来不可遏，去不可止。藏若景灭，行犹响起。"意思是说灵感产生带有很大的偶然性和突发性。唐代的李德裕说："文之为物，自然灵气。惚恍而来，不思而至。"（《文章论》）清代王夫之说："才着手便煞，一放手又飘忽去。"这些都说明了灵感爆发的这一心理特征。雪莱也曾这样描述过灵感的特点:"诗灵之来,仿佛是一种更神圣的本质渗彻于我们自己的本质中;但它的步式却像拂过海面的微风,风平浪静了,它便无踪无影,只留下一些痕迹在它经过的满是皱纹的沙滩上。"(雪莱《为诗辩护》)灵感的产生,还常常是短暂的和易逝的,正因为如此,写作者才会深深地向往迷恋。

　　灵感还具有顿悟性。灵感袭来,以前百思不得其解的疑问顿时豁然开朗,柳暗花明,使作者爆发出极强的创造力。它可以将作者的各种心理能力都调动起来,各种记忆力、想象力、感受力、表现力都被激发出来。在灵感状态下所完成的艺术作品,不但为读者所惊叹,就是作家自己也常常为之感奋和吃惊。南朝谢灵运写出"池塘生春草,园柳变鸣禽"的句子后不无感慨地说,此语有神助,非我语也。在这种快乐的创作时刻,作者往往表现得亢奋而忘我,全然沉浸在一个崭新的世界中。

　　灵感不是独立的思维形式。它存在于抽象思维和形象思维中,是两种思维方式的特殊表现形式,是抽象思维活动和形象思维活动发展到一定阶段的一种激烈的跳跃和升华。灵感思维是抽象思维和形象思维交叉互补的特殊激发状态。这提醒每个学习写作的人,要努力培养自己的抽象思维能力和形象思维能力,同时要养成两种思维方式互补互融的心理习惯和能力。这样才能"无心插柳柳成荫",在创作中迸发出非凡的灵感思维。

(四) 模糊思维

　　模糊,一般指事物的概念、轮廓不清晰,事物之间的关系不明朗,难以用精确、具体的语言来表达。模糊思维是相对于精确思维提出来的。

　　写作是极富个性化和创造性,充满灵活性和随机性的精神活动,它常常运用模糊思维。

　　首先,写作表达的是作者的认识和感情。人类的认识、情感具有不确定性、个体性、具体性,用抽象语言写成的作品难以精确描述。这就要求作者善于营造意境,设计细节,把丰富的、可意会而不能言传的情感具体可感地传达出来。晋代陶渊明的《饮酒》:"结庐在人境,而无车马喧。问君何能尔?心远地自偏。采菊东篱下,悠然见南山。山气日夕佳,飞鸟相与还。此中有真意,欲辩已忘言。"诗人的感受是模糊朦胧、扑朔迷离、难以言表的,读者只能在诗境中玩味揣摩。古典诗词中富有禅意的篇目,也需要作者和读者用模糊思维进行创作和阅读。《荷花淀》中水生女人手指的颤动,意大利电影《玛莲娜》隐约凸现在薄裙下的吊袜扣,无不包含着丰富微妙、可意会不可言传的信息。

其次，同中国画讲究"留白"一样，诗人擅长在"无字之处"下功夫。诗人采用以虚写实的艺术手法，造成艺术形象的模糊性和不确定性，给读者留下大幅想象空间，有极高的审美价值。汉乐府诗《陌上桑》中这样写罗敷的美貌："……行者见罗敷，下担捋髭须；少年见罗敷，脱帽著帩头；耕者忘其犁，锄者忘其锄；来归相怨怒，但坐观罗敷……"宋玉《登徒子好色赋》中对邻家女子的描绘都深谙模糊思维之妙，四两拨千斤，以少胜多。

再次，许多作品的结尾都戛然而止，余音袅袅，这种言已尽而意无穷的艺术给读者留下了无穷的遐思和不尽的魅力。鲁迅《纪念柔石》结尾"原来如此"，戛然而止，对柔石的无限追念，对国民党当局的不满皆浓缩于其中。法国著名作家莫泊桑的《项链》结局也很巧妙。他们都善于在模糊思维的指导下设置结尾。

最后，良好的语感得益于模糊思维，不管是创作还是阅读，良好的语感都是出色完成工作的先决条件。语感是当代美国语言学家乔姆斯基转换生成语法理论中一个极其重要的概念，指一种高级的语言文字综合能力，是人对语言的直觉的整体感受，是感性中黏附理性的悟性；或是由语言文字而引起的复杂的心理活动和认识活动的过程，是把握语言文字的一种能力。一个人的语感能力大致可分解为两种相互关联的判断能力，一是对言语对象在语文知识方面正误的判断能力（包括语音感、语义感、语法感、语气感），二是对言语对象在内容上真伪是非与形式上优劣的判断能力（包括思想观念、情感意志、人格状态、审美鉴赏）。

语感是从感知开始的，整个过程包括感受、知觉、记忆、联想、思维等复杂的心理因素。对口头语言、书面文字符号的敏锐感知是构成灵敏语感的首要条件。

语感具有直觉性、整体性、联想性和情感性特征。语感不需要经过明确的思维步骤和严格的逻辑推理，往往凭"感悟"去直觉。语感的整体性是指把语言文字放在具体的语境中完整地感受其表达的深厚意蕴，或指对言语对象整体的、全面的、笼统的把握。语感的联想性是指语言描述的显像结构本身没有直接可感性，必须借助想象和联想来实现，因此可以说没有想象与联想，也就没有语感。语感还具有情感性，因为言语的抑扬顿挫本身就蕴涵着丰富的情感信息。

模糊思维在写作中，特别是在非实用性文体的写作中发挥着重要的作用。无论在艺术构思中还是在艺术传达时形象的塑造、意境的构建、语词的锤炼中,都要运用模糊思维。写作者要在平时的阅读中有意识地训练自己的模糊思维,在提笔写作时才能自然而然地运用它进行艺术创造。

第二节　写作思维的运用

一、抽象思维在写作中的运用

(一) 抽象思维的基本方式

1. 分析综合

分析就是把事物的整体分解为部分,或把整体的个别特征、个别方面分解出来的思维过程;综合就是把事物的各个组成部分,或事物的各种特征、各个方面联系起来的思维过程。二者是相辅相成的,分析是综合的基础,综合是分析的归宿。

分析可分为因果分析和辩证分析。因果分析是纵向分析或称之为"纵剖"。事物总是运动发展的,在运动发展的过程中,总有它的过去和现在、原因和结果、低级阶段和高级阶段。在写作中,我们若要将事物逐段进行考察,探求事物的内外联系,展现出事物发展的全过程,则往往采用纵向分析。辩证分析是横向分析或称为"横断"。客观事物的构成,总有其各个不同的侧面,如主流与支流,部分与整体,正面与反面,个别与一般……写作中,把事物分解成若干方面,要研究事物的内外联系,则往往采取横向分析。纵向分析与横向分析是从不同方向、不同角度分析事物,在写作中这两种分析方法往往结合使用。

综合也可以分为两种:其一,共性研究。它是由个性到共性的归纳,是一种由具体到抽象、由特殊到一般的综合方法。文学创作中典型形象的塑造,典型环境的描写,典型情节的提炼,都要运用这种方法。其二,规律总结。事物的发展变化是有客观规律的,人们通过反复实践,不仅可以认识规律,还可以掌握规律。从一次又一次的运动变化中,排除其偶然性,逐步归纳出其必然性,这也是一种综合。

分析与综合,既不是简单地"拆开",也不是机械地"凑合"。客观事物都是复杂的矛盾统一体。它们由于复杂,便具有多样性。因此,我们在思维活动中就可以也有必要对它们进行分析。同时，它们又具有统一性，表现为一个统一的整体，因此，我们在思维中就可以也有必要对它们进行综合。可见，分析与综合，都是为了揭示客观事物的本质。

2. 抽象概括

抽象概括是从具有共同性的事物中摄取其本质意义的一种思维活动。所谓抽象，就是把客观事物的一般的、本质的属性抽取出来。所谓概括，就是把抽象出来的事物一般的、本质的属性联结起来。抽象与概括，既有区别又有联系。抽象是抽取事物的本质属性，概括是在抽象的基础上进行的。具体地说，概括就是在对事物进行分解、剖析的同时，剔除它的表面现象，排开它偶然的因素，摒弃它的具体事例，把各部分的共同之点（本质）抽取出来，用最准确的语言文字归结起来，组成一个统一的整体。

3. 归纳演绎

归纳是从个别的、特殊的事物出发，得出有关事物的一般性的结论。在写作中，形成中心思想，需要对材料进行归纳。写以事实为依据的先进材料、通讯、调查报告、总结等要用归纳。写议论文常用归纳推理。演绎是把一般本质或规律性的认识，引申到个别事物中去，根据一般的原理、原则，得到个别具体的结论。

（二）抽象思维的运用

在具体的写作中，由于文体的不同，抽象思维的使用或隐或显，或多或少。非实用的审美性文体，如散文、诗歌、小说等对抽象思维的运用隐蔽一些，少一些。但抽象思维也会从材料的收集、主题的提炼、结构的安排等各个方面影响创作。议论文为了说理透彻、逻辑缜密，说明文为了能从多个角度、多种层次准确地描述事物，公文、日常应用文为了表达简练明晰，常常运用抽象思维进行分析、分类、对比、类比。下面我们举例做简单的说明。

1. 分析

因果分析和辩证分析在写作中都常常使用。

因果分析是人们常有的思维过程。每一种结果都必定有它的原因，类似的原因产生类似的结果。在写作中，我们完整地叙述一件事情、一个人的发展变化，其实就是在阐述关于他们的前因后果。叙述中，我们或者从原因到结果，或者从结果一步步推知原因，或者打乱事实的步骤，按照更吸引读者的方式来构思。在对原因结果的分析上，或者单一原因产生单一结果，或者单一原因产生多种结果，或者多种原因产生单一结果，或者多种原因产生多种结果。善于准确地分析因果，才能使我们叙述复杂事件时有条不紊。侦探小说、悬念小说先抑后扬或先扬后抑的结构方式以及事故调查报告中都经常善于运用因果分析法。下面我们来看看美国的艺术史学家安妮·霍兰德的文章《由服装看妇女》中的片段：

> 20世纪纤细苗条的女性所具有的巨大魅力，通常认为是起因于社会及经济的变化，而不是由于社会流行的审美观点有所发展的缘故。由于女性已从肉体和心灵的束缚中获得解放，由于从事体育运动的妇女日益增多，再加以妇女就业和参政有了更多机会，最终促进了新的理想实体的形成。自由和活力对妇女身心方面的良好的健康与感觉已经显示出适当的影响，而女性服装的发展不仅适应了这些内在的身心素质，而更重要的是适应了所表现的外形体态。在第一次世界大战以后，借助于穿戴而发展起来的所谓"现代体形"正是表达了（虽然还不是总能具体提供）谋求舒适及行动方便的理想目标。

安妮·霍兰德对服装历史及设计有独特的兴趣，曾为报刊写过大量关于文化生活的文章。上面这段文字中，她指出由于社会、文化以及审美观的原因，导致体形纤瘦成为时髦风尚。

辩证分析就是运用唯物辩证法的基本观点来分析客观事物。唯物辩证法包括对立统一规律、质量互变规律、否定之否定规律以及本质和现象、形式和内容、必然和偶然、可能和现实等基本范畴。特别是对立统一规律，是写作中分析复杂问题的利器。在筛选材料的时候，也要运用辩证分析，区别主流与支流、现象与本质、偶然与必然，更集中地表达主旨。

毛泽东的《论持久战》，运用对立统一规律对抗战前途进行了分析。针对"战必亡"和"速胜论"两个极端的论调，剖析敌我双方的军力、经济实力、战争性质，国家大小，人力多寡和国际援助，并进行对比分析，得出抗战是持久战，最后的胜利属于中国。苏轼的《题西林壁》、流沙河的《草木篇》、臧克家的《有的人》都将辩证思想有机地融入诗情中。

2. 比较

写作中许多环节都可以进行对照比较。描述介绍一种事物时，为了突出它的特性常常和其他的事物进行比较；构思时面对丰富的素材要进行选材比较。

魏巍写《谁是最可爱的人》的时候，手中有二十多个生动的例子，经过比较他选了其中三个，很好地表现了主题。另外还有立意比较、结构比较等。

下面的例子就很好地运用了比较：

> 我到过欧美的很多城市，美国的城市乏善可陈，欧洲的城市则很耐看。比方说，走到罗马城的街头，古罗马时期的竞技场和中世纪的城堡都在视野之内，这就使你感到置身于几十个世纪的历史之中。走在巴黎的市中心，周围是漂亮的石头楼房，你可以在铁栅栏上看到几个世纪之前手工打出的精美花饰。英格兰的小城镇保留着过去的古朴风貌，在厚厚的草顶下面，悬挂出木制的啤酒馆招牌。我记忆中最漂亮的城市是德国的海德堡，有一座优美的石桥夹在内卡河上，河对岸的山上是海德堡选帝侯的旧宫堡。可以与之相比的有英国的剑桥，大学设在五六百年前的石头楼房里，包围在常春藤的绿荫里——这种校舍不是任何现代建筑可比的。比利时的小城市和荷兰的城市，都有无与伦比的优美之处。这种优美之处就是历史。相比之下，美国的城市很是庸俗，塞满了乱糟糟的现代建筑。他们自己都不爱看，到了夏天就跑到欧洲去度假——历史这种东西，可不是想有就能有的呀。

（王小波《人文景观和自然景观》节选）

3. 分类

分类既是写作和思维的一种方法，也是一种结构。写作活动之初，通过观察、调查、阅读所获得的材料，必须经过整理归类，以便于为不同主旨的文章所采用。写作中，分类有助于写作者全面地阐明一个复杂的事件或问题。分类要有一定的标准，依次分类时使用单一的标准。分类水平的高低和作者的分析、比较、抽象、概括能力是息息相关的。分类要按照事物的本质属性来进行，但事物的本质属性又隐藏得很深，这时就需要有出色的分析、比较、抽象、概括能力了。

毛泽东的《反对自由主义》一文中，指出了11种自由主义的现象，分类非常准确清晰，增强了文章的气势和说服力。

4. 类比

在写作中，类比也是一种很有用的思维方式，它也需要以分析、比较、抽象、概括等能力为基础。在说明性文章的写作中，对于那些抽象的或很难说明的问题有特别的用途，使问题易于被想象和理解。比如马克思在《资本论》中讲到机器的两种磨损时，巧妙地运用类比思维，把枯燥的经济问题谈得极其生动："机器之物质的磨损，是二重的，其一由于使用，好像铸币会在流通中磨损一样；其一由于不使用，好像剑藏鞘中不用，也会生锈一样。"

在象征意味或隐喻性很浓厚的文章的写作中，类比更是让人垂青的写作方式。比如寓言、哲理小品等等，阅读这类文章，既有含蓄的美感，又有智力的快乐。我们在形象思维的联想部分还将述及，这里不再展开。

分析、比较、分类、类比，也不纯粹是抽象思维，有时也综合运用抽象思维和形象思维。写作者在进行抽象思维能力的训练时，还要注意其目的是为了写作，而不是科学研究。

二、形象思维在写作中的运用

形象思维的基本形式是表象、联想、想象等。表象不是对客观事物的直接反映，而是经过感觉、知觉等中间环节对感性形象初步加工后得到的结果，是进行识别、联想、想象的根据。联想是从对一个事物的认识想到对其他事物的认识的思维活动，是揭示表象的内涵，联系表象与表象，也是想象的基础。想象是形象思维的高级形式，它是人脑中对已有的表象进行改造、加工形成新的形象的思维过程；夸张、虚构、幻想是想象的主要形式。想象是对形象信息的高级加工形式，它将储存于头脑中的许多表象，在联想的基础上，经过比较、分析、综合、抽象、概括，把一些紧密相关的因素、成分抽取出来，按照有关的规律和自己的需要，重新组合，从而形成新的形象。

（一）联想

联想是根据事物的内在联系，由此及彼，由一个事物想到另外的事物的思维活动。联想在意识流小说中运用得非常普遍，它带给作品开放式的结构，起承转合流畅自然，一气呵成。一般说来，联想可以运用如下三种方法进行。

1. 接近联想

作者由对某一事物的感知和回忆，联想到时间和空间上接近的其他事物。范仲淹的《苏幕遮》"碧云天，黄叶地，秋色连波，波上寒烟翠"，就是从天想到地，从水想到水上的薄烟，空灵而隽永。

2. 类似联想

类似联想有两种情况：形似和神似。外形上相似的事物容易引起人们由此及彼的联想。爱尔兰意识流小说家乔伊斯的《尤利西斯》中，对青年教师斯蒂芬为学生讲解题目的时候，看到萨金脸上的一滴墨水，进行这样的联想，"像蜗牛一样潮湿"；而描写萨金丑陋愚笨时，则是"曾经有人爱过他，抱在怀里，放在心上，否则早已被世人踩得粉碎，像被压烂的没有骨头的蜗牛"。在这里，作者的笔触随主人公飘飞的思绪游走，从墨水联想到蜗牛，下意识里又把萨金想象为蜗牛。有的事物之间，神态、气质、特性有相似之点，也可以作为联想的依据，例如陶铸的《松树的风格》、茅盾的《白杨礼赞》等。我国当代作家王蒙的中篇小说《蝴蝶》里，主人公张思远官复原职，坐车前往下放过的农村时，车轮无情地压倒了路上一棵柔弱洁白的小花，张思远痛苦地想起了同样柔弱自缢身亡的原配妻子海云，小说情节顺势一转，回顾了海云短暂痛苦的生命，运用的就是类似联想。

3. 对比联想

事物与事物之间，有时形相似而意相反，或者两者完全相对，也可以作为联想的依据。《故乡》中对闰土的描写就是运用这种联想方法。这种联想的特点是，可以突破时间空间的局限，增大文章的容量。《故乡》中作者着力描绘少年闰土的聪慧、热情、勇敢，将充满生气的小英雄形象与中年闰土的凄苦、迟钝、麻木的形象对照，从而使闰土的命运更富于悲剧性。

（二）想象

想象，是以原有的表象或经验为基础创造新形象的心理过程。人们以记忆中保存的表象材料为基础，经过分析和综合，可以创造出没有知觉过甚至不存在的事物形象。康德说："想象力是一种创造性的功能；它有本领，能在真正的自然界所提供的素材里创造出另一个相似的自然。"（《外国理论家作家论形象思维》）黑格尔认为"最杰出的艺术本领就是想象"。我国南北朝的文艺理论家陆机也谈到想象的巨大魅力，"精骛八极，心游万仞"，"观古今于须臾，抚四海于一瞬"，"笼天地于形内，措万物于笔端"（《文赋》）。丰富的想象来自广博的见闻、丰富的知识、坚实深厚的生活基础，以及作者的生活激情。想象的方式包括夸张、虚构和幻想。

1. 夸张

写作中经常运用夸张。夸张的方式很多：表象数量和体形的改变，时间长短和空间大小上的夸张。浪漫派诗人特别偏爱这类手法，如李白的诗句"飞流直下三千尺，疑是银河落九天"、"白发三千丈，缘愁似个长"、"两岸猿声啼不住，轻舟已过万重山"都极尽夸张之能事。表象体形的扩大或缩小，如在童话《拇指姑娘》中的拇指般大的女孩，《白雪公主》中的七位小矮人，英国小说家斯威夫特《格列夫游记》中的巨人国和小人国等等不胜枚举；还有表象体形的变形，如奥地利杰出的表现主义小说家卡夫卡《变形记》中，旅行推销员格里高里·萨姆沙不堪身心的重负，一夜之间变成了大甲虫，他孤独痛苦，在同事、家人日益加剧的冷漠中无声无息地死去。他的变形是卡夫卡对现代社会中人的异化的绝妙夸张。

2. 虚构

虚构就是通过创造性想象，对生活素材进行选择、集中、提炼、加工，塑造新的形象的过程。艺术因虚构而生存，科学使虚构成为现实。高尔基说过："在用语言、画笔和雕刀来描绘生活现象的艺术里，'虚构'是完全适当和有用的，只要这'虚构'能使描绘更加完善，使它具有最大的说服力，加深它的意义——显示出它的社会根源和必然性。'虚构'创造了堂吉诃德和浮士德，《吝啬的骑士》和《当代英雄》……——一切'巨大的'文学作品都使用了虚构，而且不能不使用它。但是有一条限定'虚构'的很好的规则：'你尽管撒谎，不过要撒得使我相信你。'"（高尔基《论散文》）巴尔扎克则称作品是"伟大的谎言"。作家经常进行人物形象的虚构、情节的虚构、环境的虚构，上天入地、自由自在地表达主题。

（1）人物的虚构。鲁迅谈自己的人物不是"专用一个人"，而是"杂取种种人合成一个"，"人物的模特儿也一样……往往嘴在浙江，脸在北京，衣服在山西，是一个拼凑起来的角色"。托尔斯泰笔下的娜塔沙也是由他妻子和其妹妹的形象合成的。茅盾对虚构的人物形象曾有精辟的论述："成功的'人物'描写，绝不是单依了某一个人作为'模特儿'。比方说，要写一个商人，应该同时观察十几个商人，加以综合归纳。这样创造出来的'人物'，一方面固然是'创造'，但另一方面却又绝不是'想当然'的造作；这一'人物'说他是实在有的一位'我们的熟人'呢，倒又不是，然而'面熟'得很，'我们的熟人'们中间都有'他'的影子，都有一点像'他'，但并不就是'他'，要人都有点像'他'，然而又不'全'像'他'。到处可以碰见'他'，然而不能指认'他'就是谁某，这才是'人物'创造的最上乘。举一个大家都熟悉的例，就是阿Q。"（茅盾《创作的准备》）

（2）情节的虚构。小说最大的特点就是虚构，就是纪实小说也不可能照搬生活。鲁迅先生的经验是："所写的事迹，大抵有一点见过或听到过的缘由，但绝不全用这事实，只是采取一端，加以改造，或生发开去，到足以几乎完全发表我的意见为止。"他的小说《祝福》中祥林嫂这个典型人物就是在生活原型的基础上，经过选择、集中创造出来的。祥林嫂临死前的境况，取自作者的远房伯母；关于再嫁妇女死后会被锯成两半和捐门槛的细节，取自单妈妈的故事；祥林嫂的儿子被狼吃了的细节，取自周氏第九世祖坟看坟人的事。作者就是根据生活中多个人的多件事虚构综合而成。阿来的《尘埃落定》、李碧华的《霸王别姬》、徐坤的《厨房》的情节无一例外是虚构的。

（3）环境的虚构。环境是人物表现的舞台、生存的空间。虚构的环境如《红楼梦》的"大观园"，沈从文的湘西小镇，贾平凹的商洲故里，武侠小说的"武林""江湖"，都经过了艺术加工，似真似幻，亦真亦假。

3. 幻想

幻想主要指科学幻想。科学幻想故事是依据科学上的原理和最新发现，用幻想的方式去描述人类创造奇迹、历险的故事。凡尔纳的科幻小说、美国的《星球大战》，都运用无边的幻想，塑造出神奇瑰丽的虚幻世界。

第三节 写作构思的基本要求

构思是酝酿文章的全过程中所进行的一系列思维活动，是写作活动中的重要环节。它前承大量的素材资料、独到敏锐的艺术发现、不可遏止的创作冲动，后启艺术传达，为顺利地完成写作打下坚实的基础。清代李渔说写作"不宜卒急拈毫。袖手于前，始能疾书于后"（《李笠翁曲话》），强调下笔以前成熟的构思。构思的内容包括酝酿确立主旨，选取提炼材料和安排结构。选取提炼材料的内容有专门章节进行论述，所以这一节里我们着重讨论主旨和结构，这也是构思最重要的两个环节。

一、确立主旨

（一）主旨的界定

主旨，是作者在反映社会生活，论述一个道理或说明事物时，通过文章的全部材料所表达出来的中心思想或基本思想。它是作者经过对现实生活的观察、体验、分析、研究，以及对材料的处理，提炼而得出的思想结晶，既包含所反映的现实生活本身蕴涵的客观意义，又集中体现出作者对所反映的客观事物的主观认识、理解和评价。古代文论中的意、义、理、旨、主意、主脑，现代讲的中心、立意、倾向性、写作意图、中心思想、中心意思、基本论点、中心论点、论题等术语都囊括在"主旨"中。我们特别要指出的是"主旨"是文章学的术语，不同于"主题"。主题这个词源于德国，最早是一个音乐上的术语，指乐曲的核心旋律、主旋律，后来移植于文学理论中，含义比"主旨"狭窄。

因为文体的不同，主旨的内涵不同。记叙文中主旨是对所记叙的人和事的基本看法，议论文中主旨是大概论点，应用文中主旨是对问题的客观科学的解释。文体不同，表现主旨的方式也不同。记叙文通过对社会生活中的人物、事件、环境的叙述来表现，议论文通过对问题、道理、主张的论述来表现，说明文通过对客观事物的科学说明来表现。

（二）主旨的作用

我国古代文章家十分重视确立主旨在写作中的地位和作用，他们强调"意在笔先"，认为主旨应该"一线到底，万变不离其宗，如兵非将不御……"（刘熙载《艺概》卷六）。对于一篇文章来说，主旨是贯穿全文的"纲"，是文章的"统帅"和灵魂。抓住了主旨，则"提领而顿，百毛皆顺"；反之，则散兵游勇，乱成一片。主旨正确与否、深刻度如何，是衡量一篇文章的好坏、价值高低的重要标准。

主旨决定材料的主次取舍。苏轼说："儋州虽百家聚州，人所需取之市而足，然不可徒得也，必有一物以摄之，然后为己用，所谓一物者，钱是也。作文亦然，天下之事，散在经史子集中，不可徒使，必得一物以摄之，然后为己用，所谓一物者，意是也。不得钱，不可以取物；不得意，不可以用事也。"（葛立方《韵语阳秋》）"意"即主旨，得"意"，才能驾驭整合经史子集中众多散乱的材料。

主旨是文章结构的依据。刘勰"履端于始,则设情以位体",意思是要根据表达的思想情志,确定文体结构。

主旨决定语言的表达,语言表达要为主旨服务。杜牧说:"苟意不先立,止以文采辞句绕前捧后,是言愈多而理愈乱,如入阛阓(街市),纷纷然莫知其谁,暮散而已。是以意全胜者,辞愈朴而文愈高,意不胜者,辞愈华而文愈鄙。是意能遣辞,辞不能成意。"(《四部丛刊》影明刊本《樊川文集》卷13)意思有明确的主旨,语言表达才会精要清晰;立意越高,语言表达即使非常朴素也能成就好文章。

所以,主旨在写作中起支配统帅作用,文章的选材、剪裁、结构、语言、表达都要以主旨为依据,受其约束。

(三)主旨的要求

1. 真实性

真实性的含义是丰富的:它要求主旨符合历史的真实、生活的真实,要求主旨要经得起时间的检验。作者必须在全面占有材料的基础上,用客观的眼光,揭示事物本质,指明事物发展方向,才可能提炼出真实的主旨。"主脑有纯驳、平陂、高下之不同,若非慎辨而去取之,则差若毫厘,谬以千里矣。"(刘熙载《艺概·文概》)。俞万春的《荡寇志》,由于其主旨的虚假不真实,对宋代农民起义的评价不符合历史潮流,所以很少被人阅读;人民公社化、大跃进时期产生的一些应时作品,因为主旨的错误渐渐被人们遗忘。这些例子提醒作家,不能凭主观"臆测主题",不能削"生活"之足适"主旨"之履。

2. 集中性

集中性是指主旨不能分散杂乱,要围绕一个中心说深说透。当然,有些"庞大"的作品,其意蕴是多重的,犹如交响乐多重旋律的完美融合。但在这些作品中,仍然有一个主旋律,次要的旋律仅仅是其补充、发展,所以也不违背集中性的原则。

3. 深刻性

主旨的高下,不在题材的大小宽窄,主要在于深刻性与深刻度。韩愈写马(《杂说四》)、柳宗元写驴(《黔之驴》)、鲁迅写狗、鼠、猫(《狗、鼠、猫》)及写跳蚤、蚊子、苍蝇(《夏三虫》),都在平常现象小事中写出了深刻的主题。同样的材料,不同作家会提炼出不同的主旨,王实甫的《西厢记》,历经元稹《莺莺传》的"始乱终弃"、董解元的《西厢记诸宫调》的"佳人合配才子",

终于提炼出"愿天下有情人终成眷属"的主旨，称扬人性的自由、相爱的自由，令题材增色生辉。

4. 新颖性

主旨要新颖，不拾人牙慧。黄庭坚云："文章切忌随人后。"李渔在《闲情偶寄》里说："人惟求旧，事惟求新；新也者，天下事物之美称也。而文章一道，较之他物，尤加倍焉。"古代文论中的"独具慧眼""独树一帜""独抒性灵""独怀孤诣"都强调主旨的新颖性。创新是写作的生命，新颖的主旨是社会发展、人们认识水平提高的必然要求。

（四）主旨的提炼

主旨的提炼要在全面占有素材的基础上，选择好角度，经过多种主旨的对比，确定出与材料最匹配的主旨。作家老舍，从小家境贫寒，饱经忧患，在京居住期间，与洋车夫交往甚密。他熟悉这些人的音容笑貌、生活经历，也知道许多洋车夫个人的故事，素材积累非常丰富。"七七"事变后，一位朋友告诉他，有一个洋车夫，买了三次车，又丢了三次车，最后悲惨地死去了。老舍听后，感情不能自已，决心写一部反映旧中国洋车夫命运的作品，这就是《骆驼祥子》。

提炼主旨时，要善于捕捉引发创作的动机，并在材料的分析整理和进一步搜集中不断强化放大。创作动机是作者最想要达到的写作目的，它往往成为作品的主旨。还要善于寻找最具表现力的角度，提炼出新颖深刻的主旨。比如，要揭开表面仁义道德实则戕害人性的传统文化的痼疾，用狂人的眼光来看世界就精妙得很（鲁迅《狂人日记》）；要表现社会风尚的变迁，女性在这种文化下受到的种种束缚，用服装变化作为载体来表达则能巨细并包（张爱玲《更衣记》）。另外，材料提供的信息含义是丰富的、多向度的，把所有可能提炼出来的主旨罗列出来，细细地比较，也是确立主旨的好方法。

二、规划结构

（一）结构的界定

结构就是指文章的内容、材料的组织方式和内部构造，它是作者表达思想，反映客观世界的重要手段。结构是一个形式问题也是一个内容问题，它不是纯粹的技巧，要受到文章的内容、体裁、读者阅读心理、作者思想水平、审美情趣、组织才能的影响。结构具有客观性，必须符合客观事物的内在联系及其发展变化和结局的过程。同时，结构也具有主观性，同样的题材内容、同样的主题思想，不同的作者有不同的结构。

（二）结构的作用

恰当的结构有利于揭示主旨，调度材料，安排层次。

1. 好的结构有利于揭示主旨

安排结构的根本任务在于有效地揭示文章的主旨。为使文章的主旨直达人心，必须把主要的事件突出地表现出来，而对其他的事件则根据各自的重要性把它们做深浅程度适当的妥帖安排。因为文章的主旨在大部分的作品中不是直接表达出来的，它潜藏于精心结构的一条条材料中。通过材料不同的组合关系，引起读者不同的思考，唤起他们不同的情感体验。这种思考和体验，就是文章希望表达的主旨。《红楼梦》第98回，写林黛玉满腹凄苦，万念俱灰，香消玉殒之时，正是宝玉宝钗完婚，贾府喜气洋洋之际，一悲一喜，以喜衬悲，突现了《红楼梦》的悲剧主题。

文学类作品的主旨表现依赖结构。议论性文章中心论点（或中心思想）的体现，也取决于作者的结构能力。写作议论性文章，有一条逻辑的顺序可循。正如毛泽东同志在《反对党八股》一文中指出的，写此类文章，应该先"提出一个什么问题，接着加以分析，然后综合起来，指明问题的性质，给以解决的办法"。这条逻辑顺序，我们可以理解为写作议论性文章的布局原则。

2. 在精心结构中调度材料

结构对材料有支配、调度的作用。材料的好坏、主次都在安排结构时得到检验，从而决定材料的取舍详略。在结构的安排中，有些看似有用的材料却并不是最必需的，比如与其他材料相似的、重复的；有些小材料却能起意想不到的作用。比如马烽的《我的第一个上级》中，小说开头就写老田在夏天穿着的大棉袄，这只是他外貌服饰上的小特征，但这个小特征却"记载"了老田忘我工作的过去，是他严重风湿病的外在表征，又是他后来带头跳下洪水中，筑"人体堤岸"情节的反衬和伏笔。

结构对材料的调配，在说明性文章或学术性文章里，也显得相当重要。有些概念复杂的抽象事理，很难一下子让读者理解和接受，这时就应该精心安排文章的结构，合理使用材料，由浅入深，由具体到抽象，把深奥的事理介绍给读者。说明文《统筹方法》是个好例子，为了让一般读者也能明白统筹方法的基本原理，作者在文章的开头举了个人们身边的例子——客人来了后准备泡茶，方案有多种，但运用统筹方法就可以在最短的时间里完成所有工作。所以，主旨是调度材料的依据，结构对于调度材料也很重要，我们应该给予足够的重视。

3. 结构有利于安排层次

文章的结构，对层次起着制约和整合的作用。恰当的结构有利于安排层次，使层次清楚，逐层深入，一气贯通；亦可使层次轻重分明，避免平板、单调。

（三）结构的要素

一般认为结构的要素包括：层次（内部结构）与段落（外部结构）、开头与结尾、过渡与照应。写作中，"定体则无""大体需有"，以下我们介绍的就是文章结构的大体。

1. 层次与段落

层次与段落的安排是结构的核心。层次也称结构段、意义段，用以区别段落（自然段），从整体上确定了全文的逻辑关系。层次安排合理，则文本内容脉络分明，气势贯通。写作前列提纲，其实质就是解决层次安排问题，使写作者对全文的整体布局成竹在胸，再去进行局部的精雕细刻。段落就是自然段，它是从文字表达形式上体现文本内容表达过程中的停歇或转换的一种标志，这种标志就是"换行"。层次表现文本内容的内在逻辑，段落则表现文本内容的外在秩序，所以层次又被视为内部结构，段落被视为外部机构。一般地说，文章的主体部分，可以包含几个层次，一个层次里又有几个段落。篇幅短小的作品中，也可能一个段落就是一个层次。

层次安排的方式因文体而异，以记叙为主的文体，可以按时间的推移、空间的变换、时空的交叉、材料性质的分类、作者的认识和感情发展、人物的意识流动为顺序来安排层次；以议论为主的文体，可以以并列、递进、先总后分或先分后总、比较等关系安排顺序；以说明为主的文体，可以以事物的空间组合关系、事物发展变化的时间过程、事物功能和特征的主次关系为顺序来安排层次。

无论哪种安排方法，都要注意两点：第一，每个层次都是全文整体的一部分且都应该是不可缺少的，当然也不能有重复。有人把这个特性称为层次的"不可或缺性"。列夫·托尔斯泰在《艺术论》中说："真正的艺术作品——诗、戏剧、图画、歌曲、交响乐，我们不可能从一个位置上抽出一句话，一场戏，一个图形，一小节音乐，把它放在另一个位置上，而不致损害整个作品的意义，正像我们不可能从生物的某一部位取出一个器官来放在另一个部位而不致毁灭该生物的生命一样。"第二，层次之间的逻辑顺序是一定的，不能随意变更，这是层次的"不可变更性"。这两个要求看起来很简单，但刚接触写作的人往往做不到，这是因为没有构思好就匆忙下笔，或者一边写一边添加新想法、新材料，写完后又不进行推敲修改。总之，要有认真严谨、负责任的写作态度，才能达到这两点要求。

段落的安排也要遵循"不可或缺性"和"不可变更性"，此外，段落还要长短适度，单一完整。

2. 过渡与照应

过渡与照应是使文本内容前后连贯的一种重要结构手段。为了使文章结构严密，衔接自然，前后贯通，形成有机整体，离不开安排过渡与照应。

过渡，是指上下文之间的衔接和转换。它在文本结构中起着承上启下的作用，使上下相关的两个层次或段落衔接紧密，转换自然，天衣无缝。

需要安排过渡的情况主要有三种：一是由开头部分进入主体部分，或是由主体部分转入结尾部分，都应有过渡衔接，才能使全文结构严密而完整。二是当文章内容转换时，例如由一个材料、一个事件、一个观点的叙述或论证，转入下一个材料、事件或观点的叙述或论证，一般要用过渡来衔接。三是当表达方式或表现方法变化时，例如由抒情转入叙述，或者由叙述转入议论，通常也应当安排过渡，以使读者的理解跟上写作者思绪的变化，不致造成阅读理解上的混乱。

常见的过渡方式主要有过渡词、过渡句、过渡段。过渡词一般由关联词语来承担，如"因此""由此观之""然而""但是""总之""综上所述"等等，这些表示过渡的词语，一般放在下一段落的开头。过渡句一般放在前一段结尾或后一段开头，用以表示一种承上启下的关系。过渡段的作用与过渡句一样，只是它所包含的内容更具体一些，比如对前面的内容加以概括，对后面的内容进行提示。它一般用于两个层次之间的衔接，而且通常在两个层次之间内容转换幅度较大的情况下使用。

照应，是指前后内容上的彼此配合、关照和呼应。如果说过渡体现的是上下文之间的直接联系，那么照应体现的则是前后文之间的间接联系。合理而巧妙地运用照应，不仅能使前后贯通，首尾回合，而且能使某些关键内容在这种"前呼后应"中得到强化，给读者留下深刻的印象或是某种启迪。

常见的照应方式主要有三种：首尾照应、标题照应和行文中的前后照应。

行文中的前后照应是一种最具有技巧性的结构手法。通常所说的"伏笔""悬念"等等，都属于这种类型。这种照应方式的高妙之处在于，它通过适当地预设伏笔和制造悬念，调动起读者阅读的兴趣，在读者的期待之中伏笔得到呼应，悬念顿失时，读者不仅对文本思想有了深刻的理解，而且会在自己的心中把文章的前后内容自觉地联系在一起，从而由读者自己来完成强化文章结构整体感的工作。这种照应方式在叙事性文学作品中得到普遍使用，但要真正达到既引人入胜，又出人意料的艺术效果，却是很不容易的。这是最能够体现作者写作功力的重要标志之一。

3. 开头与结尾

开头与结尾，是文章结构中的两个独立部分，而且通常以独立段落的形式出现。由于它们在全文组织安排中处于重要地位，因而受到写作者格外重视，成为文章中的一个重要环节。

在写作中，一个好的开头能够为全文内容的表达理出头绪，奠定基调，预示发展趋势，便于下文的生发、延展。同时，开头是读者接触文章的第一环节，读者是否阅读下去，跟开头是否吸引人有很大关系。

开头方式多种多样。"交代因由"式的开头，文章伊始就交代作文目的，一目了然，容易引起读者感情上的共鸣，比如鲁迅的《为了忘却的纪念》；"总览全文"式开头，议论性文章常采用这种方式；"介绍人物"式开头，记叙性文章多用，开头就介绍时间、人物，有利于展开事件和人物性格，比如司马迁的《史记·陈涉世家》；"描写环境"式开头，比如巴尔扎克的《高老头》等等。

综观各种具体的开头方式，我们可以把它们概括为两种基本类型，即直接入题和间接入题。直接入题，"开门见山"，开宗明义，朴实无华。梁启超在《中学以上作文教学法》中说："文章最要令人一望而知其宗旨之所在，才易于动人。如向人借钱，晤面之后，不说来意，先寒暄半天，等人听得倦了，然后再讲到借钱，不如一会面就说借钱，比较爽快一点。'博士卖驴，书卷三纸，不见驴字'，人既不知所云，怎能动听……"间接入题，"曲径通幽"，起笔先作铺垫，巧妙迂回，逐步转入正题。总之，"开卷之初，当以奇句夺目，使人一见而惊，不敢弃去"（李渔《闲情偶寄》）。

好的开头很重要，好的结尾也是作者孜孜以求的。林纾在《春觉斋论文》中说："为人重晚节，行文重结穴。"好的结尾是全文发展的一个必然归结，对于全面而深刻地展现文本思想至关重要。

常见的结尾方式丰富多彩，概括而言主要有这样三种类型：一是总括全文，篇末点题，画龙点睛，"卒章显其志"（白居易《新乐府序》）的结尾；二是自然收束，事毕言止的结尾；三是面向未来，提出希望。不论以哪种方式结尾，都应当作到简洁、含蓄、自然。洪迈在《容斋续笔》中所说的"一篇之妙，在乎落句"，明人谢榛的"起句当如爆竹，骤响易彻；结句当如撞钟，清音有余"（《四溟诗话》），这些见解都很有借鉴意义。

（四）结构的一般方法

文章的结构安排要遵循两个基本原则：一是主观性原则，即结构安排要符合思维活动的规律；二是客观性原则，即结构安排要服从内容表现的需要，比如结构安排要符合文体的客观规定。一般而言，消息，通常由标题、导语、主体、背景和结语几个部分组成；科技论文，一般由论文摘要、研究目的、科研价值、材料与方法、观点与讨论、图片与说明、参考文献、外文摘要这样几个部分组成；诗歌要求分行分节；戏剧要求分幕分场；电影电视要求分镜头组接等等。结构安排就要符合文体的这些特点。在这两个原则的指导下，我们总结出结构安排的一般方法：

（1）时间顺序法。按照客观事物发展的阶段或事件发生的先后顺序来安排结构。这种结构形态适用于在一段时间中发展变化的事件事物。这种发展变化过程，可以是连续的也可以是断断续续，时间跨度比较大的；时间安排可以是严格的先后顺序，也可以打乱自然时间，按照最能突出主旨的方式来安排。记叙文、观察日记、长时间旅行的游记、人物传记、历史小说都经常按时间顺序来安排结构。

（2）空间顺序法。按照空间的变换来安排结构，由远至近或从近到远，从中间到两边或从两边到中间，从内到外或从外到内；或选定一点一一道来，或移步换景，景随人移。当事件发展多线索齐头并进时或不同场合同时发生相关联的事件时，空间顺序法就会被采用。此外，对某一风景点，特别是建筑、庭园等进行参观介绍时，或小说中人物出场前描绘其生长生活的环境时，用空间顺序法安排结构也很理想。说明文、记叙文都常用这种方法。

（3）时空交错法。这种方法综合运用时、空两种结构方式，特别适用于对复杂事件的记叙。事实上，事物事件的发展总是多侧面、多层次、全方位的，影响其发展进程的因素也是多元复杂的。在反映重大事件的推进过程时，从时空两个向度上展示，才能充分全面。经常被人提到的一个例子是通讯《为了六十一个阶级兄弟》。其他如反映历史或现代战争的作品，以及《红楼梦》这样整整刻画了一个时代的长篇巨著，也常常采用时空交错法。

（4）意识流法。打破时空的限制，按照主体意识的流动来安排结构。前三种方法都是传统的结构方法。它们以人的理性认识为结构的基础和依据，在反映常规常态下的事件时，它们是有效的方法。但写作，不光要从理性的角度反映事件的外在发展趋势，它还要求深入到人物内心，从主观印象的角度暗示事件的本质，揭示人物最本真的心理。短篇小说《凡卡》，王蒙的中篇小说《蝴蝶》《布礼》等都运用了意识流来安排结构。

上面四种结构方法，广泛地运用在记叙性、说明性的文体中。当然，说明性的文体还可以按照事物的组合关系、事物的功能和特征的主次关系来安排结构。议论性的文体可以按照并列、递进、先总后分或先分后总，按照客观事理各个侧面层层深入，事理的逻辑关系比较等来安排结构；其他还可按作者认识和感情的发展、材料的分类等来安排结构。

第四节　创造性思维的运用

一、创造性思维的界定

从运用的角度看，思维可以分为一般思维能力和创造思维能力。一般思维能力指在学习中领会基本概念和基本原理，运用它们解释某些现象或解决某些问题的能力；创造思维能力是在提供崭新的精神或物质产品中所体现出来的独创能力。创造性思维就是在客观需要的推动下，以新获得的信息和已储存的知识为基础，综合地运用各种思维形态或思维方式，克服思维定式，经过对各种信息、知识的匹配、组合，或者从中选出解决问题的最优方案，或者系统地加以综合，或者借助类比、直觉、灵感等创造出新办法、新概念、新形象、新观点，从而使认识或实践取得突破性进展的思维活动。创造性思维具有创新性（独创性、新颖性）、突破性、开拓性、综合性的特点。

人类的创造性活动通常有两类：艺术类（包括音乐、美术、文学创作等）与科学类（包括对自然科学和社会科学领域的各种理论探索，即对自然界和人类社会中各种运动变化规律的揭示与发现）。

艺术类创造性活动中的思维过程具有以下特点：

（1）思维的材料（即思维加工的对象）主要是反映事物属性的各种表象。音乐家主要是用事物的听觉表象，画家和文学家则主要是用事物的视觉表象。

（2）思维的过程主要是潜意识思维。艺术创造活动的高潮（即灵感出现的瞬间）是突如其来的。如莫扎特所言，"它们是在什么时候又是怎样进来的呢？我不知道，而且与我无关"；梵·高对黄昏日落曾经见过千百次，但对夕阳和色彩的真正领悟只是在林中作画时才突然闪现；托尔斯泰事先也未能想到，睡衣袖口上的花纹图像会给自己带来创作的灵感。创作主体对这一过程事先不能觉察，也无法用言语描述，所以艺术灵感的孕育与发生是潜意识的思维过程。

（3）思维的成果是前所未有的，富有艺术魅力，能给人以深刻美感的全新的艺术形象。这种全新的艺术形象（艺术家创造性活动的结晶），对于作曲家来说是以事物的听觉形象来体现的，画家是用视觉形象来体现的，文学家则是用典型人物的形象来体现的。

（4）整个艺术创造的思维过程离不开逻辑思维的指引与调控。可见，艺术创作的思维过程，决不仅仅是形象思维过程，其中必然包含逻辑思维。形象思维离不开逻辑思维的指引与调控，否则将迷失方向。任何伟大的艺术作品都是高度发展的形象思维与深刻的逻辑思维有机结合的产物。

写作本质上是创造，是一种独创性很强的精神劳动。写作中的创造思维是一种具有开创意义的思维活动，是开拓认识客观事物的新领域，开创认识客观事物新成果的思维活动。如拓宽写作面，发掘出崭新的题材内容，反复深入地研究，选择提炼出全新的主题、观点、概念，以非常规的移植组合创造出新颖独特的表现形式和手法等等。写作创造思维是多层次的思维活动，诸如随机应变，创造条件找到写作素材，改变思考问题的出发点，找到新的写作角度，吸收其他文体的表现手法使所写作品的形式有所改进。写作中的创造思维是实现了知识即信息量的增值思维活动。增值的表现是：一方面作者从一定写作对象中所获得的信息增值，另一方面是读者从诗文作品中获得的信息增值。写作的创造性思维是需要付出艰苦脑力劳动和运用高超能力的一种思维活动。

二、创造性思维的作用

创造性思维能激发作者的求知欲望，促进作者知识总量的增加；创造性思维也能激发作者的探索兴趣，促进作者认识能力的提高；创造思维还能激发作者的人生乐趣，促进作者进一步发挥创造性。创新是创造性思维的根本特征，写作的永恒追求也是创新。创造性思维渗透在写作的各个要素中，一篇文章要引起人们的注意，要富有感召力和生命力，必须有新材料、新观点、新角度、新人物或新写法。

当创造性思维降临到艺术家身上时，总能赋予他们创新的魔力。画坛巨匠梵·高在谈到自己的创作经验时曾描述这样一种欣喜的体验："在荷兰的绘画中我很少看到理想的色彩效果。昨天晚上我有个意外发现，当时我正在树林中稍有倾斜的地面上作画。这块地周围铺满了山毛榉逐渐褪色的落叶。在夕阳的辉映下，这些落叶被染成了深深的棕红色。这种色彩是如此的艳丽，以至你无法想象有哪一种地毯的颜色能与之相比。问题是如何能表现出这种神奇的色彩、坚实的土地和巨大的生命力，这是一个十分困难的问题。在我绘下这幅景象的时候，我第一次发现黄昏时分竟有如此多彩的光线，画家应在抓住夕阳余晖和丰富色彩的同时把握住这些光线。"不光是恢宏的自然景观，一个纤小的细节，也可能引发大师们的创造力。文学泰斗托尔斯泰曾提到，构思安娜·卡列尼娜与自己睡衣袖口上的花纹图案有关。他说："我坐在书房里，仔细地看着睡衣袖口上那用白丝线镶成的花纹图案，它非常好看。于是，我想，人们怎么会想出这么多花纹、装饰、刺绣……这该多么令人神往呵。我明白，女人们喜欢这些东西，才会去做。当然，现在我该想想安娜（即小说中主人翁的构思）……这个花纹图案启示我写出整整一章。"

三、创造性思维的类型

创造性思维包括求异思维、发散思维、组合思维、逆向思维和变形思维等类型。

（一）求异思维

求异思维就是求同中之异，面对同一事物、现象，独立思考，自出新意。古典诗词对典故的翻用就是一种典型的求异思维。朱自清和俞平伯同游秦淮河，写出的文章无论是主旨、语言、风格上都迥然不同。郭沫若的《蔡文姬》是要另树一个文治武功、礼贤下士的曹操。川剧"鬼才"魏明伦创作《潘金莲》，也是想为《金瓶梅》中的潘金莲翻案。陆游读了林逋"疏影横斜、暗香浮动"的隐士梅，写出"零落成泥碾作尘，唯有香如故"的君子梅，旨趣不同，各有千秋。

（二）发散思维

发散思维又称多向思维，是作者以某一既定的选题为圆心向四周进行发散性思考的思维方式。平常所说的"思路开阔""文思泉涌"正是发散思维的具体表现。运用发散思维进行写作，可以促使作者从线性思维中解放出来，把封闭性的思维变为开放性的思维，以开阔的思路去观照生活，分析问题，从而揭示客观世界的丰富性和多样性。

作家福克纳在《喧哗与骚动》中运用发散思维，分别以四人之口（傻瓜班吉、大哥昆丁、二哥杰生、老仆人迪尔西）叙述了美国南方衰败贵族康普生一家，以及凯迪·康普生的命运。四人站在各自不同的立场，各执一词，讲述一段同样的故事，犹如多声部的交响乐。日本电影《罗生门》的叙述方式也与它极为相似。

（三）组合思维

组合思维是一种把有关的事物或事物的各个方面组合成一个有机整体的思维方式。组合是在寻找各种事物之间的相似点和可组合性的基础上进行的。安徒生的童话故事《海的女儿》中人首鱼身的鱼小人形象，就是组合了人和鱼类的生理特征。其他，如语言的组织、情节的安排、事物特征的综合都离不开组合思维。特别是语言，打破常规组合关系建立新的组合关系，往往能构成奇妙的诗意盎然的句子。

（四）逆向思维

逆向思维，简言之，就是反其道而行之。议论性文章中的先果后因的因果论证法和叙述性文章的倒叙法都是逆向思维的产物。前者由果推因，让读者带着思索去阅读和探求原因，得出正确的认识；后者开篇伊始即造成悬念，引人入胜。

（五）变形思维

变形思维，往往对生活原型进行变形处理，并对其某种特征进行夸大或缩小，创造新颖独特的艺术形象。中国古代众多的神话人物，蒲松龄的《聊斋志异》，吴承恩的《西游记》，西方现代派作家卡夫卡的《变形记》等都成功地运用了这种思维方式。

四、创造性思维的培养

为了探求创造性思维的秘密，以便进行有效的训练，很多专家对创造性思维进行了研究，产生了许多理论，如沃拉斯的"四阶段模型"、韦索默的"结构说"、吉尔福特的"发散性思维"、刘奎林的"潜意识推论"、"灵感发生论新探"、斯滕伯格的"智力观"、若宾的"最高级思维模型"等等。

针对艺术性创造思维的训练方式有三种。

（一）在具体情境中创新

具体情景的信息丰富多彩，形象生动，能与创作者产生深层的共鸣，引发创新能力。史载伯牙拜成连学琴，三年后，成连编成了一部《高山流水》的乐曲，伯牙演奏此曲，虽然音调很准，但是表现不出高山流水的气魄。于是，成连将伯牙带到东海的一个小岛上，自己却划船走了。伯牙一个人留在岛上，见到的是汹涌的海水、杳渺的山林，耳边只有大自然深邃美妙的音响，于是面对大海，鼓琴而歌。十天后，成连来了，再听伯牙弹奏《高山流水》，那真是"耸高而激荡，如江水奔腾无羁"。伯牙学琴之所以能悟于景、动于心，激发出艺术的灵感，对音乐产生认识的飞跃，就在于情境的触发。

（二）发现问题的训练

独立发现别人没有看出的问题，提出正确的问题，往往等于解决了问题的大半。歌德"凡是值得思考的事情，没有不是被人思考过的；我们必须做的只是试图重新加以思考而已"。在平时的观察、阅读中，应该养成发现问题的习惯。

（三）成语、谚语、俗语新解训练

成语、谚语、俗语往往已经有固定释义，对它们重新思考，就是为了打破对熟悉词语理解的概念化，打破思维定式，培养创新思维。

如果专门就主旨提炼中的创造性思维培养而言，我们还可以提供一些思考方法以供参考。从宏观角度来说，提炼主题是思维过程，即作者运用形象的、逻辑的、灵感的三大思维形成一个自控系统，再用它去控制材料，提炼主旨。但是，在思维方法上怎样对材料进行微观控制（选择、评价、决策），提炼主题呢？

首先，面对材料要进行独立性思维。要具备"怀疑动机"，即敢于对人们"司空见惯"或认为"完美无缺"的事物或观点提出怀疑；要具备"抗压性动机"，即力破陈规陋习，锐意进取，勇于革新；还要具备"自变性动机"，即能否定自己，打破"自我框框"。

其次，面对材料要进行多向性思维。一个材料为何有多种意蕴呢？这是由于事物本质的多样化所决定的。一个事物的本质，从纵向看，具有多层次的特点；从横向看，具有多侧面的特点。在进行多向性思维时应注意：第一，要运用"扩散性动机"。首先思维要"纵向探索"，发现一个意蕴后，立即层层深入，上下求索。接着要"逆向探索"，立即想到这个意蕴的对立面。最后还要"横向探索"，联想到与所发现意蕴的特点相同的种种事物和观点。通过纵、逆、横相结合的发掘，从而将材料中各层次、各侧面的意蕴提炼出来，排列开来，供作者进一步提炼。第二，面对多层次、多侧面的许多意蕴，作者要善于启动思维的"发散动机"。在一个意蕴前面，尽量提出多种设想、多种答案、多种表现形象，以扩大提炼主题的选择和决策余地。这就要善于启动"换元动机"。灵活变换可以提炼主题或影响主题的诸多因素中的一个，从而产生提炼主旨的新动机。要善于启动"转向动机"。思维在一个方向受阻时，能立即转向另一个方向去探索。还要善于启动"创优动机"，用心寻找最优答案。

再次，面对材料要进行"跨越性思维"，省略思维的步骤，加大思维的"前进跨度"。超越事物的观点和意蕴与意蕴（信息与信息）之间的差距，加大思维的"联想跨度"，直接获得最优、最佳、最新的主题信息；跨越意蕴本身的限度，迅速完成化虚为实、化静为动、化观念为形象、化形象为语言……的转化，加大思维的"转换跨度"。

第四，面对材料要善于进行"综合性思维"，把独立性思维和多向性思维从材料中提炼出来，揭示材料深层意蕴和最新侧面的意蕴，综合提炼成为最佳的、稳态的审美知觉模式——主题或中心思想。这就要求作者开动思维的"智慧交叉动机"，善于汲取前人和同时代人在文学艺术及相关学科中的新创造、新经验的精华，与自己的意蕴相比较、交叉，形成美学价值上的"空白的填补""传统的创造性发展""前说的纠正"等等刷新纪录的主题；要求启动思维的"统摄动机"，把大量意蕴综合在一起，加以宏观的和微观的控制，形成稳态的控制系统（主题结构）（胡宏文《创造性思维的五个品质》）。

最后，作为思维主体，还应该注意培养自身的兴趣因素（包括求知欲和好奇心）、意志因素（包括意志的持久性、坚韧性、果断性、自制性）、知识因素和情绪因素，万事俱备，才能在创新的东风吹来时敏锐地感觉到、捕捉到。

范文点评

【范文】

丑 石

贾平凹

我常常遗憾我家门前的那块丑石呢:它黑黝黝地卧在那里,牛似的模样。谁也不知道是什么时候留在这里的,谁也不去理会它。只是麦收时节,门前摊了麦子,奶奶总是要说:这块丑石,多碍地面哟,多时把它搬走吧。

于是,伯父家盖房,想以它垒山墙,但苦于它极不规则,没棱角儿,也没平面儿;用錾破开吧,又懒得花那么大气力,因为河滩并不甚远,随便去捎一块回来,哪一块也比它强。房盖起来,压铺台阶,伯父也没有看上它。有一年,来了一个石匠,为我家洗一台石磨,奶奶又说:用这块丑石吧,省得从远处搬动。石匠看了看,摇着头,嫌它石质太细,也不采用。

它不像汉白玉那样的细腻,可以凿下刻字雕花,也不像大青石那样的光滑,可以供来洗纱捶布;它静静地卧在那里,院边的槐荫没有庇护它,花儿也不再在它身边生长。荒草便繁衍出来,枝蔓上下,慢慢地,竟锈上了绿苔、黑斑。我们这些做孩子的,也讨厌起它来,曾合伙要搬走它,但力气又不足;虽时时咒骂它,嫌弃它,也无可奈何,只好任它留在那里去了。

稍稍能安慰我们的,是在那石上有一个不大不小的坑凹儿,雨天就盛满了水。常常雨过三天了,地上已经干燥,那石凹里水儿还有,鸡儿便去那里喝饮。每每到了十五的夜晚,我们盼那满月出来,就爬到其上,翘望天边;奶奶总是要骂的,害怕我们掉下来;果然那一次就摔了下来,磕破了我的膝盖呢。

人都骂它是丑石,它真是丑得不能再丑的丑石了。

终有一日,村子里来了一个天文学家。他在我家门前路过,突然发现了这块石头,眼光立即就拉直了。他再没有走去,就住了下来。以后又来了好些人,说这是一块陨石,从天上落下来已经有二三百年了,是一件了不起的东西。不久便来了车,小心翼翼地将它运走了。

这使我们都很惊奇!这又怪又丑的石头,原来是天上的呢!它补过天,在天上发过热,闪过光,我们的先祖或许仰望过它,它给了他们光明,向往,憧憬;而它落下来了,在污土里,荒草里,一躺就是几百年了?!

奶奶说:"真看不出!它那么不一般,却怎么连墙也垒不成,台阶也垒不成呢?"

"它是太丑了。"天文学家说。

"真的,是太丑了。"

"可这正是它的美!"天文学家说,"它是以丑为美的。"

"以丑为美?"

"是的,丑到极处,便是美到极处。正因为它不是一般的顽石,当然不能去做墙,做台阶,不能去雕刻,捶布。它不是做这些小玩意儿的,所以常常就遭到一般世俗的讥讽。"

奶奶脸红了,我也脸红了。

我感到自己的可耻,也感到了丑石的伟大,我甚至怨恨它这么多年竟会默默地忍受着这一切?而我又立即深深地感到它那种不屈于误解、寂寞的生存的伟大。

【点评】

贾平凹的《丑石》,写于 20 世纪 80 年代初,最早收在散文集《月迹》中。散文写于"文以载道"还很风行的年头,但难得的清新隽永。虽然文章历经多年,仍可细细品味,由此可见作者炼意的高明。主旨内涵丰富:关于美的辩证思想,"丑到极致就是美";因为丑,做不得墙、台阶、雕刻、石磨,却正成就了它的伟大,颇有庄子无为思想。结构安排起伏有致,欲扬先抑。

【范文】

永远的蝴蝶

陈启佑(台湾)

那时候刚好下着雨,柏油路面湿冷冷的,还闪烁着青、黄、红颜色的灯火。我们就在骑楼下躲雨,看绿色的邮筒孤独地站在街的对面。我白色风衣的大口袋里有一封要寄给在南部的母亲的信。

樱子说她可以撑伞过去帮我寄信。我默默点头,把信交她给。

"谁教我们只带来一把小伞哪。"她微笑着说,一面撑起伞,准备过马路去帮我寄信。从她伞骨渗下来的小雨点溅在我眼镜玻璃上。

随着一阵拔尖的刹车声,樱子的一生轻轻地飞了起来,缓缓地,飘落在湿冷的街面，好像一只夜晚的蝴蝶。

虽然是春天，好像已是秋深了。

她只是过马路去帮我寄信。这简单的动作，却要叫我终生难忘了。我缓缓睁开眼，茫然站在骑楼下，眼里裹着滚烫的泪水。路上所有的车子都停了下来，人潮涌向马路中央。没有人知道那躺在街面的，就是我的，蝴蝶。这时，她只离我五公尺，竟是那么遥远。更大的雨点溅在我的眼镜上，溅到我的生命里来。

为什么呢？只带一把雨伞？

然而我又看到樱子穿着白色的风衣，撑着伞，静静地过马路去了。她是要帮我寄信，那，那是一封写给在南部的母亲的信，我茫然站在骑楼下，我又看到永远的樱子走到街心。其实雨下得并不大，却是一生一世中最大的一场雨。那封信是这样写的，年轻的樱子知不知道呢？

妈，我打算在下个月和樱子结婚。

【点评】

从写作思维的角度来讲，这篇微型小说最突出的特点是它所显示的辩证的悲剧型审美价值。

小说摄取主人公记忆中的一瞬间，写了一个美丽的生命和爱情骤然被毁的故事。而这种"美丽"又是以最平常的特征表现出来的：小雨，骑楼，湿冷冷的街面，各色闪烁的灯火，绿色的邮筒；"我"和"樱子"同去寄一封信，她穿着白色的风衣，软语依人："谁叫我们只带来一把小伞哪。"这样的生活情景实在是十分平常的，但这正是作者对于生活的思辨能力的深刻体现。因为作者想要告诉一切过着平常生活的人们，人间的至真至纯之美，就蕴藏在平常的生活之中。

作者的这种思辨能力，更集中地体现在小说的中心情节上：那样饱含着爱情和温馨的生活之美，却在一刹那永远地消失了。而且，她消失得竟也是那样美："……樱子的一生轻轻地飞了起来，缓缓地，飘落在湿冷的街面，好像一只夜晚的蝴蝶。"这样，因为美到了极致，便也悲到了极致。

作者就是这样，以精巧的构思，辩证地展现了蕴藏于生活中的一种悲剧型审美价值。那只"永远的蝴蝶"，揭示了小说的主旨：在我们的生活中，不能没有那种平常的而又是至真至纯的美丽。

实践练习

1. 指出鲁迅杂文《现代史》的主旨。

从我有记忆的时候起,直到现在,凡我所曾经到过的地方,在空地上,常常看见有"变把戏"的,也叫做"变戏法"的。

这变戏法的,大概只有两种——

一种,是教一个猴子戴起假面,穿上衣服,耍一通刀枪;骑了羊跑几圈。还有一匹用稀粥养活,已经瘦得皮包骨头的狗熊玩一些把戏。末后是向大众要钱。

一种,是将一块石头放在空盒子里,用手巾左盖右盖,变出一只白鸽来;还有将纸塞在嘴巴里,点上火,从嘴角鼻孔里冒出烟焰。其次是向大家要钱。要了钱之后,一个人嫌少,装腔作势的不肯变了,一个人来劝他,对大家说再五个。果然有人抛钱了,于是再四个,三个……

抛足之后,戏法就又开了场。这回是将一个孩子装进小口的坛子里面去,只见一条小辫子,要他再出来,又要钱。收足之后,不知怎么一来,大人用尖刀将孩子刺死了,盖上被单,直挺挺躺着,要他活过来,又要钱。

"在家靠父母,出家靠朋友……Huazaa!Huazaa!"变戏法的装出撒钱的手势,严肃而悲哀地说。

别的孩子,如果走近去想仔细地看,他是要骂的;再不听,他就会打。

果然有许多人 Huazaa 了。待到数目和预料的差不多,他们就捡起钱来,收拾家伙,死孩子也自己爬起来,一同走掉了。

看客们也就呆头呆脑的走散。

这空地上,暂时是沉寂了。过了些时,就又来这一套。俗语说:"戏法人人会变,各有巧妙不同。"其实是许多年间,总是这一套,也总有人看,总有人 Huazaa,不过其间必须经过沉寂的几日。

我的话说完了,意思也浅得很,不过说大家 Huazaa Huazaa 一通之后,又要静几天了,然后再来这一套。

到这里我才记得写错了题目,这真是成了"不死不活"的东西了。

2. 请根据下面的词语展开自由的想象联想,并和其他同学讨论交流。

狐疑 雪白 惊魂未定 火冒三丈 小市民 革命老区

3. 结合贾平凹的散文《丑石》,谈谈此类结构的技巧与局限。

第三章　写作语言的外化

从一定意义上讲，写作活动是运用语言文字将思想情感进行外化的过程，文章就是这种外化的结晶。因此，我们说写作就是语言的艺术。

第一节　写作语言概述

一、写作语言的界定

每个正常的人都会运用语言，就像每个人都用两条腿走路一样。因此语言看似十分平常，但实际上，语言却是神奇而伟大的。它是人类历史发展的产物，伴随着社会的发展而发展，同时又支撑着社会的发展。我们一般用它来传递信息，进行表达和交流，语言艺术家则还用它来构筑整个世界，甚至可以构筑得比现实世界更为辉煌绚丽。

那么，什么是语言呢？

所谓语言，是以语音为物质外壳，以词汇为建筑材料，以语法为结构规律而构成的一种符号系统。它具有全民性、社会性和体系性的特点。

从语言使用的形式来看，可分为口头语言和书面语言两大类。口头语言俗称口语，是人们凭口、耳进行交际的语言形式。口语表达往往需要交际双方当场迅速地反映，并可借助表情、手势、姿态来配合，具有生动、灵活、直观的特点。书面语言也称书面语，是在口语的基础上产生的，是用文字记载下来供"看"的语言，也就是使听说的语言形式变成读写的语言形式。经过历代作家反复的提炼加工，书面语比口语更精练、规范、严谨，为人们在写作时广泛使用。

从语言使用的领域来看，可分为文学语言和非文学语言两大类。文学语言通常有广义和狭义两种含义。广义的文学语言，是指在民族共同语基础上加工而成的书面语言，它既包括文学作品的语言，也包括哲学、科技、伦理等文章中所用的书面语言，以及经过加工后的口头语言；狭义的文学语言，则特指诗歌、小说、散文、戏剧、影视文学等各类文学作品的语言。非文学语言，是指在民族共同语基础上加工而成的书面语言，为非文学作品的一般文章所采用。

从语言使用的阶段来看，可分为"内语言"和"外语言"两大类。人的思维过程必须借助于语言，这在运用中往往不易察觉。构思阶段的语言被称为"内语言"，它是流动的、朦胧的，没有固定的形态。表述阶段的语言则称为"外语言"，是以口头或书面的形式将"内语言"固定下来的，它是有顺序的、明晰的、定型的。

就写作的本质而言，是以书面语言将构思外化，以书面语言来反映客观事物，表述主观思想。因此，写作是在运用书面语言的基础上进行的。清代文学家姚鼐说："文章之精妙，不出字句声色之间，舍此便无可窥寻矣。"（《与石甫侄孙》）这里的"字句声色"指的就是写作时所运用的书面语言，可见文章写作的好坏全取决于书面语言运用的好坏。

二、写作语言的作用

语言是思维的工具。语言和思维是两种独立的现象，但形影相随，不可分离。一方面思维对语言具有依赖性。马克思曾指出："语言是思想的直接现实。"（《德意志意识形态》）高尔基也曾说过："语言是一切事实和思想的外衣。"（《和青年作者谈话》）这就是说，一个人进行思维，形成某种思想，都必须借助于语言，脱离语言材料的思维是无法进行的，那种"完全没有语言的'自然物质'的赤裸裸的思想，是不存在的"（斯大林《论语言学的几个问题》）。另一方面，语言又从属于思想，受到思想的指导和制约。古人就说过"文章以意为主，以气为辅，以词为卫"（曹丕语，转引自魏庆之《诗人玉屑》）的话，说明了思想与语言之间的主从关系。朱光潜在《漫谈说理文》中指出："语言总是跟着思想走，思想明确，语言也就明确，思想混乱，语言也就混乱，如果不先把意思想好而就下笔写，那就准写不好。"所以思想不明确，语言也不可能明确，思想没有深度，语言也不可能有深度。这就要求我们在写作中要处理好炼意和炼字、炼句的关系，以恰当的语言形式表现思想内容，而不至于"文不逮意"（陆机《文赋》）。

在写作中，语言是一种信息载体，或是承载科学理论、经验总结，或是承载艺术感觉、审美情趣。而文章之所以能动人以情、晓人以理，就在于它作为一种思想情感交流的媒介，将作者和读者联结起来，充分发挥了其交际功能。而离开了语言的外化，无论多么深刻的思想，多么美好的感情，多么奇特的故事都不可能为他人所获知。在这一层面上，我们可以说，写作也就是一种通过书面语言来进行传达、交流的手段。

语言是文章的第一要素。高尔基说："文学的第一要素是语言。"（《和青年作者谈话》）其实，何止是文学作品，一切文章的第一要素都应该是语言。如果我们把文章比作有生命力的人体，那么文章的语言就好比是人体的细胞。正如刘勰在《文心雕龙·章句》中所说："夫人之立言，因字而生句，积句而成章，积章而成篇。"文章由一个一个的字、一句一句的话构成，说明了语言是构成文章的物质材料和手段。语言对于写作，更重要的还在于它是表情达意的唯一工具。人类用来表达思想感情的方式有很多种，比如绘画用线条、色彩的方式，音乐用音调高低、发音轻重快慢的方式，舞蹈用体态、动作的方式等等，文章写作则用书面语言这一种方式。因此，语言表达效果直接关系到写作成果的质量。如果一个人具备很高的语言修养，就能准确、生动而又敏捷地描述客观事物，反映某种思想感情，做到意到笔随，流转自如；相反，语言表现能力差，即使有所思也难以表述清楚，总是文不逮意，处处捉襟见肘。要解决这个问题，就必须像古人所说"工欲善其事，必先利其器"，学习准确地、晓畅地、艺术地使用语言。

三、写作语言的符号

符号，是指一种代用指号。如我们常见的红十字符号、交通信号红绿灯等等。写作语言也有自己的符号，那就是文字。具体来说，我们的写作语言符号主要是汉字。古人说："言者意之声，书者言之记。"意思是，语言是思想的表达，文字是语言的记载。

语言是音义结合的系统，包括发音和意义两部分，但它没有形体，看不见，摸不着。而文字除了音义以外，还有字形。比如"鸽子"这个词，它的读音是"ge zi"，指的是一种善于飞行的鸟，这是语言和文字都有的，但笔画构成的字形这样具体可见的东西则是只有文字才有的。一方面，文字是在语言的基础上产生的，有了文字，就突破了语言在时间和空间上的限制，扩大了语言的交际功能，从而写作也才得以实现。作者的写作语言外化，以文字记载下来，无须与读者见面，就可以表达。另一方面，有了文字，才产生了书面语言，使人们可以"看"着语言来仔细琢磨，促进了语言的发展，使语言更加严密和丰富。

作者要想准确无误地表达思想情感，就必须正确使用文字。要掌握当前通用的规范汉字，在字音、字形和字义方面依据有关的字典、词典，不用异体字，避免写错别字。我们阅读的时候，仿佛眼前有清澈的溪水潺潺地流过，但遇上错别字，就像流水被各种各样的礁石、杂物阻塞了一样，令人很不舒服。错字，是指写得不成字；别字，是指把甲字写成了乙字，如把"提纲"写作"题纲"，把"针砭"写作"针贬"，把"贡献"写作"供献"等等，都是对词义了解不够，误用了同音字。汉语里有不少的同音字、多音字、多义字，要加以细致地区分辨别。尤其是比较这个字和那个字的形、音、义的异同及关系，可以帮助我们少写错别字。总之，只有熟练地运用文字工具，才可能写好文章。

第二节 写作语言的运用

一、写作语言的基本要求

语言从属于思想，受思想的指导和制约，并不等于说语言是完全消极的，它对思想内容有积极的反作用。但丁说过："语言作为工具对于我们的思想的必要正如骏马之于骑士，既然最好的马适合于最好的骑士，那么最好的语言就适合于最好的思想。"（《论俗语》）好的思想需要有好的语言来匹配才能达到完美。虽然不同文体对语言的要求不尽一致，但仍有下列几点共同的基本要求。

（一）准确

准确，是对文章语言最基本的要求。文章中语言既要尊重文法规则，做到用词准确无误，造句合乎语法规则，又要符合生活常理。

1. 用词注意准确

（1）精心选择最恰当、最确切的词语，准确地再现事物的状貌，贴切地表达自己的思想感情。

法国著名作家福楼拜对他的学生莫泊桑说："我们不论摹写什么事物，要表现它，唯有一个名词；要赋予它运动，唯有一个动词；要得到它的性质，唯有一个形容词。我们必须继续不断地苦心思索，非发现这唯一的名词、动词和形容词不可，仅仅发现与这些名词、动词、形容词类似的词句是不行的，也不能因思索困难，用类似的词句敷衍了事。"（莫泊桑《小说》）世上的事物和人的思想都是无限的，要表述清楚，就需要作者在自己的词库里寻找和翻检出与之最贴切的一个词，而唯有这一个词才具有精确的内涵和丰富的外延，与客体相吻合。

北宋诗人王安石的《泊船瓜洲》中有一句："春风又绿江南岸，明月何时照我还？"据其原稿，作者最开始用的是"春风又到江南岸"，但随后圈去"到"字，注明"不好"，以后相继改用成"过""入""满"等词都不满意，最后才选定了"绿"。不能说用"到""过""入""满"等词错了，但都不及"绿"贴切形象。正是这个浅显平淡的"绿"字，蕴涵了无穷的情致，仿佛无形无色的春风就借这个"绿"字，化成了一幅妙夺天工的图画。所以唯有作者寻寻觅觅苦心思索得来的这个"绿"字，表现出了春天春意盎然的气息，反映了作者当时的心境，最为准确恰当和生动形象，也就是福楼拜所说精心寻来的那个"唯一"的词。

（2）仔细辨析词义，特别要注意区分近义词在含义和用法上的细微差别。

汉语的词汇很丰富，近义词、同义词较多，其差别也非常细微。它包括意义轻重上的差别，如"轻视"和"蔑视"、"失望"和"绝望"；也包括范围大小的差别，如"边疆"和"边境"、"战争"和"战役"；还包括个体与集体的不同，如"人口"和"人"、"布匹"和"布"等等。对同义词和近义词的仔细分辨可以使语言的表达精确、严密，这就要求作者掌握大量的词汇，以高度的敏锐性去辨析在使用范围和使用对象上的差别。

鲁迅在描写孔乙己时，就利用"窃"和"偷"两个同义词在用法上的细微差别，准确地刻画了人物的性格。当孔乙己听到别人取笑他偷书时，他争辩道："窃书不能算偷……窃书！……读书人的事，能算偷么？"本来"窃"与"偷"是同一意思，但在用法上有所区别，"偷"多用于口语，而"窃"是书面语言，好像比"偷"听起来文雅一些，而且还含有暗中、私下里的意思。这点

第三章 写作语言的外化

77

小小的差异就展现出了孔乙己的本质特征,既穷困潦倒,又不甘心与"短衣帮"为伍,失了身份又死要面子的迂腐特点。这样的语言符合人物的思想实际,符合人物的性格特点,也就是准确的语言。

(3)区别词语的感情色彩,做到褒贬适宜。

对于相同的现象,人们的主观态度可能不同,因而在词义上可以加上一层含有褒贬意味的附加色彩。例如,"诱导"和"诱惑"、"宏大"和"庞大"、"鼓励"和"怂恿"等都是前褒后贬。这不是因人而异的个人现象,而是大家约定俗成的社会现象,需要仔细区分、把握。

有的词语没有明显的褒义贬义之分,但仍包含一定的感情色彩。如汉语中对"死"的表达有多种形式:"逝世""谢世""作古""归西""与世长辞"等等。在写作中需要有意识地选择,叙述坏人的死亡显然就不适于使用温情委婉的说法。

2. 造句要合乎语法规则,合乎事理

句子是文章的骨干。如果造句能够文从字顺,那么文章的语言就达到起码的要求了。斯大林在《论语言学中的马克思主义》一文中说:"语言的词汇也并不就是语言,虽然没有词汇,任何语言都是不可想象的。但是,语言的词汇受着语言语法支配的时候,就会获得极大的意义。语法规定词的变化规则、用词造句的规则,这样就赋予语言一种有条理、有含义的性质。……正是由于有了语法,语言有可能赋予人的思想以物质的语言的外壳。"

(1)句子成分要完整。如果不符合省略条件而缺少应有的成分,就会造成句子结构不完整,表达的意思不准确。如《王老虎抢亲》中"江南才子周文宾男扮女装,被王老虎抢回家,把他送进妹妹王秀英的房中"。这句话的主语本是"周文宾",但到第三分句却暗中更换了主语,致使"把他送进妹妹王秀英的房中"缺主语。

(2)相关词语要搭配。主谓之间、动宾之间、定状补与中心语之间、主语和宾语之间要搭配得当,符合语法规则。如"从牡蛎和某些棘皮动物可以提取抗癌物质,许多海洋生物的药用价值正在逐步被发现和推广,前途是不可估量的"。句子的谓语中心语"发现和推广"是个联合短语,但是"推广"同主语中心"药用价值"不能搭配。

(3)语序要得当。句子里各个成分之间的关系,主要依靠词在句子里的排列顺序来表示,词序不同,词在句子里的作用以及跟别的词的关系也就不同。词序安排合理,关系就明确,语意就清晰;反之,关系就不明确,语意就含混。例如"为了争取高速度,我们必须狠抓科学技术现代化,把国民经济用先进的科学技术搞上去"。在"搞"前有两个状语:"把国民经济"和"用先进的科学技术",它们的次序颠倒了。

(4) 表达要合乎逻辑。合乎逻辑事理,就是要符合思维的规律性,符合事物的情理,也就是要做到概念明确,判断恰当,推理有据。有的句子完全符合语法规则,但不合事理,甚至违背了常识。如电视播出的一个化妆品广告,开头第一句话就是"告诉你一个全球五千万人的秘密"。既然已经有五千万人知道了,那又有何秘密可言?这显然是自相矛盾。

(二) 简练

简练,就是用尽可能少的字表达尽可能多的内容,做到言简意赅,"文约而事丰"(刘知几《史通·叙事》)。明代的吴讷在《文章辨体序说》中也提出:"篇中不可有冗章,章中不可有冗句,句中不可有冗字,亦不可有龃龉处。"写作文章,从字到句、到段、到篇都没有了多余的,才算是合格。这也是我们平常评论语言时常说的"干净"。所谓干净不干净,按叶圣陶的说法,就是节约不节约,"从一节一段到一个词一个句子,全都使用得恰如其分,不多也不少"(《叶圣陶论创作》)。

写作的艺术就是提炼的艺术,但许多人认识不到这一点,要么担心没说清楚而啰啰嗦嗦地解释,要么为了追求文风华丽而滥用修辞。其实,这不仅是写作技巧的问题,更是思维精密的问题。只有思想深刻,才能把握对象的本质,形成完整的认识,从而使思路清晰,富有条理性,在写作时节约文字。

1. 提炼最精粹的词语

写文章时要注意节约用字,能少用一个字就少用一个字,能用一句话说清楚的就不要用两句,尽量做到言简意赅。郭沫若在《怎样运用文学的语言》中就曾提到:"最好要简洁,和谐,熨帖,自然。任何一种对象,无论是客观的景物或是主观的情调,要能够用经济的语言把它表达出来。"

要注意删繁就简,把一切与表达主题不相干的部分,特别是不必要的重复和解释都统统删去。当然文字的简洁是以意思表达清楚为前提的,不可认为越短越好,削足适履。司马迁在《史记·李将军列传》中有这样一段文字:"广出猎,见草中石,以为虎而射之,中石没镞,视之,石也。因复更射,终不能复入石矣。"金人王若虚在《史记辨惑》里认为这段话不够简洁,"凡多三'石'字"。后人参考他的意见,将原句改为:"广出猎,尝见草中有虎,射之,没镞,视之,石也。因复更射之,终不能入矣。"原句33个字,缩减为26个字,剔除冗词,简洁明了,更富有表现力。

文章完稿后还要努力压缩,使文字尽量简短。正如鲁迅在《答北斗杂志社问》中所说:"写完后至少看两遍,竭力将可有可无的字、句、段删去,毫不可惜。"当年老舍在写作《月牙儿》时,就将一段150个字的描述性文字删去53个字,使之更为精练。欧阳修的《醉翁亭记》开篇仅用"环滁皆山也"5个字,就干净利落地写出了醉翁亭周围的自然环境,并为全文定下了叙述语言的基调,但这几个字是由原先的40余字压缩而来的。

2. 熔炼含蓄的词语

写文章时应该注意不要把话说尽,而要留有余地。

对文学作品来说,适当的地方还要含而不露,耐人寻味。诺贝尔文学奖获得者、美国作家海明威的作品就以言词简洁著称于世。他的经验是"用短句"、"头一段要短",他还曾打比方说:"冰山在海面上移动很是威严壮观,这是因为它只有八分之一露在水面上。"这和中国"虚实相生"的艺术理论一样,揭示了含蓄凝练的言辞可以达到言有尽而意无穷的境界,给读者带来莫大的阅读享受。如《红楼梦》第九十八回写黛玉临终时直声叫道:"宝玉,宝玉,你好……"话未说完,空白之处却是荡气回肠,余韵不绝。

对非文学作品来说,则要注意言词的明白晓畅,避免言外之意造成的歧义。因此在熔炼词语方面更要注意把握分寸,做到既含蓄又准确。这在西方的新闻界有一个典型例子,就是报道某人从楼顶上落下来摔死而原因不明时应该用哪个动词。讨论结果是用"从楼顶坠下致死",因为"跳"含有自杀的意思,"掉"意味着自己不慎,"推"则说明是他杀。可见,恰当地使用含蓄的词语不仅能使言词简洁明了,而且还有助于语言的准确。

3. 选用适当的文言词语

老舍曾说:"为什么中国的古诗只发展到九个字一句呢?这就是我们的文字的本质决定下来的。我们应该明白我们语言文字的本质。"(《关于文学的语言问题》)也就是说,汉语自古以来就有简洁明快的特色。如杜牧《阿房宫赋》的开篇:"六王毕,四海一,蜀山兀,阿房出。"仅用12个字,就把秦灭六国,统一天下,以及秦始皇大兴土木,建造宏大的阿房宫的事实概括了出来。

古代文言文在构词、造句上创造了许多凝练的形式,到今天仍值得我们学习和借鉴。比如朱自清在散文《荷塘月色》中有这么一句:"曲曲折折的荷塘上面，弥望的是田田的叶子。""弥望"见于《汉书·元后传》，指极目而望；"田田"描述的是叶浮于水上之貌。古诗中有"江南可采莲，莲叶何田田"。作者巧用古语词，表意丰富而言词简洁。

（三）生动

文章的语言在准确、简练的前提下，还应该力求精美、生动。生动，即新鲜别致，富有鲜活灵动的气息，在写作中就是要求语言讲究文采，有形象性、感染力。

古人说："言之无文，行而不远。"即使有好的思想，干瘪乏味的语言，也会使文章像别林斯基说的"有如一个面貌丑陋而心灵却伟大的女人"一样，令人敬而远之。好的内容只有用好的语言来表达，才能吸引读者，广为流传。刘勰在《文心雕龙·情采》中说："虎豹无文，则鞟同犬羊，犀兕有皮，而色资丹漆，质待文也。""质"是内容，"文"是形式。刘勰主张文质并重，认为好的内容还得靠优美的文辞来表现。这是在千百年的写作实践中已经得到了证实的真理。那么，怎样使语言生动呢？

1. 选用含义具体，富有形象感的词语

语言文字具有间接性，读者必须在想象中进行填充。因此，作者要尽量用形象的、有立体感的词语来写作，让读者能够身临其境。

描绘事物的色彩、形体，使人如睹其物、如见其人。张爱玲的作品中有许多感受都是与色彩糅合在一起的："看不到田园里的茄子，到菜市场上去看看也好——那么复杂的，油润的紫色；新绿的豌豆，热艳的辣椒，金黄的面筋，像太阳里的肥皂泡。"（《公寓生活记趣》）五颜六色的蔬菜给我们展现了一个热闹的菜市场，充满了都市生活的情趣。

运用象声词摹写自然环境和日常生活中的声音，也能增强语言的生动性。丰子恺写少爷们吃瓜子是一粒瓜子塞进了口里，只消"格"地一咬，"呸"地一吐，早已把所有的壳吐出，而在那里嚼食瓜子的肉了。小姐们吃瓜子则用门牙去咬瓜子尖，"的，的"两响，声音清脆动听。（《吃瓜子》）这样的声响，必然会让读者觉得整个形象都栩栩如生，可听，可视。

2. 运用多种修辞手法，句式富于变化

写作时，应根据文体特点和行文需要，运用比喻、夸张、对比、排比、拟人等修辞手法，来增强语言的表现力。如鲁迅针对"五四"前后复古派对文化糟粕采取的抱残守缺的态度，将之喻为"红肿之处，艳如桃花；溃烂之时，美如奶酪",给人留下深刻的印象。马克思在《资本论》中也有十分生动的说法:"资本来到世间从头到脚,每个毛孔都滴着血和肮脏的东西。"如果换成"资本从一开始就意味着压迫和剥削",虽然也是正确的,但缺乏形象性,没有余味。这说明理论文章和文学作品一样,要注意语言的鲜明、生动,才能具有较强的说服力和感染力。

单就文章的句式而言,它本身也有很强的感染力。老舍曾指出:"短句足以表现迅速的动作,长句则善表现缠绵的情调。"(《老舍论创作》)在《水浒传》里的"血溅鸳鸯楼","武松道:'一不做,二不休!杀了一百个也只一死!'提了刀,下楼来……武松的刀早飞起,劈面门剁着,(夫人)倒在房前声唤。"这里连用了好几个类似的短句,增添了戏剧性的效果,表现出一种急速火炽的紧张感,使人体会到那种英雄气概和动作敏捷。如果文章的句式单一,就会显得呆板,缺乏生气,因此需要我们对句式有所调整、变换,运用陈述句、祈使句、疑问句、感叹句以及倒装句、省略句等。

3. 注意音韵和谐,使语言富有节奏感

语言的节奏感可以通过声调的高低、句式的长短、语气的缓急变化来达到。适当的交错搭配使用,能有力地传达情感,渲染气氛,增添文采。例如《红楼梦》第二十八回宝玉向黛玉说心事:"当初姑娘来了,那不是我陪着玩笑!凭我心爱的,姑娘要,就拿去;我爱吃的,听见姑娘也爱吃,连忙的收拾的干干净净,收着;等着姑娘到来,一桌子吃饭,一床儿上睡觉。丫头们想不到的,我怕姑娘生气,我替丫头们想到。我心里想着:姊妹们从小儿长大,亲也罢,热也罢,和气到了底,才见的比别人好。如今谁承望姑娘人大心大,不把我放在眼睛里!"这段话骈散交错,长短相间,读起来抑扬顿挫,非常顺口,而且表情率直,一点也不做作、拖沓。另外,在《红楼梦》(甲戌本、庚辰本)第八回描写"冷香丸"的香气,还有这样一句:"只闻一阵阵凉森森甜丝丝的幽香。"几个叠字的连用,生动地描绘出了宝玉独特的心理感觉,而且音韵和谐,朗朗上口。而后来刊行的程甲本删成"只闻一阵阵香气",顿时逊色不少。

4. 语言要有幽默感

幽默是智慧的表现。写文章时,可以在关键的地方,借助想象,机智而巧妙地运用双关、讽喻、象征等手法,让读者在笑声中领悟。古今中外许多作家,像塞万提斯、莎士比亚、鲁迅、老舍,他们的语言都具有幽默感,同时又不乏深度。老舍就说过:"文字要生动有趣,必须利用幽默。"(《老舍论创作》)

他在《离婚》里有一段话："其实买个妾还不是件容易的事，只看男人的脑袋是金银铜铁哪种金属作的。吴先生的脑袋，据张大哥鉴定，是铁的；虽然面积不小，可是能值多少钱一斤？"这样的语言，幽默中含着讽刺，生动而别致。

（四）朴素

朴素和生动并不矛盾，"文字不怕朴实，朴实也会生动，也会有色彩"（《老舍论创作》）。朴素自然的文字以本色取胜，给人一种淡远的美。苏东坡曾说："凡为文，少小时须令气象峥嵘，彩色绚烂，渐老渐熟，乃造平淡；其实不是平淡，乃绚烂之极。"（《修辞鉴衡》下卷）他所追寻的平淡的艺术意境，是一种绚烂之极而归于平淡的极致。此时的语言是返璞归真，达到了极佳的境界。

1. 情感真挚才能有朴实的语言

王夫之认为文为"心之元声"，即是人的内心真实感情的自然流露。当作者有所思、有所感时，写作就如自然流淌的小河。反之，则是"为文造情"（刘勰《文心雕龙·情采》），必然矫揉造作。朱自清的散文《背影》，文字朴素，而情深意切，如李广田所言："《背影》一文寥寥千五百言，其所以能为后人传诵而有感人至深的力量，当然并不是凭借了什么宏伟的结构和华丽的文字，而是凭了他的老实，凭了其中所表达的真情。这种表面上看起来简单朴素，而实际上却能发生极大的感动力的文章，可以作为朱先生的代表作品。"（《朱自清选集·序》）

2. 要避免堆砌辞藻

刘勰说："夫铅黛所以饰容，而盼倩生于淑姿；文采所以饰言，而辩丽本于情性。"（《文心雕龙·情采》）附加的修饰虽也可以增色，但只能装饰外表，而真正的美却是产生于内在的情态。文章如果内容空泛，那么再多华丽的辞藻也无济于事。所以，人们一般认为文字朴素也就是清雕琢，贵自然。这并不是说不要修饰，而是要修饰适度，避免无限制的堆砌、形容。最终以淡化了的雕琢、不露痕迹的雕琢实现语言的朴素美。

二、写作语言的创新

精彩的语言大都是具有创新性的语言，因为它是对前人经验的突破和发展，是人们闻所未闻的。这样的语言新鲜、生动，富于生命力，令人耳目一新，回味无穷。

（一）务去陈言

所谓陈言，是指用俗了的陈旧的语言。也许有的词语刚开始使用时也很新颖、生动，但在反复的、广泛的使用中丧失了这一特点，变成了陈词滥调。这时再因袭陈言，就成了人云亦云，拾人牙慧，而且很可能令人生厌，拒而远之。

唐代古文运动的领袖韩愈曾经感叹："当其取于心而注于手也，惟陈言之务去，戛戛乎其难哉！"（《答李翊书》）去陈言不是件容易的事，因为人形成了一定的思维模式后，总会沿着这个模式来思考。近代文艺心理学家称之为"套板反应"，这也是人因循守旧的一个原因。朱光潜说过："一个人的心理习惯如果老是倾向'套板反应'，他就根本与艺术无缘，因为就作家说，'套板反应'和创造的动机是仇敌；就读者说，它引不起新鲜而真切的情趣。"（《朱光潜美学论文集》第二卷）英国美学家科林伍德也说过："艺术不能容忍陈词滥调。任何真正的表现必然是一个独创的表现。"（《艺术原理》）

由此可见，我们一面要学习前人的经典语言，一面又要避免积古不化，学会融会贯通，勇于创新。

（二）思维创新

语言的创新实质上是思维方式上的创新，也就是挣脱"套板反应"的束缚，发挥创造力。这往往需要作者把握事物的本质特征，用丰富的想象力去表现。如李煜的"问君能有几多愁？恰似一江春水向东流"，是用不尽的流水来传达无形的忧愁；李清照的"只恐双溪舴艋舟，载不动许多愁"，则将忧愁化为了有重量的形态。所以，这种创新的关键是敢于突破既定规则，寻求新的表现形式。

思维创新的一种情况是创造新词。在《三国演义》第五十回中，写赤壁大战，曹操遭火攻，有一句"与张辽引百余骑，在火林内走"。《水浒传》第三回写鲁提辖拳打镇关西时，"把两包臊子批劈面打将去，却似下了一阵肉雨"。这两句当中的"火林""肉雨"都是作者独创出来的，都是偏正型的合成词，以"火"修饰"林"，以"肉"修饰"雨"，既说出了质地又绘出了形态，新颖而形象，不能不说作者的匠心独运是成功的。

但创造新词并不等于随意生造，而要在破坏既定规则的同时，遵循一定的标准。正如李渔所言："琢句炼字，虽贵新奇，亦须新而妥，奇而确。妥与确总不越一'理'字。欲望句之警人，先求理之服众……"（《窥词管见》，《笠翁余集》卷首）也就是说，求新求奇却又要新奇得有理，能以理服人，为读者所接受。

思维创新的另一种情况是运用修辞手法来有意地违背事理逻辑，常见的有借代、夸张、反语和通感等。比如"有几个'慈祥'的老板到菜场去收集一些菜叶，用盐一浸，这就是他们难得的佳肴"（夏衍《包身工》）。句中的"慈祥""佳肴"都是反语，以明显违背逻辑的方式达到了讽刺的效果。又如钱钟书的《围城》里有这样的句子，"方鸿渐看唐小姐不笑的时候，脸上还依恋着笑意，像音乐停止后袅袅空中的余音。许多女人都会笑得这样甜，但她们的笑容只是面部肌肉的柔软操……"不笑的"笑意"是从视觉上看到的，"余音"是从听觉上听到的，"甜"是从味觉上尝到的。这是由视觉转移到听觉，又转移到味觉来描写唐小姐的笑意。通感的运用使读者各个器官联合起来，发生了共鸣，拓展了思路。这种故意超越事理逻辑构成了作者和读者的默契，不但没有妨碍语言的准确性，反而在丰富的想象中加深了艺术感受。

（三）用词独到

老舍说过："语言的创造并不是另造一套话，烧饼就叫烧饼，不能叫饼烧。"（《出口成章》）语言的创新是在大家使用的语言符号系统内的创新，是通过独特的切身感受，选取新的角度，寻觅新的语言形式，来反映生活，传达思想。因此，语言创新也就是寻找独特的、新奇的语言表现形式。

俄国形式主义的代表人物什克洛夫斯基提出了语言要"陌生化"，使人们对那些已经见惯不惊的东西感到陌生，得到感觉上的刷新。陆机在《文赋》中说："其会意也尚巧，其遣言也贵妍。"刘勰则明白地指出："若气无奇类，文乏异彩，碌碌丽辞，则昏睡耳目。"（《文心雕龙·丽辞》）杜甫更有诗句"语不惊人死不休"。这都说明语言要"意巧""奇异"才有魅力，才能吸引读者，震撼心灵。

北宋文人宋祁的《玉楼春》里有一句："红杏枝头春意闹。"关于这个"闹"字，人们有许多争论。李渔曾批评："此语殊难注解，争斗有声谓之闹，桃李争春则有之，红杏闹春，余实未之见也。"李渔从没见过"闹"字的如此用法，可见对他来说是陌生而费解的。但为后人所传诵的精妙之处也就在于此。王国维在《人间词话》中评价说："着一'闹'字而境界全出。"正是这一"闹"字，在明快中透出活力，表现了红杏花挤挤攘攘地开满树和蜂飞蝶舞的画面，让我们对春天产生了一种丰富而完整的感受。

像这样的字本身并不奇异难懂，关键在于作者感受独特，选字独到。清代的沈德潜认为："古人不废炼字法，然以意胜而不以字胜，故能平字见奇，常字见险，陈字见新，朴字见色。近人挟以辟胜者，难字而已。"（《说诗晬语》）语言创新的能力就在于细致地观察，结合语境敏锐地捕捉新颖恰当的字眼，以平常字表现出新奇意。

三、写作语言的类型

写作语言的类型就是语体类型。所谓语体，是根据不同的交际需要，所形成的具有不同用语特点的体系。前面我们谈到过，语言是交际的工具，而不同的交际目的对语言提出了不同的要求。根据交际目的的不同，我们一般把语体分为文艺语体、科技语体、政论语体和公文语体四种。

语体和文体是有区别的。文体是文章的体式，是从文章的总体构成来说的；语体则是不同文体对语言材料运用特点的综合形态，是一种语言表达体系。曹丕在《典论·论文》中说："盖奏议宜雅，书论宜理，铭诔尚实，诗赋欲丽。"奏议是臣子向皇帝陈述意见的疏奏，应该写得典雅；文书和一般论文，应该富于理论性；铭是刻于器物上记事、记功德的文章，诔是哀悼称述死者的文字，应该真实；诗赋则要华丽。可见，不同的文体因自身特点对语言有不同要求，应该选用不同的语体。

（一）文艺语体

文艺语体又称艺术语体，注重语言的形象性和情感性，给人美的艺术享受。

在语言材料的运用上，多用形象性、描绘性的词语和各种修辞手法。陀思妥耶夫斯基认为，"有个小银圆落在地上"的句子不好，应该写成"有个小银圆，从桌子上滚了下来，在地下叮叮当当地跳着"。后者比前者用词多，但也更生动形象，尤其是以"滚""跳"这样的动词，"叮叮当当"这样的象声词，将银圆落地描绘得活灵活现。同样，修辞手法的恰当运用也能达到这样的效果。如张爱玲在《红玫瑰与白玫瑰》中的一段话："娶了红玫瑰，久而久之，红的变了墙上的一抹蚊子血，白的还是'床前明月光'；娶了白玫瑰，白的便是衣服上的一粒饭粘子，红的却是心口上的一颗朱砂痣。"作者用比喻的方式，让原本抽象的一种感觉变得具体真切起来。文艺语体通过形象的描绘，不仅讲出事件的梗概，而且还使之有血有肉，丰满生动。

文艺语体常常广泛运用各种表情手段，抒发感情，引人共鸣。最简捷的方式是运用带有感叹词的句子以及暗示某种感情色彩的标点符号，如"啊！""哇！""咦？""唉……""哈哈！"等等。当然，更多的时候，还表现为语句的重复叠加、句子基本成分的省略、语序的颠倒等形式。如英国诗人拜伦对法国大革命的激昂歌唱，"一切都会好，一切都会好，/贵族吊在路灯上，/我们要把贵族都上吊！"（《唐璜》）

（二）科技语体

科技语体是适应科学技术内容和科学交流的需要而形成的运用语言体系。它是为科学技术的研究、发展和普及服务的，要求严密、精确。

科技语体往往大量运用专业术语，因为术语表意单一而精确。像"集成电路""抗生素""红外线"这些词，都有明确的指称，不会发生歧义。随着科技的发展，还不断地有外来词和国际通用词被吸收到科技语言体系中。至于文艺语体中常见的象声词、重叠的动词则很少会用到。

科技语体句式严整，单一而少变化。科技语体主要是使用陈述句，有时也有疑问句，基本不用感叹句和祈使句。句子成分一般不能随意省略，也不用倒装句型，而是大量运用复句，特别是有限制性定语、状语成分的多重复句，以表现内容丰富、关系复杂的事物。例如心理学研究中对"有意识记"的定义："有意识记就是事前有明确的目的要求，进行过程中必须按目的要求通过一定努力、运用一定识记方法以实现目的要求的一类识记。"

科技语体要求表达准确、严密，所以在修辞手法的选用上有很大的局限性。在无损论述的科学性的前提下，可以适当使用比喻、拟人等修辞手法，而反语、夸张、双关则一般不用。

此外，科技语体还经常运用图表、非语言符号等特殊手段来帮助说明。

（三）政论语体

政论语体是一种宣传鼓动语体，是适应社会政治生活领域的交际需要而形成的语言体系。它通过对社会生活中的各类问题进行论述，影响或鼓动人民群众。它的特征在于宣传的鼓动性和严密的逻辑性。

政论语体要用来在群众中进行宣传鼓动，那么选用的词语应该是社会上通用的词语，特别是口语、俗语、成语等通俗易懂的词语，并适当注意语言的生动形象性。同时，还要选用带感情色彩的有褒贬义的词语，肯定或否定、褒扬或贬斥，要态度鲜明。

从句类来看，采用的句子大多是陈述句、祈使句，为了增强说服力，还常结合运用设问、反问、警语、双关、排比等辞格。从句型来看，主要运用主谓句和大量的复句。由于政论语体要求严密的逻辑性，因此也就分外强调句法的严谨规范，包括关联词的正确使用，复句层次的清晰、周密等方面。

如毛泽东在《论联合政府》中谈道："'惩前毖后，治病救人'为宗旨的整风运动之所以发生了很大的效力，就是因为我们在这个运动中展开了正确的而不是歪曲的、认真的而不是敷衍的批评和自我批评。"前果后因，解说清楚，层次分明，在比较中肯定了批评和自我批评的正确、认真态度。

（四）公文语体

公文语体也称事务语体，是为了适应事务交往目的而形成的语体，它以务实应用为目的。语言运用上要求准确、简明、平实，而不太注重文采。

公文语体有一套自己常用的词语，以适应交际的需要。其中，有大量的专用词语和文言词语，前者如"承蒙""遵照""特此通报"等，后者如"兹因""值此""欣悉"等。使用的句式多为陈述句和祈使句，讲究语法规范，表意缜密，符合固定的程式。很少采用修辞方法，一般不用夸张、双关、比喻等，有时可能会选用对偶、排比，尽力形成平实、庄严的风格。

如："埋藏在地下的一切历史文物统属国家财产。任何单位和个人不得擅自挖掘、破坏或据为己有。工农业生产部门在修建房屋和进行农田水利等基本建设中，如发现古墓葬、古遗址等文物古迹，必须严格保护，立即上报。有关部门应迅速采取措施、妥善处理。严禁以各种借口破坏古遗址、古墓葬。"这是《辽宁省政府关于加强文物保护的通告》中的一段话，用语明确无误，直截了当。尤其是一些形容词和副词，"统""擅自""严格""立即""迅速""妥善""各种"等，运用得十分审慎，而又准确明白，造成严肃庄重的效果。

以上分别简述了四种语体，随着人们交际方式日趋复杂，在实际使用中，多种语体经常是相互交叉渗透的，如杂文是政论语体和文艺语体的融合，科幻小说是科技语体和文艺语体的融合等。我们在写作中，既要分清文体，又要辨明语体，还要注意某些文体在运用语体上的交融性，才能写出得体的文章，取得好的交际效果。

四、写作语言的风格

写作语言的风格，是指一个人的语言或一种语体在总体上所表现出来的独有的风貌和格调。它可以体现为语体的风格，如科技语体缜密、精确，政论语体庄重、谨严，公文语体平实、准确、简明等。这里，我们主要讨论的是写作主体的个人语言风格。

语言风格是文章整体风格的重要表现，也是文章风格的组成部分。虽然，语言风格主要体现在语言文字的运用上，如对词汇、句式、音律、辞格等的综合运用，但并不是说它是完全独立出来，和文章写作的其他方面没有关系的。陈望道在《语文的体类》里，将文章分为"体性上"的四组八种。所谓"体类"，含义和风格差不多。简约的风格在于言辞简洁扼要，繁丰的风格则在于铺展衍说、繁富丰赡；平淡的风格在于少用辞藻，力求清真，绚烂的风格则在于富丽华美。可见，语言的风格要结合文章的内容与形式来考察。唐代司空图的《诗品》所言好诗的 24 种境界，如"纤秾""典雅""自然"等等，其实也就是诗歌的 24 种风格，既是语言的风格，也是诗歌整体的风格。

自古以来，优秀的作家都非常注重炼字、炼句，讲究选词、用词。朱光潜认为："他们在表面上重视用字的推敲，在骨子里仍是重视思想的谨严。惟有谨严，思想情感才能正确地凝定于语文，人格才能正确地流露于风格。"（《谈文学》）对此，老舍也谈道："风格不是由字句堆砌而来的，它是心灵的音乐……好的文字是由心中炼制出来的；多用些泛泛的形容字和生僻字去敷衍，不会有美好的风格。"（《老舍论创作》）表面上看起来，语言风格的创造在于语言形式的锤炼，而其根本却还是和思想内容分不开的。所以，我们说"文如其人"。

语言风格是作家的个性体现，曹丕就认为："文以气为主，气之清浊有体，不可强力而致。譬诸音乐，曲度虽均，节奏同检。至于引气不齐，巧拙有素，虽在父兄，不能以移子弟。"（《典论·论文》）所谓"气"，是指作家的个性和气质，所谓"清浊有体"，是指阳刚和阴柔两种不同风格，而且这是各人独有的，不能袭来。法国的布封说得更简单明了："风格即人。"（《论风格》）

语言风格的形成和作者自身的学习积累、读书偏好、语言习惯以及个性气质、审美情趣等多方面因素有关，形成后具有鲜明的独特性和相对的稳定性。"损着别人的牙眼，却反对报复，主张宽容的人，万勿和他接近。"这是典型的鲁迅风格，犀利而深刻。"即使我前面的日子已经很有限、很有限了，我还是在想：'怎样变得善良些，纯洁些，对别人有用些。'"这是巴金的风格，真挚而深情。的确，不同作者的语言风格有着不同的类型。例如，司马迁的雄浑，陶渊明的冲淡，苏东坡的豪放，朱自清的简约朴素，以及冰心的清丽典雅，都给人们留下了深刻鲜明的印象。也正是这些多样化的风格，才使写作园地变得多彩多姿，富有无穷的魅力。

第三节　写作语言的培养

大家都是用一样的语言写作，但写出来的东西却大不一样，有的明白晓畅，让人愿意读，有的晦涩难懂，让人避之不及。这就涉及语言的运用能力。那么怎样才能提高写作语言能力呢？一方面是思想的训练，一方面是语言的培养。老舍曾经概括自己的经验说："总起来就是：多念有名的文艺作品，多练习各种形式的文艺写作和多体验生活。这三项功夫，都对语言的运用大有帮助。"

一、在生活中积累

写作中常用的汉字并不多，不过几千个，但是，这几千个汉字组合成的词语却是千变万化、层出不穷的，好比棋盘上的几十个棋子，可以构成各种各样的棋局。要掌握大量的词汇，不可能一蹴而就，只能从书本上、生活中逐步学习积累。

老舍曾经在《我怎样学习语言》中说："从生活中找语言，语言就有了根；从字面上找语言，语言便成了点缀，不能一针见血地说到根上。话跟生活是分不开的。因此，学习语言也和体验生活是分不开的。"文章写作的源泉是生活，写作运用的语言也来自于生活，我们只有在广阔的生活中才能积累丰富的词汇。你知道得越多，知识面越广，你的词汇量也就越大。如果局限于小圈子里，对生活的各方面不感兴趣，当然词汇就少。可见，我们应该通过丰富生活内容来扩大词汇量。每个人都不是生来的"万事通"，需要打破日常生活的小圈子，多接触、多观察、多了解新鲜的东西，以扩充自己的词汇。

在生活中积累语言的最主要的途径，就是向人民群众学习。毛泽东说过："人民的语汇是很丰富的，生动活泼的，表现实际生活的。我们很多人没有学好语言，所以我们在写文章做演说时没有几句生动活泼切实有力的话，只有死板板的几条筋，像瘪三一样，瘦得难看，不像一个健康的人。"（《反对党八股》）人民群众的语言是现实生活和人们真实思想情感的反映，是最大的语言宝库。像"狗拿耗子多管闲事""肚子里装算盘——心中有数""猪八戒照镜子——里外不是人""春雨贵如油"这一类的谚语、俗语、歇后语是人民群众在长期生产劳动中总结出来的，是集体智慧的结晶，往往包含着许多通俗易懂的道理。运用这些词语，既生动形象，富有表现力，又概括凝练。另外，群众的语言也最具有时代性，随着生活的发展而有所改变。比如，"作秀""克隆""网恋""白领""酷"等一些不断出现的新词语，都是当代社会生活的写照。

许多中外优秀作家为了尽量地吸取群众语言，丰富和充实自己的写作词汇，在这方面都做了大量努力。普希金从小就向奶妈学习语言，常到附近集市上去，听瞎子们唱各种歌谣；狄更斯少年时代就曾经在下层社会和监狱接触各种各样的人物，长大后仍保持着跟人多方接触，倾听人们谈话，摄取材料和语言的习惯；左拉在商店里看店员和顾客如何讨价还价，住进矿工的小屋和矿工们一起喝酒，到各个角落和泥水匠、链条工人、洗衣妇攀谈。中国作家老舍更是走到哪里学到哪里，注意与各种各样的人物打交道，甚至买盆花，也要和卖花的人聊一聊；赵树理则说："广大的群众就是话海，其中有很多的天才和专业家（即以说话为业务的人），他们每天每时都说着能为我们所欣赏的话。"（《语言小谈》）细致的观察、耐心的积累为他们的创作打下了坚实的基础，他们因此写出了富有个性的、符合人物身份和环境的语言。

群众的语言就像矿藏一般，里面藏着许多闪光的宝石，需要作者去发掘，但作者不能全部照搬，还应该打磨加工，以更精练的形态出现在文章当中。像"野火烧不尽，春风吹又生""谁知盘中餐，粒粒皆辛苦""两个黄鹂鸣翠柳，一行白鹭上青天"之类的句子，就是对朴素生动的群众口语加以提炼，使其诗文仿佛注入了一股清泉，清新动人，而又凝练隽永。

二、在阅读中感悟

古今中外优秀作品的语言都是经过精心加工、磨砺而成的，因此阅读经典作品，总结语言规律，也是培养语言能力的一种有效手段。

古人说："熟读唐诗三百首，不会作诗也会吟。"阅读，其实就是在模范作品当中去寻找具体的法度规则。精选各种体裁的作品若干，读熟读透，仔细揣摩其中的遣词造句，乃至声音节奏，以唤起灵敏的语感。叶圣陶说："语感就是对于语言文字的灵敏感觉。"他还引了夏丏尊的一段讲语感的话："在语感敏锐的人的心里，'赤'不但解作红色，'夜'不但解作昼的反面吧。'田园'不但解作种菜的地方，'春雨'不但解作春天的雨吧。见了'新绿'二字，就会感到希望、自然的化工、少年的气概等等说不尽的旨趣，见了'落叶'二字，

就会感到无常、寂寥等等说不尽的意味吧。真的生活在此,真的文学也在此。"(《叶圣陶论创作》)

灵敏的语感不是天生的,是在生活经验的积累与阅读学习的过程中训练出来的。特别是对处于写作学习初期阶段的人来说,有了一定的生活阅历,常感觉到想要说些什么、写些什么的欲望,但却苦于找不到恰当的、满意的词语。这说明培养语感,仅仅靠生活的积累是不够的,还需要从阅读中去获得点拨与感悟。例如孟浩然的《春晓》,"春眠不觉晓,处处闻啼鸟。夜来风雨声,花落知多少",用词非常简单,明白如话,连小学生都可以毫无困难地诵读。但其气象清远,出语洒落,达到了洗尽铅华、风韵天成的境界,却是后人难以超越的。读者在这淡而隽永的语言中,很容易感受到字面之外的意境,有作者在春日初醒时的喜春之感,又有"风雨声"和"花落"中的伤春之情。通过大量的阅读,细细揣摩精微之处,心领神会,自然会锻炼出灵敏的语言感受能力,到自己写作时也能准确地把握用词,流畅地进行表达了。

毛泽东在《反对党八股》中还指出,要从外国语言中吸收我们所需要的东西,学习古人语言中有生命的东西。这也主要靠阅读来实现。语言不是一个封闭的系统,不同民族、不同国家的社会交往,就会引起语言的接触和相互吸收。汉语中有大量的外来词,像"沙发""咖啡""吨""白兰地"等等,已为人们所熟悉和普遍运用。在五四运动时期,我们的民族语言还吸收了许多外国的语法,丰富了汉语的语法,使语言结构更趋复杂,说理文字更趋精密。至于古人的语言当中,更是有许多保持着旺盛生命力的词语,有一些是常用的,如"归宿""达观""秋波"等;有一些则主要见于书面,如"婆娑""潋滟""葳蕤"等;还有一些既见于书面,也见于文人口头,如"退避三舍""鞠躬尽瘁""锲而不舍"等。通过阅读可学习、借鉴精美的成语、典故、警句、妙语,丰富我们的语言材料,适当运用这些词语,既可简练概括,又可增添文采。因此熟悉名篇佳作的精彩妙笔,获得丰富的词汇,是大有必要的。

在阅读佳作中感悟,然后进行模仿,好比学习书法先要临摹一样,是必不可少的。同时,还应该阅读理论文章和批评文章,以使我们眼光敏锐,思路清晰,切切实实地抓住文章的语言特色,明明白白地剖析其优点、缺点。对自己看得不太明白的作品,则不妨听听别人的意见。如果有几句话搔着痒处了,就可以得到很大的启发。这是又一种形态的感悟,对我们提高语言修养有很大的帮助。

三、在写作中锤炼

阅读积累只是知识的储存，而语言表达能力的培养和提高，在很大程度上依赖于写作实践。清人唐彪曾说："谚云：'读十篇不如做一篇。'盖常做则机关熟，题虽甚难，为之亦易；不常做，则理路生，题虽甚易，为之则难。"沈虹野云："'文章硬涩由于不熟，不熟由于不多做。'信哉言乎。"（《读书作文谱》卷五）因此学习语言，仅仅多看、多读是不够的，还必须多用、多写、多练。直到把所学的知识转化为写作技巧，才算是真正地学会了写作。

朱光潜认为，记日记是初学写作的最好方法。"一番家常的谈话、一个新来的客、街头的一阵喧嚷、花木风云的一种新变化、读书看报得到的一阵感想、听来的一件故事，总之，一切动静所生的印象，都可以供你细心描绘，成为好文章。你不必预定每天应记的字数，只要把应记的记得恰到好处，长则数百字，短则数十字，都可不拘。"（《谈文学》）此外，还可以写读书心得、观察笔记、命题作文等，进行一些有目的的写作训练。其实只要留心，处处都可以练习写作，就连写信也是很好的锻炼机会。

练习写作，不仅要写成篇的文章，更要练习用语言材料构造各种词组、短语、句子，从整体到细节都一丝不苟，也就是平常所说的锤炼语言。贾岛有诗云："二句两年得，一吟双泪流。为求一字稳，耐得半宵寒。"说的就是古人对诗句的不懈锤炼，直至找到最佳词句。这种情况是普遍的，不但锤炼自己的语言，有时甚至还会出现多人修改、锤炼一句话、一个词。例如贾岛的名句"鸟宿池边树，僧敲月下门"，关于用"推"，还是用"敲"，已是家喻户晓的故事了。韩愈主张用"敲"，历代文人大多同意，认为"敲"的音节更亮一些；"推"无声，而"敲"有声，静谧中敲门声响，境界更见幽迥。不过，朱光潜赞同用"推"字。画家吴冠中也说："敲则有声，与静对照。但这情境中突出了静与闹之对照是否破坏了整体调子，夹进了音响反而在画面落下了败笔。推门，无声，不写声，只着笔于推之动作，画出了运动中的线，与'宿'相对照，显得比'敲'更和谐，不失画面的统一。"（吴冠中《贾岛诗中画》）一个字的更换，并不像表面上看起来那么简单，它实际上也是思想情感的变换，影响到了整首诗的意境，可以说是牵一发而动全身。我们应该学习那种咬文嚼字的态度，孜孜不倦地寻求最准确、最恰当的词。

练习写作，还要注意练习写不同体裁的文章，把握不同的语体色彩。老舍就主张语言练习不只专写某一种文体，而是需要全面学习。他说："我不是为学诗而学诗，我把学诗看成文字练习的一种基本功夫。习写散文，文字须在我脑中转一个圈儿，或几个圈儿；习写诗歌，每个字都须转十个圈儿或几十个圈儿……习惯了脑子多转圈儿，笔下便会精致一些。"(《老舍谈创作》）老舍不是诗人，他写诗更多地是为了锤炼语言，锻炼自己的语言能力，以诗歌精细入微的语言要求去对待小说写作。

可见，语言训练是写文章的基本功。这样长期练下去，你的词汇就会越来越多，语感就会越来越强，并且越使用越熟练，渐渐地达到意到笔随、驾轻就熟的境界。

范文点评

【范文】

骆驼祥子

老舍

街上的柳树，像病了似的，叶子挂着层灰土在枝上打着卷；枝条一动也懒得动，无精打采的低垂着。马路上一个水点也没有，干巴巴的发着白光。便道上尘土飞起多高，与天上的灰气联结起来，结成一片毒恶的灰沙阵，烫着行人的脸。处处干燥，处处烫手，处处憋闷，整个老城像烧透的砖窑，使人喘不出气。狗趴在地上吐出红舌头，骡马的鼻孔张得特别大，小贩们不敢吆喝，柏油路化开；甚至于铺户门前的铜牌也好像要被晒化。街上异常的清静，只有铜铁铺发出使人焦躁的一些单调的叮叮当当。拉车的人们，明知不活动便没饭吃，也懒得去张罗买卖；有的把车放在有些阴凉的地方，支起车棚，坐在车上打盹；有的钻进小茶馆去喝茶；有的根本没拉出车来，而到街上来看看，看看有没有出车的可能。那些拉着买卖的，即使是最漂亮的小伙子，也居然敢于丢脸，不敢再跑，只低着头慢慢地走。每一个井台都成了他们的救星，不管拉了几步，见井就奔过去；赶不上新汲的水，便和驴马们同在水槽里灌一大气。还有的，因为中了暑，或是发痧，走着走着，一头栽在地上，永不起来。

连祥子都有些胆怯了！拉着空车走了几步，他觉出由脸到脚都被热气包围着，连手背上都流了汗。可是，见了座儿，他还想拉，以为跑起来也许倒能有点风。他拉上了个买卖，把车拉起来，他才晓得天气的厉害已经到了不允许任何人工作的程度。一跑，便喘不过气来，而且嘴唇发焦，明知心里不渴，也见水就想喝。不跑呢，那毒花花的太阳把手和脊背都要晒裂。好歹拉到了地方，他的裤褂全裹在了身上。拿起芭蕉扇搧搧没用，风是热的。他已经不知喝了几气凉水，可是又跑到茶馆去。两壶热茶喝下去，他心里安静了些。茶由口中进去，汗马上由身上出来，好像身上已是空膛的，不会再藏储一点水分。他不敢再动了。

　　坐了好久，他心中腻烦了。既不敢出去，又没事可做，他觉得天气仿佛成心跟他过不去。不，他不能服软。他拉车不止一天了，夏天这也不是头一遭，他不能就这么白白的"泡"一天。想出去，可是腿真懒得动，身上非常的软，好像洗澡没洗痛快那样，汗虽出了不少，而心里还是不畅快。又坐了会儿，他再也坐不住了，反正坐着也是出汗，不如爽性出去试试。

　　一出来，才晓得自己的错误。天上那层灰气已散，不甚憋闷了，可是阳光也更厉害了许多；没人敢抬头看太阳在哪里，只觉得到处都闪眼，空中，屋顶上，墙壁上，地上，都白亮亮的，白里透着点红；由上至下整个的像一面极大的火镜，每一条光都像火镜里的焦点，晒得东西要发火。在这个白光里，每一个颜色都刺目，每一个声响都难听，每一种气味都混含着由地上蒸发出来的腥臭。街上仿佛已没了人，道路好像忽然加宽了许多，空旷而没有一点凉气，白花花的令人害怕。祥子不知怎么是好了，低着头，拉着车，极慢的往前走，没有主意，没有目的，昏昏沉沉的，身上挂着一层粘汗，发着馊臭的味儿。走了会儿，脚心和鞋袜粘在一块，好像踩着块湿泥，非常的难过。本来不想喝水，可是见了井不由的又过去灌了一气，不为解渴，似乎专为享受井水那点凉气，由口腔到胃中，忽然凉了一下，身上的毛孔猛地一收缩，打个冷战，非常舒服。喝完，他连连的打嗝，水要往上漾。

【点评】

　　这几段文字给人的感觉是透不过气的"热"，却只偶尔用一个"热"字，关键在于作者细致地刻画了环境和人的行为、感受，来反映炎热。文中采用了拟人手法，写柳树"病了"，枝条"懒得动"，灰沙阵是"毒恶"的；采用了比喻手法，写整个老城像烧透的砖窑，由上到下像一面火镜；还采用了排比手法，突出和强调这一感觉。用词准确精当，一个"化"字，形容出了几乎热到熔点的程度；一个"奔"字、一个"灌"字，表现出车夫们渴不可耐；一个"裹"字，便见得祥子浑身都被汗湿透了。除此之外，作者还从听觉上来写，先是"小贩们不敢吆喝"，"街上异常的清净"，然后写"只有铜铁铺里发出使人焦躁的一些单调的叮叮当当",用叠音象声词"叮叮当当"直接摹状声响,直观地表现出了那种闷热焦躁的氛围。作者紧紧抓住"热",从物到人,从整体到细节,都描写得形象生动,有立体感,让读者身在画外,却有热浪扑面之感,不由得对人物的悲惨境遇深感同情和担忧。同时,老舍还大量地运用从生活中提炼出来的口语,像"白亮亮""白花花""干巴巴""毒花花""昏昏沉沉"等叠词,都是人们口头常见的,活泼生动,通俗易懂。再有一个特点就是,文中句式大多比较简短,又富于变化,读起来十分流畅。

【范文】

一朵午荷

洛夫

A

这是去夏九月间的旧事,我们为了荷花与爱情的关系,曾发生过一次温和的争辩。

"真正懂得欣赏荷的人,才真正懂得爱。"

"此话怎讲?"

"据说伟大的爱应该连对方的缺点也爱,完整的爱包括失恋在内。"

"话是这么说,可是这与欣赏荷有啥关系?"

"爱荷的人不但爱它花的娇美,叶的清香,枝的挺秀,也爱它夏天的喧哗,爱它秋季的寥落,甚至觉得连喂养它的那池污泥也污得有些道理。"

"花凋了呢?"

"爱它的翠叶田田。"

"叶残了呢?"

"听打在上面的雨声呀!"

"这种结论岂不太过罗曼蒂克。"

"你认为……"

"欣赏别人的孤寂是一种罪恶。"

其实我和你都不是好辩的人,因此我们的结论大多空洞而可笑,但这次却为你这句淡然的轻责所慑服,临别时,我除了赧然一笑以外,还能说些什么呢?

记得那是一个落着小雨的下午,午睡醒来,突然想到去历史博物馆参观一位朋友的画展。为了喜欢那份凉意,手里的伞一直未曾撑开,冷雨溜进颈子里,竟会引起一阵小小的惊喜。沿着南海路懒懒散散地走过去,撅起嘴想吹一曲口哨,第一个音符尚未成为完整的调子,一辆红色计程车侧身驰过,溅了我一裤脚的泥水。抵达国家画廊时,正在口袋里乱掏,你突然在我面前出现,并递过来一块雪白的手帕。老是喜欢做一些平淡而又惊人的事,我心想。但当时好像彼此都没有说什么,便沿着画廊墙壁一路看了过去。有一幅画设想与色彩都很特殊,经营得颇为大胆,整个气氛有梵·高的粗暴,一大片红色,触目惊心,有抗议与呼救的双重暗示。我们围观了约有五分钟之久,两人似乎都想表示点意见,但在这种场合,我们通常是沉默的,因为只要任何一方开口,争端必起,容忍不但成了我们之间的美德,也是互相默认的一种胜利者的表示。

这时,室外的雨势越来越大,群马奔腾,众鼓齐擂,整个世界笼罩在一阵阵激越的杀伐声中,但极度的喧嚣中又有初期的静。画廊的观众不多,大都面色呆滞,无奈地搓着手在室内兜圈子。雨,终于小了,我们相偕跨进了面对植物园的阳台。

"快过来看!"你靠着玻璃窗失神地叫着。我挨过去,向窗外一瞧,正如旧约《创世纪》第一章中所说:"神的灵运行在水面上,神说有光,便有了光。"我顿时为窗下一幅自然的奇景所感动,怔住。

窗下是一大片池荷,荷花多已凋谢,或者说多已雕塑成一个个结实的莲蓬。满池的青叶,在雨中翻飞着,大者如鼓,小者如掌,雨粒劈头劈脸洒将下来,鼓声与掌声响成一片,节奏急迫而多变化,声势相当慑人。这种景象徐志摩看了一定大呼过瘾,朱自清可能会吓得脸色发白;在荷塘边,在柔柔的月色下,他怎么样也无法联想这种骚动。这时,一阵风吹来。全部的荷叶都朝一个方向翻了过去,犹如一群女子骤然同时撩起了裙子。我在想朱自清看到会不会因而激起一阵腼腆的窃喜?

我们印象中的荷一向是青叶如盖,俗气一点说是亭亭玉立,之所以亭亭,是因为它有那一把瘦长的腰身,风中款摆,韵致绝佳。但在雨中,荷是一群仰着脸的动物,专注而矜持,显得格外英姿勃发,矫健中另有一种娇媚。雨落在它们脸上,开始水珠沿着中心滴溜溜地转,渐渐凝聚成一个水晶球,越向叶子的边沿扩展,水晶球也越旋越大,瘦弱的枝干似乎已支持不住水球的重负,由旋转而左摇右晃,惊险万分。我们的眼睛越睁越大,心跳加速,紧紧抓住窗棂的手掌,沁出了汗水。猝然,要发生的终于发生了,荷身一侧,哗啦一声,整个叶面上的水球倾泻而下,紧接着荷叶弹身而起,又恢复了原有的挺拔和矜

第三章 写作语言的外化

97

持，我们也随之嘘了一口气。我点燃一支烟，深深吸了一口，然后缓缓吐出，一片浓烟刚好将脸上尚未褪尽的红晕掩住。

　　也许由于过度紧张，也许由于天气阴郁，这天下午我除了在思索你那句"欣赏别人的孤寂是一种罪恶"的话外，一直到画廊关门，挥手告别，我们再也没有说什么。

B

　　但我真正懂得荷，是在今年另一个秋末的下午。

　　十月的气温仍如江南的初夏，午后无风，显得有点燠热。偶然想起该到植物园走走，这次是我成心去看荷的，心里有了准备，仍不免有些紧张，十来分钟的路程我居然走出一掌的汗。跨进园门，首先找到那棵编号廿五的水杉，然后在旁边的石凳上坐憩一下，调整好呼吸后，再轻步向荷池走去。

　　噫！那些荷花呢？怎么又碰上花残季节，在等我的只剩下满池涌动的青叶，好大一拳的空虚向我袭来。花是没了，取代的只是几株枯干的莲蓬。黑黑瘦瘦，一副营养不良的身架，跟丰腴的荷叶对照之下，显得越发孤绝。这时突然想起我那首《众荷喧哗》中的诗句：

众荷喧哗
而你是挨我最近
最静，最最温柔的一朵
……
我向池心
轻轻扔过去一粒石子
你的脸
便哗然红了起来

　　其实，当时我还真不明白它的脸为什么会顿然红了起来，也记不起扔那粒石子究竟暗示什么，当然更记不起我曾对它说了些什么，总不会说"你是君子，我很欣赏你那栉风沐雨，吃污泥而吐清香的高洁"之类的废话吧？人的心事往往是难以记牢的，勉强记住反而成了一种永久的负荷。现在它在何处，我不得而知，或下坠为烂泥，或上升为彩霞，纵然远不可及，但我仍然坚持它是惟一曾经挨我最近，最静，最最温柔的那一朵。朋友，这不正足以说明我绝不是只喜欢欣赏他人孤寂的那类人吗？

　　午后的园子很静，除了我别无游客。我找了一块石头坐下来，呆呆地望着满池的青荷出神。众荷田田亭亭如故,但歌声已歇,盛况不再。两个月前,这里还是一片繁华与喧嚣,白昼与黄昏,池里与池外,到处拥挤不堪;现在静下来了,剩下我独自坐在这里,抽烟,扔石子,看池中自己的倒影碎了,又拼和起来,情势逆转,现在已轮到残荷来欣赏我的孤寂了。

想到这里,我竟有些赧然,甚至感到难堪起来。其实,孤寂也并不就是一种耻辱,当有人在欣赏我的孤寂时,我也绝不会认为他有任何罪过。朋友,这点你不要跟我辩,兴衰无非都是生命过程中的一部分。今年花事已残,明年照样由根而茎而叶而花,仍然一大朵一大朵地呈现在我们面前,接受人的欣赏与攀折,它却毫无顾忌地一脚踩污泥,一掌擎蓝天,激红着脸大声唱着"我是一朵盛开的莲",唱完不到几天,它又安静地退回到叶残花凋的自然运转过程中去接受另一次安排,等到第二年再来接唱。

扑扑尘土,站起身来,心口感到很闷,有点想吐,寂寞真是一种病吗?绕着荷池走了一圈后,舒服多了,绕第二圈时,突然发现眼前红影一闪而没。放眼四顾,仍只见青荷田田,什么也没看到。是迷惘?是殷切期盼中产生的幻觉?不甘心,我又回来绕了半匝,然后蹲下身子搜寻,在重重叠叠的荷叶掩盖中,终于找到了一朵将谢而未谢,却已冷寂无声的红莲,我惊喜得手足无措起来,这不正是去夏那挨我最近,最静,最最温柔的一朵吗?

【点评】

洛夫的散文带着诗的韵味,其语言算不上简洁,但另有一种繁复的美。作者将荷花的不同情状与自己的心情感受紧密联系,通过语言的渲染、强调,详尽地、多层次地描绘了荷花,表达了丰富的思想感情。作者所描绘的荷花不是文人叹咏的寻常景象,而是写荷花即将凋谢殆尽之时,写雨中荷叶,不仅角度新,而且用词也奇特。比如,"满池的青叶,在雨中翻飞着,大者如鼓,小者如掌,雨粒劈头劈脸洒将下来,鼓声与掌声响成一片,节奏急迫而多变化,声势相当慑人",这句话先将荷叶喻为"鼓"和"掌",接着在落雨中就成了"鼓声与掌声响成一片",生动别致。其实后半句的修辞手法已转变为了比拟,只因上下连接一气,流畅自然,让人不易察觉。文中大量运用了比喻和比拟的手法,将雨中的荷写得惊心动魄,将残败的荷绘得宁静温情,并随之细腻地刻画了自己的内心感受,给人一种繁而不乱、复而不冗的美感。

【范文】

四季的形成

[美]房龙

我们的"季节"(season)一词来自于拉丁语,由动词 serere 演化而来,而这个词的意思是"播种",因而"季节"原来指的只是春天——"播种时节"。但在中世纪较早的时期,"季节"一词就失去了这种排他性的含义。还有别的3个季节加入近来,一年被等分成了4个部分:冬天,潮湿的季节;秋天,生长的季节;还有夏天,这是古梵语中指全年的一个词。

人们对于四季有着种种很实际的或者很浪漫的兴趣,可是四季之所以出现的天文学背景却是最平淡无奇的了,它们是地球每年绕太阳旋转的直接结果,我将尽可能简明但却难免有些枯燥地讲一下这个题目。

地球每24小时绕自己地轴旋转一周。地球绕太阳旋转一周是365.25天。为着去掉这0.25天,使年历多少规范一些(其实不是这么回事,但各国是否能在某个时候达成协议来进行一次适当的修订,是大可怀疑的),每4年中就有366天,这叫作闰年,末尾是两个0的年度除外,如900年、1100年、1300年、1900年等。但这些年份中能被400整除的又是这些例外中的例外。最近一次的例外是1600年,下一次的例外则是光辉的2000年。

地球绕日时所走过的轨迹并不是一个规整的圆形,而是一个椭圆。它也还不是一个标准的椭圆,但是对于研究地球在太空中的轨迹而言,这比把它当作一个规整的圆形要复杂多了。

地轴与太阳和地球所形成的平面之间的角度并非直角,而是一个66.5度的角。

但在地球绕日旋转的过程中地轴总是保持着同一个角度,这就直接导致了世界上不同地方不同季节的差异和程度上的分别。

3月21日,地球和太阳所处的位置关系使得阳光恰好照射着地球表面的一半,结果在这一天,世界上所有地方的白昼和黑夜都是一样长的。3个月后,当地球完成了它绕日环行的旅程的四分之一时,北极正对着太阳而南极却背对着太阳。结果北极在欢度着每年6个月的白昼时,南极却在安享着每年6个月的黑夜;当北半球度过那漫长而阳光灿烂的夏日白昼时,南半球的人们却正在火炉旁边读着一本好书来度过漫漫冬夜。你可得记住,我们圣诞节去滑冰时,澳大利亚和阿根廷却有人死于中暑;而当我们忍受着每年一度的热浪时,又该是他们点燃壁炉的时候了。

在季节上比较重要的下一个日子是9月23日,这一天里全世界所有的地方的白昼和黑夜又再度一样长。然后是12月21日,南极转过脸来面对着太阳而北极侧过身去背对太阳。然后北半球开始变冷而南半球逐渐转热。

地轴这种特有的偏斜和地球的旋转,不仅仅是带来了季节的变迁。那个66.5度的角给我们造成了五个温度地带。赤道的两侧是热带,那里的阳光可以垂直或近乎垂直地照射地表。北温带和南温带是介于热带和极地之间的地区,太阳照射那儿的地表时不够垂直。因而阳光要比在热带温暖更广大的土地和水面。最后,两极地区接受阳光照射的角度如此之小,以至于每束69英里宽的阳光得照耀它双倍大小的土地。

要在纸上把这些问题说清楚可真不容易。你可以到天文馆看看巨大的太阳系模型,花不了在这儿看书那么长的时间就能看个清楚明白。但是这些模型为数不多。或者你的朋友有个小太阳系模型也行,可以当作行星系统的一个小工作模型来看。如果这也没有的话,你就试着弄上几个橘子或者苹果,一根蜡烛,再用点墨水来标明各个温度带。几根火柴棍就能代表北极和南极。当是只苍蝇飞到你自制的小行星上时,可别胡思乱想地进行比较。别自己瞎想,"假设——仅仅是假设——我们也不过是某一类的苍蝇,漫无目的地爬行在一个硕大无朋的橘子上——可它们不过是某个庞然大物的小小玩物,而他却不过是在下午消遣一下而已"。

想象是件好事。

但是,可别在天文学领域内进行想象。

(摘自《人类的家园》)

【点评】
房龙的《人类的家园》以人的活动为主线,阐述了人类与地球的关系,这里所摘录的一章便是介绍地球上四季的形成。文章主要选用的是科技语体,但作为普及性的通俗科技读物,其专业术语并不多,而往往以日常口头词语来代替。文章中还运用了比喻、比拟、夸张、对比等修辞手法,使得原本抽象枯燥的问题变得形象生动起来。作为面向青少年的知识性读物,用词简单,颇具吸引力。可以说,这篇文章的语言言简意赅,浅显明白,通俗易懂,而又准确明白,还不失幽默感。

实践练习

1. 什么是语言？语言有什么作用？
2. 写作语言有哪些基本要求？怎样才能达到这些要求？
3. 请结合实际，谈一谈应该怎样学习语言。
4. 试分析下列段落，指出各属于哪种语体。

(1) 这次工作是把了解情况与研究改进今后工作结合进行的，即是一面了解情况和问题，一面及时地研究改进办法，随着工作进程的进展，逐步摸到了改进工作的途径，因而在最后提出了较切合实际的关于福利费使用办法的规定，作为今后工作的主要依据。

(2) 吃过早饭，雪又下起来了。没有风，雪落得很轻，很匀，很自由。在地上也不消融，虚虚地积起来，什么都掩盖了本质，连现象都模糊了。天和地之间，已经没有了空间。

(3) 我们很多同志坐井观天，孤陋寡闻，不懂的东西太多了。不懂怎么办？承认就是了。正如列宁在十月革命后所说的："要建成共产主义社会，就要坦率地承认，我们还非常不善于管理，不善于当组织者和管理者。"承认不懂，才能从不懂变懂；承认不会，才能从不会变会。

(4) 鲫鱼是没有主见的懒惰者。它用吸盘把自己牢牢地吸附在大鱼下，走洋过海，自己全然不费力气，又能得到强者的保护。如果鲫鱼能够忠实地追随一个强者的话，那还不算十分卑贱。可是当依附的鱼受到更强者的袭击时，它便断然离去，依附到更强者的腹下。

第四章 写作方式的优化

写作方式，在这里特指写作的表达方式。写作语言的外化最终要通过写作方式才能表达出来。所谓写作方式的优化，就是恰当、完善地使用写作方式，将文章内容以语言文字为载体准确、完整、优美地表达出来。从总体上讲，文章内容包括四个大类：事实、形象、知识、理论。除此之外，文章内容还有一个特殊的大类，即心理形态的感情。这就需要用不同的写作方式来表达，因而也就产生了叙述、描写、说明、议论、抒情这样五种写作方式。

第一节 叙述

一、叙述的界定

叙述是一种表达事实的写作方式。所谓事实，是指各种行为、现象所造成的运动过程及其结果。事实包括事件、事情，以及通常所说的事。事实又分为历史事实、现实事实、未来事实，前两者是既成事实，后者是将成事实。另外，还有一种特殊的事实，这就是故事。故事分为两种，一种是真实的故事，另一种是虚构的故事。凡是事实，都需要用叙述来表达。

二、叙述的作用

（一）叙述事实要素

事实的构成要素有六要素、四要素之分。六要素也叫全要素，是事实构成的必备因素，即时间、地点、人（物）、内容、原因、结果。四要素是指六个要素中的四个主要因素，即时间、地点、人（物）、内容。

叙述首先要表达清楚事实要素：在什么时间什么地方何人（何物）发生了什么事，以及什么原因，结果怎样。这就是要素叙述，也叫要素交代。

要素叙述既可直陈，也可指代。

1. 直陈

直陈就是平常所说的"平铺直叙"，即直接、准确、清楚、完整地把事实要素叙述出来，既不修饰，更不描绘。这种要素叙述犹如铁板钉钉，实实在在，要素不仅清楚，而且准确，层次感强，条理分明，使人一目了然。

2. 指代

指代是以使用代称和突出意象的手段来叙述事实的要素。这种要素叙述好似轻风飘絮，意韵缠绵，富于形象感和灵活性，而且既有模糊性，又有朦胧美，要素叙述变得耐人寻味、荡气回肠。

（二）叙述事实线索

叙述的功能在于叙事。凡事都有其发生、发展、变化的主导体。主导体在牵动事的发生、发展和变化过程中形成的轨迹，就是线索。由于主导体的主动态势，线索都有踪可查，有迹可循。叙述就是以这样那样的主导体为"浮标"，在事实发展的河道中"随波逐流"，将事实复杂曲折的过程展露出来。

由于主导体的不同，事实线索可分为四种。

1. 人物线索

人物线索是指人物在事实发生、发展、变化的过程中起着主导作用，构成了事实的经脉。通过对人物线索的叙述，事实就可以经脉分明。

在人物线索的叙述中，人称代词十分重要。不管是第一人称，还是第三人称，抑或是第二人称，都不仅代表了人物，而且还代表了线索。所以，抓住人物在所叙之事中的主导作用，突出人物这一线索，使用好人称代词，让人物在事实中抛头露面，穿针引线，就能够叙事成章。

2. 情节线索

情节线索是指在事件发展的过程中，总有一根贯穿事件始终的情节线，这根情节线引导事件走完发生、发展、高潮、结局的全程。叙述这根情节线就成了事件的情节线索。这是报道事件的通讯、报告文学和叙事小说惯用的叙述。

叙述情节线索，首先要求选用的事实要有完整的情节，其次情节线要走势清晰，不管情节多么复杂曲折，也应伏腾有迹，即使"藕断"，也还"丝连"，这样叙述才能抓住一根线，引出事件的发生、发展的全过程。

3. 物体线索

物体线索是以通常所说的"物"来作事实的线索。"物"，不论是有生命的，还是无生命的，只要有"事"，只要涉及"事"，就都能成为叙述事实的线索。

物体当然更容易成为描写的对象，每每有说明的必要，但叙事的时候，却不可忽略了它们的线索作用。一旦以物定聚散，许多事就得靠物体线索钩缀成散发着艺术光华的精品。

4. 情感线索

情感之所以可以成为事实的线索，全在于这种心理因素能让人心潮澎湃，浮想联翩。因为情感具有这样的功能，可以更自如地超越时空，叙古述今，当用作线索时，零星散碎的事实，也就能够浑然一体，卓然成章。

比之前三种线索，情感线索尽管是一种主观线索，但绝非就可颠三倒四，杂乱无章。作为线索，自然要为叙事服务，因而情感线索必须头绪清楚，转换有致。

三、叙述的类型

事实要素是叙事的关键，事实线索是叙事的途径，因此叙述有时间叙述、线索叙述两大类型。

（一）时间叙述

事实本质上是依时间而发生，依时间而发展的运动，依时叙事就成为时间叙述的典型特征。由于依时叙事的时间顺序不同，时间叙述有三种方法。

1. 顺叙

顺叙是一种依照事实发生、发展及至结果的自然时间顺序进行叙述的方法。这种方法不改变事实的自然形态，也就是不改变事实运动的时间顺序，因而是一种自然叙述。为了使事实自然，叙述舒畅，在一般情况下都采用顺叙。其他不同的时间叙述，也都是在顺叙的基础上衍变而来的。

叙述的标志是时间，可以说没有时间就没有叙述，所以顺叙的标志就是顺向时间。进行顺叙必须理顺时间顺序，写明时间走向，自始至终一以贯之。值得注意的是，顺叙在实际运用过程中，往往被拉长了时间距离，由场面、情景、细节等内容充实其间，这就需要有一个时间运行表，让叙述的事实内容一脉贯通。

2. 倒叙

倒叙并非是"倒过来"叙述，而是在顺叙的基础上将事实的结局或者将事实的关键情节有意地放在开头来叙述，求得一种"奇峰突起"的悬念效应。倒叙的主体仍然是顺叙。

倒叙的方法有两种。一种是把事实的结局放在开头先叙述，然后再按事实发生、发展、高潮的顺序来叙述事实的始末。另一种是把事实的关键情节提到开头来叙述，然后又从事实的起始叙述到结局。无论哪种倒叙，都应该在倒叙结束、顺叙开始时做好文字上的交接转换，以免时序不明，叙述断裂。

3. 插叙

插叙是一种插入叙述。从方法上讲，插叙也是以顺叙为基础，只不过是在顺叙的过程中暂停顺叙，插入另外的事，待插入的内容叙述完后，再回到原来的顺叙上来。从内容上说，插叙的内容主要有两种。一种是发生在顺叙的事实之前的事，另一种是需要对正在顺叙的事实进行补充的相关事实。这就出现了两种插叙：

（1）追叙。追叙就是追忆所叙事实之前曾经发生过的事实的插叙。判别追叙的标志是，追叙的内容本来可以顺叙，但因这样写容易导致叙述的松散和粗陋，甚而写成流水账，影响主题的表现和结构的紧凑，所以经过时间上的截取，过去的事就只在追忆叙述中出现了。

（2）补叙。补叙是对正在叙述的事情补充相关事实的插叙。补叙之所以与追叙不同，就在于补叙的内容不能安排为顺叙。因为补叙的内容跟顺叙的内容不在同一个时间运行轨道上，只能对顺叙的事实做相关的补充，从背景效果上丰富顺叙。

（二）线索叙述

时间是叙述的标志，但叙述不同的事或复杂的事的时候，还需要运用线索叙述。这是由叙述具有叙述事实线索的功能所决定的。因为线索数量的不同，线索叙述又有两种。

1. 单叙

单叙又叫单线叙述、简单叙述，是一种单线索叙述的方法。不管是人物线索、情节线索、物体线索还是情感线索，都可以作为单一的线索来叙述事实。这种叙述既可以不枝不蔓，专叙一事，也可以有枝有叶，叙事二三，只要线索把握得好，就具有节奏紧凑、事实井然的效果。

2. 复叙

复叙又称多线叙述、复杂叙述，是一种分线索叙述的方法。当事实的展开有两条以上的线索，或者叙述需要从两条以上的线索来展开表达的时候，就得使用这种方法。

叙述两条线索以上的事实，就有线索展开的先后问题，也有线索性质的主次问题，还有线索之间的交叉问题，所以使用复叙首先要掂量线索的孰先孰后，孰主孰次，如何交叉。在进行复叙的时候，一般还是按顺叙的方法，依线索逐次展开叙述，然后再交叉、缝合。由于复叙是一种复杂的叙述方法，线索的设置和叙述对复叙是极为重要的，不仅线索起始的先后顺序要给予充分的考虑，而且对线索的交叉、缝合更要予以周密的思考。

第二节 描写

一、描写的界定

描写是一种表达形象的写作方式。这里所说的形象是指各种可以感觉直观和意念具象的形态。形象来源于客观世界的形态现状，通过观察和思维产生印象和表象，成为描写所要表达的内容。

（一）描写的特征

描写以形象为表达对象。这一特殊性决定了描写具有两方面的特征。

1. 感觉直观性

形象首先是可以感觉直观的，只有当作者直观感觉到某一形象时，描写才能把这个形象表达出来。换句话说，凡是被作者感觉直观到的形象，都能描写。感觉直观性表现了描写在客观方面的特征。

2. 意念具象性

描写不仅可以表达感觉直观的形象，还可以表达意念具象的形象。这是因为作者的形象思维力可以把"传媒形象"具象出来，也可以把感觉直观形象改造成一种新形象。意念具象性表现了描写在主观方面的特征。

（二）描写与叙述的关系

描写与叙述有着十分密切的关系。这种关系也表现在两个方面。

1. 空间与时间的关系

描写的形象是一种空间形态，而叙述的事实是一种时间势态。空间形态的发展、变化离不开时间势态的延伸、转移，一定的时间势态又得靠一定的空间形态予以显示。所谓春日新芽，夏日浓荫，秋日硕果，冬日白雪，时间与空间、事实与形象是相辅相成的。这就构成了描写与叙述的时间关系。只不过空间形态相对稳定，而时间势态流水无情，因而叙述总是不断地开拓着描写的空间，描写总是跟随着时间势态来表现空间形态。

2. 血肉与骨骼的关系

形象只要看得细，想得细，就可以描写得形态逼真，栩栩如生。事实总是由原因、过程和结果构成的，叙述也就重来龙去脉，势态清楚，所以，叙述对于描写来说是搭骨骼，描写对于叙述来说是填血肉。依据叙述搭起的骨骼，在其中增血添肉，加以丰富的描写，就可以成其为血肉丰满的动人篇章。

从以上两个方面的关系可以看出，叙述是描写的基础，而描写又丰富了叙述。尽管这两种表达各司其职，可以单独叙述事实，可以单独描写形象，但更多的时候还是按"事实引出形象、形象丰富事实"的规律，以"叙述快则描写少，描写多则叙述慢"的节奏综合表达写作的内容。

二、描写的作用

描写表达形象，形象又是多种多样、千姿百态的。分门别类地描形写神，是描写的专功和特长。

（一）描写人物

人物是描写最多、最主要而又最复杂的对象。正因为如此，描写又把人物形象具体分为四个方面来表达。

1. 描写人物肖像

人物肖像是人的外貌的统称，包括人的长相、服饰、神情、姿态、体态。人物肖像既是静态的，又是变化的，具有个别性和阶段性。描写人物肖像，首先是要写好个别性的内容，即特征；其次还要写好阶段性的内容，即变化。经过个别性、阶段性的描写，人物肖像的外部特征就鲜明动人，内在含义就充溢而出了。

2. 描写人物行动

人物的行动是描写人物的一个重要方面，人物的性格更多的是由人物的行动表现出来的。因而写人不仅要写这个人"做什么"，这是指事，还要写他"怎么做"，这就是行动。描写人物行动，人物的行为举止要真实自然，形神兼备，性格鲜明，这样才能使人物活脱脱地走到读者眼前。

3. 描写人物言语

言语就是说话。"言为心声"，人物的言语总是洞开人物心灵的大门。人与动物的区别，就在于人有语言，能言语。所以，写好人物的言语，也是描写人物的一个重要内容。人物的言语分为自言自语、与人对话和众人谈论三类，即凡是付诸声音的说话都属于言语。

人物的言语因人而异，不会千篇一律，也很少众口一词，总是与人物的身份、地位、职业、素养、习惯、经历、环境以及生理、心理特征等因素息息相关的，因而写人物的言语就要符合人物的个性。人物言语的个性不仅体现在言语的内容中，而且也反映在人物说话的声调、语气、节奏、情态、体态上。因此，写人物的言语不仅要写出言语的内容，还要写出人物说话的音容笑貌。

4. 描写人物心理

人物的心理是指人物内心世界的活动。如果说人物的肖像表现了人物"是什么"，人物的行动表现了人物"做什么"，人物的言语表现了人物"说什么"，那么，人物的心理就表现了人物"想什么"。只有表现了人物"想什么"，人物形象才是完全意义上的人。也只有表现了人物"想什么"，人物的言语、行动和神情才有了内在的依据。

表现人物的心理，要靠描写。而描写首先是把人物的心理作为一种无声的言语来揭示的。描写也可以从思想方面揭示人物的心理活动或直接表现人物的心理状态，亦可用回忆、梦境、幻觉来表现人物的心理，从而把复杂丰富的人物心理多姿多彩地揭示出来。

（二）描写环境

环境是人生存与发展的空间，描写人物也就需要描写环境。环境就其性质分为自然环境和社会环境。

1. 描写自然环境

自然环境指的是原生状态的空间，包括日月星辰、山川湖泊、大漠荒原、原始森林等等，凡是一切非人力所为的环境，都是自然环境。描写自然环境，不仅能让人们认识自然风光，而且也拓宽了故事的背景。

2. 描写社会环境

社会环境是人类造就的生活空间，大到城市乡镇，小到街道居室，凡是人力所为的空间都是社会环境。社会环境也可以说是一种"景观"，但更为重要的是社会环境中特有的人与人之间的关系。所以描写社会环境仅仅描写出"景观式"的社会环境是不够的，还应该描写出"关系式"的社会环境。写出"关系式"的社会环境，才能鲜明地揭示时代风貌，才能清楚地展示历史背景，才能有力地刻画社会的真与假、善与恶、美与丑。

（三）描写场面

场面本是一个戏剧术语，指的是戏剧分幕分场之后，还要分场面。场面是戏剧表演的最小单位。场面的划分以人物上下台的变化为标志，随着舞台上人物上台与下台，戏剧就由一个场面转入另一个场面。所以，场面的核心是人物。

描写场面，就是绘制出以人物活动为中心的情景画面。在这种画面中，既有人物活动，又有环境氛围，还有一定的情节，因而场面是融人、事、景为一体的综合形象。

（四）描写细节

细节可以说是形象的"细枝末节"，也就是形象的细微之处。没有细节，描写就不可能细腻入微，形象也就不可能清晰真切。形象的一举一动，一笑一颦，一瓣一叶，一星一点，都能强烈地给人以亲眼看见之感，所以，细节一直都是描写极力捕捉、力求写透的内容。

另外，还有如动物、植物、物品、用具等实物，也都需要描写将其形象直观地表达出来。

三、描写的类型

描写的作用说的是"写什么"，描写的方法说的就是"怎么写"。怎么描写固然有内容所起的主导作用，同时也有方法所起的主使作用。采用不同的方法描写形象，其效果显然是有区别的。

描写的类型主要有形神描写、动静描写和侧面描写。

（一）形神描写

描写首先是要描形写神，将形象的形态和神韵表达出来。描形写神又有两种方法。

1. 白描

白描是一种朴实的描写方法，用词简明洗练，笔调自然，意蕴真切，三言两语即能一目传神，形象特征鲜明突出，活灵活现。所以取名于中国绘画中的白描，取意于白描淡墨少彩，以神韵传形象的技法。好的白描可谓力透纸背，入木三分，深得中国水墨画的精髓。

2. 工描

工描是一种繁复的描写方法，追求浓墨重彩修饰雕琢的描写效果，因而善用色彩词、形容词和比喻手段，精雕细琢，笔触细腻，所描写的形象形态丰润，毫发毕现，给人以水灵活鲜的形象感受，就像欣赏一件造型精美的艺术品。

工描比之白描，格调大相径庭。白描写意，工描写实；白描犹如拍黑白片，工描好比拍彩色片；白描朴素，工描华丽；白描与叙述结合得十分紧密，工描与叙述却有一定的距离。这种异趣，完全是因为二者从遣词造句到笔调风格，都从不同的视觉艺术中汲取着养分，形成了各自富有特性的方法。如果说白描与写意画有着不解的渊源，那么，工描则与工笔画有着血缘的关系。但二者又异曲同工，都能富有特征、形态逼真地把形象描绘出来。

（二）动静描写

动静描写与形神描写不同。形神描写是一种自然常态描写，动静描写是一种超自然常态描写，即动静描写是要产生出其不意、胜似有声的效果。

1. 动描

动描是一种以动态描写静态形象的方法，即"以动写静"。这种方法的要旨是把静态形象当作动态形象来描绘，静中求动，静中求活，赋予静态形象以动态的造型美感，产生一种新奇的视觉效果，使静态形象获得质的变形，成为双重形态的艺术形象。

运用动描，尤其要讲究形象双重形态的"神似"，并借助于比拟、比喻等手段，将形象的双重形态构合起来。

2. 静描

静描这种方法是"以静写动"，即以静态描写动态形象。这是一种与动描相对的方法，即把动态形象当成静态形象来描写，极似电影、电视中的画面"定格"，喧闹定入沉寂，动景变成静景，造成一种时间的凝固、形象的凝固，给人以动态形象的撩拨变成静态形象的撞击的惊异和刺激。

静描所造成的异乎寻常的静态，使人能更注目于动态形象，能更从容地欣赏、回味，留下深深的印象。

（三）侧面描写

形神描写和动静描写都属于正面描写，侧面描写则是一种烘托描写。这种描写放开正面形象不写，而去描写与之相关的其他形象，借此从侧面把正面形象间接地表现出来。世上的事有许多奇怪之处，其中之一就是生活中越美的形象越难用笔墨描绘出来，心目中理想化的形象更难以用文字表现出来，这就使得作者要另辟蹊径去烘云托月了。

侧面描写尽管给人留下了难以"亲见目睹"的遗憾，但却创造了一个广阔的想象空间，给人以再创造的满足。所以，这种方法仍以自身的优势而葆有着鲜活的力量。

第三节　说明

一、说明的界定

说明是一种表达知识的写作方式。知识指的是人们在改造世界的实践中获得的认识和经验的总和。按照辩证唯物主义认识论的观点，人的认识是从实践中来，又回到实践中去，经过实践、认识、再实践、再认识这样往返循环的过程，逐步接近真理，获得真知。从实践到认识，产生理论，这是理性认识；从认识到实践，获得真知，这是检验理论。这种真知，就是知识。知识可分为基础知识和应用知识，都具有真知性、真理性、规律性和规范性，这就需要说明客观、科学、准确地去介绍知识。

二、说明的作用

（一）客观地说明知识

客观地说明知识，是说明的本性，包含了三个品质。

1. 冷静

客观需要冷静。客观地说明知识只能心平气静，不主观"干预"。知识既没有理论的思辨性、论辩性，也就没有理论的主观色彩。知识具有的是验证性和反复性。也就是说，知识是经过实践检验而证实的真知，是反复运用而不爽的智慧结晶。当人类在创造知识财富的时候，既充满了激情，也充满了痛苦，还充满了曲折。一旦人类拥有了某种知识以后，随之而来的是一种骤失重压的轻松，是一种激浪翻涌之后的平静，是一种以新的眼光去认识知识的冷静。这种以新的眼光去认识知识的冷静，是创造知识的终结，又是介绍知识的发端。所以，只有冷静，才能客观；只有客观，才有可能表达出越来越迅速地推动历史和社会发展的知识。比如自然科学的发明创造，当那硕果展露在人们面前的时候，带来的是一片惊奇、惊喜和欢腾；但当人们传播和利用这些发明创造来发展生产、变革社会、改善生活的时候，却无不心境冷静，头脑清醒。正因为如此，说明总是以一种稳妥的冷静在介绍知识。

2. 理智

冷静是理智的表现，理智是成熟的表现。知识是成熟的智慧之果，因此只能以理智对知识加以说明。换句话说，理智的眼光就是客观的眼光，而这种眼光的获得在于对知识的熟悉。所以，理智地说明知识，是一种熟练的表现，是一种睿智的潇洒。理智又是一种聪明。这种聪明深得"无为而为"的精髓，尊重客观，尊重知识，绝不让主观的色彩改变知识的本色，绝不让主观的"自我"降低知识的品位。所以，聪明才能说明。

3. 真切

知识是真知，所以说明就必须真切。所谓真切，就是真心实意地贴近知识，一心一意地关注知识，尽心尽意地说明知识。冷静并不等于冷淡，理智并不等于矜持。因而客观地说明知识并不只意味着拉开说明对知识的"聚焦"距离，而且还意味着说明以"变焦"的手段将知识拉近放大，达到表达的真切。因此，说明对知识有一种特殊的敏感，一旦有了知识，就可以调动多种手段予以透彻的说明，使人真有所知。

（二）科学地说明知识

科学地说明知识是说明的本质。"知识的问题是一个科学问题，来不得半点的虚伪和骄傲，决定地需要的倒是其反面——诚实和谦逊的态度。"（毛泽东《实践论》）所以说明在本质上具有三个规律。

1. 真实

"知识"有真伪之分。如所谓的神鬼知识，无疑就是伪知识。在当今社会，这类神鬼知识已越来越为更多的人识破，所以，说明所面对的问题，更多的是蒙上现代科学外衣的伪知识、假知识。这就需要用科学的眼光去识别。然而说明更需要的是，以科学的态度去对待还没有被实践所完全验证或反复验证的知识，这种"知识"因其有一定的真实性而容易形成误导，又因其还存在的不确定性而容易造成损害。说明毕竟不同于做广告，因此，对于那些似是而非、半是半非的"知识"，说明应当束之高阁，以保护知识的真实、说明的真实，使人有所真知。

2. 鲜活

科学是最活跃的，它不仅在不断地改变着世界，也在不断地改变自己。因而知识也在不断地发展、进步、完善。信息时代，知识"爆炸"。新知识越来越多，人们却感到自己知识越来越少。这种一时解释不清的反差，其答案却十分简单：时代呼唤新知识、活知识。所以，越是陈旧过时的知识，说明就越不放在眼里。说明最需要表达的是充满鲜活力量的新知识。这也是科学地说明知识的一个集中表现。

3. 适用

"知识就是力量。"知识可以转化为生产力。要科学地对待知识，科学地说明知识，就必须考虑到知识的适用性。适用不等于实用。实用是指知识作用于人，适用不单指此，还指知识有益于人。适用这一规律使需要说明的知识包罗万象，林林总总。所以，适用既是对说明的限定，要求剔除无益无用的知识，又为说明开拓了广阔的天地。这就是科学明智的态度，这也是科学博大的精神。

（三）准确地说明知识

准确地说明知识是说明的本体。不正确的知识不能用，不准确的知识则无法用。说明在本体上具有三个要素。

（1）概括准确。知识是理性的，说明是逻辑的。准确地说明知识，首先就是准确地概括被说明知识的内容。

（2）解说准确。说明表达知识还要进行解说，以求知识具体充实。这就还要在准确概括内容的基础上，准确地解说知识的具体内容。

（3）语汇准确。说明的准确，最终是落实到语汇上的。说明的语汇首要的是清楚明白。只有清楚明白，才能达到准确。所谓准确，在这里就是指语汇与知识完全吻合。反过来说，也只有语汇准确，才能把知识表达得清楚透彻。

三、说明的类型

说明从其方法的性质上说，有概念说明、列举说明、对应说明、图表说明、数据说明五个类型。

（一）概念说明

1. 定义

定义也叫下定义，这是说明概念内涵的一种方法。从语言形式上讲，定义是用肯定句式简明概括地把概念的知识介绍出来。因此，这种介绍都是一个完整的句子。这个句子由三个部分组成：被定义概念、内涵揭示语、下定义概念。定义都是直陈式的界定，被定义的概念具有普遍性。内涵揭示语能概括出事物的本质特征，下定义的概念能够包容被定义的概念，并且两个概念不能变成一个概念，造成同义反复，因而下定义要严谨、科学，不像比喻式的说明那样以生动性和形象性介绍知识。这也就是说，通过定义的本质化、特征化的概括，达到一目了然地给人以最本质的知识。

2. 解释

解释类似于定义，可以说它是定义的嬗变和扩展。由于这种嬗变，解释在介绍概念时，比定义灵活轻巧，可以没有下定义概念；由于这种扩展，解释的内容大都比定义具体丰富，不像定义那样高度概括，可以在多重句式中阐释概念。所以，解释并不注重揭示概念的本质内涵。

3. 分类

分类是以一定的标准，将事物分门别类地划分开来，以便逐一介绍其知识的方式。这里所说的"分门别类"，既是对事物的类别而言，又是对概念的外延而言。也就是说，分类是揭示概念外延的方法，由此引出所谓的子概念。

分类可以有多个标准，但每一个标准只能划分出符合这个标准的种类，而不能标准混淆，种类混乱。"分类的事情有三端必须注意的：一要包举；二要对等；三要正确。"（叶圣陶《作文论》）

（二）列举说明

1. 举例

举例是说明普遍性知识的方法。有很多知识具有普遍性，能够在许多具体的事物上得到反映，因而在说明这样的知识时，可以举例来认证说明。

2. 引用

引用是丰富知识内容的方法。也就是说，引用是将与知识相关的语言形态的资料用入说明之中。这样一方面丰富了知识的内容，另一方面又增添了说明的生动性。

（三）对应说明

1. 比较

比较是在比较相同、相似或相反的事物过程中将知识介绍出来的方法。经过比较，事物的异同就既生动又科学地介绍了出来。

2. 比喻

比喻是用比喻手段来帮助说明知识的方法。比喻说明因其形象性而使说明生动增色。

（四）图表说明

图表说明是运用图形和表格的形式来说明知识。

1. 图示

图示就是通过绘制图形介绍知识。图示具有形象性和直观性，特别是抽象的知识，通过图示可以一目了然介绍透彻。

2. 列表

列表是指制作表格说明知识。列表首先具有归纳性，能将知识所涉及的类型、性质、构成、作用等分别归纳出来。列表还具有整列性，各个栏目排列有序，可以使所介绍的知识尽收眼底。正因为如此，列表也同样具有直观性。

（五）数据说明

数据说明就是采用数据说明知识。运用数据可以使说明准确有力。因此，只要有可能，说明都要使用数据。

第四节　议论

一、议论的界定

议论是一种表达理论的写作方式。所谓理论，是逻辑思维归纳、抽象、推理、辨析感性认识而产生的一种书面形态的理性认识。理论一般都要凭借经验，又不停止在经验的水准上。所谓经验，是指感觉、感受直接概括而成的感性认识。从经验出发，"经过思考作用，将丰富的感觉材料加以去粗取精、去伪存真、由此及彼、由表及里的改造制作工夫，造成概念和理论的系统"（毛泽东《实践论》），再经过议论的表达，就形成了理论。

议论表达理论，是由理论的要素实现的，既要从要素出发，又要以要素为归宿。

理论的要素有三：论点、论据、论证。这就是理论的三维性。

（一）论点

论点是理性认识在相对阶段中的最后终结点，表现为一种基本思想，一种核心观点。这种思想、观点代表了此时理性认识的最后成果，即最终主张什么，反对什么，赞成什么，否定什么。

论点又是议论表达理论的最初出发点和最根本的依据。没有论点，议论就无从运行，无从表达。所以，议论不仅要精心地表达论点，而且还要紧紧围绕论点来精要地表达整个理论体系。理论体系简单，则论点就只有一个；理论体系复杂，那么就有多个论点。对后者而言，论点就有中心论点与分论点之分，造成众星拱月之势。对于议论来说，不管是一个论点还是多个论点，不管是中心论点还是分论点，都是用判断这种逻辑形态来表达论点的。因此，要表达理论，议论就必须首先有论点，就必须使用判断语式将论点明确地表达出来。

（二）论据

论据是产生理性认识的依据。理性认识无法凭空产生，总得直接或间接地依赖于感性认识。客观存在的现象、社会上发生的事实是理性认识的直接依据，首先启动着人的感性认识；前人总结的经验、智者留下的理论是理性认识的间接依据，首先启动着人的理性认识，而后再以此为导索，去求得感性认识和实践的印证。因此议论在围绕论点表达理论体系时，就得甄别、筛选、提取那些最能代表理性认识发生、发展、升华这一思维运动的依据，以此作为证明观点、表达思想的材料。

由于理性认识的依据具有两重性，议论表达的论据就有事实论据与理论论据之分。

（1）事实论据。事实论据是来源于客观世界的具有一定运动规律性和本质提示力的现象和事实。

（2）理论论据。理论论据是见诸语言形态而又反映了客观规律，具有真理性的经验结晶和思想成果。不论哪种论据，其性质都应真实，其质量都应典型，其数量都应充足，表达时又都应简明、准确、完整。对于事实论据的表达，议论通常还要借助于叙述和描写。

（三）论证

论证是议论使用论据证明论点的过程和方法。

理性认识是一个复杂的思维运动。这种运动在最终形成理论时，需要议论予以调整和组合，"顺理成章"。论证正是从这种需要出发，以一定的方法梳理思维运动的线路和轨迹，理顺精当概括的论点与精心挑选的论据之间的逻辑关系，使论据能更有力地证明论点，使论点能更恰当地映照论据。

不仅如此，论证还应从理性认识出发，循着思维运动的线路和轨迹，逐步逐层地对论点与论据的逻辑关系进行分析和揭示，表述出这种分析和揭示所带来的想法和认识。因此，论证不仅仅是方法，也不仅仅只是自身没有血肉的空壳似的过程。论证还是理论的"喷泉"，喷发出为理论所专有的分析性内容、揭示性内容和相应的想法与认识。这就是说，理论的形态并非是"论点+论据"的简单组合，而是"论点+论据+分析"的有机复合。如果说，论据是理论的"组合血肉"，那么，论证所产生的内容就是理论的"自生血肉"。这种"自生血肉"具有鲜明的主观色彩，因而是理论的实体，是理论中最活鲜的内容。这种内容越多，议论的理论性就越强，反之则议论的理论性就越弱。所以，论证最终表现出的是成熟和定型的思维运动过程。

二、议论的作用

议论有正反性和逻辑性，因而可以通过正反形态和逻辑形态来表达理论。

（一）正反形态议论

议论的正反性产生于议论的"着眼点"。所谓议论的"着眼点"，就是论点。由于议论要么着眼于正面论点，要不就着眼于反面论点，这就使议论具有了正反性，产生了正反不同的两种证明形态，即立论和驳论。

1. 立论

立论是着眼于自己的论点而形成的一种正面的议论形态。

这种形态以持论的姿态表明观点，阐述观点，论证观点，具有证明的直接性，所以又叫证明。立论必须遵循辩证唯物主义的认识路线，"经过感觉而到达于思维，到达于逐步了解客观事物的内部矛盾，了解它的规律性，了解这一过程和那一过程间的内部联系，即到达于论理的认识"（毛泽东《实践论》）。只有这样，才能立足正确的论点，拥有翔实的论据，进行充分有力的论证，达到直接表达真知的目的。

2. 驳论

驳论是着眼于别人的论点而形成的一种反面的议论形态。

这种形态以反论的姿态辩驳对方所论，即通过辩驳对方的论点、论据、论证，最终证实对方论点的错误和不实，从而确立自己的论点，具有证明的间接性，因而又叫反驳。驳论必须起于对方论点的错误和不实，也就是说，只有当对方的论点是谬论、错论或不实时，才说得上予以反驳。驳论的基点仍然是辩证唯物主义的认识论，但更需要唯物辩证法的识别力和鉴别力。所谓唯物辩证法的识别力和鉴别力，就是以实践为检验真理的唯一标准，比较、鉴别理论的真假、正误、对错的眼力和能力。驳论就是以实事求是精神，使用分析和批评的武器，驳倒错误和不实的论点，确立正确论点的议论。

（二）逻辑形态议论

议论归根结底是逻辑的，因而议论具有逻辑形态。逻辑形态是由概念、判断和推理构成的表意形态。也就是说，议论的表意是由这种逻辑形态呈现出来的。

1. 概念

概念是逻辑形态最小的表意形式。"概念这种东西已经不是事物的现象，不是事物的各个片面，不是它们的外部联系，而是抓着了事物的本质，事物的全体，事物的内部联系了。概念同感觉，不但是数量上的差别，而且有了性质上的差别。"（毛泽东《实践论》）没有概念，就不能产生判断和推理。

在众多的概念中，存在着牵动其他概念、推动判断的基本概念。这种基本概念是议论表意的基本点，是产生中心论点和推理的原生体。以基本概念为发论的基本点，对基本概念加以辨析，就能确立论点，从而证明论点。

2. 判断

判断是逻辑形态的基本表意形式。首先，判断从基本概念出发，产生论点。判断形式的论点就是议论的基本表意形态。其次，这种表意的基本形式为推理创造了激发机制，提供了逻辑依据，使推理能"源活流畅"，不断地产生判断，不断地构成判断之间的逻辑联系。

3. 推理

推理是逻辑形态的最高表意形式。推理既是概念和判断的集成，又是概念和判断的发展。它既有概念、判断的严谨，又有符合规律的运动美和逻辑美。因而，推理展示的是表意的流动和认识的发展、深化。

推理的表意形式有归纳推理、演绎推理和类比推理。

归纳推理是以枚举事实而归纳结论的表意形式，具有事实的生动性和结论的普遍性。演绎推理是以套入原理而演绎结论的表意形式，具有前提的真理性和结论的深刻性。类比推理是以熟知事物推论同类事物的表意形式，具有事例的广喻性和结论的针对性。这三种推理各自以"个别到一般""一般到个别""个别到个别"的运动，最终构成了议论有机的整体表意形态。

三、议论的类型

议论的类型包括举证议论、分析议论和设喻议论。

（一）举证议论

1. 例证

例证是列举事实论据证明论点的方法。例证依靠真实而又典型的事例，依靠这种事例的雄辩力量，建立起论据与论点的内在联系，即逻辑关系，据实而论地证明论点。同时，为了构成事实与论点、事实与推论的行文联系，即文字关系，例证往往采用"例如""比如""如""举例来说"等等例证词。这些例证词就成为例证的标志。由于例证的作用在于举例证明，视野集中于事例，因而是一种简明的论证方法。

2. 引证

引证是引用理论论据证明论点的方法。

运用引证的关键是建立理论论据与所证论点的必然关系，而建立这种关系又必须两者都具有内容的真理性和文字的互通性。这就需要精读理论原著，使之与所论的思想和持论的语言相融合。引证在引用理论论据时有两种技术。一种是原引，即原文照引。这种引用的明显标志是所引原文要加引号，或者采用小于一般自然段的形式单列引文段。原引必须做到引文原意完整，准确无误，不能断章取义，或者文字标点错漏。另一种叫意引，即取意而引。这就是不照用原文的语言，而是理解透彻原文之后，用自己的语言与原文的关键语言进行组合，将其意思概括起来，再予引用。所以意引的内容没有引号，一般也不单列引文段。引证一般都要通过注释手段注明引文的出处。

（二）分析议论

分析议论是比之举证议论更为高级的议论类型。首先，分析议论可以依据例证和引证对事实论据和理论论据展开分析，使两种论据的内涵得到充分的揭示和阐发。其次，分析议论还可以借助判断形式分析论题、论点，使理论丰满透彻。因而分析议论是理论在论证过程中"生血长肉"的最主要的类型。

分析议论的具体方法很多，这里择其要而介绍四种。

1. 因果分析

因果关系是事物的普遍关系。世间不存在没有结果的原因，也不存在没有原因的结果。因果关系反映了事物内部和事物之间本质性的必然联系。因此，因果分析要么以结果分析原因，要么以原因推测结果，要么在原因与结果之间分析事物的来龙去脉，通过分析，剔除偶然的成分，得出必然的结论。

2. 条件分析

事物的发生、发展和变化，必须具备一定的条件。条件分析就是通过对条件的分析，得出事物在什么条件下能够如何发生、发展、变化的结论。

3. 假设分析

假设分析是先提出一种假想，或提出一个假设，然后就那个假想或假设予以分析，以求证最终能得出怎样的结果。这种分析具有鲜明的思辨色彩，具有推测的智慧，有时也具有高妙的幽默。

4. 辩证分析

这是运用辩证法来分析问题的方法，因而也是更为深透全面的分析方法。辩证法的核心是对立统一，所以正与反、对与错、是与非、现象与本质、偶然与必然、相对与绝对等等，就都是对立而又统一的。对这种对立统一性进行分析，就能产生无懈可击的理论。

（三）设喻议论

设喻议论是通过比喻、比拟、象征等形象化手段来论证抽象的理论的类型。这种议论类型所表达的形象内容，使理论的"自生血肉"增添了生机和活力，使议论在具有逻辑美的同时，又具有了艺术美。因此，越是好的形象议论，就越能显示出设喻议论的艺术逻辑魅力。

第五节　抒情

一、抒情的界定

抒情是一种表达感情的写作方式。首先，感情是一种触物感怀的心境，随意绪、情绪的变化而产生或消失。"人非草木，孰能无情"，七情六欲，喜怒哀乐，都是人之常情，所以，触物感怀之时，意绪纷飞之际，感情就会涌出笔端，流淌在字里行间，这样，就有了抒情。抒情首先就应该积累感情。积累感情是滴水穿石的功夫，点点滴滴，经久不断。儿时心境纯真的任性之情，少年心境火热的血气之情，成年心境复杂的五味之情，老来心境返朴的舐犊之情，阅世沧桑，历世炎凉，感情应该越来越丰富，越来越深厚，而不应该越来越淡泊、越来越苍白。这就是说，感情的积累既有自然长成的轻松，也有用心养成的艰苦，如果不辨事理，不通人情，变态的心境就只能奔出脱缰的野马，又有何深刻的感情可供抒写？

其次，还应该蕴蓄感情。感情往往来得快，去得急。这本来的人之常情，并不等于抒写之情。抒写之情应该如江流，如潮涌，奔腾不息，波涛起伏，这就需要汇聚感情，蓄势待发。汇聚感情并非难事，眼前景、物、人、事能钩沉起心中的景、物、人、事，由此就能"登山则情满于山，观海则意溢于海"。一旦感情的潮水冲决大堤，就会情不自禁，情深意笃。

再次，抒写深刻的感情还应该提炼感情。深刻的感情就是美的感情，而美的感情只有靠提炼。感情潮水奔涌，是提炼感情的基础，真善美是提炼感情的标准。提炼感情的目的是铸造出具有抒写价值并能引起普遍共鸣的感情内容，给予人们的心灵以电光石火般的撞击，使人们在震颤人心的感情共鸣中获得曾经历的审美愉悦。

最后，真善美的感情内容的铸造在于意境的塑造。意境是主观的思想感情与客观的人事景物融合而成的艺术境界。古人曾有"意随境高"之说。情深在于意美，而意美得益于人善，事真，景好，物美。由此而产生的意境，是抒情从客观方面实现的创造。这种意境中奔涌的感情深深植根在美妙的客观境界之中，使人更觉其美，更觉其妙。古人又有"境随意高"之说。这时，意美又在主观上得益于思想纯熟，情操高洁，品性正直，胸怀博大，能在平凡中见奇崛，在平淡中见美妙，在普遍中见特殊，在简朴中见真谛，由此而产生的意境别开生面，启人茅塞，那冰肌雪骨的感情，是抒情在主观方面实现的创造。不论客观还是主观的创造，抒情都能把人带到美妙而深刻的艺术境界之中，让人感受具有艺术真实性的感情，让人享受这种感情的艺术美。

二、抒情的作用

感情的表达要靠抒发和抒写。所谓抒发，就是表露感情。诗歌中时常可见的"啊",就是一种典型的感情抒发。所谓抒写,就是表白感情。喜怒哀乐表现的只是感情的状态,不具有实在的内容,而为何喜,为何怒,为何哀,为何乐,就不再是一种感情的状态,而是一种感情的历程,这是一种内容丰富的感情流动。所以,表达感情更主要的是表白感情,即把那内容丰富的感情流动抒写出来。

(一)抒写情随意生的自然之情

情贵自然,所以抒情是一种自然化的感情抒写。自然而然的感情,产生于意绪的波动。意绪就是所谓的"心念",心念有所波动,引起情绪变化,产生一定的心境,这就是感情必生律。抒情正是从这个规律出发,去抒写感情的来龙去脉。比如说,人与自然、人与物、人与人总有着千丝万缕的关系。观景、睹物、思人,总不免意纷纷、情融融、心切切。那景、那物、那人,就是感情生存的摇篮。当人动了心之后,就会摇动那摇篮,那摇篮里躺卧的婴儿就会发出会心的微笑,把这种会心的微笑抒写出来,抒情就十分自然。

抒情的根基在于心有所动,情有所生。反过来说,抒情最忌矫揉造作。矫揉造作的抒情犹如无根之花,即使华丽一时,也难免凋谢枯萎。

(二)抒写情真意切的真实之情

情贵真实,这就是通常所说的"真情实感"。写作需要真情实感,抒情也就必须是真实化的感情抒写。

情真是意切之果。意切,就是心念切合实际,透视度高,洞穿事理。当人们"于事无睹"的时候,自然无感情可言;当人们"于事迷糊"的时候,感情也十分朦胧;当人们"于事有悟"的时候,感情才涌动于心;当人们"洞悉事理"的时候,才说得上真实地拥有了感情。

所以,抒写感情,既要抒写真实的感情,还要抒写切实的意绪。抒情最忌讳虚情假意,那种脱离现实生活的呻吟,那种没有心境的吟哦,那种言不由衷的抒写,都只能败坏读者的胃口。

(三)抒写情深意美的创造之情

情贵深刻,深刻的感情来自震撼人心的力量。这种力量产生激情冲腾的爆发力,那是火山爆发式的感情熔浆,摧枯拉朽,不可阻遏。它能改变现实平淡无奇的模样,创造一个新奇无瑕的境界,熏陶人们的心境,净化人们的灵魂。

在这里,抒情忌讳的是隔靴搔痒,不深不透。当抒情没有了奔涌冲腾的喷发,没有了砭肌刺骨的深刻,那抒情也就没有了创造,没有了生命,只落得平庸无力，不着痛痒。

三、抒情的类型

抒情有两种类型：一种是直接抒情，一种是间接抒情。直接抒情，感情激越高亢，有一泻千里之势；间接抒情，感情深厚婉转，有潜流暗涌之态。

（一）直接抒情

直接抒情的方法就是直抒胸臆。直抒胸臆就是袒露情怀，暴风骤雨似的把胸中之情宣泄出来。这种方法无需遮饰之物，抒发的内容全是心境的直白。可谓胸中涌激情，笔下翻波浪，情态豪放，情势灼人。

直抒胸臆抒发的是满腔激情。那感情不仅激越热烈，而且集中专一。这种抒情尽管也有抒发的内容，但却没有什么实实在在的内容，看似像议论，但又并未说理。它主要表现为发自肺腑的讴歌、赞美、倾诉和抢白，节奏快，内涵深，个性鲜明。

正因为如此，直抒胸臆应当适可而止，不到情势逼人不得不发，不要强作激烈。一旦抒发尽兴，就该快意休止，不要没完没了，一任声嘶力竭，流于空洞、肤浅和苍白。

（二）间接抒情

间接抒情的方法则比较多。这是由感情的依附性造成的。感情是精神产物，总是伴随着心理活动，总是以客观存在为依托物，总是在其中波动荡漾。因而抒情的表达，更多的是通过对这些心理活动和客观存在的抒写，曲折地把感情表达出来。

1. 写人抒情

写人抒情是在一往情深地描写人物，抒写一腔深情。人物的喜怒哀乐，情操精神，总是会打动作者，特别是人物为作者所熟悉，所深知，在作者心目中构成鲜活的形象时，作者总是寄寓了一腔深情。这种深情在描写人物的过程中就会情不自禁地被作者抒写出来。

2. 叙事抒情

叙事抒情就是在叙述事情时抒写感事的情怀。

俗话说，"事实胜于雄辩"。事实以其真实的力量，往往令人心灵震撼，产生一种激情。当叙事的时候，为事实所打动的作者总会心潮澎湃，激情难禁，因而就会很自然地把这番激情倾注在字里行间。被作者的感情熔炼的事实，就会燃腾起暖人的火焰。

叙事抒情要解决好"事实无情"与"叙事有情"的矛盾。解决这种矛盾需要"有感于事"。这也就是说，事实本身没什么感情可言，只是人们"因事生情"。所以"有感于事"在这里不单单指对事有感受，有感想，而且还指对事有感情。"于事有情"，再加上一定的语言手段，就能叙事抒情了。

3. 绘景抒情

绘景抒情是在描绘景色中抒写感情。景色都有一定的诱惑力，能给人审美愉悦，好的景色更能让人流连忘返，难以释怀。这种审美愉悦，这种留恋之情往往催动着作者忍不住要把那景色描绘出来，于是作者的感情也就随着景色的描写被抒写出来了。

当作者观赏景色而有所寄情，也就是移情入景的时候，也可以把这样的情致融入景色描绘之中，予以抒写。

4. 状物抒情

状物抒情是以特有的心境极致地描写物，物中有情，情中有物。这里所说的物，一种是动情之物，一种是寄情之物。

所谓动情之物，是一种因熟悉而生情的物。所谓寄情之物，指的是感情寄托之物。状动情之物的抒情，须得情深意挚；状寄情之物的抒情，应该淋漓酣畅。

5. 论理抒情

论理抒情是指在论说道理时抒写认识到真理的真知之情。真知使人激动，真知令人振奋，因此，这里所谓的论说道理是一种激情评点式的说理，是理智与感情的艺术融合，以理激情，以情论理。因而这里的论理是一种抒情论理，这里的抒情是一种为思想火花所点燃的激情抒写。

论理抒情所抒写的内容是思想结晶，给人以智慧的启迪和理性的劝谕，所抒写的形式是艺术的语言，给人以爽丽的快感和沁心的美感。论理抒情也抒写着一种争辩之情。这种抒情笔锋犀利，争辩尖锐，于论理中直透出一种激越之情，令人因情悟理，顿然释怀。

范文点评

【范文】

问 号

陈祖芬

有风。远方几个小岛,在海浪的摇篮中像一个个可怜的宝宝。海在风的蛊惑下,欺侮、吞噬、伤害着忠贞不贰的哨石。哨石苦苦等来的,只是深深的、密密的皱纹,抹多少抗皱美容霜也无济于事。这些抚不平的皱纹,明明白白地提醒海的无情。然而哨石痴痴地恋着骄奢恣狂的大海,没有任何人能改变哨石对海的魅力的崇拜。尽管海给予他的,只是身和心的摧残。

涨潮了。碧绿的波峰驮起白色的浪花扑向这边的礁石。那浪花是大海生命的精华,洁白、晶莹、美丽、灿烂,热情澎湃地扑向礁石,伸进礁石每一条皱纹。礁石上的苔藓在海水的爱抚下,绿得欲滴。我才想起为什么绿色象征生命。

海水狂热的爱,在礁石上,被碰得粉碎。破碎了的是浪花,不是大海。浪花像撕碎了的白色的花瓣,撒落在海里,融入碧波,很快又积聚起新的力量,向礁石进行又一次爱的冲击。大海温厚白洁的手指,插进礁石褐色的指缝。然而,礁石绷着脸,皱着眉,又一次拂下白浪。

海有多宽,一排一排的碧峰就有多宽,乐此不疲地向这边推进。远处,可见细小的白浪,像一条条白色的美人鱼,横着向这边游来。一圈圈白浪扑到礁石的脚下,热吻着礁石黑亮的脚趾头,吻遍礁石的脚趾头。

大海对礁石矢志不渝的爱,令我对礁石也刮目了。礁石,一无虚饰地袒露着。礁石就是礁石。不是大理石,不是钟乳石,而是,最不起眼的礁石。用不着开采,用不着珍藏,用不着保护,用不着雕琢。真率自然就是美,就是无价,就是叫人珍爱的。

大海像巨幅画卷似地卷着海浪。大海在这长卷上书写了什么?这样地卷了又卷,这样地终也不抖开来!

浪花卷起的,是千堆万堆的问号。

千堆万堆的问号,勾住我的脖子,夹住我的手指,挂满我的发丝,埋住我的身子。大海,我明白,我明白。

海浪退下去了,退下去的是成排的泪水。

(2002年5月1日《光明日报》)

【点评】

本文细腻地描写了海边景色,大海的碧波、浪花澎湃而热烈,海边的峭石、礁石坚韧而深沉。既有描形,如"浪花像撕碎了的白色的花瓣,撒落在海里",又有写神,如"细小的白浪,像一条条白色的美人鱼,横着向这边游来",还有以动写静,如"远方几个小岛,在海浪的摇篮中像一个个可怜的宝宝",更有以静写动和侧面描写:"峭石苦苦等来的,只是深深的、密密的皱纹。"全文几乎运用了所有基本的描写方法,使一幅"浪涌石挺"的图景跃然于眼前,而又以移情的手法使这幅图景沉思于胸中。

【范文】

讲究休息的艺术

容小翔

行为的变化就是休息,这是很有道理的。坐着工作累了,走着工作就能消除疲劳;看书时眼睛疲劳了,遥望一下绿色的树丛就会驱除劳累;看书累了,头昏脑涨,干点体力活,就会头脑清晰。

可见,所谓的劳累是相对而言的。当人们长期单调地做着一种事情,或者做令人厌烦的工作时,会觉得疲劳。这时主动地变化一下工作的行为方式,或者做些感兴趣的事,以消除不良感觉,可能是最好的休息方式。

所谓会休息,就是掌握好工作的量与度,及时地改变行为,使工作与休息交替进行,使二者都不过度,这才是积极的休息或称为主动休息。生理学家曾做过这么一个实验:让一组健壮的搬运工人搬运重物,连续干4小时,只能勉强装运12.5吨,而且大家都感到非常劳累。一天后,还是让这些人搬运相同的重物,但让这些人每干26分钟就休息4分钟,同样干4小时,结果装了47吨,其劳动效率提高了3.7倍多!

(2002年3月20日《中国体育报》)

【点评】

本文说明了一个生活知识，这就是休息。首先，文中界定了休息就是行为的变化，并以举例的方式说明了休息对于改善疲劳状态的作用，继而又解释了"主动地变化一下工作的行为方式""可能是最好的休息方式"，进而还说明了怎样才是会休息，这就是"掌握好工作的量与度"，最后以一个实验数据完美地说明了恰当地安排行为的变化即休息所产生的工作效率。全文介绍了休息艺术的有张有弛，体现了说明的客观、科学、准确与鲜活，也充分显示了"知识就是力量"。

【范文】

按 键

斯妤

从小学开始，清华物理系便是我坚定不移的目标，原因是我的姑妈是那里的高才生，我的两个叔叔都是无师自通的无线电行家，我则因成绩优异刚刚被特许从二年级直接跳到四年级，我的父亲为此深感欣慰，他早就对我充满期待，现在更是信心十足了。

"你一定要进清华物理系，你是科学家的材料！"父亲不容置疑地说。

父亲一再的断言理所当然地在我心里生根发芽。清华物理系成了我独一无二的目标，我坚信我会比姑妈还出色。

可是几年后清华就变成一个遥不可及的梦了。本应徜徉于大学校园的我辈，却斜躺在乡村祠堂的天井里，对着满天星斗发呆。所有的秩序都打乱了，所有的向往都成了泡影。白天的豪言壮语、铿锵誓言到了晚上变成了一条条鞭子，和着疑虑、沮丧、迷失等情绪，无声地抽打着知青们的心，令大家唏嘘慨叹，辗转反侧。

我的清华梦，科学梦就此落幕。四年的插队生涯，在我心里播下的是另一颗种子。这颗种子是那么致命，以至于相当长的时间里，它都萦绕左右，挥之不去，它不像一个梦想却像一块心病，不是一份滋养倒像一种病毒，它毫不妥协，从不游移，牢牢地潜伏在我心底，顽强地等待旷世名医的到来，等待被铲除，被救治。

那致命的种子就是，对时间的疑虑，对生命的惶惑。

1980年9月我走进北师大中文系的阶梯教室。面对300多个座位上的300

多张脸庞,我一片茫然。我想起那遥远的久违的清华梦,不知道为什么会在此时此刻成为这300多名文科生中的一员。

不久我就知道为什么当我茫然无措地走进那间庞大的教室时我心里其实坚定无比。稀里糊涂和茫然惶惑的背后自有一股力量,它虽然隐晦却始终如一地牵引着我。

老师们的才学、智慧、幽默、激情逐一在我们面前展开。师大中文系的教学阵容相当强大,这令我们惊喜不已。我是那么喜欢黄会林老师的激情,她的滔滔不绝,热情洋溢感染着每一个人,我身上的低落慵懒遇到她立刻丢盔弃甲,落荒而逃;我也赞叹赵仁珪老师的洒脱,他总是寓奇崛于庸常,寄突兀于平实,漫不经心,闲庭信步中将险峰峻岭展示给我们;而启功先生的幽默和学识更是令同学印象深刻:他的课幽深曲折,可是他的课堂上总是笑声不断,人人捧腹。

刘锡庆老师的写作课则带给我们另一种感觉。那是严谨的、扎实的,是不华丽也不平庸,不夺人耳目却丝丝入扣的,一如刘老师的为人。我那时自然不知道刘老师的写作课会对我的人生道路发生那么大的影响,我只是认认真真地听着老师的课,老老实实地完成老师布置的作业,并且庆幸我不像有的同学那样,对写作产生几分畏惧。

一年的写作课结束时,自然有一场总结性的考试。刘老师出的题目是散文《我的向往》。看着试卷上的题目,我心里的某根弦被轻轻拨动了。

第二个学年开始后,刘老师拿着一本杂志找到我(那时他还不能把我从300多个学生中认出来),并且很认真地鼓励了我一番。我被意外所擒住,惊讶得说不出话来。原来刘老师阅卷时对我的那篇散文印象颇深,他认为在两个小时的考场上能写出这样"有感情,有文采同时角度新"的文章实属不易,所以毫不吝啬地加了点评,推荐给《电大语文》发表。

看着变成铅字的习作,读着老师热情洋溢的点评,我自然惊喜交加。我想我后来义无反顾地在写作路上行走全都始于这一步。尽管那颗种子早在插队时期就深埋于心了,但是如果没有这一幕,没有这像按键一样启动了我的重要一幕,也可能那颗种子至今仍然深埋于心,尚未抽枝。

现在,我很想回到20多年前那躺在乡村祠堂的天井里望着星斗发呆的夜晚。正是那一个个迷茫的夜晚,和大自然肌肤相亲的夜晚使正在成长的心灵产生了疑问。

人是从哪里来的?

天和地是从哪里来的？它们能够存在多久？

时间是无限的吗？

生命为什么会消失？面对消失的威胁，人应该怎么办？

生命的意义在哪里呢？

……

一个个不眠之夜之后，年轻幼稚的我懵懵懂懂地抓住了一根稻草，那就是文字。我认定文字可以突破有限，实现超越，妄言文字可以记录时间，抗衡死亡……一想到文字可以在生命消失后留下生命的痕迹，我就激动不已。

有时候我想我父亲对我的判断其实不准确，我的气质是更倾向于哲学和诗的。我并不是科学家的材料。我是一个不现实的人，是一个喜欢冥想也喜欢逆逻辑思维的人。我也许外表周正随和，可是我的内心是孤傲散漫的。当我做梦的时候，我希望那梦也是奇崛诡秘，标新立异，无拘无束的。

所以我感谢四年的乡村生活，是它使我发现了自己。我更感谢北师大。感谢刘锡庆老师的写作课和刘老师本人——是他们使我走向自己，实现自己，使不现实的人成为一种现实。

（2002年5月15日《光明日报》）

【点评】

作者以饱含真情的笔触，叙述了自己人生途中刻骨铭心的经历。真情叙述使全文充满了抒情意味，其中既有写人抒情：对师长的称颂；也有叙事抒情：对乡村生活的追思；还有状物抒情：对那致命的种子的抒写；更有论理抒情：那是心灵轨迹的真切吐露；最后，情之所至，涌之以潮，结尾就是真情表白的直抒胸臆了。

实践练习

1. 为什么写作方式有五种？如何实现写作方式的优化？

2. 分别使用五种写作方式，叙述一件事，描写一个形象，说明一个知识，议论一个道理，抒发一番情感。

3. 综合运用五种写作方式写一篇文情并茂的文章。

第五章 写作成果的美化

写作活动是一种审美实践活动，其终极目的是要创造出完美的成果——文章。这种创造过程，自始至终都是十分艰辛的，因为写作是一种很精细的艺术。文稿的修改就是这种精细的艺术在整个写作过程中的最后体现。没有这种最后的艰辛，前面的努力和艰辛都可能功亏一篑，不能最终创造出完美的成果。

第一节 文面规范

相亲讲究化妆，注重第一印象；现代产品讲究包装，注重包装的广告效应。好文章，也要好"包装"。"文面规范"就是给文章"包装"。

一、文面的含义

文面，是整篇文章反映在人们视觉中的总体面貌，是书面语言的表现形式，它包括卷面、文字书写、标点符号、数字书写、附注格式、行款格式等因素。

甲金文中的"文"像人的正面之形，中间并有交错花纹，表明古人已有文身现象，在胸部和腹部纹上花纹。许慎在《说文解字》中解释："文，错画也，象交文。"文的本义是文身；交错的花纹，是引申义。"章"是什么意思？柳宗元《捕蛇者说》中云："永州之野产异蛇，黑质而白章……"意思是：永州的郊外有一种奇异的蛇，这种蛇外观呈黑色，上有白色的花纹。章，花纹。可见,"文"和"章"都有花纹的意思。人们把写作的成果叫文章,有强调文面美观之意。

二、文面的作用

(一)文面是给读者的第一印象

文章的内容固然重要,但也不要忽视文面。文面反映作者的书写基本功和写作态度。作者在抄成正式稿时,必须高度重视文面。好的文面使人赏心悦目。

(二)文面是文章的外表和"门面"

文章内容再好,倘若文面很糟,读者看了就不顺眼,既影响文章的表达效果,又影响读者阅读文章时的情绪。文面清爽醒目,读者看起来就顺眼;文面美观大方,读者看起来就心情舒畅。

因此,好文章,还要好"包装"。

三、文面的要求

(一)卷面

1. 整洁

抄成正式稿时,不要有污损,最好不涂改。

2. 适当

图文与纸张比例协调,注重整体效果。如果纸张上没有分出图文区和白边区,作文时应首先留出白边区。一般地,白边区的留法是:装订的一方留 3 cm,其余三方各留 2 cm。中间为图文区,四周为白边区。白边区神圣不可"侵犯",作图作文只能在图文区内进行。

3. 科学

传统的书写形式是竖式书写,从右到左。五四时期,钱玄同在《新青年》杂志上首次倡议横式书写,得到了社会响应、推广,后成为习惯,沿用至今。现在,横式书写与竖式书写并存,但以横式书写为主。

横式书写的科学性体现在以下五个方面:

(1) 人的两眼横向并列,并非上下相垒。

（2）视野的横面大于纵面，横长约为纵长的 2 倍。当代科学实验进一步证明：人的注视感知范围大约是一个横长 5 cm、纵长 2.5 cm 的椭圆形。

（3）眼球上下转动比左右转动容易疲劳。

（4）同一句话，竖式书写的长度比横式书写的长度还长，竖式阅读也比横式阅读费时。竖式书写显然不利于速读。

（5）拼音文字和用阿拉伯数字书写的多位数，不便于竖式书写。

（二）文字书写

1. 规范

不能乱简化汉字，也不能写错字、别字；否则，造成经济损失，贻笑大方，文品掉价。

2. 清楚

字迹清楚，才好认。谢觉哉谈写字："字，写得清楚，人家容易看；写得美，人家喜欢看。常常有些来信和文稿，字不只潦草，而且怪形怪状，看起来是灾难，是我已老得成了'文盲'，还是他们写的是'天书'？我们是人，绝不能写'天书'。"一般情况下，工整的楷书和行书，清楚好认。

3. 美观

美观，是对文字书写的最高要求。字或者匀称秀丽，或者刚劲潇洒，都具风格，都给人美感，让人喜欢看。写字要注重整体布局、整体效果。

（三）标点符号

标点符号是书面语言的有机组成部分和不可缺少的辅助工具。它标明停顿、语调和词语性质。标点符号不同，则停顿不同，结构不同，语气不同，意思不同。这便是标点符号的威力。

文章中的标点符号已参与了表情达意，甚至有着语言文字无法替代的功能。"问号的情绪急切，感叹号的情思奔放，冒号的情味蕴蓄，省略号的情感舒张……逗号也有较强的传达情感的作用，它常常在句中造成跳跃，让情感贮于其中，形成引而不发之势，给人一种深层的情绪体验。"因此，善于使用标点符号表情达意，是一个作者成熟的标志。许多作家使用标点符号十分考究，准确精当，以一当十，看似平凡，实则丰富深刻。

1. 形状正确

主要避免以点代顿号、逗号、分号和句号，"一点到底"的现象，注意引号和省略号的形状规范。

2. 位置正确

在一般图书中标点符号的正确位置应该是如下：

（1）每个标点都要占一格，其中，破折号和省略号占两格。

（2）顿号、逗号、冒号、分号和句号分别写在方格的左下方。

（3）前引号和后引号分别写在方格的右上方和左上方。

（4）问号和感叹号分别写在方格的左半偏下。

（5）前括号和前书名号分别写在方格的右半正中，后括号和后书名号分别写在方格的左半正中。

（6）省略号、破折号和间隔号分别写在方格的中间。

（7）着重号写在格子下边，每个字脚下一个着重号。

（8）顿号、逗号、冒号、分号、句号、问号、感叹号、后引号、后括号和后书名号，不能写在一行开头一格，可以与它前面的字挤在上一行最后一格内，也可以写在上一行最后一格后面，还可以把它前面的字提到下一行开头，然后写它，而把上一行最后一格空着。

（9）前引号、前括号和前书名号，不能写在一行末尾，可以与它后面的字挤在上一行最后一格内，也可以把上一行最后一格空着，把它写在下一行开头。

（10）破折号和省略号不能折断转行。

3. 使用正确

2011年，国家发布了《中华人民共和国国家标准　标点符号用法 GB/T 15834—2011》。我们应认真领会标准规定，正确使用。主要避免"一逗到底"的现象，避免乱用和滥用引号、问号和感叹号等的现象。以下几种情况不可忽视：

（1）相邻两个数字并列连用表示概数时，数字间不用顿号如："七八百字""十三四岁"。

（2）并列词或短语间的停顿用顿号，而并列分句间的停顿用逗号。因此，应正确区分并列的词或短语与并列的分句，不能乱用顿号和逗号。如：截流改道工程，规模大，工程难，任务重。

（3）括号标明注释和说明的性质，应紧贴被注释和说明的对象。若注释和说明句中的词语，注释和说明的内容末不用标点；若注释和说明全句，括号应在句末标点后,并且,注释和说明的内容末要用标点。如:中国猿人(全名为"中国猿人北京种",或简称"北京人")在我国的发现,是对古人类学的一个重大贡献。又如:写研究性文章与文学创作不同,不能摊开稿纸搞"即兴"。(其实文学创作也要有素养才能有"即兴"。)

(4)插入语后不应乱用冒号,而应用逗号。如,耿大妈对儿子说:"大成,见人该问好就问好,该行礼就行礼,别怕别人笑话。俗话说,礼多人不怪嘛。"

(5)学科名称和活动名称,不能滥用书名号。书名号用于标明书名、刊名和篇名等。如:写作期末试题。

(6)省略号与"等"或"等等"不能并存,不要滥用省略号。如:有姐姐、表哥、表姐、同学等。

(7)有疑问代词,不一定是疑问句,不要乱用问号。如:许多人都非常关心这座立交桥将怎么建。

(8)倒装疑问句的问号应在句末,因为问号是句末标点。如:怎么了,你?

(9)选择疑问句是一个句子(复句),只应有一个句末点号,选项之间用逗号。如:是我走,还是你走?

(10)如果引文作自己言语中单句(或分句)的结构成分,前引号前不用冒号,引文末不用标点,若需停顿,点号应在后引号外;反之,如果引文独立成句,意思完整,前引号前一般要用冒号,引文末要用标点,标点符号应在后引号内。如:刘勰说的"句有可削,足见其疏;字不得减,乃知其密",很有道理。

(四)行款格式

1. 标题书写

(1)正标题写在一行中间,左右两侧空格尽量相等。一般短文,标题上下各空一行;稍长的文章,标题上空一行,下空两行;重要的标题,上下各空两行;长篇巨著,可用第一页写标题。

(2)副标题写在正标题下面,不空行,通常退后两格,用破折号领起。

(3)文中的小标题,上下各空一行。未标记序码的小标题,居中;已标记了"一、二、三"等序码的小标题,不居中,前面空两格就行了。如果小标题所领的内容不多,小标题也可以写于段落的开头,接写内容时,要空一格。

(4)一个字的标题,居中;两个字的标题,字间空一格;三个字以上的标题，字间不空格。如果标题字数太多，也可折断转行。转行要保持词或短语的完整，又要均匀搭配字数，两行略有错落，显得醒目美观。

（5）标题中间，可用标点符号；标题末尾，除需要强调和突出某种感情的，一般不用标点符号。

（6）对偶性标题，可以中间空一格表示，也可以分行书写。

2．署名

署名是严肃认真的写作态度的反映，它表明作者对文章内容负责，并承担法律责任。我们不提倡写匿名文章。

（1）作者姓名（或笔名）写于标题下，居中或偏右，与标题之间空一行。

（2）两个字的姓名（或笔名），字间空一格。

（3）几个人的姓名（或笔名），姓名与姓名之间空两格。

3．正文

正文是文章的主体，是题材的有机结合体，体现出文章的中心思想、作者的思路和文章的风格。

（1）正文与署名或标题之间要空一至二行。鲁迅主张从页中开始写正文，整个前半页都是"天头"。这样，眉目清楚、大方、雅致，给人一种舒展的感受。

（2）分段时，段首要空两格，作为段落标志。分段要做到单一、完整，相对独立，体现思路，一般不宜过长或过短。

（3）正文中引用原话，要用引号；转述意思，不用引号。引文不长，也勿需强调，则随行文而走；引文较长，或者重要，或者需要强调，则自成一段。引文自成一段时，可以用引号标示；若引文有分段的，应在引文的每段之首用前引号，在末段引文之尾用后引号；引文自成一段时，也可以用左边退缩两格的方式标示，不用引号。

（五）标记序码

序码是表明文章内容安排的先后顺序和组合的大小层次的数字形式。任何一组序码组合中的序码都能反映该序码后面的内容与上下文的关系。使用序码可使读者对文章的条理层次有明晰的视觉印象。写作应用文常标记序码。

1．种类

（1）上、中、下或甲、乙、丙等，主要用于编。

（2）一、二、三、四等，主要用于章节。

(3)"一、1"两级序码制,一般用于结构层次较简单的文章。
(4)一、(一)、1、(1)等,用于结构层次较复杂的长篇文章。

2. 书写

(1)段首序码应空两格后书写。
(2)章节序码后不用标点符号,空一格后写章节名称。
(3)带括号的序码后面不用点号,也不需空格。
(4)不带括号的序码后面应用点号,也可空一格表示。

3. 注意

标记序码要注意统一性与层次性,前后连贯,不可跳脱,层次不同,序码有别。

(六)数字书写

2011年,国家发布了《中华人民共和国国家标准 出版物上数字用法的规定 GB/T 15835—2011》。我们应认真领会国标规定,正确使用。

1. 总的原则

凡是可以使用阿拉伯数字而且又很得体的地方,特别是当所表示的数目比较精确时,均应使用阿拉伯数字。遇特殊情形,或者为避免歧解,可以灵活变通,但全篇体例应相对统一。

2. 使用阿拉伯数字的情形

(1)统计表中的数值,如正负整数、小数、百分比、分数、比例等,必须使用阿拉伯数字。如:48,-12,5.03,34%,1/4,1:2。
(2)公历世纪、年代、年、月、日和时刻应使用阿拉伯数字。如:公元前8世纪,20世纪80年代,公元前440年,公元7年,1994年10月1日,14时12分36秒。
(3)物理量量值必须用阿拉伯数字,并正确使用法定计量单位。(小学和初中教科书、非专业科技书刊的计量单位可使用中文符号。)如:600 g(600克),外形尺寸是400 mm×200 mm×300 mm(400毫米×200毫米×300毫米),34~39℃,(34~39摄氏度),0.59 A(0.59安〔培〕)。
(4)整数一至十,如果出现在具有统计意义的一组数字中,应使用阿拉伯数字。如:截至1984年9月,我国高等学校有新闻系6个,新闻专业7个,新闻班1个,新闻教育专职教员274人,在校学生1 561人。

（5）部队番号、文件编号、证件号码和其他序号，用阿拉伯数字。序数词即使是多位数也不能分节。如：84062 部队，国家标准 GB 2312—80 国办发〔1987〕9 号文件，HP-3000 型电子计算机，维生素 B12。

（6）引文标注中版次、卷次、页码，除古籍应与所据版本一致外，一般均使用阿拉伯数字。如，列宁：《新生的中国》，见《列宁全集》，中文 2 版，第 22 卷，208 页，北京：人民出版社，1990。

使用阿拉伯数字，应注意以下十点：

第一，年份一般不用简写。如：1990 年不应简作"九〇年"或"90 年"。

第二，时、分、秒，必要时，可采用扩展格式。该格式采用每日 24 小时计时制，时、分、秒的分隔符为"："。如：04：00（4 时），15：40（15 时 40 分），14：12：36（14 时 12 分 36 秒）。

第三，引文著录、行文注释、表格、索引、年表等，年月日的标记可采用扩展格式。如：1994 年 9 月 30 日和 1994 年 10 月 1 日可分别写作 1994-09-30 和 1994-10-01，仍读作 1994 年 9 月 30 日、1994 年 10 月 1 日。年月日之间使用半字线"-"。当月和日是个位数时，在十位上加"0"。

第四，用阿拉伯数字书写的多位整数和小数应分节。专业性科技出版物的分节法：从小数点起，向左和向右每三位数字一组，组间空 1/4 个汉字（1/2 个阿拉伯数字）的位置。如：2 748 456，3.141 592 65。

第五，阿拉伯数字书写的纯小数必须写出小数点前定位的"0"。小数点是齐底线的黑圆点"."。如：0.46 不得写成 .46 和 0·46。

第六，尾数有多个"0"的整数数值的写法。专业性科技出版物根据 GB 8170—87 关于数值修约的规则处理，非科技出版物中的数值一般可以"万""亿"作单位。如："三亿四千五百万"可写成"345 000 000"，也可写成"34 500 万"或"3.45 亿"，但一般不得写作"3 亿 4 千 5 百万"。数值巨大的精确数字，为了便于定位读数或移行，作为特例可以同时使用"亿、万"作单位。如：我国 1982 年人口普查人数为 10 亿 817 万 5 288 人，1990 年人口普查人数为 11 亿 3 368 万 2 501 人。

第七，用阿拉伯数字书写的一个数值应避免断开移行。

第八，阿拉伯数字书写的数值在表示数值的范围时，使用浪纹式连接号"～"。如：150～200 千米，−36～−8℃，2 500～3 000 元。

第九，出版物中的阿拉伯数字，一般应使用正体二分字身，即占半个数字位置。

第十，竖排文字中，必须保留的阿拉伯数字、外文字母和符号均按顺时针方向转 90 度。

3. 使用汉字的情形

(1) 定型的词、词组、成语、惯用语、缩略语或具有修辞色彩的词语中作为语素的数字，必须使用汉字。如：十滴水，二倍体，三叶虫，四氧化三铁，四书五经，不管三七二十一，相差十万八千里。

(2) 相邻的两个数字并列连用表示概数，必须使用汉字，连用的两个数字之间不得用顿号隔开。如：二三米，十三四吨，一二十个，四十五六岁，一千七八百元，五六万套。

(3) 带有"几"字的数字表示约数，必须使用汉字。如：几千年，十几天，一百几十次，几十万分之一。

(4) 用"多""余""左右""上下""约"等表示的约数一般用汉字。如果文中出现一组具有统计和比较意义的数字，其中既有精确数字，也有用"多""余"等表示的约数时，为保持局部体例上的一致，其约数也可以使用阿拉伯数字。如：这个协会举行全国性评奖十余次，获奖作品有一千多件。协会吸收了约三千名会员，其中三分之二是有成就的中青年。另外，在各个省、自治区、直辖市还设有分会。又如：该省从机动财力中拿出 1 900 万元，调拨钢材 3 000 多吨、水泥 2 万多吨、柴油 1 400 吨，用于农田水利建设。

(5) 中国干支纪年和夏历月日用汉字。如：丙寅年十月十五日，腊月二十三日，正月初五，八月十五中秋节。

(6) 中国清代和清代以前的历史纪年、各民族的非公历纪年不应与公历月日混用，而应采用阿拉伯数字括注公历。如：秦文公四十四年（公元前 722 年），太平天国庚申十年九月二十四日（清咸丰十年九月二十日，公元 1860 年 11 月 2 日），藏历阳木龙年八月二十六日（1964 年 10 月 1 日），日本庆应三年（1867 年）。

(7) 含有月日简称表示事件、节日和其他意义的词组。如果涉及一月、十一月、十二月，应用间隔号"·"将表示月和日的数字隔开，并外加引号，避免歧义。涉及其他月份时，不用间隔号，是否使用引号，视事件的知名度而定。如："一·二八"事变（1 月 28 日），"一二·九"运动（12 月 9 日），"一·一七"批示（1 月 17 日），"一一·一〇"案件（11 月 10 日），五四运动，"九一三"事件。

(8) 整数一至十，如果不是出现在具有统计意义的一组数字中，可以用汉字，但要照顾到上下文，求得局部体例上的一致。如：一个人，三本书，四种产品，五个百分点，六条意见，读了十遍。

（9）竖排文字中涉及的数字除必须保留的阿拉伯数字外，应一律用汉字。

（10）星期几，一律用汉字。如：星期五。

（七）时间词的运用

（1）少用或不用时间代词，多用时间名词，最好写具体的时间，避免运用"不久以前"之类的交代不够清楚的时间概念。若用"昨年、上月、昨天"等时间代词，应考虑到文章发表以后的情况。

（2）对参考文献中的"最近"之类的时间，应做适当处理和具体说明；对参考文献中的干支纪年和皇帝年号纪年，应加注相应公历时间。

（八）名称的运用

（1）同一名称在一篇文章中出现不止一次时，要注意前后统一。

（2）名称变动，特别是人的职务、单位变动时，要注意分清场合。

（3）提到几个人时，要根据场合，注意排列次序。

（4）涉及译名时，应以新华社的译名为准。

（5）涉及专门术语时，要根据对象和场合决定用或不用。

（6）有些已明文规定不能用的名称，应改用新的提法。如："苏联十月革命"应改为"十月革命"或"俄国十月革命"，"满清"应改为"前清"或"清朝"，"蒙族"应改为"蒙古族"（"蒙文"的提法还是可以的），"洋灰""洋钉""洋锹"等带"洋"字的提法，除特殊情况，均应改为"水泥""铁钉""铁锹"等。

（7）避免交代不清的名称，如"组织上""上级""群众"等。

（8）各种名称在文章中第一次出现时，应尽量用全称，若需简称，应用括号标注简称。全称应按习惯方法简化，不应随意简化，造成误解。

（九）注释方法

注释是解说引文出处和行文内容的文字。注释的形式及方法有夹注、脚注和尾注三种。

1. 夹注

夹注又称文中注，注在文中。或随文注，加括号；或自成一行，置于右半边，前面加破折号。

2. 脚注

脚注又称页下注，注在本页下边图文区内。先依次在本页文中被注对象后面右上角标明注码。本页被注对象只有一个的，可标注"〔注〕"或"＊"，然后在本页下边图文区内按对应注码作注释，并顶左画出图文区宽幅的三分之一的横线，将注释与正文隔开。

3. 尾注

尾注又称文末注或总注，注在一书之尾，或一编之尾，或一章之尾，或一节之尾，或一篇之尾。注释方法与脚注相同，但统一编注码的范围不是一页内，而是一书（编、章、节、篇）内，注释集中。

我们应正确认识和灵活处理夹注、脚注和尾注。夹注常常打断正文阅读，尾注不方便正文理解，因此，脚注较为宜，也较普遍。夹注、脚注和尾注可以在书中兼用。注释对象少、分散，可采用夹注；一般论文，多用尾注。

科技文文末著录的参考文献，反映出作者的"视野"和严肃求实的科学态度，反映出对他人劳动成果的尊重，也便于读者查阅原文。列入参考文献的，应是作者直接读过的、主要的、正式出版发表的文献。著录格式应遵照国家技术监督局、国家科委、国家标准局颁布的国家标准 GB/T 7714—2005《文后参考文献著录规则》。其中，顺序编码制为：按照在文章中引用的先后为序，以阿拉伯数码连续编号，并加上方括号，置于引文末的右上方，然后在文末对应著录。

其一，专著著录格式为："作者．书名［M］．版本．出版地：出版者，出版年：页码．"。如："张先华．教育观念的革命［M］．重庆：重庆大学出版社，2000：28．"。

其二，专著中析出文献著录通用格式为："文章作者．文章题目［M］//专著作者．书名．版本．出版地：出版者，出版年：页码．"。如："董玉民．管理与计算机［M］//李明金．管理学发展动向．沈阳：辽宁科技出版社，1988．65－71．"。

其三，连续出版物著录通用格式为："文章作者．文章题目［J］．报刊名称，年（期）：页码．"。如："李四光．地壳构造与地壳运动［J］．中国科学，1973（4）：400－429．"。

（十）附录方法

1. 含义

附录是对所写文章内容的重要补充和说明，多运用于应用文。

2. 内容

受篇幅所限，或不便写入正文，或有重要参考价值，或对正文有重要说明的资料、数据、图表等，均可收入附录。

3. 方法

附录应在文章结尾处标注附录内容的题目，多件附录，还应依次编号，然后按编号顺序在文章后附录内容，并连续编页码。

第二节 文章修改的含义和作用

一个严谨的作者，必然重视文章修改；一个成功的作者，一定关注文章修改。在修改中，人更成熟，文更完美。

一、修改的含义

修改是写作过程中不可缺少的环节。修改与准备、起草构成一个完整的写作行为过程。修改既是提炼艺术手法、不断寻求完美的表达形式的过程，也是思想提炼、审美体验、认识深化的过程。修改是对文章的全面"包装"和润色。

文不厌改。人们对文章的内容和形式的要求是变化和发展的，因而，下笔千言、一挥而就，只能是相对的，作者对文章的修改是无止境的。马克思对自己的文章精雕细刻，改了又改，从没感到满意过，总觉得语言表现没有达到思想的高度。"为文者，恒患意不称物，文不逮意。"（陆机《文赋》）

二、修改的作用

文章为什么要进行修改？我们认为，修改有以下五点意义。

（一）寻求完美表达

高尔基说过，世上最让人痛苦的是语言，因为言不尽意。作者写出初稿，总觉得心里想说的话没能准确完美地表达出来，就需反复修改，使之臻于完美。美国作家海明威写《老人与海》，反复读了两百遍后才定稿付印；杨朔写《雪浪花》，仅三千字的篇幅，修改了二百多处。

（二）深化思想认识

文成于思，文章是思维活动的物化形态。人们有时一写便糊涂，有时越写越清楚。修改使糊涂的变清楚，使清楚的更清楚。修改，表面是词句的锤炼，实质是思想认识的准确化、深刻化、明晰化、条理化。宋代王安石为"春风又绿江南岸"中的"绿"炼了十多字，表面是炼字，实质是炼意。唐代苦吟诗人贾岛，为"鸟宿池边树，僧敲月下门"苦吟至深，实质是不懈的审美体验。

（三）提高文章质量

好文章是"改"出来的。修改能提高文章质量。许多作家的成就有力地证明了这一点。欧阳修《醉翁亭记》的开头"环滁皆山也"是从"滁州四面皆山也"改出来的，成了凝练之句；当代作家柳青的《创业史》，花了六年时间，五易其稿，成了优秀长篇小说。事实表明，没有哪一篇优秀的文章未经过作者反复锤炼，没有哪一部杰出的著作未经过作者仔细斟酌。

（四）增强写作能力

好文章是"改"出来的，好作家也是"改"出来的。修改既提高文章质量，又增强写作能力。文章写得好的人，都在修改上下过功夫。欧阳修改文章，"书而傅之屋壁，出入观省之"；曹雪芹写《红楼梦》，"披阅十载，增删五次"；俄国作家托尔斯泰对《战争与和平》修改过7次，对《安娜·卡列尼娜》改过12次，对《复活》的开头修改过20多次。

（五）增强责任意识

文章修改是严谨负责的写作态度的反映。马克思写《资本论》，从草稿到定稿经过多次修改，第二卷前一部分原稿现在保存下来的就有八种之多。这类例子，举不胜举。事实说明，没有哪一个严肃的作者不重视文章修改。作者在修改中增强对己、对人、对社会负责的意识。毛泽东把粗枝大叶、马马虎虎、不负责任的写作作风，列为"党八股"的八大罪状之一，主张在全党内加以"讨伐"。

第三节　文章修改的内容和方法

草拟文章是一种能力，修改文章也是一种能力。只会修改、不会草拟的人，出不了文章；只会草拟、不会修改的人，出不了高质量的文章。

一、修改的内容

修改什么？我们可以从文章的主题、材料、结构、语言、表达和文体六要素考虑，也不可忽视文风和文面。

（一）主题是否正确

主题是文章的灵魂和统帅，是其他要素的抉择依据。主题必须正确。因此，修改要考虑：主题是否符合客观实际，是否符合法律规范，是否具有现实意义，观点是否极端、片面。

（二）材料是否适宜

材料是文章的物质基础，必须由主题决定，并为主题服务。因此，修改要考虑：材料与主题是否紧密，材料间内在联系是什么，主次是否分明，详略是否得当，材料是否具体、充实、新鲜、典型。

（三）结构是否合理

思路决定结构，结构体现思路。思路清晰，结构就严谨。因此，修改要考虑：思路是否清晰，结构是否有助于突出主题，衔接（过渡、照应）是否统贯圆合。

（四）表达是否恰当

叙述、描写、议论、说明和抒情五种表达方式，各有特征和功能，又可以综合运用。因此，修改要考虑：各种表达方式特征是否鲜明，运用是否恰当。

（五）语言是否得体

语言在长期的使用中打上了一定的时代、社会、行业和文体色彩，形成了各种语体。因此，修改要考虑：用语是否适合特定的对象、场合和文体，还应考虑语言通不通（有无语法问题）、好不好（修辞问题）。

（六）文体是否鲜明

我们把在形式、结构和语言上具有相同特点的文章归为一类，定型为一定的体裁，这就是文体。文体是一类文章在形式、结构和语言上的特点的总和。因此，修改要考虑：文体运用是否适当，文体特征是否鲜明、突出。

（七）文风是否优良

文风是文章的作风，是作者个人风格的总和，是时代、社会和作者素养在写作上的烙印，它包括思想作风和语言风格。因此，修改要考虑：文章内容是准确、鲜明、充实、新鲜，还是虚假、含糊、空洞、陈腐；文章形式是质朴、自然、简练、生动，还是浮华、造作、繁冗、枯燥。

（八）文面是否规范

文面，是整篇文章反映在人们视觉中的总体面貌，是文章的外表和"门面"，给人以第一印象。因此，修改要考虑：卷面是否整洁、适当，文字书写是否正确、清楚、美观，标点符号的形状、位置和使用是否正确，数字书写、附注格式和行款格式等方面是否规范。（详见"文面规范"一节。）

二、修改的方法

怎么修改？我们提出以下五种行之有效的方法。

（一）"体验"法

修改和语感都是一种审美体验。你边读边体验，就能发现毛病：或逻辑思维不严，或语意衔接不紧，或语言表达不畅，或语言气势不强。只要你读一读，语感就能帮你发现问题。鲁迅先生在谈自己的写作经验时曾经指出："写完后至少看两遍，竭力将可有可无的字、句、段删去，毫不可惜。"毛泽东同志进一步指出："鲁迅说'至少看两遍'，至多呢，他没有说，我看重要的文章不妨看它十多遍，认真地加以删改，然后发表。"文章做成后，应反复读，反复体验，反复修改。

（二）"冷却"法

写作时要"热"，一气呵成；修改时要"冷"，再三斟酌。说理性文章，在时间允许下，不妨搁置一段时间，待头脑冷静、思维清晰、情绪平稳时，再作修改。但是，抒情性文章宜及时修改，如果搁置一段时间，就可能体验不到情绪激越的境界。

(三)"会诊"法

文章既要示之于人,又要求师于人。"一字之师"的故事很多,以文会友、不耻请教的传统很好。广泛征求意见,集体讨论修改,集思广益。一些公文就需要通过广泛征求意见,集体讨论修改,才能成为正式稿。

(四)"割爱"法

俗话说,文章是自己的好,自己的文章,一字一句都是宝。于是,许多人不忍心删掉文章中的一字一句。古人云:"善改者不如善删,善取者不如善舍。"战胜自己,善于删改自己的文章,你就是"强者"。

(五)"换位"法

说话要看对象,写作要有读者。作者既要引导读者,又要适应读者。有时,作者以为清楚的事理,读者却因知识阅历等原因不能理解;作者感觉良好的,读者却并不欣赏。作者修改文章时,不妨换一下位,站在读者的角度读一读、思一思、改一改。魏巍写《谁是最可爱的人》,"忍痛割爱",删掉了许多生动感人的事例,从20多个事例删到5个事例,从5个事例删到3个事例。魏巍站在了读者角度思考问题:"例子堆得太多了,好像记账,哪一个也说得不清楚。"

三、常用修改符号

1993年,国家发布了《中华人民共和国国家标准 校对符号及其用法 GB/T 14706—93》,我们应认真领会,正确使用。(请大家查阅具体标准,本部分内容此略。)

实践练习

1. 填空题:
(1) 文面的总的要求是_____。
(2) 标点符号是书面语言的有机组成部分和_____。
(3) 标点符号的运用必须做到"三正确",即_____。
(4) 不能写在一行末尾的标点有_____。
(5) 数字书写规则中,应使用阿拉伯数字的两种主要情况有_____。
(6) 数字书写规则中,应使用汉字的两种主要情况有_____。

(7) 使用序码可以使读者对文章的条理层次有_____。

(8) 修改符号中，复原号是_____。

(9) 文面反映一个人的_____。

(10) 标点符号已参与表情达意，甚至有_____的功能。

(11) 善于运用_____表情达意，是一个作者成熟的标志。

(12) "张先华. 教育观念的革命，重庆：重庆大学出版社. 2000. 87—90"，这个著录有_____处错误。

(13) 语言描写中，中断交代说话人和他的情态动作，"说"后用_____号。

(14) 文字书写的三个要求是_____。

(15) 竖式书写顺序是_____。

(16) 修改既是提炼艺术手法和寻求完美的表达形式的过程，也是_____的过程。

(17) 五种行之有效的修改方法是_____。

(18) 修改，表面是词句的锤炼，实质是思想认识的_____。

(19) 从文章形式上看，优良的文风表现为_____。

(20) 修改什么？我们可以从文章的_____六要素考虑，也不可忽视文风和文面。

2. 问答题：

(1) 谈谈文面的重要意义。

(2) 为什么说修改是一种审美体验？

(3) 举例谈谈：好文章是"改"出来的，好作家也是"改"出来的。

3. 实践题：

下面短文中八处画线部分都有文面问题，请运用修改符号在文中依次改正，并在文后按序号顺序依次说明原因。

①路 口

②张 刚

③<u>一九九五年三月六日中午，</u>④<u>我路经北京东四路口。</u>

只见一中年妇女骑车，红灯亮时，车已超过停车线。一交警过来："闯红灯，⑤<u>罚款五元</u>"。说着，递来一张罚款收据。⑥<u>妇女交了5元罚款</u>，但不接罚款收据："不要了，我又不报账。"⑦<u>交警随手撕碎收据扔在地上，</u>这时，妇女掏出工作证:"我是市容监察大队的,随地扔废纸,罚款十元。"然后撕下一张十元罚款收据。⑧周围人哄然大笑。

(《南方周末》1995年4月7日,选作练习时做了改动)

第六章　写作手段的现代化

现代信息时代需要写作手段的现代化。以传统写作工具为基础的传统写作手段，已经不能适应信息时代信息传播的需要，难以应对信息时代对写作的挑战。

第一节　写作手段现代化概述

一、写作手段、写作工具与写作环境的界定

为完成一篇文章或一部作品，作者需要在特定的写作环境中，选择合适的写作工具，选用高效的写作手段。因此，为了更好地理解写作手段的现代化，我们必须先了解写作手段、写作工具和写作环境这三个基本概念及其相互关系。

（一）写作手段

作者为达到写作目的（完成文章或作品）而采取的具体方法的集合称为写作手段。事实上，作者在写作过程中不可能只使用某一种写作手段就完成文章或作品，他需要同时使用多种写作手段。所以，写作手段并不单一，它包括完成各项具体工作所需的多种写作子手段。

《现代汉语词典》（商务印书馆）上对"手段"的解释是"为达到某种目的而采取的具体方法"。所以，写作手段应该是为达到写作目的（完成文章或作

品）而采取的具体方法。但是，完成文章或作品的写作过程并不单纯，它一般可以分为积累、构思、起草和修改四个阶段。每个阶段又包括一些不同的具体工作，每一项工作分别达到不同的目的。这些工作完成了，文章或作品也就写成了。例如，在积累阶段，为了记录观察与感受的结果，需要写观察笔记或生活手记；为了记录阅读的心得体会，需要写读书笔记；为了记录平时接触到的有用材料，需要做笔记或卡片；为了使已经积累起来的材料易于查找和使用，需要编制目录……每一项具体工作都需要使用一定的写作工具，采取一定的具体方法去完成。为了完成上例中各项工作的文字部分，我们既可以使用纸、笔和墨，用手工的方法去完成，也可以使用计算机和软件，用半自动的方法去完成。当然，如果还需要记录声音和影像材料，就还需要使用其他的工具和方法。可以看出，不同的工作往往需要使用不同的工具和方法；相同的工作，如果使用不同的工具，也会有不同的方法。

从上文的分析中可以看出，相同的工作有时也可以采用不同的子手段去完成，这时一般会有不同的工作效率。在前面的例子中，如果使用计算机和软件去完成写作的文字部分，就能提高写作效率。因此，在可能的情况下，我们应该选择高效的写作子手段。

（二）写作工具

为写作活动服务的工具称为写作工具。写作手段的实现离不开多种写作工具的支持。写作子手段实际上是使用一定的写作工具去完成写作过程中的某项具体工作的具体方法。一般来说，不同的写作子手段需要使用不同的写作工具去实现。例如，为了用录音带记录声音材料，需要使用录放机；为了用纸张记录文字材料，需要使用笔和墨；为了用磁盘记录文字、表格、图形、图像、声音、动画和影视等多种形式的写作材料，需要使用计算机。所以，为了实现写作所需的各种写作子手段，需要使用多种写作工具。

不同的写作工具有时可以用来完成相同的具体工作，合适的写作工具可以提高写作的效率。例如，修改文章或作品时可以使用纸、笔和墨，也可以在计算机上使用文字处理软件来完成。显然，后者可以大大提高修改的效率。作为一种高效率的写作子手段，计算机支持的自动索引方法可以在文章或作品完成以后，按照作者的具体要求，自动生成相应的索引，并把索引放在文章或作品中作者规定的位置上。它既方便了读者的检索，又大大节约了作者制作索引的时间。

（三）写作环境

完成写作需要使用多种不同的写作工具，作者在写作时可以使用的各种写作工具的组合所形成的工作环境，称为写作环境。

受可用写作工具的特性的制约，特定的写作环境只能处理一定形式的写作材料，达到一定的处理效率，也只能提供一定程度的可用性。

现代写作需要使用文字、表格、图形、图像、声音、动画和影视等多种形式的写作材料，每一种形式的写作材料都需要使用一定的写作工具来处理。受可用写作工具的功能特性的制约，特定的写作环境所能处理的写作材料的形式就会有一定的限制。例如，有的写作环境只能处理文字、表格和图形材料，不能处理图像、声音、动画和影视材料；有的写作环境则可以处理上述所有形式的写作材料。

在不同的写作环境中，写作工具与写作工具之间的组合方式并不相同。有的写作环境只是多种写作工具的简单组合，不同的写作工具用来处理不同形式的写作材料，不能实现多种形式的写作材料的集成处理，使用起来不太方便。有的写作环境，如以计算机为中心的写作环境，则是多种写作工具的有机组合，不同形式的写作材料可以使用一种写作工具来统一处理，从而可以实现多种形式的写作材料的集成处理，使用起来非常方便。

二、写作手段现代化的界定

写作手段的现代化是为了达到写作目的（完成文章或作品）而采取的具体方法的现代化。在目前的技术条件下，它主要是指写作手段的数字化、网络化和智能化。

从上文对基本概念的分析中可以看出，写作工具的现代化是写作环境现代化的基础，写作环境的现代化又是写作手段现代化的基础。换句话说，写作手段的现代化实际上是建立在写作工具现代化的基础上的。因此，写作工具现代化的水平在很大程度上决定了写作手段现代化的水平。

在目前的技术条件下，计算机和计算机网络是我们可以使用的现代化写作工具。利用它们，我们就可以建立起以计算机和计算机网络为核心的现代化写作环境。这个写作环境支持数字化的信息存储和网络化的信息共享，可以让我们采用很多现代化的写作子手段，去完成写作过程各阶段的各项具体工作，从而提高写作的质量和效率。

因此，目前要实现写作手段的现代化，必须在充分认识传统写作工具和写作手段的缺陷与现代化写作工具和写作手段的优势的基础之上，充分利用现代化写作工具所提供的种种便利为我们的写作活动服务，尽量克服传统写作手段的缺陷，充分挖掘现代化写作手段的潜力，从而进一步提高写作的质量和效率。

三、传统写作手段

传统写作手段是在漫长的历史过程中逐渐形成的，它的进步与传统写作工具的不断演进密切相关。但是，以传统写作工具为基础形成的传统写作环境所能提供的写作手段，已经不能适应信息时代信息传播的新要求，难以应对信息时代对写作的挑战。

（一）传统写作工具的演进

写作活动离不开写作工具的支持，人类的写作史同时也是一部写作工具的演进史。写作工具与人类社会技术进步的历史密切相关，从一个侧面反映了人类社会不断向前发展的历史。

传统写作工具是指我们在能够利用计算机进行写作之前所使用的各种写作工具。它们在漫长的岁月里不断地演变进化着，为我们的写作活动提供了越来越多的支持。

1. 文字产生以前的写作工具

有趣的是，人类最初的写作活动并不依赖任何有形的工具。那时候，语言已经出现并不断走向成熟，由于文字还没有出现，更没有笔墨纸砚这些书写工具，语言和心灵便是这个漫长的历史时期中人们可以使用的仅有的两种写作工具。"写作"的成果在人与人之间"口耳相传"，不断扩充，最终的"作品"在今天被称为"史诗"，它是集体创作的成果，也是集体智慧的结晶。这两种写作工具一直沿用至今，这种集体创作的写作方式在今天的计算机网络环境中，尤其是因特网环境中，又逐渐发展起来。

2. 文字产生以后的写作工具

在文字出现以后，写作工具有了新的发展。人们可以把文章和作品用文字的形式刻写在龟甲与兽骨上，也可以铸在青铜器上。龟甲、兽骨和青铜器代替了声音，成为文章和作品的新载体。这一时期，文字、龟甲、兽骨、青铜器和刻写工具是作者可以使用的新的写作工具。其中，文字被沿用了下来，一直是不可或缺的写作工具。在这一时期，散文出现了。

后来，又出现了绢、帛、纸等新型载体，它们代替了龟甲、兽骨和青铜器。因为纸价格低廉，易于使用，很快流行起来，一直沿用至今。随着绢、帛、纸等新型载体而来的，是笔、墨、砚等新型的书写工具，它们代替了以前的刻写工具。笔、墨、纸、砚也因此成了中国古代的"文房四宝"，一直沿用至今。不过，随着笔和墨的改进，砚就用得越来越少了，但笔墨纸仍然是今天的"书房三宝"。随着写作工具的进步，文章的种类和作品的样式也越来越多，逐渐有了今天这样众多的文体样式。

3. 近代出现的写作工具

只使用上述写作工具，写作有时是一件不愉快的事情。这些写作工具可以比较好地处理文字、表格和图形材料，但它们对照片这样的图像材料却无能为力，更没有能力处理声音、动画和影视等形式的材料了。这些写作工具如果只用于起草和修改，工作量是可以接受的。但是，为了写作，我们必须积累材料。当我们需要复制大量的文字、表格和图形类写作材料时，抄写工作量有时会大得让人难以承受。不仅如此，有些材料，如图像、声音、动画和影视，这些写作工具根本就无法复制。

科学技术的进步为解决这两个问题提供了新的工具。使用数码照相机可以获得图像，使用复印机可以复制文字、表格、图形和图像，使用录音笔可以记录、复制和再现声音，使用摄像机和电视机等设备则可以记录、复制和再现影视与动画。这些工具在一定程度上解决了这两个问题，增加了可用于写作材料的形式，也提高了写作的效率。

（二）传统写作环境的现状与问题

作者在写作时可以使用的传统写作工具的组合所形成的工作环境，称为传统写作环境。

目前，除语言、文字等必备要素外，构成传统写作环境的写作工具主要有：纸笔墨、复印机、照相机、胶卷、录音笔、摄像机、电视机。我们可以使用这些工具来获得、记录、复制、加工、管理和使用写作所需的文字、表格、图形、图像、声音、动画和影视等不同形式的材料。

纸张、录音带和录像带这三种写作材料的载体并不兼容，需要使用三套工具来分别处理。因此，在传统写作环境中，多种写作工具只是简单地被组合在一起。尽管我们可以使用它们来处理文字、表格、图形、图像、声音、动画和影视等多种形式的写作材料，但使用起来很不方便。常见的例子是在书后附上录音带或录像带。

此外，在这种环境中，除了使用复印机、录放机和录像机等设备复制写作材料等少数操作外，绝大部分操作是手工操作。手工操作速度慢，出错率高，效率低下。

（三）传统写作手段的缺陷

受传统写作环境中写作工具特性的制约，传统写作手段存在一些明显的缺陷，已经不能适应信息时代信息传播的新要求，难以应对信息时代对写作的挑战。这些缺陷主要有：

（1）无法方便地处理多种形式的写作材料。写作所需的多种形式的材料需要使用几套不同的工具进行处理，每一套工具的处理结果需要采用不同的载体来保存。这样一来，载体多，所用的处理设备也多，使用起来很不方便。

（2）无法自由地使用多种形式的写作材料。写作所需的多种形式的材料需要使用几种不同的载体来保存，也需要使用几套不同的工具组合来再现。所以，我们在文章或作品中不可能自由使用多种形式的写作材料。

（3）无法方便而经济地管理写作材料。纸的最小单位是一张，录音带、录像带的最小单位是一盒，为了管理的方便，一张纸或一盒"磁带"上最好只保存一则材料。为了查找和使用的方便，需要把材料分类保存，并且最好同时使用几种不同的分类方法，这样，同一则材料在不同的分类方法中可以属于不同的类别。为了管理和使用的方便，又最好在每一种分类中保存材料的一个副本。这两种做法都会造成载体资源的浪费，后一种做法还额外增加了复制和管理成本。要减少浪费，节约成本，又会大大增加管理的难度。

（4）无法适应信息时代信息传播方式的新要求。计算机网络，尤其是因特网，是信息时代信息传播的重要途径。此外，磁盘、光盘等计算机外存储器也是重要的信息载体，通过它们也可以传播信息。磁盘、光盘等信息载体和计算机网络上的信息都是数字化信息，传统写作手段所使用的写作工具却无法处理这些数字化信息，难以应对信息时代对写作的挑战。

（5）手工操作多，速度慢，出错率高，效率低下。除使用复印机、录放机和录像机等设备复制写作材料外，写作的绝大部分操作是手工劳动。手工操作速度慢，效率低，不可避免地要出现差错。

四、现代化写作手段

作为信息时代的现代化写作工具，计算机和计算机网络为现代化写作环境的形成提供了必要的支持，也使现代化写作手段可以从容应对信息时代对写作的挑战。

（一）现代写作工具的新特性

在目前的技术条件下，计算机和计算机网络是我们可以使用的现代化写作工具。作为写作工具只是它们的用途之一，事实上，它们的应用已经渗透到了各行各业之中。

1. 计算机

目前用于写作的主要是个人计算机（Personal Computer，简称PC），常用的是台式和笔记本式两种。

现在的个人计算机都支持多媒体技术，也在一定程度上支持人工智能技术和虚拟现实技术。这三种技术都以计算机为核心，都是现代计算机技术的重要发展方向。

通常所说的多媒体技术是多媒体计算机技术的简称。信息的表现形式称为媒体（Medium）。写作所需的材料有多种形式，每种形式都是信息的一种表现形式，都是一种媒体。所以，写作需要使用多种媒体。多种媒体合称为多媒体（Multimedia）。多媒体技术利用计算机来集成地处理文字、表格、图形、图像、声音、动画和影视等多种媒体，支持用户与多媒体信息的交互。它不仅使信息具有图文声像并茂的表现形式，还让接受信息的人能够按照自己的需要来控制信息的呈现过程和呈现方式。这是一种全新的信息处理和传播技术。

人工智能技术利用计算机来模拟人的智能，如识别文字、识别语音、识别图形、处理自然语言、机器翻译等等。它一方面可以提供更好的人机界面，方便人们使用计算机；另一方面，它也可以代替人来做某些具体工作，如拼写检查、语法检查、材料核对、字数统计等，减轻人的工作负担，提高工作效率。

虚拟现实技术利用计算机和其他软硬件来虚拟现实。虚拟现实是计算机建立的虚拟空间，它主要作用于参与者的视觉、听觉和触觉，使参与者产生身临其境的真实感。例如，在虚拟现实环境中，远隔千山万水的两个人，可以通过计算机网络来"握手"，并获得直接握手的真实感。

可以看出，通过这三种技术，计算机可以给写作提供前所未有的便利和广阔的发展空间。所以，我们不仅应该充分利用计算机所提供的种种便利为写作活动服务，还应该充分利用它所提供的新的可能性来进一步发展写作。目前，多媒体技术和人工智能技术在写作中的应用比较活跃，虚拟现实技术则用得极少。

2. 计算机网络

有通信需求的多个计算机互相连接起来就形成了计算机网络，它包括局域网、城域网和广域网。网络与网络互相连接又形成了互联网。目前用于写作的主要是因特网，它是由分布在世界各地的众多的局域网、城域网和广域网互相连接而形成的世界上最大的公用互联网。

计算机网络具有数据通信、资源共享、提高可靠性和分布式数据处理等多种功能，在此基础上，它可以给用户提供多种服务。例如，现在的因特网可以提供万维网（World Wide Web，简称WWW）、电子邮件（E-mail）、网络新闻组（Usenet）、因特网中继交谈（Internet Relay Chat）、文件传输（File Transference）和远程登录（Telnet）等多种服务。如果用户需要，因特网还可以不断地提供新的服务。这些因特网服务都可以为写作提供有价值的服务。例如，通过万维网，我们可以访问公司、政府机构、博物馆、学校……可以阅读新闻或Web上出版的图书，可以探索数字图书馆；通过电子邮件和即时通信软件，我们可以和远地的合作者方便地交流；通过网络新闻组和因特网中继交谈，我们可以参加感兴趣的网上讨论，在讨论中获得有用的写作材料或触发写作灵感；通过文件传输，我们还可以直接从因特网上下载写作所需的多种媒体形式的材料。

（二）现代化写作环境的新面貌

现代化写作环境是以现代化写作工具为基础的多种写作工具的有机组合所形成的写作工作环境。

目前可以使用的现代化写作工具主要是计算机和计算机网络，传统写作工具在新的写作环境中仍然可以继续使用。这样，以计算机和计算机网络为核心，多种写作工具有机组合就形成了现代化写作环境。我们可以使用这个环境来方便有效地获得、记录、复制、加工、管理和使用写作所需的不同形式的材料。

计算机信息处理的基础是信息数字化。在计算机中，所有的信息都采用相同的表示形式：只使用数字0和1的二进制数。因此，在以计算机为基础的现代化写作环境中，不同形式的写作材料可以采用相同的记录方法，它们都可以使用计算机的外存储器来保存，使用计算机来复制、管理、加工和使用，非常方便。信息数字化同时也是多媒体技术得以实现的基础，它为多种媒体形式的写作材料的集成处理提供了必要的技术支持。

常用的输入设备有键盘、鼠标、手写板、扫描仪、麦克风和声卡、视频设备和视频卡等；常用的输出设备有显示器、打印机、音响和声卡等，如果需要，也可以使用电视机来代替显示器和音响。通过这些设备，传统写作工具的处理结果可以送入计算机进行处理，计算机的处理结果也可以交给传统写作工具去继续处理。

通过计算机网络，计算机与计算机之间可以相互通信，这样就扩大了数据保存、复制、管理、加工和使用的地理范围，使写作活动可以轻松地突破距离的限制。

从上述分析中可以看出，与传统写作环境不同，现代化写作环境中的多种写作工具的组合是以计算机和计算机网络为中心的有机组合。它在信息表示数字化和信息共享网络化的基础上，大大简化了多种形式的写作材料的记录、保存、复制、管理、加工和使用，使我们可以集成地处理写作所需的多种形式的写作材料，也使写作活动可以轻松地突破距离的限制。这些在写作史上都还是第一次，必将对写作的发展产生深刻而又深远的影响。

（三）现代写作手段的新方法

在现代化写作环境中，作者使用现代化写作工具，为达到写作目的（完成文章或作品）而采取的具体方法，称为现代化写作手段。

为了说明问题，下面列举了一些现代化的写作子手段，我们可以从中看出现代化写作手段一些特点，了解它的发展现状。

1. 积累阶段的写作子手段

（1）获得写作材料。通过观察生活得到直接材料，通过阅读、听广播、看电视、与人聊天、上网等手段得到间接材料。在已有材料的基础上，通过思维、想象和情感活动过程，得到认识、观念和情感。

（2）记录写作材料。用计算机记录不同形式的写作材料，把它们保存在优盘或光盘等外存储器中。为了使用方便或防止意外，可以在本地计算机和计算机网络的不同位置上，同时保存材料的几个副本。

（3）复制写作材料。使用计算机复制不同形式的写作材料。计算机网络上的多媒体材料则可以随时下载到本地计算机中备用。

（4）核对写作材料。在把文字、表格和图形材料录入计算机时可能出现错误，与传统写作手段一样，这时需要手工比较，但以后的计算机复制操作就不会再引入新的错误了。

（5）管理写作材料。使用操作系统、数据库管理系统或专门的写作材料管理软件自动管理写作材料。

2. 构思阶段的写作子手段

（1）准备本次写作所需的材料。使用计算机操作系统、数据库管理系统或专门的写作材料管理软件，从已经建立的写作材料库中自动查找本次写作所需的材料。这些材料可以按作者的要求，自动复制到计算机或计算机网络中的一个正确的位置上。

（2）整理思路。用计算机软件提供的工具辅助思考。

（3）拟写写作提纲。计算机软件可以跟踪作者整理思路的过程，在该过程结束后自动写出写作提纲，作者可以在此基础上进行修改；作者也可以使用文字处理软件手工写出写作提纲。

3. 起草阶段的写作子手段

（1）起草文稿。使用文字处理软件来起草文稿。如果直接引用写作材料，把它复制到文稿中的正确位置上；如果只需略作修改，可以先复制，后修改。

（2）选用图像材料。使用图像处理软件加工所需的图像，把处理好的图像插入到文稿中。

（3）选用音像材料。使用音像处理软件加工所需的声音和影视材料，把处理好的音像材料插入到文稿中。

（4）选用动画材料。使用动画处理软件制作、加工所需的动画片，把处理好的动画材料插入到文稿中。

4. 修改定稿阶段的写作子手段

（1）修改。使用文字处理软件、图像处理软件、音像处理软件和动画处理软件反复修改文章或作品，直到满意为止，也可以在起草的过程中边写边改。如果需要，文字处理软件一般还支持对各处修改的自动跟踪，以便在需要时恢复某些被修改处的原貌。

（2）定稿。修改工作完成后的稿件可能已经是定稿了。如果稿件还没有格式化，可在此时进行格式化。如果要采用传统的方式发表或出版，可以使用打印机打印稿件的文字、表格、图形和图像部分，使用软件自动完成稿件的声音、动画和影视材料的提取和分类集中工作，完成后把它们以合适的方式写到光盘中。如果需要，也可以录制为音频或视频。

（3）其他。使用文字处理软件自动编制目录、索引等。

（四）现代化写作手段的新特点

与传统写作手段不同，现代化写作手段可以利用的是一个以计算机和计算机网络为中心的现代化写作环境。与传统写作环境中多种写作工具的简单组合不同，现代化写作环境中的多种写作工具形成了一个有机组合的整体。因此，现代化写作手段不仅可以使用计算机和计算机网络这两种最先进的写作工具，同时，它还可以充分利用一个由多种写作工具的有机组合所形成的智能化写作环境。这使它具有一些传统写作手段无法比拟的优势。

1. 能够方便地处理多种形式的写作材料

不同形式的写作材料都可以使用计算机的外存储器（优盘、光盘等）来保存，使用计算机来进行处理。这样，所用的处理设备单一，使用起来非常方便。

2. 能够自由使用多种形式的写作材料

计算机可以处理写作所需的多种形式的材料，这为多媒体技术提供了必要的支持。多媒体技术不仅使文章或作品可以具有图文声像并茂的表现形式，还允许读者按照自己的需要来控制文章或作品内容的呈现过程和呈现方式，这就为新型文章和新型作品的产生与发展提供了必要的条件。

3. 能够方便而经济地管理写作材料

在计算机中优盘、光盘等外存储器的容量很大，可以经济地保存很多写作材料。同时，我们还可以使用操作系统、数据库管理系统或专门的写作材料管理软件来自动管理写作材料。

4. 能够应对信息时代对写作的挑战

计算机可以直接处理优盘、光盘等信息载体和计算机网络上的数字化信息，通过不同的输入输出设备，它还可以处理传统信息传播手段所传播的各种信息。所以，它完全能够适应信息时代传播方式的各种要求。同时，我们还可以利用现代化写作手段，写出适合在计算机网络中传播，适合在计算机上阅读的各种新型文章或新型作品，以应对信息时代对写作的挑战。

5. 自动化操作多，速度快，出错率低，效率高

在计算机和计算机网络的支持下，可以实现写作材料复制和管理的自动化；在人工智能技术的支持下，可以实现比较、查找、编号管理、拼写检查和语法检查、目录和索引编制等操作的自动化，甚至还可以实现错误提示、更正、摘要编写、提纲编制等操作的自动化。这些自动化操作都以计算机为工具，速度快，出错率低，大大提高了写作的效率。

目前，现代化写作手段也存在一些问题：

（1）一次性投入较大，使用成本较高。

（2）要求作者具有一定的计算机应用水平。目前，计算机的人机交互界面已经大为改善，大大降低了一般人操作计算机的难度，但总的来说，计算机的操作还比较复杂，离简易的人性化操作还有很大的距离。要想熟练地使用计算机和计算机网络来为写作服务，作者还必须具有一定的计算机应用水平。

（3）一旦受到攻击，容易造成灾难性后果。计算机病毒和网络黑客是计算机和计算机网络世界的两大毒瘤。一旦受到他们的攻击，计算机中的所有数据就有可能在很短的时间内被破坏，造成灾难性的后果。因此，如果使用计算机和计算机网络来写作，就必须对数据安全有足够的重视。及时的数据备份是避免灾难的可靠手段。

五、电子文章与电子作品

（一）电子文章与电子作品的界定

电子文章和电子作品是信息时代产生的新型写作成果，它们以计算机外存储器（优盘、光盘等）和计算机网络作为传播载体，以计算机作为阅读工具，以高度集成的文字、表格、图形、图像、声音、动画、影视等多种表现形式的材料和读者可以控制的、立体的网状结构，向读者传递作者的知识、思想、观念和情感，是一种新型的文章和作品。从出版的角度，它们被称为电子出版物；从阅读的角度，它们被称为电子读物；从写作或创作的角度，它们可以被称为电子文章或电子作品。与此对应，传统的文章或作品可以称为纸质文章或纸质作品。作为补充，纸质文章或纸质作品有时也附有录音带或光盘。

（二）电子文章与电子作品的特点

与纸质文章和纸质作品相比，电子文章和电子作品有以下特点：

（1）具有图文声像并茂的表现形式和身在其中的真实感。传统的文章和作

品只能集成使用文字、表格、图形和图像等表现形式的材料；电子文章和电子作品则可以集成使用目前可用的所有表现形式的材料。如果采用虚拟现实技术，读者还可以获得身在其中的真实感。

（2）具有读者可以控制顺序的、立体的网状结构。传统的文章和作品受纸质载体特性的制约，是一维的、顺序的线性结构；电子文章和电子作品以计算机外存储器和计算机网络作为载体，以计算机作为阅读工具，它们可以利用超媒体技术，实现文章和作品的不同内容之间的任意跳转，从而可以实现非线性的、立体的网状结构。跳转的可能由作者提供，跳转的实现由读者控制。

（3）部分内容可以自动更新。电子文章和电子作品中的跳转是由超媒体链接实现的。这种链接的目的地，既可以是文章或作品中的某个位置，也可以是计算机网络中的某个位置。如果是后者，当计算机网络中的内容改变时，通过电子文章和电子作品得到的将是改变以后的内容。计算机辅助教学所用的电子讲义中的有些超媒体链接就属于这种情况。

（三）电子文章与电子作品的写作

电子文章与电子作品的写作，必须在以计算机和计算机网络为核心的现代化写作环境中，采用现代化写作手段来完成。传统写作环境不能支持电子文章和电子作品的写作。

（四）电子文章与电子作品发展的现状

电子文章已经不是抽象的概念了，它已经在实际中得到了一定的应用。它的应用主要集中在以下几个方面：电子邮件、电子出版物、软件产品的电子文档（含联机帮助文档）、产品使用的电子说明、电子讲义等。

目前还没有发现从事电子作品创作的"另类作家"，也没有发现真正意义上的电子作品。所谓的"网络文学"，往往只是把传统意义的文学作品放在了因特网上。Web甚至开始有了自己的文学——合作小说，站点的访问者可以阅读故事，如果有兴趣，也可以将故事继续写下去。这是原始的集体创作方式在新的技术条件下的再生。

第二节　现代化写作手段的实践

一、现代化写作环境

现代化写作手段的实践离不开现代化写作环境的支持。要使用现代化写作手段来写作，不仅要了解现代化写作环境的组成，熟悉现代化写作工具的选择与使用，还要了解现代化写作环境的安全隐患，熟悉可以采用的安全措施与常用的安全工具。

（一）现代化写作环境的组成

目前可以使用的现代化写作环境一般是一个有网络连接的个人计算机系统。

1. 计算机系统

这是现代化写作环境的基石。现代化写作环境所使用的计算机系统主要是个人计算机系统，一般是台式机或笔记本电脑。如果对功能和性能的要求不高，而对便携性特别在意，平板电脑则是上佳的选择。

一个完整的计算机系统是由硬件系统和软件系统两部分组成的。

（1）硬件系统：一般简称硬件，也叫硬设备，它们通常是电子的、磁性的、光学的或机械的设备。

从使用者的角度看，这些设备一般可以分为四类：计算机主机、外存储器、输入设备和输出设备。其中，外存储器用于输入时也可以看成是输入设备，用于输出时可以看成是输出设备。所以，这种分类不很严格，只是为了实际使用的方便。

A. 计算机主机：一般简称主机，用于执行计算机程序，通过执行程序来处理应用数据，实现计算机的应用。它的性能在很大程度上决定了写作环境的处理速度。

B. 外存储器：一般简称外存，用于长期保存程序和数据。外存中的程序和数据在关闭计算机或重新启动计算机的情况下不会自动消失，再次启动计算机后还可以继续使用。

常用的外存有优盘、硬盘和光盘。硬盘容量大、速度快、可靠性高，使用广泛，是一般个人计算机的标准存储设备。

光盘主要有只读型光盘、只写一次型光盘和可重写型光盘三种。它们分别适用于不同的场合。只读型光盘只能读出，不能写入；只写一次型光盘在一次性写入后可以多次读出，但只能写一次；可重写型光盘与磁盘一样，可以多次写入和读出。光盘容量较大、速度较快、可靠性高、移动方便，在多媒体领域的使用非常广泛。

用来读写外存的设备称为驱动器。不同的外存需要不同的驱动器，如硬盘驱动器、只读光盘驱动器、光盘刻录机等。

C. 输入设备：用于输入用户提供的原始数据，把它们转换成主机能够识别和处理的二进制数据，然后放入内存。

原始数据有多种不同的表现形式，不同表现形式的原始数据往往需要使用不同的输入设备。常用的输入设备有键盘、鼠标、手写板、扫描仪、数码相机、数码摄像机、麦克风和声卡、视频设备和视频卡等。

D. 输出设备：用于向用户输出主机的处理结果，把主机使用二进制数表示的处理结果以用户能够接受的表现形式输出。

（2）软件系统：一般简称软件，包括计算机程序和相关文档。计算机程序在计算机硬件上运行，不同的计算机程序为用户提供不同的服务。没有配置软件的计算机被称为"裸机"，它无法支持任何应用。

计算机软件通常分为系统软件和应用软件两大类。

A. 系统软件：用于管理和维护计算机系统的软硬件资源，支持应用程序的运行，为用户和应用程序提供使用计算机硬件的手段。

系统软件按用途可以分为四类：操作系统、语言处理系统、数据库管理系统和实用程序。

B. 应用软件：它是为解决各类实际问题而编制的程序和相关文档的总称，用于实现各类实际应用。不同的实际应用一般需要不同的应用程序来支持。

同其他的计算机应用一样，现代写作环境也离不开这两类软件的支持。用于写作的应用软件主要有以下几类：文字处理软件、图形图像处理软件、声音处理软件、影视处理软件和动画处理软件。有了它们，我们就可以在计算机上方便地处理和使用不同表现形式的写作材料。需要注意的是，文字处理软件不仅可以用来处理文字、表格和简单的图形，还可以用来集成文字、表格、图形、图像、声音、动画和影视等不同表现形式的内容，写出图文声像并茂的电子文章或电子作品。其他几类应用软件则分别用来处理图形图像、声音、影视和动画材料，其处理的结果可以被文字处理软件所使用。

2. 网络连接

这是本地计算机与计算机网络之间的连接，它是从本地计算机上的写作环境通向计算机网络上的虚拟世界的窗口。如果网络连接是因特网连接，本地计算机上的写作环境就会无限延伸。关上窗户则自成一家，打开窗户又天下一体。所以，网络连接是高质量的现代化写作环境必不可少的重要组成部分。

（二）现代化写作环境的安全

老子说："祸兮福之所倚，福兮祸之所伏。"这正是现代化写作环境的真实写照。它在给我们的写作带来种种便利的同时，也带来了极大的潜在威胁——写作材料和写作成果容易丢失、损坏或泄密。这些威胁与便利都来源于同样的特性，我们要使用现代化写作环境就无法回避它们。因此，为了利用现代化写作环境所提供的种种便利，我们必须正视并妥善地应对这些潜在的威胁。

1. 安全隐患

现代化写作环境的安全隐患主要有四种：计算机病毒的攻击，网络黑客的攻击，作者的错误操作，计算机外存储器失效。

（1）计算机病毒的攻击：在现代化写作环境中，所有的写作材料、写作的中间结果、已经完成的文章和作品，都以文件的形式保存在计算机外存储器中。这些数据的识别和还原都需要使用计算机来完成。文件一旦受到计算机病毒的攻击而被损坏，计算机将无法正确地识别和还原其中的数据，这些写作材料就无法再使用了。有时，计算机病毒还会直接删除文件，从而造成数据的丢失。

（2）网络黑客的攻击：接入网络的计算机，尤其是接入因特网的计算机，如果不注意安全防范，很容易受到网络黑客的攻击。他们可能修改或删除文件，也可能复制文件并在网络中广泛传播，从而造成数据的损坏、丢失或泄密。

（3）作者的错误操作：如果作者不能熟练地使用计算机，在操作过程中不可避免地要出现这样或那样的错误，这些错误有时也会造成严重的后果。例如，作者在保存、移动和删除文件时的错误操作都有可能造成有用数据的意外丢失。这是容易被忽视的安全隐患。

(4) 计算机外存储器失效：计算机的外存储器是物理设备，它们都有自己的使用寿命，经过一定时间的使用后就会失效；有些意外事件还会造成它们的损坏。现在的计算机外存储器的容量一般都很大，可以保存很多有用数据。一旦失效或损坏，后果可能相当严重，有的人一生的心血可能就付诸东流了。这是最容易被忽视的安全隐患。

2. 安全措施

针对上述安全隐患，我们可以采取下面的安全措施来保证数据的安全：

(1) 预防为主，尽量减少计算机感染病毒的机会。

(2) 合理使用反病毒软件，一旦发现病毒，要及时清除。

(3) 正确使用防火墙，阻止网络黑客的非法入侵。

(4) 提高计算机应用水平，减少错误操作。

(5) 重要的数据要及时备份，以备不时之需。

上述的安全措施分别针对不同的安全隐患，要结合使用，不要厚此薄彼。只有这样，我们才能在现代化写作环境中高效而安全地进行写作。作为应对所有潜在威胁的唯一可靠手段，及时的数据备份是避免灾难的必不可少的重要手段。对于重要的数据，我们不仅要有备份，还要有多种备份：既要有联机备份，又要有脱机备份；既要有本地备份，又要有异地备份。这一点怎么强调都不过分！

(三) 现代化写作工具的选用

从前面的分析中可以看出，现代化写作环境是由很多计算机和计算机网络的软硬件组成的，它们都是我们可以使用的写作工具。其中，有的软硬件是作为安全工具来使用的。

硬件的种类比较少，标准化程度高，使用方法比较简单，学会选择和使用并不困难。相对而言，软件的种类则比较多，每一类软件又有很多不同的具体软件可以选用，所以，要选择合适的写作工具来组成一个适用、好用的现代化写作环境，要用好这个环境中的各种写作工具，需要作者具有一定的计算机应用水平。这里不再具体讨论。

为了下文行文的方便，这里还需要强调三点：

(1) 特定的计算机硬件可以支持多种不同的操作系统，形成不同的操作环境。例如，目前的计算机，既支持Microsoft公司的Windows操作系统，也支持其他公司的Unix或Linux等操作系统，分别形成不同的操作环境。

（2）特定的操作系统只能在一定的计算机硬件上工作。例如，Microsoft公司的 Windows 操作系统一般只能在 PC 上工作，不同版本的 Windows 操作系统对计算机硬件的具体要求还有所不同。

（3）特定的操作环境只能给专门为它编制的程序提供全面的支持，保证它们的正确运行；否则，除非两种操作环境兼容，为其他操作环境编制的程序一般不能在它的支持下正确运行。例如，Windows 程序就不能在 DOS 环境中正确运行。

二、材料工作

在人工智能技术的支持下，目前的计算机已经可以自动完成一些简单的实用文章的写作。但是，在目前的技术条件下，计算机和计算机网络的智能化程度还较低，作者依然是现代化写作环境的主导者，现代化写作手段的主要功能还是辅助作者完成写作的各项具体工作。在这些工作中，材料工作、起草工作、修改工作和定稿工作很有代表性，掌握了它们的完成方法，就掌握了现代化写作手段。

材料工作是写作的基础工作。在现代化写作环境中，材料工作主要包括材料的占有、管理和提取等具体工作。

（一）多媒体材料的占有

写作所需的多媒体材料主要有文本（text）、图形（graphic）、图像（image）、声音（sound）、动画（animation）和视频（video）等。为了与视频相对应，声音有时也称为音频（audio）。

1. 文本材料

在不同的情况下，需要使用不同的方式把文本材料输入自己的计算机。这些输入方式包括键盘输入、手写输入、语音输入、扫描输入、下载或复制。

输入的文本材料，可以保存在数据库中，也可以保存为单独的文件。如果保存为单独的文件，为了保证文件的通用性，最好保存为文本文件。

2. 图形图像材料

为了管理与使用的方便，图像材料一般保存为单独的文件。在不同的情况下，获得数字化的图形图像文件的方式主要有：数码摄影、扫描、软件制作、下载或复制。

3. 声音材料

为了管理与使用的方便，声音材料一般也保存为单独的文件。在不同的情况下，获得数字化的声音文件的方式主要有：直接录制、转换录制、从 CD 盘上采集、下载或复制。

4. 动画和视频材料

为了管理与使用的方便，动画和视频材料一般也保存为单独的文件。在不同的情况下，获得数字化的动画或视频文件的方式主要有：数码摄像、转换、下载或复制。

（二）多媒体材料的管理

在目前的现代化写作环境中，为了管理与使用的方便，除文本材料外，我们所占有的多媒体材料一般都保存为单独的文件，即每一则材料用一个独立的文件来保存。在目前的技术条件下，可以采用三种方式来管理我们所占有的多媒体材料。

1. 使用文件、文件夹和快捷方式

（1）名字要有意义。在 Windows 操作系统中，计算机外存储器中的数据以文件为基本单位进行管理，用户通过文件名来使用文件。文件存放在文件夹中，文件夹中还可以存放文件夹或快捷方式。用户也通过名字来访问文件夹和快捷方式。文件夹、文件和快捷方式的名字都由用户自己指定。这样，为了方便使用，作者要给自己使用的每一个文件夹、文件和快捷方式指定一个有意义的名字。

（2）文件夹结构要合理。文件中保存了实际的用户数据；文件夹是用来组织大量文件的手段。这样，我们可以把每一则材料保存为一个独立的文件；当文件很多时，可以把它们分类，每一类文件用一个文件夹来保存。如果需要，每一类文件还可以进一步分类，每一个子类用一个子文件夹来保存。依此类推，最后得到一个有层次的文件夹结构。文件就组织在这个结构中，查找起来非常方便。

（3）快捷方式要巧妙使用。快捷方式本身并不保存数据，它指向一个特定的文件或文件夹，相当于一个路标，是避免多次保存同一文件并实现文件和文件夹的快速访问的一种手段。在同时使用多种不同的分类标准来管理文件时，每一则材料最好只有一个文件；如果一则材料属于多个不同的类别，则只在一个文件夹中保存该文件，在其他文件夹中保存该文件的快捷方式。这样，当该文件因为修改而发生变化时，使用该文件的所有位置都能通过快捷方式自动地正确反映出这一变化。最常见的错误是在每一个文件夹中都保存了某文件的一个副本。这样，当该文件因为修改而发生变化时，使用该文件的所有位置上的副本都需要进行修改。如果有遗漏，各处的材料就会不一致。

（4）结构调整要安全。当需要调整材料的组织结构时，我们可以使用 Windows 操作系统提供的移动操作。通过把文件、文件夹和快捷方式移动到所需的新文件夹中，我们就可以方便地实现多媒体材料的再组织工作。在移动的过程中，注意不要因为操作错误而丢失文件。

（5）材料备份要及时。当材料发生变化时，要及时进行备份，使材料的备份尽可能地反映我们所占有的材料的现状。

2. 使用数据库管理系统

数据库管理系统专门用于安全有效地管理大量数据，我们也可以用它来管理写作所需的多媒体材料。当然，这需要作者具备一定的数据库专门知识，能够按一定的要求设计出数据库，也能够使用实际的数据库管理系统来实现对自己所需写作材料的管理。这些内容已经超出了本书的范围，这里不再讨论。Microsoft Office 软件中的 Access 就是一个功能强大、方便易用的数据库管理系统，有兴趣的读者不妨试一试。

3. 使用专门的写作材料管理软件

以数据库管理系统为基础，可以编制出功能强大、易于使用的多媒体写作材料管理软件。使用这样的软件来管理写作材料，并不要求作者具备专门的数据库知识。不过，目前还没有商品化的、通用的多媒体写作材料管理软件。

（三）多媒体材料的提取

当需要使用已经占有的多媒体写作材料时，我们必须从材料库中提取本次写作所需的全部材料。为了完成这项工作，我们要做两件事情：首先，从材料库中找到本次写作所需的全部材料；其次，把找到的材料复制到指定的位置。

不同的材料管理方式需要使用不同的提取方法。使用 Windows 操作系统所提供的文件、文件夹和快捷方式来管理的材料库，可以使用它所提供的查找功能来查找所需的文件；使用数据库管理系统来管理的材料库，可以使用数据库查询语言来实现各种复杂的查找；使用专门的写作材料管理软件来管理的材料库，可以使用软件所提供的查找方法来实现查找。不管是哪一种情况，在找到所需的材料后，只需把它们复制到指定的位置，提取工作就完成了。

三、起草工作

在完成构思后，起草工作主要完成文章或作品的初稿。在现代化写作环境中，起草工作主要包括多媒体材料的选用、多媒体内容的处理和多媒体内容的集成等具体工作。

（一）多媒体材料的选用

材料的选择与使用从来都是起草工作的重要内容，它们完成的质量将直接影响文章或作品的质量。现代化写作环境为材料的选择提供了更多的可能，也为材料的使用提供了更多的便利。

1. 多媒体材料的选择

这方面的研究才刚刚起步，下面是一些可供参考的建议：

（1）传统的选材原则仍然适用。要紧紧围绕文章或作品的主题来选择材料，要选择典型的材料、真实准确的材料、新颖生动的材料。无论选择哪一种媒体形式的材料，都应该参考这一原则。

（2）在写作纸质文章或纸质作品时，采用传统的选材原则；在写作电子文章或电子作品时，为了充分利用传播载体的特性，增加表现力，要优先考虑选择多种不同媒体形式的材料。

（3）在写作电子文章或电子作品时，选材要适应它们的新特点：具有交互性，在某一点上，读者可以选择"阅读"不同媒体形式的材料。这样，不同媒体形式的材料在功能上可以是重叠的，不同需求的读者可能使用不同的材料。

（4）在写作电子文章或电子作品时，为了保证它们在读者计算机上的再现效果，选材时要充分考虑读者所使用的计算机网络和计算机的处理能力。

2. 多媒体材料的使用

选择好的多媒体材料还有一个如何使用的问题，下面是一些可供参考的建议：

（1）传统的用材原则依然适用。要恰当安排材料的先后顺序，要合理取舍材料的内容，要注意显示材料的不同情调和色彩。

（2）在写作电子文章或电子作品时，在某一点上功能重叠的不同媒体形式的材料，要使用超媒体链接集中呈现，以方便读者的选择。

（3）在把材料插入电子文章或电子作品时，要根据实际的需要，选用合适的插入方式。

(4) 对材料进行加工时，要在材料的副本上进行，不能在原材料上直接进行，以保护原材料。

（二）多媒体内容的处理

在现代化写作环境中，构成文章或作品的多媒体内容的处理是由不同的软件来完成的。掌握了这些软件的功能和使用方法，也就掌握了构成文章或作品的多媒体内容的处理方法。有了这个基础，我们就可以在现代化写作环境中方便地处理多种媒体形式的内容了。

1. 媒体处理软件

一般来说，文本、表格、图形、图像、声音、动画和影视片段等不同形式的写作材料有不同的处理要求，需要使用不同类型的软件来分别处理。虽然有的软件也可以处理多种不同形式的材料，但它们擅长处理的往往只有一种，对其他形式的内容的处理功能则比较弱。因此，当我们需要对多种不同形式的材料进行复杂的处理时，最好先使用专门的处理软件分别进行处理；在多种不同形式的材料处理完成以后，再用软件把它们的处理结果集成在一起。

为了方便学习时查找，下面我们分类列出一些常用的处理软件。

（1）文字处理软件：Microsoft 公司的 Word、金山公司的 WPS 等。Windows 操作系统中的"写字板"和"记事本"也可以使用，不过，它们的处理能力很有限，"记事本"甚至不能对文字进行排版。

（2）电子表格软件：Microsoft 公司的 Excel、金山公司的 WPS 等。

（3）图形图像处理软件：Adobe 公司的 Photoshop、Corel 公司的 CorelDRAW、Windows 操作系统中的"画图"等。

（4）声音处理软件：声卡一般都附有声音处理软件，如 Sound Blaster AWE 64 声卡附带的"录音大师－Creative Wave Studio"等。Windows 操作系统中的"录音机"也可以使用。

（5）动画处理软件：AutoDesk 公司的 Auto 3D Studio MAX（3DMAX）和 Auto Animator Pro、Microsoft 公司的 PowerPoint、MacroMedia 公司的 Flash 等。

（6）视频处理软件：视频卡一般都附有视频处理软件。Microsoft 公司的 Video for Windows（VFW）也是个人计算机上常用的视频处理软件。

2. 办公软件套件

完成某一类工作所需的多种不同软件的有机组合就形成了所谓的"软件套

件",它有利于实现工作所需的多种不同软件之间的数据交换。对于写作这样的复杂工作,单个的软件根本无法满足要求,它需要使用多种不同类型的软件来分别完成不同的具体工作。这样,不同的软件之间就存在着数据交换的问题。为了提高写作效率,可以使用软件套件。不过,目前还没有专门为写作开发的软件套件。写作对软件的需要与日常办公差不多,所以,我们可以使用办公软件套件来写作。

常用的办公软件套件有 Microsoft 公司的 Office 和金山公司的 WPS。例如,Microsoft 公司的 Office 中包括了文字处理软件 Word、电子表格软件 Excel、电子邮件及信息管理软件 Outlook、数据库管理软件 Access、演示文稿制作软件 PowerPoint、Web 站点创建和管理软件 FrontPage、图形图像处理软件 PhotoDraw 等多种不同类型的软件,完全可以满足写作的需要。

3. 注意事项

在现代化写作环境中完成起草工作,需要注意:

(1) 分别处理不同形式的内容可以提高起草工作的效率。

(2) 尽量利用文字处理软件提供的各种自动化功能。例如,Word 软件就提供了编号管理、题注管理、脚注和尾注管理、拼写和语法检查、自动图文集、字数统计等多种自动化功能,充分利用它们可以大大提高起草工作的效率。

(3) 如果多个作者合作完成一篇文章或一部作品,可以把它放在计算机网络中。这样,所有的作者都可以看到文章或作品的最新进展。

(4) 为了提高写作效率,要优先考虑使用软件套件。

(三) 多媒体内容的集成

当我们使用不同的软件完成了构成文章或作品的多种不同形式的内容时,这些内容可能还分别保存在不同的文件中,还没有形成一篇文章或一部作品。这时,我们还需要把这些内容全部集成在一起,从而真正完成文章或作品的写作。

根据写作的需要,我们可以使用不同的软件对构成文章或作品的全部内容进行集成。对一般的作者来说,最常用的软件是文字处理软件,如 Word。我们只需要用它建立一份文档,把处理好的全部内容插入到文档中的相应位置上,就完成了文章或作品内容的集成。如果所写的文章仅仅用于计算机,则演示文稿制作软件(如 PowerPoint)、网页制作软件(如 FrontPage)都是不错的简单选择。还有一些功能更强大的集成软件，但它们的使用都比较复杂，这里就不再介绍了。

四、修改工作

修改工作要完成文章或作品的修改。在现代化写作环境中，修改工作和起草工作所使用的软件都一样，并没有什么特别之处。事实上，作者完全可以一边起草，一边修改，直到文章或作品最后完成。

不过，修改工作毕竟不是起草工作，它也有少量的特殊要求。所以，有些文字处理软件专门为修改工作提供了支持。例如，Word 就为修改工作提供了批注、审阅、修订和版本管理等功能，这些功能为修改工作提供了方便，可以提高修改工作的效率。

五、定稿工作

起草工作和修改工作完成后，文章或作品的内容就确定了，但此时写作并没有最后完成，剩下的工作就是定稿工作了。定稿工作要形成文章或作品的最终形式。在使用文字处理软件来集成文章或作品的内容时，定稿工作主要包括：

（1）格式化文档。这项工作也可以在起草工作中完成。在起草工作的集成阶段，作者可以一边插入内容，一边进行格式化，这有利于避免格式化错误。如果使用文字处理软件提供的样式功能进行格式化，则有利于使文档获得一致的外观。

（2）编制目录或索引。如果需要，我们可以使用文字处理软件提供的相应功能，自动地编制出文章或作品的目录或索引。

（3）编写提纲或摘要。如果需要，我们也可以使用文字处理软件提供的相应功能，自动地编写出文章的提纲或摘要。不过，这种功能的实现对文档的格式化方式有一定的要求。它在一般的文章中可以比较好地工作，但对文学作品来说，效果不太理想。

（4）打印。如果需要，可以打印文章或作品中的文字、表格、图形和图像等内容。当然，目录、索引、提纲和摘要也可以打印。

（5）录制。如果需要，文章或作品中的声音、动画和影视片段等内容可以录制到录音带或录像带中。当然，这需要相应的硬件和软件的支持。

（6）复制。如果需要，文章或作品也可以复制到磁盘上或刻录到光盘上。不过，电子文章或电子作品只能复制到磁盘上或刻录到光盘上。

实践练习

1. 传统写作环境和现代化写作环境都能够对文字、表格、图形、图像、声音、动画和影视等不同表现形式的写作材料进行处理。在实际操作的基础上进行比较：它们有何不同，这对写作有什么影响？

2. 到因特网上浏览几个网页，看看它们是如何呈现多媒体信息的。与传统文章呈现信息的方式相比，新的呈现方式有哪些特点？

3. 仔细地考察一台实际的计算机，然后分析：它的硬件和软件能够处理哪些表现形式的材料，性能如何？它能够支持哪些现代化写作手段？要组成一个安全、适用、好用的现代化写作环境，还需要为它配置哪些硬件和软件？

4. 为自己的多媒体材料库设计出两种以上的文件夹结构，先在计算机上实现第一种文件夹结构，然后对它进行修改，实现其他的文件夹结构。

5. 采用现代化写作手段写一篇文章，如影视评论，在文章中尝试使用多种表现形式的材料。

下编
文体基本理论

第七章　诗歌

第一节　诗歌的界定

　　诗歌是一种抒情文体。它运用凝练的富有音乐性的语言，以强烈的感情和丰富的想象高度集中地概括、反映社会生活。诗歌通常采用分行排列的形式。早在原始社会，诗歌就伴随着人类的劳动和语言的出现而产生了。最初的诗歌为人们集体口头创作，而且和音乐、舞蹈结合在一起，形成三位一体的机制。这正如朱光潜所指出的："诗歌、音乐、跳舞原来是混合的。他们的共同命脉是节奏。后来三种艺术分化，诗歌尽量向文字意义方面发展，于是就成为一门独立的艺术了。"（《朱光潜美学文学论文选集·诗的起源》）古代习惯把不合乐的诗称为诗，合乐的叫作歌，现代一般都统称为诗歌。

　　关于诗歌的特质，古今中外有不少人进行过论述。《毛诗序》认为："诗者，志之所之也，在心为志，发言为诗。"严羽《沧浪诗话》中说："诗者，吟咏情性也。"艾青对诗的阐释则更为明白精要："诗和其他文学样式不同的地方，在于它必须通过诗特别具有的艺术，表现诗人的思想感情。所谓诗的艺术，包括诗的语言、诗的表现手法、诗的韵律。当诗人被某种事物唤起感情，产生一种为联想寻找形象的冲动，通过富有韵律的语言，把某种感情表现出来，才产生诗。"（艾青《诗的形式问题》，《人民文学》1954年第3期）由此我们可以认为：诗歌是人类心灵活动的一种表现，是一种最易震撼读者感情，引起共鸣的文体，也是一种注重对语言文字进行特殊组织排列的文体。

第二节　诗歌的分类

当代诗歌的分类，一般着眼于内容特点或体裁形式两种方法。

一、按内容和性质划分

（一）抒情诗

它是直接抒发作者对生活的体验和感受的诗歌样式。它有时勾勒式地描绘典型事物，有时跳跃式地速写人物或情节，目的在于寄情于物或托物言志，以深厚炽烈的感情或深刻的寓意去感染、启迪读者。它不注重对生活的客观分析把握，而注重主观的判断评价；它更多的是抒情遣兴，而不是客观地具体描写；它不直接剖析现实世界，而是通过对理想世界的想象和向往来表达对现实的认识。

（二）叙事诗

它是用诗的形式来刻画人物、叙述事件的诗歌样式。它通常以抒情的方式叙事，把丰富的情感融入人物的形象和故事情节之中。

较之小说，叙事并不是诗歌的长处，它不能像小说那样将情节铺展开来，不能有那样详尽的客观叙事和细节描写。它的情节比较单纯，不枝不蔓，人物也较少。但它可以比小说更概括、更集中、更凝练、更富有激情、更具有激动人心的诗意美。它不是在用韵文形式讲述故事，而是饱含情思地在歌唱一个故事，抒写作者对人物和事件的情感倾向以及对生活的评价。叙事诗的叙事，应当是事与情的交融。

二、按体裁形式划分

（一）格律诗

中国古代格律诗中，常见的形式为五言、七言的绝句和律诗。在写法上讲究所谓"篇有定句，句有定字，字有定声，韵有定位"的严格章法。词、曲每调的字数、句式、押韵都有一定的规格，也可称为格律诗。现代格律新诗，往往既不讲究平仄，也不究讲对仗，只是要求诗句大体整齐押韵，篇无定节，但节有定行，每行的"顿"数基本一致，并不是严格意义上的格律诗。

（二）自由诗

我国五四运动以后兴起的以白话代文言的"新诗"多为自由诗。它相对格律诗而言，在行数、节数，每行的字数，押韵与否方面都十分自由而没有限制。但它有节奏，它的节奏体现在口语的自然旋律上，体现在轻重音的自然间隔和句中字音的互相和谐、协调上。艾青曾这样解释过自由诗："简单地说，这种诗体，有一句占一行的，也有一句占几行的，每行没有一定音节，每段没有一定行数，也有整首诗不分段的。'自由诗'有押韵的，有不押韵的。"（艾青《诗的形式问题》，《人民文学》1954年第3期）

（三）散文诗

散文诗兼有诗和散文的特点，有诗的激情和意境，又采用不分行的散文形式，不受韵律约束，可押韵，可不押韵，也可韵、散相间。但它是诗而不是散文，它有浓郁的诗情、诗味。它常采用托物言志、借景抒情及象征、暗喻等手法，将诗情、画意、哲理有机地融为一体，篇幅短小而意旨隽永。

（四）民歌

民歌亦称歌谣，它包括山歌、渔歌、牧歌、夯歌、纤歌、地方小调等多种形式。它是劳动大众的口头创作并以口头形式流传，具有不同的民族形式和地方风情。民歌词句简练，朴实清新，大多整齐押韵，常用比兴、夸张和谐音双关等手法，生动风趣，真挚质朴，易记易唱，洋溢着浓郁的地方生活气息。

（五）儿歌

儿歌是一种适应儿童理解能力，迎合儿童心理，为儿童所喜爱，或唱或诵的口头短歌。它形式短小活泼，语言晓畅，节奏明快，生动形象，以反映儿童的生活、思想、感情和愿望，以及他们迫切需要获得的许多知识为内容，多为三字句，常伴以儿童游戏。

（六）童话诗

童话诗通过丰富的想象、幻想、夸张来塑造形象、反映生活。它故事情节神奇曲折，主题鲜明浅显，往往采用拟人化的手法，以"超人间力量的形式"来反映人间生活，以适应儿童的趣味，满足儿童的好奇心并使儿童从中受到教育。

（七）寓言诗

寓言诗是带有劝谕或讽刺意味的诗。它常以简单的故事来说明较深的哲理，教育意义明显。主人公多为动物，也可为人。它以形象喻理，言外之意，警策透辟，发人深省。

第三节　诗歌的特征

一、强烈的抒情性

诗歌是一种抒情的艺术。诗情发源于生活，萌动于心底，贯穿于诗歌创作的始终，它是强烈、真挚、独特情愫的艺术结晶。白居易在《与元九书》中写道："诗者，根情、苗言、华声、实义。"这表明感情是诗歌的根本。诗歌虽然来源于生活，但它轻事实而重情思，一般并不直接再现生活，而是表现人对生活的情感体验，或者说是通过情感去反映生活。别林斯基也特别强调情感对诗人、对诗歌的重要性，他说："情感是诗的天性中一个主要的动力因素，没有感情就没有诗人，也没有诗歌。"（《别林斯基论文学》）强烈的抒情性是诗歌与生俱来的天性，是有别于其他文体的重要标志，所以"诗的本质专在抒情"（郭沫若《文艺论集·论诗三扎》）。

诗歌中表现的感情应是独特的。艺术性在某种意义上说就是独特性，因此，诗中应有作者对生活的新发现、新感受、新的追求和理想，并能通过独创的鲜明的艺术形象来表现对生活的独见、独知、独感、独思。独特的情感应是具体的、有个性特色的，而不是抽象的、空泛的。有独特的情感和独创的艺术形象，便可自成一家风骨，为别人所不能替代。

诗歌中表现的感情应是真挚动人的。"诗可数年不作，不可一作不真。"诗人只能以他的由衷之言去震撼读者的心，一切无病呻吟、装腔作势或故作高深，都是诗歌的大忌，这样的诗只会受到读者的鄙弃。没有实感，难生真情。胡适在《梦与诗》中写道："醉过才知酒浓，/爱过才知情重——/你不能做我的诗，/正如我不能做你的梦。"诗中讲的就是真情来自实感的道理，独特的自我体验，才有独特的真情。对"真情"也需要进行提炼与升华才能感人，绝不是一切真情实感都有社会价值和美学价值，都值得抒发。

诗歌中表现的感情应是强烈的。"诗者，志之所之也。"诗歌中的"言志"，是借情得以表述的，抒情乃形象的言志。作者在长期的社会生活中产生了独特而强烈的感受体验，积淀为白热化的情志，不吐不快，便借用诗的形式得到不可遏止的喷发，以自我心灵的震撼去引起读者的共鸣。恩格斯说，愤怒出诗人，"愤怒"显然指的是一种强烈感情。

诗歌中表现的感情应与人民大众的感情相通、相吻合，应真实地本质地表现时代精神，应将自我的幸福和苦难深深地植根于社会历史土壤里。如果作者抒发的感情仅仅是个人的私情，没有普遍的社会意义，或者是偏狭的、庸俗的、消极的，甚至是反动的思想感情，那么诗歌也就失去了它的价值。

二、丰富的想象性

诗歌可以界定为想象的表现。想象是写诗的才能，也是欣赏诗的才能。当诗人和读者心中有了想象的飞动，他们便可能"寂然凝虑，思接千载，悄然动容，视通万里。吟咏之间，吐纳珠玉之声；眉睫之前，卷舒风云之色"（《文心雕龙·神思》）。

诗歌要在简短的篇幅里，借诗人情感的逻辑对生活做出恢宏、深邃的反映，这就决定了在诗中想象是主要的活动力量，创作过程只有通过想象才能完成。一般说来，诗并不"如实"地记叙具体的生活事件，总是"想象"地反映生活，抒发对生活的主观感受和作者的情志。诗人的想象力作为创造性的认识能力，是一种强大的力量，他从实际客观自然所提供的材料中，创造出"第二自然"，即某种超自然的东西。古今中外那些优秀诗篇，无不在奇异的想象里闪耀着诗人智慧的光芒，从而栩栩如生地勾画出诗人主观世界同客观世界相契合的画幅，抒发诗人独到而强烈的情思。如：

"此去泉台招旧部，旌旗十万斩阎罗。"（陈毅《梅岭三章》）

"寂寞嫦娥舒广袖，万里长空且为忠魂舞。"（毛泽东《蝶恋花·答李淑一》）

"他们把太阳的烈焰投入平炉

把雷电的轰鸣收进机房……"（严辰《新城》）

想象是经验的产物，是生活形象的回忆力与组合力。只有当诗人对生活有了丰富深刻的感受和独特的发现时，才能引发他们的想象力。艺术想象的结果是艺术形象。诗的想象，就在于能够通过想象力的帮助，创造出最能体现理性概念的感性形象，即给不具形的思想以生动具体的形象。

为了鲜明地突出事物的某一特征或情感的独特性，诗歌对形象的表现常常不仅是夸张的，有时甚至是变形的。如：

"感时花溅泪，恨别鸟惊心。"（杜甫《春望》）

"若火轮飞旋于沙丘之上，/太阳向我滚来……"（艾青《太阳》）

奇特的想象、夸张的形象，能使读者惊叹并难以忘怀。所以，诗歌中的想象之词，奇特之象，不必求其真，不必求其准，更不必求其有，诗人并不关心他的诗句是否符合生活常识和现实逻辑，他关心的是这些诗句是否表达出了自己的思想感情，是否构成了自己独特的艺术形象。诗中那些"不真实"的形象，强化了诗人感情的真；那些"反常"的现象，强化了诗人感情的正常。读者也是能够承认和欣赏诗中这种想象和形象的，因为诗人是在强烈感情的刺激下产生想象，想象会在瞬间产生一些错觉和幻觉，这些错觉和幻觉便会产生变形的形象。

三、悦耳的音乐性

和谐的音韵、鲜明的节奏，是诗歌区别于其他文学样式的一个基本特征。诗与歌舞本为一体，"在辞为诗，在乐为歌"，在所有的文学样式中，诗与音乐的关系最为密切。

音韵是诗歌音乐美的基本条件。"诗中韵脚，如大厦之有柱石，此处不牢，倾折立见。"（沈德潜《说诗晬语》）音韵在诗中的作用表现为：通过韵的串联，关上黏下，有助于把跳跃式的各诗行连成一个整体，加强结构和形象的完整性；因情赋声，以声传情，加强抒情的强烈性；使诗歌具有抑扬顿挫、流畅回环的韵律美，易记能唱。新诗对音韵没有严格的要求，但还是应该大致押韵，读来顺口，听来悦耳，也便于记忆。

节奏是诗歌音乐美的显著标志。节奏之于诗，如同脉搏之于人。郭沫若在《论节奏》中认为："节奏之于诗是它的外形，也是它的生命。我们可以说没有诗是没有节奏的，没有节奏的便不是诗。"（郭沫若《文艺论集》）

诗的节奏是宇宙中的自然节奏和生活节奏的诗化。从力度方面讲，诗的节奏指声音的强弱，即重读与轻读的安排；从时间方面讲，指声音的长短，即音组（又称"顿""音步""音尺"）的划分。古体诗的基本节奏单位是音步，五言诗为三个音步，七言诗为四个音步。音步大体相同的诗行，构成行与行间的节奏匀称。

有规律地交替使用轻读与重读，大致整齐地安排音组，就构成了诗的节奏感。诗的节奏表现了感情的起伏、变化、中断、持续，表现了感情的强度与速度。

新诗要求大体整齐，因为节奏的强烈均匀与诗句的整齐与否密切相关，行与行、节与节的大致对称，音组的多少，诗句的长短大致相等，是符合我国读者欣赏习惯的。如郭小川的《甘蔗林——青纱帐》，每节诗四行，一、三行为四个音组，二、四行为六个音组，自成规律，读来节奏分明，对感情的表达酣畅淋漓，其第一节写道：

南方的｜甘蔗林哪，｜南方的｜甘蔗林！｜
你为什么｜这样｜香甜，｜又为什么｜那样｜严峻？｜
北方的｜青纱帐啊，｜北方的｜青纱帐！｜
你为什么｜那样｜遥远，｜又为什么｜这样｜亲近？｜

节奏是诗的外在表现，旋律是诗的内核，它使诗充满生气，飘逸跳荡。节奏与旋律是情感与理性之间的调节，是奔放与约束之间的调节，通过调节而达成和谐的音乐美。

四、排列的形式美

诗歌分行排列的外形结构，给人以视觉的美感，是诗歌区别于其他文学样式的另一重要特征。诗歌语言分行分节排列，正如闻一多所说，在外形上具有一种语言的"建筑的美"。

现代诗的分行分节排列，是诗歌的抒情性、音乐性所决定的。分行排列与不分行的散文式排列，其艺术效果是不一样的。分行排列，有助于强调诗人感情跳跃中的重要词句的分量，有助于加强诗的节奏感，有助于显示诗优美和谐的韵脚。

诗行是诗的感情单位、节奏单位、音韵单位，但它不一定是意义单位和完整的语法结构单位。也就是说，一行诗不一定就是一个句子；反过来，一个句子不一定就是一个诗行。

诗节，从内容上、节奏上把诗行组织起来，是意义上、句法上的完整单位。

现代诗排列方式有"半自由体"，一种为篇无定节，节无定行；一种为篇无定节，但节有定行，每节以四行、二行为多。前者如郭沫若的《地球，我的母亲》，后者如"信天游"民歌体。有"阶梯式"，诗行排列形如楼梯，如贺敬之的《放声歌唱》；也有不分节一贯到底的自由体。诗歌的分节与分行虽然形式多样，但它总是根据诗人感情表达的需要，按照美的规律构造外形，即内容决定形式，形式是为内容服务的。

第四节　诗歌的写作

一、精心构思

构思是作者获得灵感后，充分展开想象，深入进行思考，经过反复酝酿提炼，对未来作品的内容和形式进行的全面设计。"诗无杰思知才尽。"构思能力是衡量一个作者艺术功底的重要标志。构思运用得好，才能把抽象的概念化为具体的形象，才能克服艺术表现对象的无限性同艺术表现手法的有限性之间的矛盾，从而创作出感人肺腑的好诗。

构思的内容是相当复杂的。它包括确立主题、提炼诗意、选择角度、选择诗体，以及形象、意境的创造，韵律和节奏的安排，直至怎样开头，如何结尾等一系列细节问题。总之，构思过程是要解决诗歌"表现什么"和"怎样表现"两方面的问题。

（一）提炼诗意

诗歌是情志所托，故构思以炼意为主，要"意在笔先"。

诗意当出新，不落俗套，不蹈袭前人，意新语新，才能产生美感，才能给读者以新的审美愉悦和启迪。诗意要深邃，深邃才会蕴含哲理、包容无限，才会余味无穷。诗歌最忌意浅语俗，它的构思应是独具匠心的创造，应是诗人对生活的发现。

我国古今诗人以松树为题材，写了两千多年，能够广泛久远传播的，无不是具有新意和深度，显示出作者不凡的襟怀和不同的艺术个性的诗。建安七子的刘桢《赠从弟》写道："亭亭山上松，瑟瑟谷中风，风声一何盛，松枝一何劲。"寄托在劲松身上的悲凉之气表现了所谓的"建安风骨"。左思《咏史》之二写道："郁郁涧底松，离离山上苗，以彼径寸茎，荫此百尺条。"借松树屈辱的遭遇，抒发了对当时"世胄蹑高位，英俊沉下僚"的门阀制度的悲愤。在新的时代,无产阶级革命家董必武用"干挺不畏风,根深土嫌薄,吸取无所限,到老犹磅礴"(《答徐老延安赠别》)来颂扬扎根人民之中的革命者青春不老。陈毅元帅用"大雪压青松,青松挺且直,欲知松高洁,待到雪化时"(《冬夜杂咏》)来讴歌在特殊年代顽强斗争、坚贞不屈的大无畏精神,立意高远。这些以松树为寄托的诗,别出心裁,意味深长,从抒写自我胸襟情怀出发,真实地反映了当时的社会生活,充分展示了时代精神。

(二)选取角度

所谓诗的角度,就是指作者观察生活、捕捉形象和确立主题时所取的方位。选取角度的目的,是为了最恰当最艺术地表现作者的诗情。选取的角度不同,构思的方法也不同。

选取角度的标准在于诗情表达的需要。一般地讲,有两个主要的角度:

一是直抒胸臆。诗人直接站出来,用形象的语言歌唱生活,言志抒情。这类诗立意较"显",往往激情外露,更带鼓动性。如文天祥的"人生自古谁无死,留取丹心照汗青"(《过零丁洋》),陆游的"王师北定中原日,家祭勿忘告乃翁"(《示儿》)。新诗中如贺敬之、郭小川的许多抒情诗,由于诗人有第一等襟抱学识,都写出了第一等的真诗。

二是寄托。诗人将自我隐藏起来,借物寄情,借人表意,借景抒怀。这类诗立意较"隐",更带含蓄性,更多象征意味。古诗中常写梅、竹、菊、兰,写清流、高峰,其意便在托物以言志。新诗如戴望舒的《雨巷》,诗人借用雨中幽巷象征他所处的迷茫、寂寞、惆怅的环境,或隐或现的"丁香一样的姑娘",正是诗人人生理想产生、高扬、跌落和重新追求的曲折复杂心态的写照。曾卓的《悬崖边的树》,通过"悬崖边"这一典型环境中"树"的典型形象,表现了胸怀理想的奋斗者,不畏生活暴风雨折磨的坚毅、顽强的性格。

另外,还有正面角度与侧面角度的选择,这是对诗中所要表现的客观事物的观照角度。正面角度着眼于事物的正面,直接表现客观事物本身。如贺敬之的《雷锋之歌》,诗人以充沛的激情、高朗的格调,正面歌颂了平凡而伟大的共产主义战士雷锋的精神品格,以及他的成长历程。侧面角度实际上是采用烘托的手法,避开正面形象本身,去抒写与之相关的其他形象或事物,借以从侧面把正面形象间接地表现出来。最典型的例子如乐府诗《陌上桑》对秦罗敷形象的描绘。

二、创造意境

意境是诗歌等抒情性文学特有的审美范畴,是文学的典型化原则在诗歌中的具体表现,也是品评诗歌高下优劣的一个重要原则。重视意境的创造,有助于克服诗歌创作中的公式化、概念化倾向,更有利于克服自然主义的浅露,把现实主义和浪漫主义的特点加以融合,真正体现出诗歌的艺术美。

意境是指诗中所描绘的生活图景与表现的思想感情融合一致而形成的艺术境界。从诗歌写作和欣赏的角度来说,诗中的"意",包括作者的"情"与"理",即作者在诗中表现的情感和对生活的认识、理解、评价;诗中的"境",指所写事物的"形"与"神",即作者通过集中概括而描绘出来的具体形象及其内在本质与精神。意境在诗中是不可分割的统一体,绝不是"意"和"境"的机械相加。所以,意境的创造要求"内情"与"外物"相融合,"意"与"境"相应合。如马致远的小令《天净沙·秋思》:"枯藤老树昏鸦。小桥流水人家。古道西风瘦马。夕阳西下。断肠人在天涯。"前四句蒙太奇式的组合写景,末一句写情,全篇点化成一片凄凉萧瑟、哀愁寂寞,旅人惆怅无边的意境,情与境融为一体,使"一切景语皆情语也"。

意境是形象思维的产物,其思想意义直接取决于作者的世界观,其艺术价值则只能取决于作者的艺术想象、构思和遣词造句的技巧和功力。就意境的性质而论,大体可分为"优美"与"壮美"两类。"优美"的意境,是一种阴柔之美,写法上属清新、婉约一派,细腻、沉静,韵味深长。古诗中如杜甫的"细雨鱼儿出,微风燕子斜",温庭筠的"鸡声茅店月,人迹板桥霜",新诗中如徐志摩的《沙扬娜拉·赠日本女郎》《再别康桥》意境都十分优美。"壮美"的意境,是一种阳刚之美,写法上属豪放、雄奇一派,刚劲、强烈,气势浩瀚,作者情志喷薄而出。古诗如李白的《蜀道难》、岳飞的《满江红·怒发冲冠》,新诗如郭沫若的《立在地球边上放号》、贺敬之的《三门峡·梳妆台》,意境壮美。

意境交融的方式主要有两种。

一是移情于景。作者在现实生活中先有所感(意),然后根据作者的情与意,去寻求得以表达的"境",即将情意"移"到外在客观事物上加以表现,从而使意境交融,西方美学界多把这称为"移情"。中国古诗中如:"问君能有几多愁,恰似一江春水向东流"(李煜《虞美人·春花秋月何时了》),"试问闲愁都几许?一川烟草,满城风絮,梅子黄时雨"(贺铸《青玉案》)。新诗中如:

"我的寂寞是一条蛇，/静静地没有言语"（冯至《蛇》），"我的翅膀是这样沉重，/像是尘土，又像有什么悲恸"（何其芳《回答》），都是移情于景的运用。

二是触景生情。作者与客观外物接触而有所感悟，引发情思，所谓"存在决定意识"，情思附景而出。古诗如"风萧萧兮易水寒，壮士一去兮不复还"（《渡易水歌》），新诗如刘半农的《教我如何不想她》，其中一节写道："月光恋爱着海洋，/海洋恋爱着月光，/啊！/这般蜜也似的银夜，/教我如何不想她"，即是触景生情的运用。

意境不仅要求情景交融，而且强调虚与实的统一，显与隐的统一，有限与无限的统一，即通过具体有限的形象激起人们的想象，在想象中认识到隐藏在形象背后的更为深刻的含义，从而获得巨大的审美享受。

三、推敲语言

诗歌是语言的艺术。与其他文学样式相比，诗的语言应该是最形象化最富有音乐性的高度凝练精简的语言。诗歌侧重于抒情言志，忽略对事物过程的叙说，抒情言志的特点决定了诗歌在反映生活内容上必须高度集中。

"意在笔先，辞随意生。"诗歌语言的运用是依从于作者的思想，受作者思想制约的。作者思想的清晰度决定语言的明确度。如果作者思路不清，思想朦胧，是肯定不会用清晰准确的语言来表达的。作者的思想深度决定着诗歌语言的容量。古代的格律诗有严格的字数限制，要求用有限的文字来表现尽可能深广的思想内容和情致，现代新诗也可以精简到一首诗只有一句或一个字。作者对生活认识深刻，他在诗中使用的语言蕴含就多，感人的力量也就强，就能够做到"言约而意丰"。作者思想的新意决定了他诗歌语言的新颖生动。作者有真知灼见，有独特的发现和感受，便能在诗中言人所未言，言人所不能言，不断给读者带来新的启发和美的感受。

诗人学习语言靠日积月累，选择语言须字斟句酌，运用语言要千锤百炼。著名诗人臧克家在谈到自己运用语言的经验时说："我常常这样要求自己：从无数可以备用的词汇里去严格挑选那最合适的一个，把它安放在最恰当的地方，像把一颗螺丝钉安放在大小适中的洞洞里，一环一环地把它扭紧。"（臧克家《创作经验漫谈》）由于他养成了苦心推敲的习惯，笔下的诗句凝重形象，严谨新奇而富有境界。他那种"语不惊人死不休"的认真态度和苦心追求的精神，很值得我们学习。

锤炼字句，主要是对诗中动词的推敲，因为动词能够表现出动作活跃生动的形象，使某些形象或事物由静态变为动态，增强立体感，构成活的新奇的意境，从而加深读者的感受程度。如"红杏枝头春意闹"的"闹"字，"春风又绿江南岸"的"绿"字，"雾失楼台，月迷津渡"的"失"字和"迷"字，用得妙不可言，无以更替，成为诗中迷人的"诗眼"。新诗中如臧克家的"日头堕在鸟巢里，/黄昏还没溶尽归鸦的翅膀"（《难民》）、"蝙蝠翅膀下闪出了黄昏，/蛛网上斜挂着一眼闷热"（《场园上的夏晚》），余光中的"酒入豪肠，/七分酿成了月光，/剩下三分啸成剑气，/绣口一吐就半个盛唐"（《寻李白》），其中对动词的推敲很见功夫，不仅形象生动新颖，而且激活了诗情，托出了"意中有景，景中有意"的浑然一体的境界。

锤炼字句不在乎句险语曲、石破天惊，而在乎言简意深，一语胜人千百。如白居易的"野火烧不尽，春风吹又生"，刘希夷的"年年岁岁花相似，岁岁年年人不同"，看似寻常语句，平平道出，其实颇得神韵，推敲而不见痕迹，质朴中透出哲理，言有尽而含藏不尽、余味不尽。炼字炼句应当与炼意结合起来，服务于炼意。如果没有新颖深刻的体悟，没有感人的内容，却刻意雕琢修饰，以艰涩隐晦为美；或生编硬造语词，淆乱语法，故作时髦；或堆砌生僻典故，故作高深渊博；或陈词滥调，浅吟低唱，故作风雅，这都只能以辞害意。

四、表现手法

诗人不但要善于形象地感受、思考，还要善于形象地表达。选择何种表现手法，是由诗的具体内容所决定的。内容决定形式，内容创造形式，推动形式的发展和创新。同时，表现手法的选择也与诗人的艺术追求、爱好、习惯相关，显示出诗人的艺术个性和风格。下面介绍一些最基本的常用不衰的诗的表现手法。

（一）赋、比、兴

1. 赋

赋者，"敷陈其事而直言之也"，即直接抒情言事。白居易的《卖炭翁》，杜甫的《北征》，都大量使用赋的手法。陆游的《示儿》，李清照的《绝句·生当作人杰》，用"赋"法而流传千古。新诗中如陈毅的《赣南游击词》，俄国诗人普希金的《假如生活欺骗了你》，诗意浓郁，诗味盎然。用"赋"法写诗，多适宜于叙事诗，但语言需精练形象，构思要新巧，立意当深远；否则容易使诗歌平直浅露，缺少诗味。

2. 比

比，就是比喻、比拟，"以彼物比此物也"。"比"的作用在于"以物喻志""索物以托情"。"比"是诗中最基本的表现手法。白居易《琵琶行》写道："大弦嘈嘈如急雨，小弦切切如私语，嘈嘈切切错杂弹，大珠小珠落玉盘。"用具体形象、为人所熟知的比喻来表现不易捉摸、难以言喻的琵琶弹拨之声乐，使读者获得了较明晰的音乐形象，增强了诗的艺术感染力。新诗中如"时间是一把剪刀，/生命是一匹锦绮；/一节一节地剪去，/等到剪完的时候，/把一堆破布付之一炬"（汪静之《时间是一把剪刀》）所用比喻新鲜奇特，也是贴切而意味深长的。

3. 兴

兴者，起也，"先言它物以引起所咏之词也"。"兴"是诗歌用"它物"开头的一种手法，又称"起兴"。《诗经·关雎》开头是："关关雎鸠，在河之洲。窈窕淑女，君子好逑。"前两句写水鸟成双成对欢跳合鸣，与后两句所写男女思恋之情各是一回事，但二者之间有相似相通之处，所以借前者来起兴，以他物他景托出一种诗的意境，再引出后者以抒情寄意，这就比直抒胸臆来得委婉有情致。李季的《王贵与李香香》，诗中多用比兴，如"山丹丹花开红姣姣，/香香人才长得好"，"风吹大树嘶啦啦响，/崔二爷有钱当保长"。有的民歌用一句起兴，反复咏唱，有回环婉转的音乐美，如《八月桂花遍地开》。

比兴常常连用，它们是诗歌概括生活、创造形象，以形象代直说的重要方法。

（二）象征

象征就是用小事物来表现、暗示大事物，或表现某种特殊意义。运用象征手法，可以使诗更凝聚集中，思想蕴含更深，并使人浮想联翩。"春蚕到死丝方尽，蜡炬成灰泪始干。"表现的不仅仅是"春蚕""蜡炬"本身，它至少象征着一种执着的爱情或对事业、对某种愿望的至死不渝的追求。"夕阳无限好，只是近黄昏"等诗句，也都充满了暗示性，绝不仅仅是写景。光未然《黄河大合唱》中的"黄河"，则象征着中华民族在生死关头的怨恨、怒吼和战斗精神；臧克家笔下的《老马》，以"老马"象征旧中国过着牛马不如的悲惨生活的劳动人民。这些"象征"的运用，促使人们腾飞艺术的想象，去捕捉体悟诗中所表现、暗示的"普遍意义"。

象征是对浪漫主义"直抒胸臆"的一种反叛，它偏重对诗歌"意象"的捕捉，力图赋予抽象观念以具体的五官可感的意象。诗的含义或"谜底"往往就隐藏在意象中。象征力避诗的粗浅而追求意象的暗示性和包容性，是一种与"显"相对的"隐"的表现手法。如果所选取的意象朦胧晦涩，则诗意就很玄奥费解。如下之琳的名诗《断章》："你站在桥上看风景，/看风景的人在楼上看你。/别人装饰了你的窗子，你装饰了别人的梦。"以及当代许多"朦胧诗"，其诗义就往往会引起读者的多种"猜想"。

（三）通感

通感是指把五官感觉互相沟通转化、移借交错起来的表现手法。当灵感袭来时，诗人"视通万里，思接千载"，这个时候，视觉、听觉、味觉、嗅觉和触觉之间的联系特别紧密与灵敏。于是在诗人神游的世界里，声音有了形状或颜色，花朵有了声音，香味闪着色彩，所以它是人们高度敏感和亢奋的一种心理现象。通感在西方诗歌中运用得较早较广，三千多年前的《荷马史诗》中就写道："树上的知了泼泻下百合花的声音。"作者把属于听觉的"知了"声转化成了视觉，从而在听觉和视觉两个领域里一齐刺激读者的感应力，使读者对客观事物获得立体感知。

我国古诗中不乏通感的运用，如"促织声尖尖如针"（贾岛《客思》）、"风来花底鸟声香"（贾唯孝《登螺峰四顾亭》）等等。新诗中，如艾青的《小泽征尔》写指挥演奏家小泽征尔的风姿："你的耳朵在侦察，/你的眼睛在倾听，/你的指挥棒上/跳动着你的神经。"以耳为目，以目为耳，这正是沉浸在音乐世界里的如醉如梦的指挥家的传神写照，陶醉入迷，使得五官错乱，五官沟通转移，增强了诗人主观感情世界的艺术表达力，可以使读者产生丰富的联想并获得更多的美感享受。

范文点评

【范文】

礁 石
艾 青

一个浪，一个浪
无休止地扑过来

每一个浪都在它脚下
被打成碎沫,散开……

它的脸上和身上
像刀砍过的一样
但它依然站在那里
含着微笑,看着海洋……

【点评】

这是一首具有象征意义的抒情短诗。诗人意在寄托,将自我隐藏起来,托物以寄情志。诗中字字在明写礁石,又字字在暗写自我;描绘的是人们熟悉的具体可见之物,表现的却是诗人历经风浪而斗志不衰、永远乐观向上的人生态度。

人生的风浪无休止地向"我"扑来,但都被"我"勇敢顽强地顶住了,战胜了。尽管脸上和身上留下深刻的创伤,但"我"仍然坚定不移地坚守真理,热爱生活,笑对风浪,遥望广阔的前景,满怀理想和希望。以"礁石"作为象征物,目的是描画诗人的自我形象,抒写诗人的情怀。"象征"最忌艰涩费解,本诗立意"隐"而"显",语言明朗清纯,境界高远,以精简形象的文字高度集中地概括生活,有"描写咫尺,表现千里"之妙。

【范文】

绝症·爱情·乡愁

陈耀炳

从前他告别家乡未婚的妻子
现在他告别犹是未婚的自己
自从归乡的脚印
都随着炮弹
抛锚在海峡深邃的浪里
你那古老底一吻
恒在我望乡的眼里汹涌着
我再也找不到

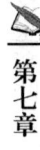

一封与我籍贯相同的雁书
你的小名便轻轻地
轻轻地把我唤醒
在每一夜的日记里散步

于是　一颗如此年轻的婚戒
失落在异乡不能开花的土壤上
你温柔底呼吸　为什么不来
不来敲我寂寞的门
——我在葡萄糖统治的国度想你
妻啊
我躺在一张没有亲戚味道的床上
只有药味
只有含着药味的月色来找我
找我聊一夜的心事
找我聊那不知道名称的病

而我未婚的妻啊
我并不了解臂上如许多针眼的意义
因你
因你才是我身上唯一不能愈合的
伤口

【点评】

　　这首诗抒写了刻骨铭心的近乎绝望的乡愁，表现了身在台湾地区的"我"对祖国大陆、对亲人的无限思恋之情，概括了具有深厚意义的民族情感——鲜明的中国情结。

　　写乡愁本是我国诗歌中的传统主题，但本诗写的都是典型环境中的典型情结。据作者"后记"，在内科病房见一绝症病人，自言1949年告别未婚妻，因战争只身来台，遂誓不再娶。孰料今日病危在床，已是故乡难回，亲人无缘团聚。海峡隔绝多年，相思早成永恒，病房唯有月色作伴，心境更是孤苦沉郁。但念念于心，难以愈合的伤口，仍是更为浓重的乡愁和难以回归的绝望。

在写法上因意遣词，不自设格律约束抒情，但节奏分明，有内在的旋律；以形象化的语言构成浓郁的诗意，避开了"直说"的浅露。特别是运用"通感"的手法，写"我躺在一张没有亲戚味道的床上"，与"含着药味的月色"聊心事、聊乡愁病，视觉与味觉沟通，极言病房的孤寂与相思之切。

【范文】

路　遇

舒婷

凤凰树突然倾斜
自行车的铃声悬浮在空间
地球飞速地倒转
回到十年前的那一夜

凤凰树重又轻轻摇曳
铃声把碎碎的花香抛在怦动的长街
黑暗弥合来又渗开去
记忆的天光和你的目光重迭

也许一切都不曾发生
不过是旧路引起我的错觉
即使一切都已发生过
我也习惯了不再流泪

【点评】

这是一首具有朦胧美的现代诗。它朦胧而不晦涩，通过写瞬间新奇的感觉，极为真实准确地表现了突然路遇时的复杂情绪和意态。

第一节写在"旧路"上相遇，瞬间天旋地转，产生了下意识的幻觉、错觉。反常的直觉表现了路遇带给"我"的刺激是何等强烈。路遇谁？省略了。瞬间又飞转到十年前不堪回首的那一夜，具体发生过何事，也省略了。第二节写令人头晕目眩的幻觉过去，感觉开始清醒，意识开始流动，过去与现实交汇，记忆与"你"的目光重叠，"我"在调整心态。第三节抒写"我"的人生态度。过去的如噩梦一般过去，一切都当作没有发生；即使发生过，"我"也不再为过去伤悲，生活已使我变得坚强。诗人善于捕捉稍纵即逝的瞬间感觉，以闪动的跳跃的意象代替明朗化的理性抒写，带给读者的是余味无穷的思考和新鲜的审美愉悦。

实践练习

1. 散文诗是诗与散文的有机结合体。它类似抒情散文，但比抒情散文更凝练；它是新诗的一大品种，又比一般的新诗更灵活自由。它通常以短小的篇幅，把诗情画意和人生哲理融为一体，造成优美隽永的意境。欣赏下面这首散文诗，运用自己的想象和联想，把它改写成一首具有节奏韵律和分行排列的抒情诗。

星星河
耿林莽

谁的小提琴在浓荫下奏一曲流水的歌？呵，不，是小溪在我脚下静静地流过。无数的星星在清澈的溪水中闪烁。溪水从它们身上流过，倒像它们在溪水中漫游。我走下堤坡，去寻找星群中最亮的一颗。最亮的星星不是一颗、两颗，盛开的鲜花何止一朵、两朵？静静的春夜里跃动的一溪繁星，多像我们这时代年轻人的眼睛。年轻人的眼睛，比星星还明亮，比溪水更单纯。

2. 下面两首七言绝句都是以《七夕》为题，试分析它们在立意构思上有何不同，并分别将它们改写成现代新诗。

[宋] 杨璞：未会牵牛意若何，须邀织女弄金梭。
　　　　　年年乞与人间巧，不道人间巧已多。
[唐] 杜牧：银烛秋光冷画屏，轻罗小扇扑流萤。
　　　　　天街夜色凉如水，卧看牵牛织女星。

3. 下面这首诗中只有互相比较又互相作用的色彩的形象，颇似现代英美意象派诗。以你具备的诗歌理论知识和审美经验，对它做出解析和评价。

感　觉
顾　城

天是灰色的
路是灰色的
楼是灰色的
雨是灰色的

在一片死灰中
走过两个孩子
一个鲜红
一个淡绿

4. 文学创作都离不开想象和形象。举例说明诗歌中的想象和形象与其他文学样式中的想象和形象有何不同。

5. 什么是诗的意境？举例说明诗歌中意境交融的主要方式。

6. 诗歌是最讲究语言的文学样式，但刘放在《中山诗话》中说："诗以意主，文词次之；或意深义高，虽文词平易，自是奇作。"谈谈你对这句话的理解。

第八章 散文

第一节 散文的界定

在中国,散文是一种既古老又新颖的重要的文学体裁,不同时代的散文作家和散文理论家对它内涵的认识与界定各执一词,众说纷纭。在中国古代,散文与韵文彼此对应,指那些凡是不押韵、不讲对仗的一切散体文章,如史传、论说、颂赞、书记等,统称为散文。进入中国现代性的文学进程后,因为文学理论体系较为合理的构建及其在内涵上的大致界定,人们才将它视为一种同诗歌、小说、戏剧文学相提并论的文学体裁。尽管这样,对于散文内涵的界定也是同中有异,异中有同。

近半个世纪来,散文不仅在作品的数量上突飞猛进,而且在创作技巧上具有了整体性的提升,因此,对于散文内涵的准确界定变得越来越迫切和重要。20世纪80年代后期,朱金顺、刘锡庆在《散文教学浅谈》中指出:"狭义的散文,指的是那种或记人叙事,或写景记游,或咏物抒情的文笔优美的短篇文章。"后来,刘锡庆在他编写的《基础写作学》中又对前面的界定做了一定的修正,重新诠释为:所谓狭义的散文是"那些写我(作者)所经所历、所见所闻、所思所感,或记人写事,或状物摹景的情文并茂、优美精悍的真实性文章",并将它界定为"艺术散文"。这样的界定就把散文的内容归入了"实"的范畴和层面,与某些纪实性作品的界限较为模糊,而散文是可以允许部分虚构的。

为了给散文下一个较为确切的定义,我们不妨看一看1916年美国出版公司出版的《美国随笔》一书的"前言"是如何对之做限定的:"随笔作者不涉及公事或系统性的思想资料,而是以个性化的坦诚态度面对他们的题材和读者,拘以随便的亲密的风度,关心日常生活的样式和伦理,倾注个人的感情和经验。因此,随笔应该有一个更为明确的限定——或许最好称之为亲切自然的随笔。"

由此出发,我们就可以对现代写作意义上的散文予以这样的界定:散文指的是以记叙和抒情为主的篇幅短小、题材广泛、写法自由而又有一定思想情趣和审美价值的一种情文并茂的文学样式。这样的文学体裁在反映社会生活的深度与广度,表现作者丰富的思想情感和独到的审美意趣上有着独特的意义。

散文的概念有广义和狭义的区分。

广义的散文是指不用韵的散行文体,包括杂文、随笔、特写、报告文学、回忆录等,其所包含的内容较为广泛而庞杂。

狭义的散文是指与诗歌、小说、戏剧文学相并列的文学样式。作为这种意义上的界定,狭义的散文就应当具有这样几个基本特点:以描写社会生活中真实存在的人物、事件或景物为基础,允许合乎社会生活本质、揭示社会发展规律的艺术加工或虚构;形式多样,题材广泛,通常运用第一人称,借助对生活事件片段的描述,袒露作者的心迹与灵魂,表达作者的思想感情,并揭示一定的社会意义;篇幅可长可短,写法灵活自由,不强调具有连续性、完整性的故事情节;表现手法呈多样化,既可以叙述、描写,也可以抒情、议论,还可以说明,或是将它们熔为一炉;在语言运用上表现出灵活自由,精练优美,朴素自然,不受韵律的拘束。

散文的这些基本特点决定了其在文学写作中具有十分重要的意义。从现代写作学所具有的综合性层面看,散文是写作好其他文学体裁的基础,因为无论是小说所擅长的叙事,还是诗歌所具有的抒情优势,抑或是戏剧所具有的在对话与行动描写方面的长处,散文都对之进行了广泛的鉴取和必要的整合并赋予了创造性的发展,散文写作就成了包容其他文学体裁所长的一种文学写作,也成为一种其他文学体裁所无法与之相媲美的文学体裁。从现代写作学所具有的实际应用价值角度看,写作好散文也是写作好其他应用文文体的基础,无论是指挥性公文、知照性公文,还是调查报告、新闻通讯、学术论文等,它们都要对散文写作所具有的优势进行不同程度的借鉴,以丰富自己的写作手法,扩大自身的写作内涵。因此,我们认为散文写作是一种基础性写作,是写作好其他文章的基础。

第二节 散文的分类

关于散文的分类，自散文诞生以来就有各种各样的分法，为了适应现代写作的需要，便于人们在具体的写作过程中进行有效的运用，我们对散文的分类做如下几个方面的表述。

一、按照表现功能划分

（一）记叙性散文

记叙性散文是一种以叙事记人为基本内容、因事缘情的散文。它往往选取社会生活中的某个人、某件事的一些片段，用一条线索串联起来，间接地表达作者的思想感情。所叙述的事件具有一定的完整性，人物刻画常用速写、特写的方式，不着重于表现人物的精神面貌和思想品质，文中的人物和事件常交织着浓郁的思想感情。表达上往往融抒情、议论于叙事中。叙事性散文的写作，强调真人真事、真情实感，力求做到线索清楚，结构严谨，语言简洁、朴素、自然。

（二）抒情性散文

抒情性散文是以抒发作者的感情为主的散文。它通过记人、叙事、写景，抒发作者的主观感受。除叙述和描写外，大量采用抒情的笔调，或托物言志，或借景抒怀，或直抒胸臆，所以它一般不详述生活事件的具体过程，没有情节，也不具体描写人物，常以情感发展为线索，来统摄不同时空中的各种材料。它往往传达出作者的心声，反映了他完整的精神风貌，是一定思想意识和时代精神的体现。抒情性散文的写作，一般要求立意新颖，构思精美，意境深邃，语言优美。

（三）议论性散文

议论性散文是侧重于议论、说理和阐明事理的散文，也称"哲理散文""说理散文"。它要求观点鲜明，概念准确，说理充分，使人信服。但它或是借助具有哲理性、形象性的事物来抒发作者的思想感情，或是通过对某一事件、现象的议论来阐明某种哲理,所以与议论文相比,它的议论往往具有形象性、抒情性、哲理性的特点。它不是让读者获得纯粹的理性概念,而是给读者一种极富形象和情感的理性认知,从而提供一个广阔的思索和联想的天地。写作议论性散文时,就必须力戒辞藻矫饰或笔下无物,要依托人、事、景、物,以饱含激情的笔触,将自己的观点和认识予以情化而形象的传达。

二、按照表现内容划分

(一) 旅游散文

旅游散文是一种记录作者游历览胜的见闻与感受的散文。在古代它被称为"山水游记""记行文"。这种散文在我国古代的南北朝时期已十分成熟。它以轻松优美的文笔,生动客观地描绘作者在旅途中的各种所见所闻,诸如国内或域外的山川景物、名胜古迹、社会生活、政治经济、风土人情、人文景观、古人逸事、神话传说、历史遗址等,以揭示各个地域的自然风光、人文景观的特色和包孕其中的历史意蕴、人文精神、时代魅力,表达作者的思想感情。旅游散文风格清新,形象生动,富于浓厚的抒情色彩,给人以美的观照、情操陶冶和思想教育。写作旅游散文,要强调内容的真实,不允许随意的夸张与主观臆造,形式自由灵活,风格多姿多彩。

(二) 科学散文

科学散文是以社会生活领域中科学内容作为题材和表现的散文,包括科学小品文、科学杂文、科学随笔、科学文艺等。它短小精悍、生动活泼、思想锐利、见解独特,情与理融为一体,表现出鲜明的文学性和科学性。它题材广泛,或普及科学知识,宣传辩证唯物主义思想,或宣传科学研究的指导思想、研究方法、思维方式,或颂赞科研工作者献身科学的崇高品德、情操,或揭示在科技领域中出现的各种新矛盾与科学思想的尖锐斗争,或针砭科技领域的种种时弊、伪科学及它们对人类造成的思想盲区与误导。在写作科学散文时,不仅要求作者具备基本的科学常识,较为熟练地掌握最新科技的成就与科学发展新动态,而且在具体的写作中要寓作者的思想感情、科学精神于科学内容之中。

(三) 时事散文

时事散文是以国际国内时事内容的题材作为表现对象的一种散文样式。它通过对国内或国际时事的某个人物、事件或现实世界中所表现出来的某种倾向的片段的叙述与描写,生动有趣地介绍国内外时事的发展动态、生存展示等知识,以开阔人们的视野,增强时事观念和参与意识。它是普及时事知识,了解国内外时事发展动态,进行形势教育的一种较为有力的手段。在写作时事散文时,要求作者必须对时事的发展与动态做正确的分析和科学的预测,同时通过形象生动的画面感、朴实又充满趣味的语言予以形象化的体现,使读者在接受形势教育的同时获得审美的享受。

三、按照艺术风格划分

(一) 幽默散文

幽默散文是指运用幽默的艺术方式对生活中具有滑稽意味的人物、事件进行善意的嘲讽的一种散文。它常常通过影射、讽喻、双关等艺术手法,在善意的微笑中揭露现实生活的种种弊端和某些人身上的缺点,诸如思想意识的落后、生活观念的陈腐、行为方式极其私性化的表现等,以引起阅读者的广泛思索。幽默散文不同于一般意义上的笑话,其喜剧性效果不直接通过俏皮话似的幽默来表现,而是需要读者通过较宽广的联想来获得。在写作幽默散文时,除了要求其立意含蓄、形象简明、文字精练,具有强烈的艺术感染力外,必须注意幽默对象不是敌我矛盾,要注意幽默、嘲讽适度。

(二) 讽刺散文

讽刺散文是指富于强烈讽刺意味,具有鲜明的讽刺性特征的一种散文。它常常对现实社会生活中某个人物、某些社会现象、某一个事件的片段,运用极度的夸张、怪诞的变形、愤世嫉俗的语调,对人们身上的诸种丑恶或弱点、社会性弊病及一些不良的生活现象,进行强烈的抨击、愤怒的谴责和尖锐的嘲弄,以扭曲、变形甚至是荒诞的方式来反映现实社会生活。其作品中的形象不仅具有尖锐、无情的讽刺性,而且富于强烈的批判性和战斗力。它一般要求直指现实的丑恶、阴暗,或须触及社会上的时弊,以鲜明而强烈的艺术形象和讽刺性的语言来表达作者的政治观点、思想倾向。

以上对散文的分类仅仅是就一般性而言的。散文创作发展到今天,由于人们对于散文认识的不断深化与扩展,其分法也较多,称谓更是花样翻新、名目林立,诸如"大散文""文化散文""艺术散文""小女人散文""域外散文""电视散文"等。这些都不过是散文进行时态中的某种意义显示,并未从根本上改变散文的内涵,对此,我们应有清醒的认识。

第三节 散文的特征

一、行文洒脱与自由

在中国已有的文学理论文本中,一提及散文的特征,大都以"散"来予以概括。这种"散"的本质意义从某个层面上讲就是指散文的洒脱与自由。中国现代著名散文家朱自清就曾对散文的"散"做这样的界定,他认为,散文的"散"就是依据表达感情的需要,该长则长,该短则短;可以写人、叙事,可以抒情、议论;可以华丽,可以朴素;可以精练,可以松散;可以浓墨重彩,可以淡墨熏染;可以写成记体、序体、传体,也可以写成近乎小说、诗歌、速写文体等。从朱自清先生的这段论说里,我们便不难理喻散文的"散"其实质是指洒脱与自由,但这并不意味着散文的"散"就是漫无边际,可以信手图鸿,而是有所限制的,是一种在限制下的洒脱与自由。这就正如当代著名散文家李广田在其《谈散文》一文中所说的那样:"散文既然是'文',它也不能散到漫天遍地的样子,就是一条河,它也有两岸,还有源头与汇归之处,文章当然也是如此。所以,我宁愿告诉你,好的散文,它的本质是散的,但也须具有诗的圆满,完整如珍珠;也具有小说的严密,紧凑如建筑。"

就散文的洒脱与自由这个特征而言,我们可以从以下几个具体的方面加以理解。

(一)取材的自由和广阔

同小说、诗歌、戏剧文学相比,散文的取材是最为自由和广阔的。当代著名作家周立波在《1959—1961年散文特写选·序》中曾这样说道:"举凡国际国内大事,社会家庭细故,掀天之浪,一物之微,自己的一段经历,一丝感触,一撮悲欢,一星冥想,往日的凄惶,今朝的欢快,都可以移于纸上,贡献给读者。"因此,作为较少限制的散文,既可以把在国际国内所发生的一切大事作为写作的题材,也可以在寻常、普通甚至是较为世俗的生活领域选取写作素材;既可以用寻常的话语写自己熟悉的人物和记录自己亲身经历的事,也可以用极富抒情的笔调写在大自然中觅见的优美山水,描述其间令自己感动的物象；既可以通过对具体的现实生活细节的描写来传递"形而下"的沉实生活观念，也可以由具体的生活场景或某些事实出发来表达"形而上"的抽象概念。

随着社会生活的日益丰富、社会内容的日益增加和广大，散文取材的范围将会得到极大的拓展，作为散文的写作者就要以灵敏的思维予以思索，在具体的社会生活中努力观察，锐意开拓，执意去发现、搜寻当代生活领域中的新材料；以崭新的思维方式、思想观念、生活方式、审美情趣和迥异于以往的理想与追求去丰富散文写作的题材。生活是散文写作取材的"根"。

（二）笔法自由疏荡

当代著名散文家柯灵在他的《散文——文学的轻骑兵》一文中曾说：散文"它可以欢呼、歌颂、呐喊、抨击，可以漫谈、絮语、浅唱、低吟，也可以嬉笑怒骂、妙语解颐"。作为散文的写作，你想怎么写就怎么写，你喜欢用什么样的方法就用什么样的方法，既可以任意挥洒、纵横驰骋，可以将叙述、描写、抒情、议论纳于一体，也可以把虚与实、有情与无情、真与假加以有机的糅合，由此才能使散文的文笔真正凸显出它轻松活泼、跳荡洒脱的内质。

要使自己的散文做到自由疏荡，我们以为至少应该注意这样两点：其一，行文随便。在抒发情怀、述志言意或是说明道理时，该怎么说就怎么说，该说则说，该停则停，既不要担心说过了头，也不必忧虑言不能达意，只要你把思维打开，将心灵活动起来，你就能信手拈来，在运用手法时具有创造性的发挥。其二，下笔灵活。在记事、述怀、明理时，可以采取多种角度入题，选用多种方式予以表达。可以写景、叙事、抒情、发议论，也可以时而叙事，时而写景，时而抒情，时而发议论，尽其能力，将风景、人物、议论组织在一个题目下面，以保持一篇文章的笔法既自由疏荡又具有整体的完美。

（三）章法自如，不拘格套

朱自清先生曾在《背影》的序言里将散文的结构形态特征与小说、戏剧、诗歌的结构形态做了一个简洁而恰当的比较。他说："前者是自由些，后者是严谨些；诗的字句、音节，小说的描写、结构，戏剧的剪裁与对话，都有种种的规律（广义的，不限于古典的），必须精心结撰，方能有成。散文就不同了，选材与表现，比较可随便些。"文中的"随便"，就是指散文的结构形态不会按照固定的程式进行，而是开合自如、收放有度，显示出章法的游刃有余。当一个散文作者因为某些特别的人物、事件触动了他的思想情感，或是由于某些突然而至的美景引发了他丰富的想象和联想，其笔触往往就会如行云流水一般，沿着自身的思想路径信笔开去，并不会去仔细深究以什么样的结构来体现，如郁达夫的《故都的秋》就是这样。如果我们硬要在此时去细细考虑结构形态，那么散文就可能写得结结巴巴，就很难使一篇散文在来去如风、舒卷自如的流畅里显示其特别的意蕴，自然也难以给读者美感的享受。

既然散文是一种洒脱自如的文体，那么，一切定性化、模式化的所谓结构形态就不能适宜于它，就应当根据不同散文作者的不同艺术感受力、艺术个性以及对于事物的不同的认知结构来采取适宜的结构形态，而不能整齐划一，或是加以各种限制。正是因为有着丰富多样的结构形态的存在，不仅一个作家有一个作家的特色，就是同一个作家的不同作品其结构方式也各不相同、各显其妙，我们的散文创作才得以在今天成为一道亮丽的风景线。

（四）语言流畅、活泼、灵动

散文既然是自由度最高的文学体裁，它的语言就应当呈现出与之相吻合的态势，而具有流畅、活泼、灵动的特性。流畅是指语言如流水一样的畅快与自然，活泼是指语言具有浓郁的生活气息，灵动是指语言富于灵妙、动感明显的活性。生活是充满强烈活性的，散文的语言就应当与之合拍。

要使散文的语言做到流畅、活泼、灵动，我们就应当在以下几个方面注重对散文语言的提炼和创造性地使用：第一，在散文的写作过程中，要选择那些彰显生命活力、紧随现实生活节奏的语言，要富于创造性地使用词法、句法，使它们具有灵动的变化与鲜活的气质，那些已经陈腐的、拾人唾余的语言须坚决回避。第二，文白杂用，以活跃散文的文气。文言文被白话文取代已成为一种历史的必然，我们也不可能再回到用文言文写作的时代，但任何事物都是相对的，运用白话文并不等于禁止使用文言的词汇和句式，事实上，不少优秀的散文作家皆是文白杂用，所获得的艺术美感绝不亚于仅仅使用白话文写作的散文。当然，我们必须明白，使用文言文不是为了炫耀学问，也不要生搬硬套，而是为了更好地表达思想情感的需要。第三，要使语言之间的修饰富于新鲜的活力与弹性，即能够充分利用语言固有的活性、奇妙而新颖的组合，把语言的内在联系起来以合成新型的语态。

二、取材基本真实

（一）"纪实"的性质

散文写作中的"纪实"并不是指散文作家完全照搬生活，不是对生活原样的摹状，而是在符合生活本质和审美规律的基础上对社会生活加以一定的艺术概括和表现，是散文作者的真话，是真情的表达，那种对生活本身不加任何改造、不进行必要的艺术化处理，并非是我们所指的"纪实"。

真实性不仅是文学富于美的魅力所在，更是散文作家一直追求的至高境界。在中国漫长的散文史上，许多优秀的作家就是一直在真实性上执著跋涉，从而使自己的散文具有了很高的真实性的品格。因此，散文的这种"纪实"精神，古今一脉，构成了中国散文取材上的一个重要特色。

（二）基本真实

同小说、诗歌、戏剧相比，散文的取材是基本真实的。这样的真实是指哲学意义上的"真"，而非"本该如此"的现实意义上的"真"，即它所追求的是超越于现实之上的高层次的"真"，而不仅仅是满足于与"客观相似一致"的低层次的肤浅的"真"。

散文的这种"真"的另一层含义就是，它可以在写作中进行一定的虚构。俄国的散文大家康·巴乌斯托夫斯基在《面向秋野》中就曾对散文的虚构做过十分精彩的说明："优秀的特写总会有虚构，任何东西都不如带有经过精选、闪耀着某种虚构色彩和时代热情的巧妙细节的事实描写更能揭示事物的本质。"我国的著名作家巴金先生在谈《海上日出》时也曾这样说过："我写的确实不是一天的日出景色，而是集中概括了我几次在船上看海上日出所得的总印象，具体的感受。"文中所说的"集中概括"就是指虚构，必要的虚构就能够"揭示事物的本质"，也更能够显示出散文的特殊美感。

但散文不同于小说、戏剧，要完全仰仗虚构，也不同于通讯、报告文学，一概排斥虚构，而只是在基本真实的前提下稍加虚构，这种虚构的目的也多是为了渲染环境、烘托形象、创造意境。因此，一般而言，散文要符合取材的基本真实这个前提，就不能对人物品质的优劣进行虚构，不能对事件的基本倾向、情节的主要内容做任意的改变；否则，就违背了散文基本真实的原意。

三、独特个性特征

（一）主观而直接的表达方式

大凡文学作品皆为作者主客观融合的产物，但就文学创作的主体精神而言，每一种文学样式的主观表达都赋予了个体特征的显现，因此，有的主观表达是显性的，有的则是隐性的。通常而言，小说与戏剧的主体性精神表达是显性的，它们从现实生活里所采集的素材往往经过写作者的反复整合后才会写入各自的文本中，文本中所使用的材料读者就不能完全在其现实生活中觅见。

散文则不同，它不必像小说和戏剧那样通过写作主体对多种材料进行揉碎和重组，而是直接从现实生活中采集资料并直接写入文章，材料在文章中就基本是它原来的样子。这样的材料就使作家能兴之所起，笔之所放，心之所想，墨之所趋，自然洒脱，无所隐藏，因而散文作家主观感情的表达是最为直接的。

（二）自我个性的袒露

散文因其采集材料和主体精神表达的直接性，也构成了每一个作家在每一篇作品里所表现出的个性的直观性。它的这种个性的直观性表达，可以说是任何文体都无法相提并论的。具体而言，它主要表现在两个方面。首先，它是对作家的思想、品格、风貌、嗜好和感情上的喜怒哀乐等个性特点的最强烈折射。因此，对于那些我们熟悉的散文作家，在读其作品中就能认知其个性的特点；对于我们不熟悉的作家，也可以通过对其作品的解读，对他的兴趣爱好、精神风貌、个体气质或思想情感有所了解。如读郁达夫的《故都的秋》，作家既脆弱又飘逸的性格，在孤独、颓丧、苦闷、伤感与闲适中又不时带着一点激奋的个性便会跃然纸上，为读者所认知。其次，它是作家的生活、环境、历史、家庭、社会地位等各个方面的表现。在不少散文名家的散文中，他们大多采用第一人称视角进行叙事，不仅使读者感到亲切自然，还能够通过他们对事情的叙述、对环境的描绘、对往事的追忆触摸到其在社会生活中那种具有个体特性的环境、历史、家庭、地位等，进而把握其个性特点。

（三）坦直与真诚

从某种意义上讲，散文是一块试金石，只有坦直与真诚，才能在抒写情怀时不加任何修饰，在倾诉灵魂时不显得遮遮掩掩，写起散文来才会从容如流，自然流利，亲切感人，激荡起读者的审美冲动，净化人们的心灵。著名作家巴金先生就主张作家在写散文时，要"用手抓开自己的胸膛，拿出自己的心来，高高地举在头上，要掏出自己燃烧的心，要讲出心里的话"。

散文又是一种明辨虚假的重要方法。作为一个散文作者，如果没有正视虚假和丑恶的勇气，没有宽阔坦荡的胸怀和思考历史与现实的睿智，没有真诚关注民生疾苦的人类情怀，没有对生活足够的热情，而是一味地在自我的小天地里抒发貌似真情实则空洞的虚情假意，或是不断地作伪，是绝对写不好散文的。因此，只有在绝斥虚伪的前提下，以极其真诚、真心、真挚的情怀，才能赋予"创造性的、个性的、自然的，充满了特别的感情和趣味的，是心灵里的笑语和泪珠"的散文以卓越的品格。

第四节　散文的写作

关于散文的写作方法，可以说是名目繁多，并各有其实际的指导意义。鉴于现代写作的迫切需要，我们仅对散文的叙事、写人、咏物的特点、功能和方法做一些简要的介绍。

一、散文的叙事

散文的叙事是整个表现散文艺术不可或缺的组成部分，甚至可以这样说，一篇散文的内容厚重不厚重，有没有骨力，关键取决于叙事。但长期以来，许多人认为，散文是抒情的、描写的，至于叙事则是小说的所长，与散文的关系并不重要。其实，写散文不可能离开叙事，叙事是通向散文体式美的一座不能缺失的桥梁，它同抒情、描写等手法具有同等重要的价值和意义。

（一）散文叙事的特征

1. 对故事的有效切割

一般而言，小说的叙事是按照时间序列对事件进行叙述，它追求故事的完整性和情节化。散文则不同，它的叙事不必依照时序来安排，而是常常采用逆转时序的方法，把事件切割成几个部分，颠倒排列，互相错置来进行。所以，它一般是将结尾、中间部分，或是某一个细节的关键部分予以提前来展开叙事，如鲁迅的《一件小事》、何为的《第二次考试》皆是如此。

散文切割故事的灵活性还表现在它不追求故事情节连续性的发展，而是常常在叙事的进程中，或穿插进其他内容，或是作者站出来对故事中的人物进行指点、评议，或者是作者有感而发进行较为强烈的抒情，以此来阻断故事本身的发展进程，从而使叙事在时序颠倒中呈波浪式的前进。

2. 对情节有意淡化

小说中的故事情节性非常强且具有完整性和明显的阶段性，它通常包括发生、发展、高潮、结局、尾声，而在情节的每一个阶段里小说家都要倾尽全力以表现出它的个性魅力。散文则不看重故事纵向的叙述，而注重故事的横向截取，不注重时间线索的延宕，却重视空间层面的渲染，因此它可以任意选取事件中的一个节段进行叙述，使情节淡化。

散文对故事情节的淡化并不在于为了淡化而淡化，它的目的在于扩大事件内在的艺术空间。因为散文的叙事是一种主观意绪较为浓郁的叙事，也在于自身篇幅的限制，它就不能在叙事上求全，而要将事件的长过程尽量浓缩成一个或几个画面，由流动的叙述转换为相对静止的空间描写，以便散文作者抒发情怀，渲染心灵的波流，这就必然要扩大事件的内在艺术空间，以加大审美的容量。

3. 自由的腾挪跳跃

散文的文笔洒脱，来去自如，飘忽不定，往往是意之所至，事已随之。或以一时为中心，联翩引出一连串事实；或以思想感情为轴心，四面辐射出一件又一件往事；或以物为钓饵，钓出一个个事件。事与事之间，既没有情节的连缀，也无外在的关系，由此体现出驰骋纵横、腾挪跳跃的特质。

散文的这种特殊内质就最适宜于散文作者抒写自己的心态，表达自己的情感流程，在满腔积久之情需要迫切倾吐时，就无须对散文的结构和遣词造句详细推敲和思考，只需向读者尽情诉说。此时，散文作者的内在情感流就是一种极强的黏附力，既能把一系列事件黏为一体，又能够超越时空的限制，因而对事件的叙述就能够做到开合自如、因情而流，如郁达夫的《一个人在途中》。

（二）叙事的一般方法

1. 叙议结合法

在散文的叙事中是可以也允许结合议论的，但又不能进行长篇大段的议论，叙事与议论的有效结合，就成为散文的一大特色。在散文的叙事过程中，如果只是叙事而没有恰如其分的精妙有趣的议论，散文就会因此缺失灵气和魄力，文笔也会呆板，显得意境狭小，难以有怡然自得、云长水流的神态和姿仪。若能在叙事中夹以有益的议论，以简明扼要的议论予以巧妙的点化，散文定会增色不少。

2. 注重有效的转折

散文叙事比较注重转折。对于善于运用转折的散文作者而言，其散文就会文澜起伏、胜景无穷，就会传递出丰富的意蕴而引人入胜，就能够事复情厚、扣人心弦。当代著名散文家杨朔就是一个善于在散文写作中进行有效转折的行家里手，无论是在《香山红叶》《荔枝蜜》中，还是在《雪浪花》《茶花赋》里，读者都能领略到其散文因了转折而富于强烈的美感。

但是，转折是有法度的，不能为了转折而转折，转折的目的是为了增加散文艺术的美感和魅力；否则，就会适得其反。

3. 巧妙的蓄笔

这里的蓄并不是指为文的含蓄之意，而是指掩藏蓄势之意，即散文作者在行文时，有意将文章的主旨掩藏起来，不露一丝一毫的痕迹，在叙事的进程中才慢慢展开，层层翻转，待文势抵达一定的高度时，猛地将闸门启开，一泻无遗，文章的题意便豁然明朗。

散文的结构形态最忌讳呆板、生硬，而善于蓄笔就能够避免。但蓄笔并不是每一个散文作者皆能够运用得好而妙的，关键就在于其是否显得自然；如若蓄得不自然，反倒会伤及散文的结构形态。

二、散文的写人

散文的写人就是对人物的记述和书写。散文的写人与小说的写人相比，并不在于细节的描绘，也不在于对人物做全方位或整个生命历程及状态的叙写，而在于选取一个有意义和有审美价值的生活片段，或是一个感人至深的细枝末节做概括的描绘与表现。但长期以来，散文的写人一直不为广大写作者所重视，认为写人是小说的专职，散文的价值在于抒情与记事。其实，散文的写人可以极大地丰富散文艺术的表现内涵，为文学创作的人物描写探索出更多更好更新的方法和思路，构建散文创作更为辽阔的艺术空间，发掘出散文艺术写人的巨大潜力和丰富散文的艺术画廊。

（一）散文写人的特征

1. 具有非虚构性

散文的写人虽然也要求具有一定的典型性，但与小说中所要求达到的典型性具有较大区别，它必须是在真实生活的基础上对人物原型具有代表性的情节故事的选择，即基本上要求从真实的角度出发，运用较强的纪实手法去非常真实地再现人物生存。即使存在一定的虚构，其表现的主体与人存在的真实本质也是生活中实有的、发生过的，必须人有其名、物有其实、事有其在。因此，它就不能像小说对人物的塑造那样，可以大胆的想象和虚构，只要符合生活的本质和艺术的审美规律即可。

2. 全与不全的特点

小说的塑造人物以刻画其典型性格为核心，是一种立体交叉、纵横交错地全相描写，以达到对人物形象全面、完整的展示。散文的写人则着重在于抒情言志，并不要求全面地展示人物性格的历史发展过程和表现出事件的前因后果，即或是一个生活细节、一幅侧面的身影、一次倾心的交流、一场不期而遇的会面，甚至是举手投足、一颦一笑皆可以作为重点进行深入的刻画或叙写，因此，散文的写人就具有片段性、单一性、局部性、零碎性，是一种全之不全的写人，如刘心武的《拐弯的手指》等。

（二）散文写人的一般方法

1. 淡笔熏染

小说的写人是立体的、全方位的、综合性的，要极力表现出人物性格的丰富性与复杂性，其使用的笔墨就较为浓重。散文的写人则是片段性的、局部性的，不能施以重墨，而只能是以少许的笔墨来表现人物形象，以求得对人物描写的活性、灵泛的动态感。如鲁迅先生在《藤野先生》一文中，就是以淡淡的几笔生动地表现出了藤野先生的个性。

所谓的淡笔，并不能简单地理解为用笔的平淡，而是指以较少的文字表现出人物形象的深度与厚度。这就要求散文作者在写人时须对人物进行细致的观察、了解，对其性格、人品、内在精神等具有较为深刻的认知，然后经过浓缩，行于文中。当然，所谓的淡笔，也不是指文字越少越好，有时为了表达的需要，也不妨用笔重一些，一切都要从自己所描写的对象出发，要因人而异。

2. 细节传神

人物形象的内在精神常常会集中于某一点上，即在某些细节上，散文作者要在较短的篇幅内将人物形象描写得有声有色、生动感人，就应当选择人物活动中所表现出的精当细节，这样才能收到以少胜多的效果，给读者留下值得反复咀嚼的回忆。

在散文写人时，对细节的描写不是教条的，可以灵活运用，诸如可以局部运用，也可以将它贯穿于全文的始终，以突出人物某一方面的性格特点。因此，作为散文作者就应当深入实际生活，对人物有深刻的了解、认识，而不是凭空想象。当然，仅仅如此还不够，散文作者还必须具有细致入微的观察能力和较好的审美心理，才能多思多想，发现那些在常人看来毫无意义的细枝末节,在较少文字的基础上通过艺术的镜面反射出人物性格的丰富性和复杂性,以收到细节传神的艺术效果。

3. 从背面落笔

在散文写作中散文作者大多采用第一人称叙述,因而散文的写人多呈间接性,不像小说那样是自始至终让人物自己在活动。也正因为如此,散文就能够通过"我"这个视角从旁人的角度介绍人物的事迹以及言语、行为、情绪、性格等特点,间或引出人物自己的活动,不必使人物自己活动。当然,间接描写并非刻意的荡气逸神,故作吞吐杨柳之笔,而是要通过间接描写达到直接描写,使所描写的人物处处存在。

从背面落笔来写人,只是一种方法,而它的目的仍然是为了更好更生动地表现人物,如果仅仅是追求一种标新立异的写法,就与散文的写人背道而驰了。在散文的实际写作过程中,作为一个优秀的散文作者他往往是将间接描写和直接描写紧密结合起来,从而以不同的方式对人物加以表现。这样的人物表现就能够使读者从不同的角度进行阅读时获得不同的艺术美感和享受。

三、散文的咏物

散文的咏物就是散文作者对自身在大自然的游历中所搜集到的有关名山大川、人文景观、社会风物方面的素材的歌吟、唱咏。

大自然历来就是作家写作的一座蕴藏着丰富素材的宝库,也是作家获得写作灵感的所在。古今中外的不少散文大家都是从中赋予了自己写作的灵感和丰富的材料,也从中获得了诸多有益的人生启迪,并由此出发,将大自然的风物作为自己吟咏人生或生命的象征。所以,从某种意义上讲,散文的咏物是作家在大自然的物态中找到了与自己情感、生命相契合的东西。以日月喻明君、雨露喻德泽、松竹喻节义、鸾凤喻君子、山河喻国家等皆可视为是散文作家与物的心灵相撞而闪烁出的别具情调和意义的生活艺术才能。那么,散文的咏物就成为散文艺术美不可或缺的重要部分,为散文增添了许多姿色和韵味。

(一)散文咏物的基本功能

1. 增加画感和意境

绘画美一直是咏物散文企及的境界,任何一位散文大家皆不可避免地要追求一种个性独特的美的画感和意境,柳宗元的《永州八记》、欧阳修的《醉翁亭记》、朱自清的《荷塘月色》等莫不如此。因此,散文的咏物所形成的画感和意境就成为散文作家对自然美、生活美、人性美、社会美的追求。

俄国著名的散文家康·巴乌斯托夫斯基在其《金蔷薇》中曾说:"所有与散文相邻的艺术领域——诗歌、绘画、建筑、雕塑和音乐——的知识,能够大大丰富散文作家的内心世界,并赋予他的散文以特殊的感染力,使之充满绘画的光与色,诗歌的语言的特有的新鲜性和容量,建筑的谐和与对称,雕塑线条的清晰分明,音乐的旋律和节奏。"它一方面说明了散文的画感和意境的纳含特性,另一方面则指示着散文的画感和意境的美的特征,因而我们在进行咏物散文的写作时就应该尽力表现出其画感和意境。

那么,怎样才能使咏物散文的画感和意境得以表现出来呢?我们以为可以从以下两个方面进行:其一是使用"工笔画"法。这里的"工笔画"法并不是指绘画上的技巧,而是指在散文创作中运用细腻的笔法去精微地摹写物态。它主要通过正笔、旁笔、侧笔对景或物做细密勾画,层层渲染,互为映衬,使笔下的画感和意境如浓艳的脂水汩汩而出,显示散文的精细微致。其二是使用"写意画"法。自然,这里的"写意画"法也非绘画上的技巧,是指用笔时虽细致但并不显得腻繁,而是如流水一般的自然,毫无精雕细刻的笔痕,按照事物本身的序列细写,因而它写多于画,注重意在画中的或隐晦或含蓄或明明灭灭的显示,这就会使读者读之具有笔调轻妙、灵活曼弋的雅韵感受。

2. 抒情写志

散文贵在抒情,但那种空洞无物式的或是死水微澜式的抒情都毫无艺术价值可言,它需要凭借作者的身外之物景——山水、风雨、草木、飞鸟、虫鱼等的描写,即依托物景来抒情,将自己的内在情感具体化、外在化,有所附丽,增加其咏物散文的诗化力量。这就正如清代文论家沈德潜在《说诗晬语》中所言的那样:"郁情欲抒,天机随触,每借物引怀以抒;比兴互陈,反复唱叹,而中藏欢愉惨戚,隐跃欲传,其言浅,其情深也。"

在现实生活中,每一个人都有失意或不得志的时候,作为人类大家族之一的作家也是如此。或是因为现实社会与当时的形势使其生存出现了前所未有的困厄之故,或是由于现实的某些不合理使其人生理想不能实现的缘由,他们不得不把积郁在心里的不满、愤怒或感慨抒发,而又因为种种原因不能明说时就常常会依托某些物景来表达自己的情绪、志向、思想或是强烈的反抗精神,如李白的《蜀道难》、柳宗元的《钴姆潭西小丘记》、朱自清的《荷塘月色》等。但这种情感并不是"小我"意义上的,而是具有人类共同情感的内质;否则,散文中所具有的东西与作者的善良灵魂相距甚远。

3. 阐述道理

散文也可以用来阐述生活或人生的某些道理，这同某些议论文的作用是相同的。但议论文在说理时，其表达方式是直接的、公开的，没有任何掩掩盖盖，是就是是，非就是非，直接明了，决不拐弯抹角，因此作者的观点越明确越好。而作为咏物散文则是间接的、隐蔽的、含蓄的，因为它是借助事物的形象所蕴蓄的意义来表达的，作者的观点便隐藏在这些物象之中而变得既含蓄又深刻。

列努阿尔在《论形象思维》中曾说道："艺术家要更好地表现自己，他就应该会隐蔽起来……隐蔽自己和自己对世界的看法。但是，隐蔽得以使他最终能最充分、最有力的表现自己。"虽然作家是就整个文学创作而言的，但仍具有很重要的指示意义。那么，作为一个散文作者在写作咏物散文以阐述某种道理时，就可以借助对象的一个特征、一个画面或某个象征物的描写来表达。贾平凹的《丑石》就是如此。作者借"丑石"来比喻那些"常常不被人们发现和理解，反而遭到热讽冷刺，甚至打击迫害。但他们可贵的是并不懊丧和沉沦，愈是忍受着寂寞和委屈愈是自强不息"的人才，阐述了是人才总有一天会被人们认知并发挥才能的道理。

(二) 散文咏物的基本方法

1. 描述景物形态法

描述景物形态法就是散文作者运用定点换景、定景换点、点动景移等方位视点对景物具有的外在与外在形态进行描绘，以表现景物形态特征和内在意向。在具体描绘时，作者可以从不同的角度展示环境平面美、立体美，也可以从某一个侧面展现物态在自然力的作用下所具有的灵性美、姿仪美，还可以借助某种运输工具在不断的运动中凸显其动态美。在用笔上，既可以用非常朴实的毫无夸饰性的语言进行"素描"，也可用情感色彩浓郁的语言对之进行夸张甚至是变形的描述，或是以轻快明朗的语言从不同的角度对之进行流转快速、变换频繁的"速写"，以此来求得在多个层面展现景物千姿百态的美感。

但描述景物形态的目的并不单纯是为了写物描景，而是为了通过对景的描述表达自然美、生活美、人性美的意向，因此，描述景物的形态必须同社会生活、风土人情、民间习俗结合起来，同物象中所浸润着的社会景象相结合。这样的描述就既能够烘托、渲染出一个民族的地貌特色、自然风情、人文景观的美而富于诗意，又可以对从鲜明生动的物象背后所映射出的某些社会现象有深刻的认识，显示作者咏物的思想意义，如朱自清先生的《桨声灯影里的秦淮河》、苏联散文家索洛乌欣的《睡莲》等。

2. 借景物抒发感慨法

在咏物散文写作的历史上，作为一个优秀的散文家都明白这样一个浅显的道理，咏物仅仅是作为抒发自己内在情感、表达自己某种情怀的一种手段，并不是写作的目的。所以在中外散文史上，那些通篇着意于景物，全相进行雕刻镂篆或是尽情摹写的只是少数，大多数散文作家则是咏物吟景而不在于物和景，写物画景不过是一个由头，物和景只是一个陪衬，本意却在由此产生诸多联想、想象和抒发自己对生活、人生、命运的感慨，以表达自己描物画景的真正意蕴，如秦牧的《土地》就是如此。

3. 物事互映法

所谓物事互映法就是散文作者在描绘物景的同时常常把某些映象深刻的事物联系起来叙述，通过物景的描绘和事情的叙述相结合，彼此映照来传达作者的某种思想，或传递自己对某些事情的看法。

在咏物散文的写作中，任何事物或景都不是绝对孤立的，它们的外在意向或是内在意义总是与作者所经历或亲眼看见的某些事存在这样那样的联系。这就会使作者在描物画景时自然而然地引发对这些事物的联想，在具体的散文文本写作时就会将这些联想融入其中，使物与事在互映下显示出各自的意味和价值。著名散文家黄秋耘先生的散文《丁香花下》就是如此。丁香花同那个陌生女子并没有直接而必然的联系，但因为作者与"她"在丁香花下有了一面之晤，而且留下的印象极深，四十年来都无法忘却，以至作者再度来到丁香花下"消磨掉整个黄昏"。丁香花不仅成了那位临危不惧、保护别人的姑娘心灵美的象征，也使作家的愁怨散发出一种迷离的气韵，文中的描物画景就与事有了互映之美。

当然，作为咏物散文，写事的目的还在于抒发作者的感情，强调对读者的强烈感染性。因此，作者就需要认真思索所选取的事，这些事是否与描物画景有着很深的内在联系，又是否很恰当、妥帖；否则，物事之间不但不能相映生辉、互显意蕴，反而显出累赘。

关于散文写作的内容还有很多，诸如散文的诗意、意境、哲理、音乐等，在这里不一一讲述，希望大家参考有关教材。此外，我们以为要写好散文，必要的艺术技巧是不能或缺的，因为任何散文都是一种艺术化了的散文，没有艺术技巧的运用，就如同一件没有经过仔细剪裁、没有任何款式、卸去了必要装饰的衣服披在一个很有气质与内涵的人的身上。所以，要写好散文须具备多种条件，包括写作者的综合素质，仅仅具有某一方面的长处还不足以写好散文。

范文点评

【范文】

笑

冰心

雨声渐渐的住了，窗帘后隐隐的透进清光来。推开窗户一看，呀！凉云散了，树叶上的残滴映着月儿，好似荧光千点，闪闪烁烁的动着。——真没想到苦雨孤灯之后，会有这么一幅清美的图景。

凭窗站了一会儿，微微的觉得凉意侵入。转过身来，忽然眼花缭乱，屋子里的别的东西，都隐在光云里；一片幽辉，只浸着墙上画中的安琪儿。——这白衣的安琪儿，抱着花儿，扬着翅儿，向着我微微底笑。

"这笑容仿佛在哪儿看见过似的，什么时候，我曾……"我不知不觉的便坐在窗下想，——默默的想。

严闭的心幕，慢慢的拉开了，涌出五年前的一印象。——一条很长的古道。驴脚下的泥，兀自滑滑的。田沟里的水，潺潺的流着。近村的绿树，都笼在湿烟里。弓儿似的新月，挂在树梢。一边走着，似乎道旁有一个孩子，抱着一堆灿白的东西。驴儿过去了，无意中回头一看。——他抱着花儿，赤着脚儿，向着我微微底笑。

"这笑容又仿佛是哪儿看见过似的！"我仍是想——默默的想。

又现出一重心幕来，也慢慢的拉开了，涌出十年前的一个印象。屋檐下的雨水，一滴一滴的落到衣上来。土阶边的水泡儿，泛来泛去的乱转。门前的麦陇和葡萄架子，都濯得新黄嫩绿的非常艳丽。——一会儿好容易雨晴了，连忙走下坡儿去。迎头看见月儿从海面上来了，猛然记得有件东西忘下了，站住了，回过头来。这茅屋里的老妇人——她依着门儿，抱着花儿，向着我微微的笑。

这同样微妙的神情，好似游丝一般，飘飘漾漾的合了拢来，绾在一起。

这时心下光明澄静，如登仙境，如归故乡。眼前浮现的三个笑容，一时融化在爱的调和里，看不分明了。

【点评】

　　这篇曾被赞誉为新文学运动中的"最初的美文"，一落笔就把人们带进一个雨后清新又充满灵性的美的画图之中。作家"凭窗站着"，本是想谛听雨后世界所建构的独特的音响魅力，却"忽然眼花缭乱"起来——光云突临、安琪儿照拂，随之摇漾出一串充满着光影的无声的流动的笑。她的心幕便被这"笑"次第拉开，五年前、十年前的引痕和茅屋里的老妇人就从心灵的储藏室里走出来，使"我""心下光明澄静"，作家的浓郁人性和爱美之心也就跃然纸上。作家善于择取生活中的片段，编织在自己的情感波澜里，凭借着灵敏的心感和细密的情思把内在的深情和场外的物象融为一体，使此文丰富的想象和情思，具有诗话的特质。

实践练习

1. 从散文创作的角度，谈谈你对散文内涵的认识和理解。
2. 以贾平凹的《丑石》为例，分析其在散文叙事上的特点。
3. 根据自己对散文的阅读体验，说说你对散文特征的理解和看法。

第九章 小说

第一节 小说的界定

一、小说与小说观念

小说是一种叙事性的文学体裁。它是用散文化的语言和叙述描写为主要表现手段,以塑造人物形象为中心任务,通过具体生动的故事情节和环境描绘来形象地反映社会生活。人物、情节、环境是小说艺术的三大构成要素。

"小说"一词最早见于《庄子·外物》篇:"饰小说以干县令,其于大达亦远也。"这里的"小说"是指琐碎言谈,不是我们现代意义上的小说。班固在《汉书·艺文志·诸子略》中也曾引述孔子的话说:"小说家者流,盖出于稗官、街谈巷语、道听途说之所道也。孔子曰:'虽小道,必有可观焉,致远恐泥。是以君子弗为也。'然亦弗灭也。"先秦诸子对小说的鄙夷和排斥,影响了我国小说观念的形成和发展,且与真正的小说观念相去甚远。魏晋六朝时期出现了说怪谈神的"志怪小说"和记录轶闻趣事的"志人小说",是我国小说的萌芽时期。但人们的小说观念并没有产生质的飞跃。刘勰在《文心雕龙·谐隐》篇中提到一句:"然文辞之有谐隐,譬九流之有小说。"他没有像其他文学样式那样列专章加以论述,这可以见出人们对小说并没有引起足够的重视。《隋书·经籍志·小说类》仍然承袭了班固的老观点:"小说者,街谈巷语之所说也。"直到唐代,中国小说创作才进入了自觉时期,人们的小说艺术观念也基本形成，并且唐人的小说观念与近代人的小说观念十分接近。

二、从历史发展看小说艺术及其实质

较之于诗歌、散文，小说是一种起步较晚的文学样式。小说源于神话、传说和历史故事，是从历史散文中逐渐分离和独立出来的。

西方文学经历了由神话到史诗到传奇再到小说的历史轨迹；中国文学的发展略有差异，中国神话不是向文学方向直接转化，而是向着史传方向发展，并产生了叙事水平极高的史传文学。应该说，史传文学才是中国小说的直接母体。以《战国策》《左传》，特别是《史记》为代表的中国史传文学，具备了小说艺术的一些直接的母体因素。这具体体现在三个方面：一是文体结构，二是叙事方式，三是语言修饰。从结构方式上看，史传文学主要有两种基本方式，即编年体和纪传体，前者如《左传》，后者如《史记》以及后来的《汉书》《后汉书》《三国志》等，这种编年和纪传的结构形式，为后来小说（特别是长篇小说）的结构奠定了基础。《三国演义》《金瓶梅》和《红楼梦》等在总体结构上采用的是编年体，即以时间的先后为序；《水浒传》《儒林外史》等总体上采用的是纪传体，即化整体为部分、分进合击，各部分既具有相对的独立性，又是整体不可分割的一部分。从叙事方式来看，史传文学多采用第三人称的全知视觉，以冷静客观的态度从容地进行叙述，表达方式又以叙述性描写为主，这为小说提供了基本的叙事模式。从语言修饰来看，史传文学比较注意叙事的具体生动，为后代的小说也提供了直接的借鉴。

鲁迅曾指出：诗歌起源于劳动，而小说起源于休息。意思是说，诗歌源于人们在生产劳动中情不自禁发自内心的咏怀；小说则是源于人们在劳动之余为了消闲和轻松，相互摆谈的一些笑话与故事。鲁迅对小说艺术起源的看法有几个方面值得我们注意：一是小说产生于民间，在没有文字记载之前，靠人们口头传播。二是小说必然联系着虚构。叙说者不是正儿八经地传播消息，而是为了消闲助兴，因而叙说者可以添油加醋，随意加工改造。三是小说联系着故事。一方面叙说者自身文化水平有限，讲的目的又是为了助兴取乐，内容自然就不会是说经论道，而肯定是人们喜欢听的可信可不信的故事。故事性是小说艺术与生俱来的特质，它也是小说艺术有着广大读者群的一个十分重要的因素。四是它的表现形式是通过叙说的方式进行的。不是宣读，也不是吟唱，而是通过讲述者叙述和描绘的方式来传达的，这决定了小说艺术作为再现型艺术的特征。

第九章 小说

综上所述，我们可以看出，从根本上讲，小说是一种叙说虚构的人物故事的艺术。

第二节　小说的分类

人们通常根据小说的篇幅和容量把小说分为四类，即长篇小说、中篇小说、短篇小说和微型小说。长篇小说的特点是：篇幅长，生活容量大，矛盾头绪多，故事情节复杂，人物众多，且主要人物不止一个而往往是几个或一群。长篇小说长于展现复杂的生活矛盾，反映较大的生活时空，能多方面细致地刻画人物形象，并能写出人物性格的复杂性、多维性。中篇小说的特点是：篇幅容量较小，故事情节较为集中，一般只有一条矛盾主线，情节通常围绕主要人物展开，能较全面地刻画出主要人物鲜明的性格。短篇小说的特点是：篇幅简短，故事情节和人物集中，生活矛盾单一，一般采用截取某一生活侧面或截取几个生活片段和细节来完成典型性格的塑造。微型小说的特点是：篇幅很短（少则数百字甚至只有几十字，多则一二千字），故事情节非常集中，作者往往巧妙地抓住某一特定的生活片段或某一精彩的生活场景来集中突出人物的性格。

按照小说反映的题材内容来划分，可分为历史小说、言情小说、武侠小说、科幻小说、社会问题小说等等。

按照小说的手法和表现形式划分，可分为情节小说、心理小说（指意识流小说）、"散文化"小说等。

第三节　小说艺术的基本审美特征

小说作为一种叙事性的文学样式，其审美特点主要表现在以下几个方面。

一、鲜明的人物形象

（一）刻画人物形象是小说艺术的中心任务

努力刻画鲜明的人物形象是小说艺术的主要目的和中心任务。因而，在小说作品中，作者总是要采用种种艺术手段来细致地、多方面地刻画人物，小说作家对社会生活的审美，正是通过人物形象的塑造来完成的。与其他文学样式相比较，小说有更为鲜明突出的人物性格，人物的形象性更强，这是小说艺术的文体优势。

与诗歌相比，诗歌的主要目的是抒情，通过意象来实现诗人情绪的形象传达，它不是以描绘人物形象为旨归，尽管在有的诗歌中有较鲜明的抒情的主人公形象，如《离骚》等，但这些形象不是直接地塑造对象，而是情感地表现对象，也不具有小说再现的特点；至于叙事诗，故事往往多于人物，情感的强烈外露，导致了作者不是在说故事，而是在唱故事，它同样缺少小说那种具体性。

与散文相比，散文是一种侧重于表达作者内在心灵感受的表现型文体，作者只是截取那些与自己感受相吻合的片段和细节，目的也不在于刻画人物形象；即使在一些以写人为主的散文中，作者所突出和渲染的也是人物某一方面的精神品质，而不是人物的性格。如，鲁迅的散文《藤野先生》，作者通过几个有限的生活片段，集中突出了藤野老师没有民族偏见、对工作一丝不苟的精神品质，作者并没有去表现有关藤野的完整的、具体的生活。

与戏剧文学相比，它们有相似的一面，都是属于再现型的艺术，都要努力塑造人物形象；但是，戏剧文学主要是为舞台演出服务的（当然，也可直接欣赏），因而戏剧文学必然要受到舞台时空和表演的限制，它必须对社会生活进行高度的集中（人物集中、情节集中、矛盾集中、生活场景集中）。戏剧文学主要是通过人物台词与动作来刻画舞台形象，它无法像小说那样自由从容地描绘生活和多方面地刻画人物形象。

小说对人物形象的刻画，往往是立体化和全方位的。首先，小说是运用散体文的语言作为表达工具，对人物的有关生活可以自由地进行叙述和描绘，以此来实现人物生活的形象再现。其次，小说刻画人物形象十分自由。作者对人物生活的各个层面都可以进行具体展现，人物在生活矛盾中的行为动作、人物的衣着打扮、神情姿态、人物的语言、人物复杂的内心世界等等，都是属于小说的表现对象。正因为如此,读者在小说中看到的是活生生的、具体的、有血有肉的人物形象,而不是抽象的人。如,鲁迅的短篇小说《孔乙己》成功地塑造了"最后一个"封建落魄文人形象。小说中对孔乙己的描写令人玩味,他是一个不上不下不伦不类的人。在鲁镇,孔乙己是"站着喝酒而穿长衫的唯一的人"。他既不是富人,可以呼朋唤友邀约一群人到酒馆里面坐下来大吃大喝;他也不是一般的穷苦百姓如那些做工的"短衣帮",在繁重的体力劳动之余,站在柜台外面花几文钱要一碗酒,三下五去二喝完就走。他虽然穷困,却不肯脱去那件破旧不堪已经辨不出什么颜色的长衫,不肯放下封建书生的臭架子;否则,身材高大的孔乙己不至于如此困窘。孔乙己吃茴香豆这一细节,更是对他的性格刻画得入木三分,孔乙己偶尔在经济宽裕的时候,还能再花一文钱买一碟茴香豆做下酒物,他善意地把茴香豆分给周围嘴馋的小孩,当孩子们再次围上来讨要的时候,他忙用手罩住碟子,嘴里却说"多乎哉!不多也!"他的心地是善良的,他没有粗暴地驱赶周围的小孩,而他的思想行为却是迂腐的,没有了就是没有了,不多了就是不多了,却要说"多乎哉!不多也!"孔乙己言语中自然而然地流露出的"之乎者也",足以体现出封建文化对他深入骨髓的毒害!我们读到这里,才忽然明白孔乙己并非自甘堕落地过那种穷困潦倒的边缘人的生活,而是他中毒太深已无药可救。其三,小说中的人物形象,是作者以生活为基础,通过想象和虚构创造出来的。正如米兰·昆德拉所说:"小说是个人发挥想象的乐园。"(米兰·昆德拉《生命中不能承受之轻·序》,马洪涛译)小说不像戏剧文学那样受诸多限制,作者完全可以根据生活规律,充分地调动自己的想象力进行合理虚构。小说对人物形象的刻画,不像报告文学、文艺性的回忆录和人物传记那样只能写真人真事,小说作家完全可以根据自己对社会生活的本质把握,随意地对人物进行加工改造,可以张冠李戴,也可以移花接木,以使人物形象更为丰满。小说《红岩》中的许云峰是一个焕发出革命英雄主义光彩的优秀地下党员,特别是他牺牲前对特务头子的慷慨陈词和凛然正气,给我们留下了极其深刻的印象。他受尽折磨后被单独关在死牢里,他成功地挖出了一条逃生的地道,在他明知特务很快会狗急跳墙加害于他,却并没有一个人逃生,为了给狱中其他战友留下这条唯一的生存之道,为了保住这个秘密,他甘愿赴死。而生活中的许云峰是怎么牺牲的呢?据回忆录《在烈火中永生》记载,他的确在死牢里挖出了一条地道,但他是从地道逃生,不幸被国民党特务发现而杀害的。作家做这样的改造并未有损许云峰的英雄形象,试想,作为一个把一切都献给了共产主义事业的优秀共产党员,做出这样的举动，难道不是合理的吗？又如，据陈寿的史书《三国志》记载，诸葛亮只是一个政治家，作为历史人物诸葛亮"应变将略，非其所长"，即带兵打仗不是他的长处。而小说家罗贯中却把他写成了一个"运筹于帷幄之中，决胜于千里之外"，无所不能的杰出政治家、军事家。再则，历史中的诸葛亮性情粗野，而小说中的诸葛亮却是一个羽扇纶巾、温文尔雅的忠臣贤相。显然，作者融合进了朝朝代代劳动人民对诸葛亮这个历史人物的审美理想。由此可见，虚构带给小说的是更为强烈的艺术效果，是更为生动丰满的人物形象。

（二）人物形象的审美内涵

小说作品中的人物形象，应该是一个有着鲜明艺术个性，同时又具有深广社会概括力的典型。

1. 人物形象的个性化

艺术大师罗丹指出：在艺术作品中，有个性的作品才是美的。对小说而言，人物性格的个性化，是小说艺术的核心要求。正因为小说中人物各有其鲜明的个性特征，读者才不至于把千千万万个文学作品中的人物形象混为一谈。小说人物形象的个性化是由生活所决定的。生活中的每一个人都有着各自不同的思想性格，这自然要求小说作者调动一切审美手段，为读者创造出具有鲜明艺术个性的人物。

小说中的人物个性同生活中的人物一样，应该是由诸多性格因素构成的一个极其复杂的性格系统，而且是一个动态的流动系统。首先，人物性格具有复杂多样性。人的诸多性格因素在各种外界合力的作用之下，必然会出现极不规则的多向运动和多向组合。《红楼梦》中，王熙凤是一个令人咀嚼玩味的人物。她的文化程度不高，决定了她难登大雅之堂，大观园中的结社酬唱没有她的一席之地，但她绝顶聪明，办事干练为贾府的男人所不及。她简直就是一个心理学家，善于揣摩别人的心理。她爱说笑话、耍贫嘴，既俗气又有诙谐灵气的一面。她思维敏捷，口齿伶俐，能言善辩，在她身上，聪明与糊涂、刚强与脆弱、大方与小气、外表的威风逞能与内心的憔悴痛苦融为一体。其次，人物性格具有层次性。个性化的人物还是由表层次、浅层次和深层次甚至于潜在的多层性格因素构成的有机体。作为浅层也是最容易暴露的性格因素，反映的往往是表象，而深层的也是不容易显现出来的性格因素，往往能反映人的本质和主流。小说《高山下的花环》中，靳开来平时牢骚满腹，仿佛对什么都看不顺眼，甚至于人们对他的牺牲也有争议，但从本质上讲，谁能说他不是一个优秀的军人。再次，人物性格还具有流动性。一定性格的人物是在相应的环境中形成的，人物的性格又会随着环境的流动而发生变化。长篇小说《骆驼祥子》，作者以无可辩驳的事实告诉我们，祥子本是一个正直的、善良的、勤劳的人，旧中国肮脏的社会环境却把他逐渐变成了一个沉沦、堕落、麻木的人。

2. 人物性格的本质化

小说家总是要从生活的基本规律出发，根据自己的审美经验和审美理想，来创造出具有较高概括性的艺术形象。人物性格的本质化是指：小说中的人物形象，应该对时代的社会的人的思想有广泛而深刻的概括，人物的思想性格要能够代表那个时代某一社会阶层人的普遍的思想性格。小说的艺术深度及其对社会生活的本质把握，很大程度上体现在人物性格的本质化方面，这也是小说能够引起读者强烈共鸣的重要因素。要实现人物性格的本质化，需要作者深入生活，了解各阶层人民的意志愿望和要求；同时，还必须充分调动作者的全部审美经验，以严肃认真的态度，对生活进行更深更广的开掘，以达到对生活本质的把握；要实现人物形象的本质化，还需要作者把人物置于广阔的社会环境和复杂的生活矛盾之中，在矛盾斗争中显现人物的性格，而不是靠简单的说教来完成。在具体的小说作品中，人物性格的本质化往往体现为人物性格的历史深度和现实感的高度统一。历史深度是人物思想性格形成的过程，现实感是人物在生活矛盾中的必然表现。《西游记》中，沙僧的形象无法与孙悟空相比，这并不在于其本领的高低，而在于孙悟空这个人物形象所概括的社会内涵和历史含量要比沙僧丰富得多。《水浒传》中，论武功，有许多人不在林冲之下，但因他们只是某种战争的人化工具；相反，林冲走上反抗道路，作者细致入微地写出了林冲的性格流动过程，写出了人物性格的社会内涵和历史内涵。

二、生动的故事情节

（一）情节是小说与生俱来的特质

如前所述，从小说的历史渊源来看，它本身就是吸收了神话、传说和历史故事中的故事性这一特质而逐渐分离和独立出来的。有人说，小说是时间的艺术。因为，一篇（部）小说，总是要或多或少地再现一定的人类生活流程，从塑造人物形象这一中心任务出发，小说通过再现人物在这一生活流程（生活矛盾）中的具体表现，来实现人物形象的塑造。作为再现型的叙事艺术，没有故事情节，人物的思想性格无法得到形象显现。

具有一定性格的人物作用于环境，必然会产生这样那样的矛盾冲突，矛盾及矛盾发展的过程构成了相应的生活事件，这就是小说的情节。生活矛盾是小说故事情节之源，作者正是在丰富生活经验的基础上，选择有较高审美意义的生活矛盾来升华为小说的故事情节，并以此来体现作者的审美深度的。用人血馒头做药引来治病，并不新鲜，鲁迅的小说《药》在设置情节时，没有简单照搬，而是进行了辗转生发，馒头上蘸的血非一般人的血，是革命者的鲜血，勤劳善良的下层百姓华老栓却虔诚恭敬地用它为儿子治病，通过这样的加工改造，实现了作者对民主革命失败根源的追索。

从欣赏者的角度来看，生动的故事情节是吸引读者的一个重要因素。小说较之于其他文学样式，之所以有着更为广大的读者群，生动的情节是原因所在，因为人都有好奇心，尽管这是低层次的审美需求。中国文学有"文奇则传"的审美传统，对小说而言，这里的"奇"自然是指情节的生动曲折。

当代小说，情节设置的审美方式呈现多元化，出现了一些情节淡化的"散文化小说"，甚至于是完全打破生活时空而以人物的心理作为透视点的意识流小说。但是，我们不能说小说可以离开故事情节，只是故事情节的表现形式发生了变化，何况，情节小说仍然是小说的主流。

（二）情节与人物性格

情节是人物性格形成和发展的历史。性格是人物行动的内在逻辑。人物的思想性格作用于环境，就会导致和形成小说的故事情节。情节是人物性格在环境中的必然表现。这是小说创作必须遵从的一条重要美学原则，也是我们衡量小说作品成败优劣的重要审美标准。只有当小说的故事情节有机地统一于人物的性格之中，情节才会有积极的审美意义；反之，性格作为人物行为的动机揭示得越鲜明，小说的故事情节就越生动。因而，作者应充分把握人物的性格基调，对小说情节进行合理铺设。《三国演义》中，诸葛亮"草船借箭"这一情节的设置，作者处处用奇：明知是计却立军令状，一奇；接受任务却没有造箭行动，二奇；眼看三天期到，却是向鲁肃借二十条小船，三奇。这显然是基于诸葛亮是一个奇人奇才的性格特征而合理铺设的。

三、具体的生活环境

环境是小说的三大构成要素之一。小说人物形象的刻画和故事情节的展开，总是在一定的环境下进行和完成的。小说是通过对生活矛盾的生动再现来实现典型形象的塑造的，这就必须要有具体而生动的环境描写。环境作为人物行为的外在动因，只有把它具体而生动地描绘出来，才能表现出人物和事件的特征，才能揭示人物行动的原因和背景。小说里所提供的典型环境，是指围绕作品中的人物并促成人物行动的各种关系的总和，包括社会的和自然的，同时，它们还具有不可或缺、不可更移的具体性。鲁迅的小说《药》是从写景开始的："秋天的后半夜，月亮下去了，太阳还没有出来，只剩下一片乌蓝的天。除了夜游的东西，什么都睡着了。"这是故事发生的自然环境，透过这一自然景象，读者感受到的是一种沉闷、灰暗和凄凉，下文告诉我们的正是一个让人感伤的故事。这里，自然环境实现了给小说准确定调，构成了小说血肉的一部分。

小说的典型环境，是历史的纵深感、生活的广阔性和环境的具体性几个方面的有机统一，而且还是一个流动的概念。长篇小说《红岩》中，渣滓洞和白公馆的斗争，联系着重庆地下党的斗争历程，联系着重庆地下党组织为迎接解放而掀起的斗争风云，联系着国民党风雨飘摇的形势，联系着人民解放战争即将胜利的历史步伐。

在小说作品中，只有当环境制约着人物的性格，而人物又积极地反作用于具体的环境时，由此而产生的矛盾冲突才会获得积极的审美意义。与我们的实际生活一样，人物只是一定环境中的人物，人物离不开环境，但人物又不是简单被动地适应环境，它们往往在生活矛盾中相互促进，双向流动。长篇小说《红楼梦》中，林黛玉这一形象的塑造，充分体现了环境和人物间的矛盾关系。林黛玉先丧其母，继而丧其父，不幸的家庭遭遇造就了她敏感多疑、多愁善感的性格特征。失去母亲，意味着失去了与贾家联系的中坚力量；失去父亲，意味着没有了坚实的经济基础。在贾家，她是一个茕茕孑立的门下客，在这样的环境中，她挣扎着抗争着，哀哀怨怨地走完了短暂的一生。

第四节　短篇小说的写作

作为初学小说创作的作者，由于自己的审美经验还不够丰富，由于自己把握小说艺术的能力还不够强，因而，应首先从练习写作短篇小说着手。下面着重谈谈短篇小说写作应注意的几个问题。

一、选择自己熟悉的生活题材

小说是一种再现型艺术。一方面，它通过生动而形象地再现某一生活矛盾（特别是人物在矛盾中的具体表现），来表达作者对生活的审美认识，也就是说，小说所描绘的生活情景与我们实际的生活情景有某些方面的相似性，甚至于是酷肖。另一方面，小说的中心任务是塑造典型形象。艺术典型除了人物自身的鲜明个性外，还应该具有共性，即概括性和代表性，人物的思想性格能够反映某一社会阶层人的普遍思想情绪和心理状况。基于这样两个方面的因素，小说作者对自己所要表现的生活领域必须十分熟悉和了解，了解得越深入透彻，越有助于作者把握住生活的本质。小说作家陈忠实指出：小说作品应该是"我在生活中独立发现和深切感受的结果"（《陈忠实文集》）。小说创作虽然说是一种虚构的艺术，但这种虚构是建立在把握了生活基本规律基础上的，而不是随意胡编乱造。高晓声的《陈奂生进城》中，陈奂生生病住高级宾馆后的行为和心理，被作者描绘得精细入微、绘声绘色，成功的秘诀主要在于作者的生活积累。该书作者20年的农村生活，使他自觉不自觉地获得了对农村生活的透彻了解，如他自己所说："我的想法和农民的想法没有两样。"（高晓声《谈谈文学创作》）

二、精心设计小说的故事情节

在短篇小说创作的构思阶段，作者要解决和处理好的问题很多，主要包括主要人物及其基本性格的确立、人物相互关系的明确、主题的提炼、主体矛盾的确定以及故事情节的设置等等。相对来说，前面四个问题都比较容易处理好，而最后一个问题故事情节的设置解决起来要困难一些。因为它不是一个孤立的问题，它既是作者对社会生活进行概括、剪辑、集中的体现，又是作者对人物性格及其矛盾关系准确把握的体现，同时还是作者寻找一个恰到好处的表现角度的体现。所以，作者应在设置故事情节上多下工夫。

（一）情节设置要适合短篇小说的特点

短篇小说篇幅短，容量小，需要作者对生活进行精心剪辑和集中。一般说来，它往往从纷繁复杂的社会生活中截取几个有典型意义的片段或者某一单一的生活事件来构成小说的情节。短篇小说的情节设置有两种基本构成方式：一是截取几个生活片段或侧面来组成一个连贯的故事，从纵向来反映主要人物走过的生活历程。如,李杭育的《最后一个渔佬儿》,主人公柴福奎固执地在葛川江上过着他的打鱼人生活,尽管由于种种原因,河里已经很难再捕捞到鱼了,尽管其他的打鱼人都纷纷转业,尽管他有其他更好的路可走。全篇小说并没有一个明确的中心事件,作者只是把与柴福奎打鱼生活有关的几个片段连缀起来,集中表现这"最后一个"的悲剧性格。二是直接以人物生活中发生的某一具体事件来构成小说的情节。如,何士光的《乡场上》,通过写主人公冯幺爸为两个村民间的平凡的纠纷作证,作者敏锐地捕捉住了在新的历史时期农民精神面貌的微妙变化。又如,高晓声的《陈奂生进城》,作者只是集中写了地地道道的农民陈奂生进城及其偶然住进高级宾馆的经历,表现了作者对农民命运的深切关注。

(二)情节设置要根据人物性格的需要

情节是人物性格形成的历史,人物性格对小说情节发展的方向具有规定性。情节的安排,归根结底是为人物性格的表现服务的。因而,小说情节的设置应充分考虑人物性格的需要,只有把握人物的性格基调来合理地铺设相应的故事情节,小说才能获得艺术生命力。铁凝的短篇小说《哦,香雪》,其故事情节是由几个并不连贯的生活片段构成。小说的前面几个片段写的是,当标示着现代文明的火车轰隆隆地驶过贫穷而闭塞的台儿沟时,以主人公香雪为代表的台儿沟人,表现出了对山外新生活的激动和期待。而尤其值得我们注意的是小说最后一个片段——香雪被火车意外地带到下一站,其原因竟然是为了用40个鸡蛋换取一个漂亮的文具盒。这部分是整篇小说的支撑点,它十分生动地刻画出了纯真的香雪内心世界有一种强烈的自尊,以及她对现代文明和新生活的热切期盼与追求。我们可以看出,这显然是作者为塑造人物形象而对情节所做的精心安排。

作为初学写小说的作者,要切忌丢开人物去编故事,切忌设计好故事套子后让人物往里钻。如果这样,就是把情节和人物关系搞颠倒了。

(三)情节设置要意料之外而又情理之中

小说情节设置最忌简单平直,让人一览无余。尽管短篇小说容量有限,不可能去表现复杂的生活矛盾,但作者应尽量使情节曲折生动,有一种意料之外而又在情理之中的巧妙。生活矛盾本身就充满了一些偶然性和巧合性因素,以生活为基础的小说情节的设置自然应积极利用情节发展的偶然和巧合因素,这样才能增强作品的吸引力。虽然短篇小说也可以表现平凡平淡的生活情节,但作为艺术表现力还不是很强的一般写作者，尤其应在情节的曲折和巧妙方面多下工夫。

小说情节设置的巧妙，不是一个孤立的问题，它直接联系着人物形象的塑造和作品主题的深化。都德的《最后一课》，作者巧妙地选用天真顽皮的小弗郎士作为视点人物，写他那颗连战争失败的消息也未能惊动的、单纯得近乎冥顽不灵的幼小心灵，直到在最后一堂法语课上，极端异常的气氛和迎面袭来的亡国之痛使他觉醒，他才似乎一下子长大成人了。写到这里，人物形象和主题可以说基本完成，选材、结构和立意也堪称上乘。但高手还有高招，瓜熟蒂落之时，突然来一点睛之笔——让韩麦尔先生在黑板上拼力写下"法兰西万岁！"来结束这最后一堂法语课。生花妙笔一下子使作品的主题得到了进一步的升华，韩麦尔先生也仿佛一下子幻化成为一尊爱国主义的丰碑。读到此处，读者心中会勃然荡漾一股爱国主义激情，震撼的心灵久久难平。

（四）注意悬念的设置和应用

悬念，顾名思义是悬而未决的念头和疑问。作者有计划地在情节发展的某些关键地方中止矛盾头绪，暂且不表，以此激起读者的期待和关注心理（俗称"吊胃口"）。它是叙事性文学最基本的叙事手段和技巧之一。

在设置悬念的时候，尤其要注意三个问题。一是选择的部位要恰当，要确能激起读者猜测和推想的欲望。二是笔锋转换要自然，避免让读者感到故弄玄虚有意为之的痕迹；否则，读者会反感。传统章回小说那种"要知后事如何，且听下回分解"的机械方式，已逐渐被淘汰。三是方式要灵活。既可以在作品的开头设置一个总体性悬念，也可以在中间局部设置悬念，还可以在作品的末尾留下一个引人深思的问题。作者应根据具体情况灵活处理。如，欧·亨利的小说《警察与赞美诗》，作者一开始就交代了流浪儿苏比，因为严冬将至，生活没有着落，最后竟然想出了一个没有办法的办法：故意犯罪而进监狱，以解决温饱问题。此情此景，自然会引起读者去揣测和猜想他是怎样实施的，最终的结果又怎么样。诸多问题会引领我们去关注下文。

三、努力刻画鲜明的人物形象

准确把握人物的性格基调，运用种种方法和手段来刻画鲜明的人物形象，是短篇小说写作着力要解决好的问题。人物刻画，尤其需要注意以下三个方面。

(一) 善于抓特征

在艺术传达的过程中，对人物形象进行刻画，实际上就是具体描绘人物在有关生活矛盾中的种种表现。它包括对人物的外貌肖像、人物的行为动作、人物的语言以及人物的内心世界等方面进行生动再现。人物刻画是以展现人物的性格特征和精神面貌为目的的，因而无论是表现人物的哪个方面，抓住特征都是关键。人物形象的特征是多方面的，可以是反映人物身份地位、精神风貌思想状况的特征，也可以是揭示人物灵魂世界的特征。特征就是人物鲜明个性的反映。何士光的短篇小说《乡场上》，一开始就说主人公冯幺爸在乡场上是一个"出了名的醉鬼"，是一个"顶没价值的庄稼人。这些年来，一年三百六十五天不知他是怎么过来的"。作者首先点出了主人公委顿的精神和卑微的身份地位。而如今，却要让这样一个社会的"边缘人"来作证，更何况要求作证的双方，一边有权有势，一边善良弱小，而事实上，理亏的又是有权势的一方。到此，我们禁不住会担心，他会公正地站出来作证吗？的确，接下来人物内心经历了痛苦的灵魂搏斗，这是作者抓住的又一特征。最后，当主人公勇敢地站出来说了公道话之后，读者惊喜地发现，冯幺爸的精神面貌已悄然发生了微妙的变化。

对人物特征的把握，切忌面面俱到，短篇小说的容量不容许作者做多方面的展开，作者应抓住最能突出人物思想性格的几个生活的闪光点，以求以一当十，以少胜多。

(二) 善于抓细节

细节描写，是叙事性文学用来刻画人物形象和揭示作品主题的重要手段。小说审美价值的任何一方面，都紧紧联系着作品中细枝末节的生动再现。人物形象的生动展现，更是与生活细节密切相关的。细节构成了小说的血肉。从短篇小说来看，不但所有的作品都离不开细节描写，甚至于有的小说作品，用来显现人物性格的情节就是由几个有丰富审美意蕴的细节来构成的。小说对读者所产生的回味无穷的艺术感染力，往往也来自于生动的细节。如，高晓声的《陈奂生进城》，作品后面写主人公不得不尽快离开宾馆，回家路上，困扰陈奂生的竟然是如何向他的老婆交账。为买帽子而进城做生意，如今，连本带利几乎全没了，怎么办？就说不小心丢了，不行；就说拿去救济穷人了，还是不行，——而最后，他突然醒悟：干脆照实说，因为这趟进城，他住了五元钱一夜的高级宾馆，还坐了县委吴书记的小车，这在他所生活的那个贫穷的小山村有谁享受过？于是，他如释重负。这种"陈奂生式"的解脱方式，体现了作者对农民心理的准确把握，真是入木三分。

刻画人物的细节是多方面的，人物的语言、动作、神态、内心所想等细节，都能从一个侧面反映人物的个性特征和思想状况，作者应细心捕捉。短篇小说的容量和篇幅，都要求作者对生活进行更严格的选择和提炼，努力发掘出具有典型意义的生活细节，注意生活细节的审美内涵。如果不加筛选地罗列现象，无助于人物形象的塑造。

（三）注意环境烘托

要塑造鲜明的人物形象，必须充分揭示人物生活的典型环境。环境作为人物行动的外在动因，展现得越具体生动，人物的性格就越鲜明。作者对环境的渲染，既包括对各种矛盾关系的准确把握和生动再现，也包括对社会历史全局的巧妙勾勒和点染。莫泊桑的小说《项链》，在处理人物和环境关系问题上，表现出了高超的艺术技巧。主人公路瓦裁夫人因爱慕虚荣而向朋友借项链，丢失项链以后，因此而饱受了十年的艰辛生活。令人意外的是，朋友当年借给她的项链也是假的。这并非只是表现作者对路瓦裁夫人之流的简单嘲弄，而是含蓄地点染出了人物生活的社会环境，路瓦裁夫人只不过是这种庸俗的社会风尚的牺牲品而已。又如，短篇小说《祝福》中，劝祥林嫂捐门槛的竟然是柳妈，柳妈与祥林嫂本来同属于封建神权思想的受害者，而现在，反过来她却成了把祥林嫂推向深渊的帮凶。这里，既体现了作者对社会环境的准确把握和深刻认识，同时又增强了祥林嫂性格的悲剧色彩。

范文点评

【范文】

被遗弃的黄豆

阿城

每个人的职业不同，所经历的事情，大约也会有所不同。

我曾经是一名卡车司机，在这个职业上，无论是驾驶水平还是修理技术，包括理论知识，相信我是比较过硬的。正是考虑到这一点，车队长才经常安排我跑长途。他手下应当有几个他信得过的司机。那是资本，也是他的风度。

我非常热爱我的职业。应当说，当司机的时候，我从没想过要当一名作家，或者编辑，耐人寻味的是，我也从没有过这种文化层面上的理想。看来，一个人的命运轨迹是不可预测的。

但是，我酷爱这个自由自在的职业。这一点，同作家的职业特征十分相似。有时候，你想到这一点，就会觉得活得特别朝气蓬勃，有一种自豪感、健康感和凌厉感。

有的人常常喜欢说感谢生活。我也很赞同这句话。它的确让我感到激动。生活提供给我的背景支持太多了，大草原，大江大河，大雪野，雪山，森林，大暴雨，暴风雪，还有野外的荷花，纤细的蓝蜻蜓，甜丝丝的花粉等等。还有周围生活涌动着的喜怒哀乐悲思恐。

当然，我也知道，有些人不喜欢"感谢生活"这句话。我想，这主要是彼此对生活的理解不同，因此，感受也会有所不同，认识也千差万别。这一点，是值得司机、作家、评论家，包括公关人士特别予以尊重与注意的事。

我当时开卡车跑长途，主要活动范围是在黑龙江境内。偶尔也有入关的任务，像跑辽宁啊，跑北京啊，跑山东啊，但这种令人兴奋异常的任务并不多。万一接了这样的运输任务，其感受主要是愉快和新鲜，有点儿类似旅游。或者获得一腔清丽的诗情（我也写过这样的诗，比如写关外仲冬的大雪："葡萄架上银龙闹，枫叶竞放白牡丹。"是不是多少有点鸳鸯蝴蝶派的意思？）但生活提供给我们的那种骨子里的悲怆和历史的沉重感，就少多了。

然而，在黑龙江境内跑长途，则有很大的不同。

黑龙江毕竟是生我、养我的故土啊。

我一直认为，我与故乡之间，有一种默契。那就是，我应当尽可能地记录在这块土地上的每一件值得记录的事情。

清楚地记得那次跑长途的任务，是给工厂的大食堂拉土豆。要知道，储存秋菜，是黑龙江人传统的过冬方式。在秋天收获的时节，土豆的价格是极便宜的。倘若直接开车到村子去拉，价格就更便宜了，而且土豆的质量也好。

食堂采购员自负地说，越偏僻，土豆价格越对咱们有利。这是硬道理！

我那次开车去的就是一个很偏僻的乡村。

随车采购土豆的采购员，是个十足的酒鬼。在黑龙江，这样的酒鬼并不在少数。只要他们一见到酒，任务、权力、爱情、亲情，全都不要了。就是一个字：喝！彻底的酒鬼尤其如此。他们见到酒的那种兴奋程度，那张疯狂的嘴脸和痴迷的傻笑，简直让人目瞪口呆。

一切都弄妥了，土豆也装上了。似乎可以走了。但是，在村办公室，采购员、村长、会计三个人已经喝成了知己，一杯酒，一个故事，一杯酒，一段人生感慨。看样子，这一宿他们也喝不完。我只好悄悄地溜了出来。今天是酒鬼们的狂欢节，从尊重每个人活动的层面上考虑，还是听之任之，别影响他们的好。

小人物有时活得也不容易。

出来之后，我躲进了卡车的驾驶室里。裹紧了身上的皮大衣，打算眯一觉。开了一天车，加上指挥装车，的确累了。

虽是晚秋时节。可事实上，这里已经飘过一场小青雪了。正是考虑到"东北寒来早"的这一点，我们事先准备了盖土豆用的大棉被，把土豆罩上，免得土豆在运输的途中被冻坏了。

在偏僻的地区，夜下的村庄总给人一种沉思且宁静的感觉。地平线上微弱的地光与天光，正在努力地支撑着这个小村庄的轮廓。大野的冷风，贴着地面，像虚幻的潮水一般，时起时落，并发出飒飒的声音。天上的那片透月和一重重波光粼粼的星星，使得朦胧之中的村落有些孤单。

农村终究是农村啊。

我打开了车上的暖风，加上皮大衣的暖气，毕竟刚才还陪着喝了两杯酒，睡意很快向我袭来了。当我刚刚要睡着的时候，便听到轻轻地敲车门的声音。

我立刻坐正了身子，发现敲门的是一个七八岁的小女孩儿。

小女孩穿着一身补满了各种颜色补丁的棉袄棉裤，正胆怯地看着我。

我打开车门问，小孩儿，什么事？

小女孩给我行了个队礼，说，叔叔，你买不买黄豆？

黄豆？

我不觉笑了起来。现在黄豆已经构不成对司机的诱惑了。再说，黄豆根本不是什么紧俏商品。要是黄金嘛还差不多。我虽然心里这样想，但嘴上并没有这样说。她毕竟是个孩子。要知道，孩子永远是正确的，谬误常常在大人的一方。

我说，不买了，谢谢你吧。

小女孩说，叔叔，你买吧。我妈妈说，卖了钱，给我做花衣服……

小女孩说着，泪蛋就滚了下来。

看着流泪的孩子，我才猛地惭愧起来。说，好的好的。孩子，别哭了，领我去看看黄豆吧。嗨，真是，小小的人儿，怎么眼泪说下来就下来了。

我跳下车说，黄豆在哪儿？领我去看看吧。

231

我跟着这个小女孩往她家的方向走。

在月光下,我们一大一小地走着。我分明看到,小孩的鞋露出了脚趾。多好的女孩儿啊。我在心疼这个女孩的同时,竟莫名地为她美丽的追求感到自豪起来。这是不是另一种残忍呢?

我问,小孩儿,黄豆是你家种的么?

小女孩说,是一粒儿一粒儿在地里捡的。你买吧,可好了,我是少先队员,不会骗你的。

我说,怎么,是你捡的?

对。是我捡的。

我说,那么,捡了黄豆,卖了钱,妈妈给你做花衣服,是么?

小女孩说,是的,妈妈说的。

我问她,你几年级了?

差不多二年级。

怎么会差不多二年级了呢?

小女孩说,老师说的。老师说,曼子,你差不多够二年级了。叔,我们班几年级的同学都有。

噢,你叫曼子。

我叫王曼。

我说,名字很好听啊。

小女孩笑了。

小女孩的家是一幢泥房。夜空之下仍旧可以看出这幢房子很破,而且很矮。这种房子,虽说在黑龙江并不多了,然而,走南闯北的司机,见的还是不少。所以也就见惯不怪了。

进了屋,屋子里漆黑一团,只在月光投进的窗子那儿,看见一个薄薄的、淡灰色女人的影子。

小女孩儿说,妈,买黄豆的客人来啦,快点灯。

一盏小油灯被点亮了。

我这才看清楚,小女孩的母亲很年轻,怀里还抱着一个叼着奶头的孩子。屋子里没有什么。只在昏暗的油灯下,依稀可见火炕上摊放着一堆败絮丛生的被子。

一只黑猫躲在火炕的一角,弓着身子,正怯怯地看着我。

我问,孩子的爸呢?

孩子的母亲说，我男人上山采石头去了。翻盖这个房子，要不少石头呢。

怎么到现在还不回来？

年轻的母亲说，不回来。在山上打小宿。工夫不能耽搁在路上啊。

这天多冷啊，在山上住。

年轻的母亲说，庄稼人，都惯了。

我说，那好吧，把黄豆拿出来给我看看吧。

小女孩立刻把黄豆取了出来。

只有小半面袋黄豆。

小女孩儿蹲下来，挽下面袋口，仰着头，让我看。

我拿过油灯看着，然后又看看小女孩儿，看得出小女孩黑黑的眸子里很紧张。

我站了起来，问年轻的母亲，多少钱一斤？

年轻的母亲干着嗓子说，两毛钱一斤，行么？

我说，这些有多少？

小女孩抢着说，十五斤。

我说，十五斤，三块钱。

我掏出了三块钱，递给了小女孩。

小女孩接过钱，立刻递给了她的母亲。小女孩很高兴，仰着脸，看着她的母亲，笑得很甜。

我想了一下说，三块钱，够做花衣服了么？

于是，我又掏出十块钱，给了那位年轻的母亲，说，这钱一定得给孩子做花衣服。不能，这个这个，盖房子用了。下回我还来，如果没给孩子做，这个这个，可就不对劲儿了……

年轻的母亲听了，使劲儿地点点头。

回到卡车上，我发现那个小女孩跟着跑了回来。

她说，叔叔，你睡吧，我在外面替你看车。

说着，她站在车头，机警地看着周围。

我下了车，把小女孩抱到驾驶室里，并取出随车带的罐头给她吃。

小女孩死死地抱着罐头，就是不吃，使劲儿地摇头。

我问，你怎么不吃呢？

小女孩说，留着给我妈和弟弟吃。妈妈有病，没有奶水。

于是，我取出所有的吃食，都给了这个女孩，说，走，我送你回家。

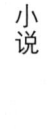

第九章 小说

回去的路上，看到小女孩抱着罐头不好走的样子，便蹲下来背着她走。

小女孩在我背上咯咯地笑着——这是天使的笑声啊。

送小女孩回去后，我歪在驾驶室里怎么也睡不着，一闭上眼睛，就清楚地看见，在瑟瑟的寒风下，在连着天边的田野上，那个衣衫破烂的小女孩儿，擒着一条面袋，一颗一颗地拾着地里被遗弃的黄豆。

是啊，我真的想把那十五斤黄豆分成若干个小袋，送给包括我女儿在内的那些城里的女孩儿，让她们体验一下，女孩与女孩，该有多么大的不同啊。

【点评】

这篇小说成功地塑造了一位撼人心魄的小姑娘的形象。尽管她生活在贫穷闭塞的小山村，但生活的艰辛与苦难并没有把这颗幼小的心灵压碎，相反，她心里洋溢着对美好生活的渴求。她想买一件花衣服的心愿，也许在某些人的眼里微不足道，但她从地上拾起一颗又一颗黄豆，依靠自己的双手去努力实现自己的梦想，这种精神品格让人敬佩。她是一个勤劳勇敢的小姑娘，她是一个充满爱心和善良无私的小姑娘，也是一位对美好生活不懈追求自强不息的小姑娘。小说的情节和人物，留给人们的审美启迪，既有欣慰又有沉重。小姑娘的物质生活是极度贫困的，但她的精神却是充盈的、美好的。与之相反的是，社会上的许多人享受着越来越丰富的物质生活，而精神上却是一个赤贫者（比如，像采购员一样的有酒就忘掉一切的醉鬼），这是怎样的悖论啊。

小说的故事情节，主要是由买黄豆这一单一生活事件构成的。故事本身并没有什么精彩的地方，而精彩的是作者精心捕捉住的一些细节，如小姑娘行队礼，小姑娘谈黄豆的由来及卖豆的原因，小姑娘替司机照看车，小姑娘抱着罐头而又不肯吃，等等，这些细节所包容的是生动的性格内涵。小说前面部分的铺垫，使小姑娘的思想性格获得广泛的社会意义。小姑娘拾豆换钱买花衣服以及那位未露面的勤劳坚忍的父亲，作者对这些生活内容，采用的是侧面表现的虚写手法。这样，既使小说结构更为紧凑，又巧妙地交代出了小姑娘的性格背景，同时，还给读者留下了更大的审美空间。小说采用了第一人称的叙述方式，增强了作品感染力。这些都体现了作者纯熟的艺术技巧。

实践练习

1. 小说作品中的典型形象应该具有怎样的审美内涵?
2. 短篇小说的情节设置要注意哪些问题?
3. 短篇小说中人物形象的刻画应注意哪些方面?
4. 你与一位你中学时候的同学偶然邂逅,分别几年,他已事业有成。而当年,他成绩平平,并不被老师和同学看好,你和你班上的许多同学都考上大学,他却……请你按此思路尝试写一篇短篇小说,尽量写出他取得成功的性格因素。
5. 你以为他很自私,后来,你发现你完全错了,这纯粹是误会。请你按此思路尝试写一篇两千字以内的微型小说。

第十章 杂文

第一节 杂文的界定

杂文在我国是"古已有之"的。诸子争鸣的先秦时期,论事说理的哲理性很强的杂文蓬勃兴起,它以知人论世为内容,采用灵活多变叙议结合的笔法,给人以明目慧心的感染和启发。东汉班固在《汉书·艺文志》中,称这类"议论而兼叙说者,谓之杂说",称杂说的作者为"杂家"。"杂文"之名,最早见于南朝(宋)范晔的《后汉书》,其《文苑列传》文章分类中便列有"杂文",但未对杂文概念进行解说。后,南朝(梁)刘勰在《文心雕龙》中列专章论述杂文,认为杂文是"文章之枝派,暇豫之末造也",把十六种文体"并归杂文之区",称杂文作家为"智术之子,博雅之人"。

五四运动以后,鲁迅等人的杂文,结合现实斗争的需要,以短小、泼辣、锋利和题材多样化为特色,形成了一种具有战斗风格的崭新的独特的文学样式,以深刻的思想蕴含和近乎完美的艺术形式,以及在读者中的广泛影响,真正确立了杂文独立的文体地位。

1933年瞿秋白在《鲁迅杂感选集序言》中,称:"鲁迅的杂感其实是一种'社会论文'——战斗的'阜利通'(feuilleton)。""杂感这种文体,将要因为鲁迅而变成文艺性的论文的代名词。"(《中国现代散文理论》)瞿秋白以鲁迅为例,认为杂文是一种文艺性的论文,这一观点影响极大。秦牧在《杂文小识》里则认为杂文是散文的一支:"比较偏重于说理的杂文,何以仍然成为文学作品呢？那原因，我想，在于它和其他一切文学创作同样具备了文学的特点。它是形象的，同时，又是贯注了作者的感情的。它常常活灵活现地描述事物，而不是抽象地说理或平铺直叙地举例。它又常常从字里行间露出作者的音容性格。这种形象性和感情的特征，使它具备了文学的艺术魅力。"（《文艺月报》，1959年第6期）

认为杂文是"论文"，将杂文排除在文学之外，显然是偏颇的。杂文不同于一般的短评、政论、思想杂谈等议论文体，论证和推理并不是杂文的本质特征，只不过是它区别于其他文学体裁的一个突出特点而已。我国古代的"杂文""杂说"是夹混在广义散文里的，因而将现代杂文仍归属于散文中也是不妥的。我们认为，现代杂文是一种以形象说理为主的笔法灵活多变的文学体裁。它是一种与诗歌、散文、小说等并列的独立的文体。它兼有文学和政论两种因素，将形象思维与逻辑思维有机地融为一体。它的说理是通过形象化的手段来完成的，它把议论的人和事典型化，寓议论于形象中。它既有说理、明理性，又有文学性，因而，杂文又是一种具有边缘性的文体。

第二节　杂文的分类

杂文的题材广泛，无所不至，表现手法灵活自由，体式多种多样，并且处在不断地发展创新之中，因而很难对它进行合理的分类。从不同的角度、用不同的标准对它进行分类，也只能是粗略地划分。

如从表现形式上划分，可分为时评杂感式杂文、小品随笔式杂文、评点式杂文、寓言故事体杂文、书信体杂文、日记体杂文等等。

从内容上划分，有政治性杂文、社会性杂文、知识性杂文、闲适消遣性杂文等等。

以杂文的性能划分，有讽刺批评性杂文、歌颂性杂文、教育诱导性杂文等等。

通常也从杂文的内容和形态属性上，将它更为粗略地划分为广义杂文与狭义杂文两类。

广义杂文是"大杂文"的概念。它偏重于说理，但并不依循"提出问题—分析问题—解决问题"的程序，也不必具备议论文的"三要素"。这种以"议论而兼叙述"的手法写成的内容无所不包的散体文章,可视为广义杂文,即古代的所谓"杂说"。鲁迅在《且介亭杂文·序言》中说:"凡有文章,倘若分类,都有类可归,如果编年,那就只能按作成的年月,不管文体,各种都夹在一处,于是成了'杂'。"这指的是一种"杂著",并非"广义杂文"。鲁迅杂文集中,有的文章明显是散文,如《为了忘却的纪念》《纪念刘和珍君》等;有的文章明显是学术论文,如《摩洛诗力说》等。

  狭义的杂文是指形象性和说理性相结合,有浓郁的文学色彩的文章。它的"杂文味"很浓,理趣与情趣并行,审美价值比广义杂文高,它"生动,泼辣,有益,而且也能移人情"(鲁迅《且介亭杂文二集》),不仅能充分发挥积极的社会作用,"它也能给人愉快和休息"(鲁迅《南腔北调集》)。

  《杂文界》前主编杜文远在1994年提出了"轻杂文"与"严肃杂文"的概念,这是从杂文的立意来划分的两类杂文。轻杂文可以极大地满足读者的知识情趣、生活情趣和审美情趣,可以陶冶性情,愉悦心灵。这类杂文不以社会批评为目的,不追求重大深刻的思想内容,给读者的感觉是"轻松"的。与之相对的是"严肃杂文",它以社会批评为任务,针砭时弊,弘扬正气,激浊扬清,以发挥革故鼎新的作用,它带给读者的思考是"严肃"的,它帮助读者在社会生活中"做明白人"。

  杂文的分类并没有严格的界线,对于一篇具体杂文的归类有时更难。如何分类并不重要,重要的是熟悉杂文的基本特点,掌握杂文写作的要点,能写出有积极社会作用、有文采并为读者所喜爱的杂文。

第三节 杂文的特点

一、形象说理,杂而有味

  杂文作为一种特殊的文学样式,强调具有文学的形象性,并往往以其文学形象性的强弱来衡量它的艺术价值、审美价值。杂文的说理,是通过具体的、形象的、使人可感受的方式表达出来的。它既能给人以思想上的教益,又能给人以艺术上的享受,起到移情的作用。借形象以说理,是杂文区别于一般议论文和其他文学样式最重要的特征。杂文的形象性是为说理、明理服务的,所以它又必须具有理性色彩。杂文的理性深度、广度和新意决定了杂文思想价值的高低。用形象说理，是形象思维与逻辑思维的综合运用，是形象性与说理性的有机结合，显示了杂文本质上的"杂"。

杂文的形象性，不像小说那样，通过较完整的情节和典型环境的描写来塑造典型人物形象；也不像散文那样，细致地描绘某种人、事、景、物以寄寓情思。杂文的形象性，表现在通过多种艺术手法来表达观点和显示主题，通过讲故事、说笑话、打比方、做比较、介绍知识、讲述轶闻趣事等方式来议论说理，或者运用形象化的议论，以获得形象感人、以理服人的良好效果。如王蒙的杂文《诬告有益论》，正话反说，冷嘲热讽，以生动的形象勾画了诬告者的丑态丑行，文章的副题戏称"谨以此文献给亲爱的诬告者"。我们且看文章最末一段的议论文字：

> 呜呼，诬告之妙，妙不可言。顺风扯旗，谎言不惭。搔住痒处，投人心坎。以此为业，可以怡年。鬼鬼祟祟，忙忙团团。其中油水，肥田润颜。不甘寂寞，盍兴乎来！（载《中国杂文大观》（四），天津百花文艺出版社）

这样的杂文具有独特的"杂文味"，幽默论世态，含笑说人情，揭示丑恶，讽喻时弊，笔下活泼，读来有趣又耐人深思。不同的杂文因内容和体式千差万别，杂文味自然不会只有一种，它是五味俱全的，作者和读者各有所爱：有的辛辣令人痛快淋漓；有的幽默令人解颐；有的苦涩可以治病；有的情深可以动心；有的淡远深邃，余味无穷；有的五味调和，教人警醒。

"杂文味"是杂文审美特征的集中体现，是杂文个性即自身素质的表现，反映了作者的审美理想和审美情趣。很多杂文从标题上就可以品尝到杂文味，显示了杂文一下笔就与众不同的特征，如鲁迅的《由中国女人的脚，推定中国人之非中庸，又由此推定孔夫子有胃病（"学匪"派考古学之一）》、宋振庭的《马尾巴、蜘蛛、眼泪及其他》、王蒙的《论"费厄泼赖"应该实行》等等。"杂文味"来自作者丰富的知识和丰富的生活体悟，"集之在平日，得之在俄顷"。《汉书·艺文志》称杂文作者为"杂家"，当时的杂家"兼儒墨，合名法"，学识极为博杂。现代的鲁迅，更是厚积薄发，他的杂文像一部百科全书，涉猎了很多的知识领域，反映了作者对现实人生独到而深刻透辟的认识。所以他下笔挥洒自如，"嬉笑怒骂，皆成文章"，具有浓郁的杂文味，读其文，便知其人。

二、感应敏锐，内容博杂

杂文是文学样式中反映生活最直接、最敏锐、最及时而又富有战斗性的一种文体。它直率真诚，尖锐多刺，它常涉是非之地，触动社会最敏感的神经。在现实生活中的许多重大事件、重大问题上，杂文家大都率先站出来以杂文表明态度，成为人民的代言人。杂文不仅是批评的武器，同时也是改革的武器和社会主义精神文明建设的武器。它以短小精悍的文体形式，及时地反映着社会的变迁，因而被人称为"时代的眉目"。

自古以来，我国杂文就有着优良的传统：以观察社会变动、革除积弊陋习、发扬正气为己任，"言必中当世之过"，"上剥远非，下补近失"。鲁迅根据当时的需要，明确地指出："作者的任务，是在对于有害的事物，立刻给以反响或抗争，是感应的神经，是攻守的手足。"（鲁迅《且介亭杂文集·序言》）当代的杂文，更是一方面勇于揭露社会上一切阻碍、破坏改革和社会进步的腐朽势力，以及种种错误观念；另一方面，也对人民内部的不良行为或"陈年老病"展开批评，进行积极的思想斗争，发挥着"表彰先进，匡正时弊，活跃思想，增加知识"的作用。从严肃重大的政治、社会问题，到瞬息万变的现实人生及寻常百姓事，杂文感应着时代精神，成为时代跳动的脉搏。

杂文以社会批评为己任，它大胆接触新领域，敢于探讨新问题。作者常常说东道西，无拘无束；古今中外，纵意而谈，天南海北，无所不及。杂文可以形容世故，可以摹写人情，可以札记琐屑，可以论及大事，所谓"宇宙之大、苍蝇之微"，皆可取材。杂文本无范围，内容恰如现实人生一般博杂而丰富多彩。杂文所及的并非都是"严肃"的题材，也并非都是匕首、投枪，它也可以反映生活中闲适的一面，描写花鸟虫鱼，讲述轻松故事，抒写人生经验，介绍各类知识，娓娓而谈。怡情养性闲适是为了调整生活的节奏，愉快和休息是为紧张工作储备力量。但"闲适"不是杂文的主流。

杂文内容博杂，题材宽泛，但并不是东拉西扯、逻辑混乱的"杂"。对于一篇杂文而言，它可以天上地下，中外古今，旁征博引，无所不谈，但这一切都是围绕着主题而展开的，有着内在的脉络，有着说理的条理性和层次性。它是博不离宗，杂而不乱。"杂"是为了增加内容的丰富性、生动性，使文章更有说服力。不"杂"，则显得板滞、拘谨，缺少杂文味。例如舒展的杂文《外级和尚》（载《中国杂文大观》（四）），先写火车上甲、乙二人的对话，乙找了个厅长的女儿为妻,言其漂亮"超过副部级,达到省军级水平"。他将自己的工程师职称"换算入行政职务属于处级",而在家里,她"顶天算个科级"。他的儿子自封为"副科级儿子"。接着写丙也加入谈话:"人的价值按官级换算,连单位也如此。"专科学校申请改成学院,学院变着法改为大学……为的是升一级提升政治、经济待遇。再写一市属"科级寺庙"变为"处级寺庙","经过各方努力,省宗教局表示愿意接过来,于是下令我市,×山××寺改属省宗教局,括号:正处级。于是××长老,立即从副科级和尚变为处级和尚。供应立即改观,到省里开会,再也不用挤公共汽车,有小车来接站"。由具体事例生发议论,联系当今社会这类普遍现象,批评官本位的封建等级思想流毒深广,积重难返。全文有叙有议,内容博杂,但主题鲜明,中心突出,杂而有序,杂而有理,杂而有文,杂而有味。

三、体式多样,笔法灵活

由于杂文强调形象化的说理,兼有评论性和文学性,加之题材博杂,无所不及,所以在体式上也显得"杂",没有规范,没有样板,最忌八股格式和陈词滥调。著名杂文家严秀曾经说过,杂文的形式千变万化,注重文采,还要有明显的感情色彩,拒绝使用一般议论文的结构、排场和架势;在谋篇布局上,更是大为不同或完全不同。杂文可以有政论体、小品散文体、随笔体、随感录、小说体、诗与政论结合体、公文体、广告体、相声曲艺体、对话体、语录体、序跋体、寓言体、童话体、日记体、书信体等等。杂文体式求杂,千变万化,不拘一格,并且在不断地创新以适应多方面内容的需要,但就一篇杂文而言,却是极讲究章法结构的,看似平易,却饱含着作者构思的艰辛。

杂文在语言表达方式上也十分灵活多变。与其他文体比较,小说、叙事散文以叙述、描写为主要表达方式,诗歌、抒情散文以抒情为主要表达方式,剧本以对话为主要表达方式,说明文以"说明"为主,一般议论文以"议论"为主。在杂文中,叙述、议论、抒情、描写、说明、对话等表达方式可以同时兼用或灵活选用。由于广泛运用勾勒、引证、对比、联想、夸张、点染、借代、设喻、双关等修辞手法,显示出杂文灵便自由的"笔法"。

好的杂文都表现出了作者独特浓郁的个性色彩,即使写同一题材、同一事物,由于作者个性千差万别,作品也必然表现出不同的境界情思、兴味和格调。在笔法上,有人喜欢政论式的思辨和警策,有人喜欢抒情诗式的情采和意境创造,有人擅长随笔札记式的自由挥洒,有人特爱闲聊评点式的轻松随意。

作为杂文大家,则往往具备多种笔法,闪烁着多样而统一的个人风格。如鲁迅的杂文,有直指时弊、迅猛凌厉的战斗檄文,有娓娓道来、明白晓畅的漫谈,有热情澎湃、爱憎分明的誓言,有曲折含蓄、明哲深沉的感慨……随着现实斗争的需要,意到笔随,顺理成章。

杂文篇幅短小,通常在 500 字到 1000 字左右。作者可以迅速及时地对社会生活做出反应,厚积薄发,一挥而就,着墨不多,言简意赅,读者可以用较少的时间得到较多的收益。

第四节 杂文的写作

一、大处着眼,小处落笔

杂文写作中取材立意十分关键。宇宙之大,苍蝇之小,皆可取材,但作者的着眼点应当放在宇宙上。至于落笔时,考虑到杂文篇幅的短小,容纳不下大宇宙,当然可以从细小的"苍蝇"写起。不过这"苍蝇"决非游离于"宇宙"之外,它是宇宙中的一点,有代表性有典型意义的一点,反映宇宙本质的一点,它可以"借一斑而窥全貌,以一目尽传精神"。

鲁迅曾经指出:"太伟大的变动,我们会无力表现的。不过这也无须悲观,我们即使不能表现它的全盘,我们可以表现它的一角。巨大的建筑,总是一木一石叠起来的,我们何妨做做这一木一石呢?"(《鲁迅全集》)这里道出了杂文表现生活的特点。即使反映时代风云的大题材,不可也不能面面俱到进行长篇大论,只能通过写某一事物的某一点或某一局部,但从中却可以反映整体、全貌。鲁迅正是这样做的:"我的杂文,所写的常是一鼻,一嘴,一毛,但合起来,已几乎是或一形象的全体……"(鲁迅《准风月谈·后记》)

大处着眼,小处落笔,并不是把大题材生硬地压缩,更不是故意地舍大取小,而是要求作者有全盘的眼光,居高临下,以高度的政治敏感和洞幽烛微的观察鉴别力,从社会的重大问题中选取最尖锐、最有代表性、最能反映事物本质的那一点。同时,杂文的立意则要以小见大、小题大做。小题大做不是要去夸夸其谈,无限上纲,故作惊人之笔,而是要求作者从生活中的小事和现象着笔,能动地发挥由此及彼、以点带面的联想和推想作用,从而透过最本质的一点,触类旁通,举一反三,进行引申扩展,上升到理论的高度,做到片言居要。这要求作者从细小的题目中生发开去,抓住带倾向性的典型问题,发表精辟的见解,以感染启发读者。

杂文作者最忌思维方式的老化和僵化。真正的杂文家应该是思想家,至少也应有自己的头脑,善于独立思考,有敏锐的眼光和准确的判断力,并永远和人民同呼吸共命运,站稳自己的立场。这样,才可能在杂文写作中做到高瞻远瞩,以小见大,一针见血,言有尽而意无穷。例如邓拓的《一块瓦片》(马南邨《燕山夜话》),是一篇以历史知识为题材的杂文,作者从一个偶尔的题目谈起,引出不同寻常的瓦片,围绕着瓦片这一"小"题目,从历史上展开了关于生产发展、阶级对立的叙述。从考证瓦片的起源,讲到封建贵族穷奢极侈,用铁、用铜、用银、用金造瓦,转而又叙述历史上普通百姓的简陋建筑,如北方的石瓦、南方的竹瓦,有些穷人甚至"头无片瓦"。这样对具体的细小事物进行历史、阶级的分析,有根有据,娓娓道来,使读者长知识、开眼界、明事理、受益匪浅。

二、以实论虚,虚实结合

杂文注重"摆事实、讲道理",以讲道理为主要目的。具体的事实是"实",抽象的道理是"虚"。杂文的"讲道理"并不是直接告诉读者一个结论,而是通过对具体事物生动形象的描述,借"兴发于此,意归于彼"的引申发挥,构成以实论虚、虚实结合的系统思路,使主题的概括既来自现实生活中的具体人、事,又提升到更广更深的理论高度,从而形成逻辑的力量。离开对具体事物的解剖分析,只有抽象概念的堆砌和空洞议论,那不是杂文的本色。

所谓具体事物,即一个人、一件事、一种现象、一条新闻、一则神话、一段传说、一首民歌、一句谚语等等。杂文总是从这些具体事物入手,融入作者的体验、感受、情绪和思考,通过形象化解析,由此及彼对照、联想,由一点扩展开来展开议论,揭示隐藏在小事物里的哲理,发掘出新颖深刻的主题。鲁迅在《由聋而哑》(鲁迅《准风月谈》)的杂文里,开头就引出具体事例:"医生告诉我们:有许多哑子,是并非喉舌不能说话的,只因为从小就耳朵聋,听不见大人的言语,无可师法,就以为谁也不过张着口呜呜哑哑,他自然也只好呜呜哑哑了。"鲁迅先由生理上的由聋而哑的现象谈起,比喻精神上因缺乏养料而产生的严重后果,目的在于说明文化需要借鉴、需要积累。当时精神食粮太贫乏,介绍外国文艺思潮、翻译世界名著的工作都做得差,于是精神上的

"聋"就导致了不学无知和创作上的"哑"。青年人因"聋",缺少借鉴,也就写不出,不能不"哑"。以具体论抽象,从实说虚,虚实结合,引人入胜,以理服人,其说理深入浅出。

议论说理要有严密的逻辑,要善于揭穿议论对象违反逻辑的错误。严密的逻辑使人思维清晰缜密,并产生无可辩驳的逻辑力量。

杂文以实论虚,知人论世,所歌颂的先进事物,所揭批的腐朽事物,都应该作为某种"类型"进行归纳、选取,使之成为典型,一人一物一事,都具有普遍性,让读者感到所写的内容在现实生活中似曾相识。唐弢在《鲁迅杂文的艺术特征》一文中说,鲁迅概括类型、刻画典型"恰似大画家的速写,它简单,然而完整;朴素,然而逼真;寥寥几笔,却已显出其传神的本领"。例如媚态的猫,吸人的血,还有预先哼哼地发一通议论的蚊子,嗡嗡地闹了半天,停下来舔一点油汗又拉上一点屎的苍蝇,以及各具情态的"落水狗""叭儿狗"等等。这类典型影射的是某些名公、巨卿、学者、文人的性情和面貌。这种取"类型"和刻画"典型"的手法,勾魂摄魄,抓住了本质,揭示了要害。要能够三言两语传神地勾勒出形象,作者必须对所写的事物理解得透彻,感受得深刻。这样的作品必然是长期观察、深思熟虑和艺术功底深厚的产物。

三、讲究手法,涉笔成趣

(一)幽默讽刺

幽默与讽刺都属于美学的范畴,是使杂文生动、形象、深刻的重要艺术手法之一。幽默可以带有讽刺,可以不带讽刺,它具有雅俗共赏的亲切近人的美感作用,让人们在微笑中理解笑的对象潜在的本质。杂文中的幽默,是客观生活中的矛盾现象在艺术中的反映,是智者深层次的思考和乐观主义精神的表现。王蒙认为:"幽默又是一种人情味,亲切感,是疲于争斗的人们的一种抚慰和'复归',所以也是一种轻松感、解脱感……幽默又是一种自信,一种从容冷静,一种健康的生活态度,一种恰如其分的批评和并不丧失原则的宽容,一种理性的头脑。"(王蒙《文学的诱惑》)讽刺是人类的理性向它的破坏者的反击,常被杂文作者用来嘲笑、抨击和否定那些愚昧无知、消极落后的以及反动的东西。

幽默讽刺常采用漫画式夸张法,对生活中某些人和事加以过甚其词的描述,突出其特点,启发读者的想象力并获得笑料。夸张取其神似而不重形似。

夸不失真，它从本质上揭示其真实内核。有篇杂文讽刺爱听吹捧不爱听批评的人，说其人的耳朵发育不平衡。听吹捧的那只耳朵畸形发展，其大如扇，一切好听的话都听得进去。听批评的那只耳朵则极度萎缩，其小如豆，以致半句批评也听不进去。这里耳大、耳小都被艺术夸张了，使人物形象惟妙惟肖，既典型，又有幽默感。幽默讽刺还常采用比拟、对照、反语、双关语、仿造词语等手法，形成一种谈笑风生、真理在握的气势，引导读者去捍卫真、善、美，批判假、恶、丑。

幽默的语言，讽刺的锋芒，在理趣情趣兼备的轻松愉悦中阐明道理，在令人刺激的冷嘲热讽中揭示不良行为或愚昧、反动的东西，这是杂文的特点。但是，并不是所有的杂文都必须用幽默和讽刺的手法，那些以歌颂为主的和正面阐释道理，介绍知识、经验的杂文，就不一定要用。

（二）善用典故

在杂文中使用典故，能增加知识性、趣味性和论证的说服力。引用历史故事、成语、俗语、格言、诗词、寓言、笑话、名人逸闻及文学形象等等，叫作用典。典故是"死"的，目的是用来比照阐释丰富多彩的现实生活，是借他山之石以攻玉。用典要把握典故的精神实质，取其所需，力求将典故用得新鲜活泼、贴切自然、深刻独到。作者要推陈出新、出奇制胜，最忌食古不化、板滞乏味、人云亦云、肤浅造作。

用典的方法多种多样。常用的有"借典"，按其原意，借典发挥，针对现实，议论事理；有"释典"，解释分析典故，引申出一番道理，或针对性地阐明道理；有"批典"，抓住典故中的某些片面性或不合理因素加以批判，从而联系现实，正本清源；有"反典"，一反典故的原意而生发议论，为现实服务；有"串典"，将几个典故串到一起，层层递进，讲明事理……

鲁迅是用典的大师，他用典不拘一格，信手拈来，点石成金，妙趣横生，又深刻贴切。如《准风月谈·谈蝙蝠》，由典引申，出人意料；《花边文学·女人未必多说谎》，以典作结，反驳有力；《花边文学·古人并不纯厚》，借典轻描淡写，左右逢源；《华盖集·这个与那个》，释典夹叙夹议，谈笑风生；《且介亭杂文·难行和不信》，反典驳伪，揭露实质；《南腔北调·火》，串典叠用，不见堆砌；《三闲集·扁》，一典单用，不显枯寂。这些显示了鲁迅用典优裕自如、浑然天成的艺术功力。

（三）杂文语言

每种文体都有各自的语言特色。一般的议论文要求语言准确严密，逻辑性强;文学作品的语言强调生动形象,有强烈的感情色彩。杂文的语言兼有议论文和文学文体的特色,它精练、形象,生动活泼,杂而有文,涉笔成趣,既具有绘声绘色的表情性,又具有周密的论证性、哲理性。请看鲁迅在《"硬译"与"文学的阶级性"》中的一段文字:"自然,'喜怒哀乐,人之情也'。然而穷人决无开交易所折本的懊恼,煤油大王哪会知道北京拣煤渣老婆子身受的酸辛;饥区的灾民,大约总不会去种兰花,像阔人的老太爷一样,贾府上的焦大,也不爱林妹妹的。"这段形象化的议论,比起抽象板滞的说理,要生动得多,也更具说服力,读来意味深长,使人们更清楚地认识到了资产阶级人性论的欺骗性。

有人认为杂文是诗与政论的结合,这主要是指杂文语言具有诗的抒情性和政论的明理性,二者结合,形成了独具特色的杂文风格。如郭沫若在杂文《黄钟与瓦釜》中,以黄钟与瓦釜的形象,喻世间的善与恶、是与非、美与丑、正与邪、真理与诡辩,文章最后他抒写道:"瓦釜哟,雷鸣吧!瓦釜师们哟,拼命地把你们的破坛罐敲得粉碎吧!有一个适当的下处在等待着,那就是垃圾堆。黄钟鸣而八音克谐,这宏伟的交响乐要响彻天地,响彻八垓,响彻未来。宇宙要充满着真理与正义的和谐。"文章用具体形象作比,表达了作者鲜明的爱憎,行文诗情激荡,闪耀着批判和智慧的哲理之光。它以情动人又以理服人,极具感染力。

杂文的语言风格具有多样性。因为所涉及的题材博杂,语言表达方式多样而灵活,杂文体式的不拘一格,所以在形象化地说理中所形成的语言风格也就显得"杂"。这种"杂"就是杂文区别于其他文体的特殊韵味。如果杂文的调子过于严肃庄重,或者装腔作势,居高临下,板着面孔说理而缺少情感色彩,缺少形象和趣味;如果说理直来直去,文章一览无余,满纸陈词滥调,这样的杂文肯定是面目可憎,不会有多少读者的。

范文点评

【范文】

选奴才与选人才

治泉

元朝陶宗仪的《南村辍耕录》记载了一件有趣的事,说是有位许鲁斋先生曾命牙侩（即中间介绍人）替他雇一名仆役。那位牙侩左选右挑，选中了一个能说会道又懂礼节的人。许先生一见忙说："不要不要，我只要一个老实的。"过了几天，牙侩又领来一个头发乱蓬蓬、脸上脏兮兮，又笨又呆的人，许先生竟痛快地录用了。办事的牙侩很不理解，问他为什么用这样的人。这位许先生回答得很妙，他说："骑马要骑上等马，驾牛要驾中等牛，用人就只用下等人。因为，上等马能跑得远，中等牛脾气善良，下等人听话。倘若用个仆人比我还聪明的话，我岂不是要反过来听他的了？"

许先生是深知"刁奴欺主"的，他选用奴才，就只选大脑简单、四肢发达、只懂跟着主人屁股后面转的人。

说到这里，我又想起一个笑话，是《聊斋志异》里的，说有一个年轻英俊的少爷被一个美貌的狐狸精看上了，狐狸精就嫁给了这个少爷。一天，她看到少爷给仆人的手令中有几个别字，把"花椒"写成"花菽"，"可恨"写成"可浪"，"生姜"写成"生江"。她很伤心，就在后面写了几句："何事可浪？花菽生江。有婿若此，不如为娼。"于是，不辞而别，离开了这个"纵然生得好皮囊，腹中原来是草莽"的女婿。我想这事若是那位许先生来处理，一定会说，嫁丈夫只要吃穿有靠就行了，你管他学问不学问呢？

所以，在许先生一类的封建道德家看来，用人就要用俯首听命、亦步亦趋的人，娶妻就要娶三从四德、无才就是德的女人。这些，都是衡量奴隶的道德标准。

在我们现今的社会主义社会里，这种封建主义的道德标准已经受到批判，但仍要警惕封建残余作怪，在我们任用人员、选拔干部的时候，切不可把"听话"两个字当成首要的德行，使为"四化"选人才的干部标准上，污染上封建主义选奴才的道德气味。

（原载《人民日报》1977年10月26日）

【点评】

这篇杂文议论的是选用人才的标准。下笔先不说理，而是引述元朝陶宗仪《南村辍耕录》里记载的"趣事"：有位许鲁斋先生认为"骑马要骑上等马，驾牛要驾中等牛，用人就只用下等人"。其用人的标准是"听话"。接着再引述《聊斋志异》里的"一个笑话"：美丽的狐狸精宁可为娼，也不肯嫁给"纵然生得好皮囊，腹中原来是草莽"的错别字先生。她的选人标准是"才学"。一件趣事，一个笑话，一反一正，两相对照，生动幽默，意在言外，通过具体事例引发读者对现实的思考，并由此展开议论，点明本文的主旨：在社会主义时期，我们使用人员、选拔干部切不可再用"许先生"的封建主义选奴才的标准，告诫人们要"警惕封建残余作怪"。文章以实论虚，虚实结合，借古讽今，针砭时弊。这比从头到尾抽象说理更形象、更平易自然，其理也更容易为读者接受。

【范文】

颂慎独

谢逸

在人所共知的十年中，"慎独"曾经受到批判，这是不公正的。

此语出于《礼记·中庸》："莫见乎隐，莫显乎微，故君子慎其独也。"郑玄注云："慎独者，慎其闲居之所为。"这是儒家的话。但《文子·精诚》也说："圣人不惭于影，君子慎其独也。"影，指自己的影子，"不惭于影"即无愧于己的意思。文子是哪一家呢？《汉书·艺文志》说他是老子的弟子，将他划入道家。这本书以老子"道"的思想为中心，杂有法、名、儒、墨各家的论点。还有，《晏子春秋·外篇》也说："婴闻之，君子独立不惭于影，独寝不愧于魂。"说的也是无愧于己的意思。晏子是哪一家呢？《汉书·艺文志》将他列入儒家。但也有人说《晏子春秋》是墨子的门徒写的，书中宣扬了墨家的思想。春秋战国时的各家，并不都是那么纯，而是以一家思想为主，兼容别家的一些观点。《刘子·慎独》也转述了晏子的这两句话，而将"魂"改为"衾"，此书作者未详，不知是哪一家的。到了北宋，高登在《慎独铭》中说："其出户如见宾，其入虚如有人，其行无愧于影，其寝无愧于衾。"这几句话，说得更加完满了。

从这篇流水账可以看出，不仅只是儒家讲慎独，其他各家也是谈的，可见这个准则很受到人们的重视。言行不悖，表里一致，不自欺欺人，忠诚老实，千百年来已成为一种崇高的道德规范，不管哪一家，都应该遵守。就是在社会主义以至将来的共产主义社会，同样少不了这个。严于律己，遵守法规，不暗地里胡作非为，就像天体中行星绕着太阳旋转一样，不得任意越出轨道；否则，就会破坏人群的安全，造成社会的混乱。故颂慎独。

（选自《中国杂文大观》（四），天津百花文艺出版社1996年版）

【点评】

这是一篇"颂扬"性杂文。它颂扬的是"言行不悖,表里一致,不自欺欺人,忠诚老实"的做人规范;颂扬的是中华民族几千年来的一种崇高美德。本文写作上的突出特点是串典叠用,知识性强。作者先后引用了《礼记·中庸》《文子·精诚》《汉书·艺文志》《晏子春秋·外篇》《刘子·慎独》《慎独铭》中关于"慎独"的阐释,证明不仅儒家,其他各家,如道家、墨家、法家等都十分推崇"慎独"的做人准则。围绕"慎独"这一全文之"神",多处用典而不觉散乱;虽引述内容博杂,但它们互为补充,浑然一体,无堆砌拼凑之嫌,并非"流水账"。文章以古论今,论据充分,阐明即使到了共产主义社会,谨慎诚信、严于律己的传统道德规范都是人们应该遵守的。颂扬性杂文容易写得浮泛浅陋,但本文丰腴而严谨,短小而精悍,明慧而隽永。

实践练习

1. 你认为现代杂文是否是一种独特的独立的文学体裁?为什么?

2. 杂文的特点,一言以蔽之,就是"杂"。试分析"杂"具体表现在哪些方面。

3. 杂文既具有议论说理性,又具有文学性,在写作中应如何处理好二者之间的关系?

4. 为什么偏重于议论的杂文应该具有审美价值?你认为什么是"杂文味"?

5. 认真阅读下面这篇杂文习作,指出它在论事说理中的毛病,并进行改写。

她们在追求什么

我们经常在街上看到,一些女青年盲目地追求时髦。头发染成五颜六色,做出各种惊人的造型;或者干脆理成男士头,像个假小子。衣裙呢,却越穿越短,似乎在比赛谁"露"得多。脚下的皮鞋也是奇形怪状,有的鞋跟像筷子高高竖起,细长的鞋尖锐利无比,有的皮鞋厚重笨拙,行路艰难⋯⋯

这些自我感觉良好的女同胞,自以为是在追求新潮时尚,自以为美。她们口里叼着香烟，昂头扭腰，以为可以招来很高的回头率。其实人们不是在回头欣赏美，不是在羡慕，而在感到稀奇洋怪（不是"古怪"），仿佛遇见了外星人一般。这些女青年尽在自己身上变花样，大把花钱，大胆设计，刻意进行自我包装，把打扮当作人生的目标。这只能暴露她们灵魂空虚，格调低下；这是胸无大志、不思进取、贪图享乐的醉生梦死的人生观的外在表现。

我们正处在社会主义的初级阶段，须知"成由勤俭败由奢"的道理。加之我国刚加入"世贸"组织，任重道远，机遇与风险并存。青年人应立志报国，以"只争朝夕"的精神投入到祖国的现代化建设中去。我们奉劝那些女同胞，早日醒悟，不可把低俗当作时髦，你们代表的不是先进文化、先进思想。解放思想是为了改革开放，不是丢掉传统美德。

6. 根据下面提供的材料，拟做一篇杂文。

据报载，一家福利鞋厂不慎发生了火灾，正在上班的十几个残疾人在无法扑灭大火的情况下，跑到窗口呼救。最后在消防队员的救助下，秩序井然地一一从被大火封锁的安全门逃生。在消防队员来之前，里面的人十分冷静。有两位视力几乎丧失的残疾人背着瘸子准备冲出火海："瞎子"没有视力，却有健全的双腿，瘸子有健全的视力，却没有健康的腿，他们形成了绝妙的组合。而在另外一处火灾现场，身体健全的人为了逃生而造成拥挤，堵住了安全门，延误了逃生的时间，有的甚至被践踏致死。可见"私心"甚于火灾。

第十一章 报告文学

第一节 报告文学的界定

报告文学是用文学手段来表现当代现实生活中具有典型意义的真人真事,是带有新闻报道性质的一种文学体裁。它既是"报告",也是"文学",兼有报告与文学的双重特点。它的报告性是主要的,其次才是文学性。钱杏邨曾经在《上海事变与报告文学》中说:"报告文学的最大特点是在事实的报告。"

历史地看,报告文学是新闻事业发展到一定阶段的产物,它的产生是与欧洲资产阶级革命运动联系在一起的。伴随着欧洲资产阶级革命的胜利,一些揭露贵族阶层的虚伪与残暴,反映下层民众的悲惨与痛苦的作品开始出现。如德国盖奥尔格·弗尔斯特尔的《环游世界的旅行》《莱茵河下游的景色》,它们以游记的形式描写作者在旅行中见到的种种民族主义和殖民主义的暴行,针砭时弊,具有了报告文学的基本特征。报告文学的成熟则是与无产阶级革命运动联系在一起的。1847 年,恩格斯的《基佐的穷途末日·法国资产阶级的现状》忠实地向读者描述了法国工人六月起义的状况。1905 年的《一月九日》,则采用文学手法,用"立此存照"的方式反映了沙皇血腥镇压和平请愿工人的悲壮场面。此文被鲁迅称为"先进的范本",被列宁称为"无产阶级最杰出的艺术代表"。高尔基不但写了《列宁》《英雄们的故事》等报告文学作品,还从理论上精辟地阐述了报告文学写作的原理。此后在 20 世纪三四十年代,伴随着反帝国主义、反封建主义、反殖民主义的革命运动,报告文学发展到了一个新的时期，出现了如美国斯诺的《西行漫记》、史沫特莱的《中国红军在前进》和《伟大的道路》、捷克伏契克的《绞刑架下的报告》等具有时代意义的报告文学作品。

在我国，1876年6月《申报》上连载了李小池的《东行日记》，1905年11月26日《民报》上发表了陈天华的《纪东京留学生欢迎孙君逸仙事》。这两部作品都初步具有了报告文学的特征。1922年瞿秋白的《俄乡纪程》和《赤都心史》写了作者从北京到哈尔滨到莫斯科的见闻以及在俄乡的经历，以及十月革命后在赤色莫斯科的所见所闻。一般认为这两部作品是我国报告文学的发端。发表在1937年《中流》第十一期的茅盾的《关于"报告文学"》对报告文学进行了界定："每一时代产生了它的特性的文学，'报告'是我们这匆忙而多变的时代产生的特性的文学样式。读者大众急不可耐地要求知道生活在昨天所起的变化，作家迫切地要将社会上最新发生的现象解剖给读者大众看，刊物要有敏锐的时代感。"1936年夏衍发表在《光明》创刊号上的《包身工》则可称为我国报告文学史上的扛鼎之作，无论从写作技巧和内容上看都具有了划时代的意义。新中国成立后，报告文学的发展出现了几个高峰。第一个高峰出现在20世纪60年代中期创作的讴歌英雄模范人物的作品。如黄家骏、陈广生的《共产主义战士——雷锋》、田流的《忠心耿耿》、魏纲焰的《红桃是怎样开的》。1978年，中国共产党开始在各条战线上进行拨乱反正，报告文学的发展又进入了一个高峰期。这个时期的报告文学作品紧跟时代发展的步伐，及时地反映出各条战线的新变化，写出了许多可歌可泣的立体形象，如徐迟《哥德巴赫猜想》中的陈景润、黄宗英《大雁情》中的秦官属、魏纲焰《忆铁人》中的铁人、黄钢《亚洲大陆的新崛起》中的李四光、鲁光《中国姑娘》中的女排姑娘、柯岩《船长》中的贝汉廷、谭楷《国宝》中的胡锦矗。这些人物无一不是中国人的脊梁。这一时期，作者们表现出了极强的参与意识，更多地注意了采访的技巧，甚至按照自己采访的行踪为写作顺序，读来自然而真切。当然，这一时期的报告文学作品里也不乏揭露和批评。20世纪90年代，报告文学迎来了它发展的又一个春天，新人新作层出不穷。其内容涉及改革的方方面面，涉及国家大政方针，如香港回归、抗洪救灾等等，不一而足。《报告文学》这一以文体命名的杂志在2000年开始公开发行。这一时期的报告文学作品始终站在改革开放潮流的前沿，反映人们普遍关心的各种热点问题，歌颂那些或堪为中流砥柱，或埋头苦干，或敢为天下先的英雄人物，为他们立传。同时，它也揭露那些丑恶的、腐败的、阴暗的、阻碍历史发展的社会现象。报告文学正以其独特的方式反映着社会的变迁，正伴随着社会的进步而发展。

第二节　报告文学的分类

按不同的方法，可以对报告文学进行不同的分类。由于这种文学样式本身具有新闻性，故而可以用新闻分类的方法对它进行分类。又因为它具有文学性，也可以用文学分类的方法对它分类。一般来说，从写法上看，报告文学有"小说式的、散文式的、通讯式的、随想式的"等等。从写作对象的侧重点不同，作品又可分为写人为主的报告文学和写事件为主的报告文学。按写作内容的性质可分为歌颂性报告文学和批评性报告文学。按篇幅长短则可分为长篇、中篇、短篇报告文学。按写作视角可分为全景式报告文学、单视角报告文学。

一、写人为主的报告文学和写事为主的报告文学

写人为主的报告文学一般都是写一个人生平的某一段经历或某一个片段，或者较完整地写一个人的一生。旨在再现人物的性格和精神风貌，反映人物的精神世界，展示人物的先进事迹。写这类报告文学，一般要写出人物活动的背景。不能把人物同时代脱离开来，孤立静止地写人物。而且，写人物时也离不开文学表达方式中的描写、叙述、议论、抒情，还常常要用到语言、肖像、行动、心理等方面的描写方式。比如黄钢《亚洲大陆的新崛起——从李四光走的道路看新中国地质科学的跃进》就写出了人物活动的时代背景是新中国成立之初，李四光不顾国外高薪聘请，毅然回国，从理论和实践上揭露了西方散布的"中国贫油论"的荒谬。

写事件为主的报告文学常常以现实生活中的典型事件为中心，描写众多的人物，揭示事件所蕴含的意义，满足人们的求知欲望和好奇心理。《世界第八奇迹发现记》就对整个事件的来龙去脉做了交代。大鹰的《九一三事件始末记》则叙述了林彪反革命集团怎样一步步地走向灭亡，让"九一三事件"的真相大白于天下。

当然，这两类报告文学并不能截然分开。写人物离不开写事件，写事件离不开写人物，关键在于以写什么为主。

二、歌颂性和批评性报告文学

歌颂性报告文学以歌颂为主，颂扬时代主旋律，紧紧把握"以正面宣传为主"的方针，贯穿"以正确的舆论引导人"的思想精髓。如徐迟的《哥德巴赫猜想》就告诉了人们伟大的数学家陈景润艰苦奋战，攀摘数学"皇冠上的明珠"的动人历程，给受众以教育和鼓舞。

批评性的报告文学以批评、揭露为主，对生活中的假恶丑等现象进行揭露。写这类作品时，也应该紧扣时代发展的脉搏，使作品能经得起现实和历史的检验。这类报告是文学作品，观点必须正确，态度必须鲜明，材料必须翔实，数据必须真实，以避免不必要的纠纷。

三、长篇、中篇、短篇报告文学

长篇报告文学篇幅较长，大致在10万字以上，如《马家军调查》。中篇报告文学字数在2万字以上，10万字以下，如《哥德巴赫猜想》《目击俄罗斯》。短篇报告文学则篇幅短小，字数在2万字以下，如《一不留神拾来个劳模》《扬眉剑出鞘》。

四、全景式报告文学和单视角报告文学

全景式报告文学用宏观、全面的方式写作。这类报告文学对作者提出了较高的写作要求，比如调查、采访要翔实，要有较高的理论修养，要对政策法律有正确的理解，要有较高的知识积累，如对历史的、哲学的、宗教的、民族的、风俗的、美学的等很多方面的知识有更多的了解。全景式报告文学信息容量大，人物众多，篇幅宏大，气势磅礴，结构恢宏，全景地、立体地报道重大事件、现象的发生发展过程。如杨匡满、郭宝臣的《命运》再现了1976年天安门事件的全过程，揭示了正义终将战胜邪恶，历史终将向前，中国大有希望的美好前景。再有如《九一三事件始末记》《复关入世十五年》，都可以称作全景式报告文学。

单视角报告文学无论从叙述的人称还是从写作的内容上讲都显得单一。如肖复光的《仅仅因为漂亮》，发表在2002年第二期《报告文学》上的《苗家歌手宋祖英》等，对于这类报告文学，作者只需把一个人物、一件事情介绍清楚即可，不必像全景式报告文学那样注意前因后果、来龙去脉和相关信息连接。

第三节　报告文学的特征

报告文学是介于新闻与文学之间的一种边缘文体。与小说等虚构性文学样式相比较，报告文学的内容是绝对真实的。在写作上，报告文学强调选择材料，强调挖掘出有意义有深度的题材来为主题服务。而小说则强调塑造、虚构、想象。从这一点看，报告文学类似于散文，强调写真人真事，抒真情实感。另外，报告文学和一般新闻文体（指消息、通讯）相比较，报告文学写作的容量大，能把事件描写得深刻、透彻，注重对事件来龙去脉和新闻背景的开掘，消息、通讯则强调把事件叙述清楚。报告文学比消息、通讯更注重文采和形象，文学味更浓。由于报告文学写作材料要翔实，调查采访要深入，故而时效性不及一般新闻强。如果说一般新闻满足了人们"知其然"的欲望，那么报告文学则满足了人们"知其所以然"的欲望。正如茅盾所说："'报告'的主要性质是将生活中发生的某一事件立即报告给读者大众。题材即是发生的某一事件，所以'报告'有浓厚的新闻性；但它跟报张新闻不同，因为它必须充分地形象化，必须将'事件'发生的环境和人物活生生地描写着，读者便如同亲身经验，而且从这具体的生活图画中明白了作者所要表达的思想。'报告'作家的主要任务是将深刻在变化、深刻在发生的社会和政治的问题立即有正确尖锐的批评和反映。"可见，新闻性、文学性的统一是报告文学的基本特征。

一、新闻性

所谓新闻性，主要指报告文学具有新闻的一般特点。在写作的方法、原则等方面遵循新闻写作的一般规律。比如在选取题材上，它应该选取重要、新鲜、具有时代特色、老百姓普遍关心、有新闻价值的题材，而不能将一些没有意义或不具有普遍性意义的事件来大书特书。

（一）真实性

真实是新闻的生命，也是新闻区别于小说等文学体裁的基本特征。这就要求在写作时不能夸大其词、添枝加叶。而且，这个"真实"是生活的真实而不是艺术的真实，也就是说所叙写的事实要符合生活的本来面目，新闻的要素必须真实。在写作中应注意领会"用事实说话"的道理,应充分相信读者的判断能力和欣赏水平。保证新闻真实的另一个含义是客观公正,只有客观公正的作品,才会具有生命力。

近年来,理论界有了一些争议,有的人把报告文学当成纪实小说。其实报告文学与现实主义的艺术方法有着与生俱来的天然联系,报告文学作家由于有很强的使命感和责任感,他们的作品也就能够与时代共脉搏,与民众同忧患,报告文学失实就是失信,如果把报告文学当成了纪实小说,报告文学也就消亡了。

(二)及时性

报告文学应该写新近发生的事实,而且在传播的时候应该快捷,因为昨天的新闻今天就会成为历史。报告文学等新闻体裁之所以有生命力、有威力,一个重要原因就是因其对现实的反映十分迅速。改革开放的今天,世界风云突变,一些重大的问题需要及时快速地传播给受众。受众就其心理特征而言,一般具有了解新鲜事物的欲望。报告文学作家理应敏感地把握时代发展的方向,抓住重大的事件快速报道出来。如家泓《阿富汗战场纪事》就报道了在塔利班摧毁世界上最大的两尊佛像和对哈扎拉族进行大屠杀,美国因遭到恐怖袭击而轰炸阿富汗之后不久的情况,让受众及时地了解了阿富汗遭轰炸后的种种事实。

一般说来,报告文学由于内容涉及面广,包容量大,准备、调查、核实、写作都需要一个过程,不能为追求及时性而不顾及真实性。报告文学在这一点上不如消息、通讯对及时性要求那么高。对于报告文学作者来讲,要掌握一个报道发表的时间问题,要有新闻敏感,有的问题虽然很重大,但不宜发表或者不宜及时发表,有的问题也许看起来不重要,但却恰恰带有方向性和普遍性。

二、文学性

从一定意义上来讲,报告文学就是用文学的手段来写新闻。所谓文学性,就是用文学手段和表达方式来进行写作,即要注意文采,又要刻画形象。文学是用语言为手段,通过形象反映生活的一种艺术形态。一般来讲,消息强调叙述的几个要素,只需要说清楚在什么地点、什么人物、做什么、为什么这么做、结果怎样就可以了,强调公正、客观、用事实说话。报告文学则是全方位立体式多侧面的报道,强调背景、环境描写。文学的各种表现手段在报告文学中都有运用。

（一）刻画人物形象

描写人物常常用肖像、语言、行动、心理等描写方式，还可以运用细节描写、白描、侧面描写等手法。要使人物真实、鲜活、可感，甚至还可以用烘托、渲染、铺陈等方式。为了表达的需要，还可以选择叙述的人称和叙述的顺序。报告文学使用林林总总的写作技巧，都是为刻画人物和表现主题服务。

高尔基描写列宁在听普列汉诺夫的演讲时这样写道：

> 他时而蜷缩着身子，仿佛怕冷似的，时而伸开四肢，好像怕热一样；他把手指插到腋下，摸一摸下巴，摇摇光亮的脑袋，悄悄地在汤姆斯基耳边讲了些什么。当普列汉诺夫宣称，党内没有修正派的时候，列宁就弯下身去，秃顶也发红了，肩膀也因为笑而颤动着，坐在他旁边和后面的工人们也微笑起来。

这一段文字就用多种描写方式刻画出了活生生的列宁形象，也给人以真实的感觉。

（二）借鉴文学创作手法

我们可以将戏剧的台词、诗歌的长短句和炼字、电影的蒙太奇手法及拍摄画面的推拉摇移等方法用于报告文学的写作。如《大雁情》采用四个小标题"她……""她？""她""她？？"一波未平，一波又起，层层深入，悬而未绝，就运用了蒙太奇的技巧。

三、政论性

政论性是报告文学区别于其他文学样式的重要特征，也是它区别于一般新闻体裁的重要特征。报告文学作者应站在时代的高度，旗帜鲜明地表明自己和自己所代表的政党、集团的态度。作者只有通过理论学习，强化技能素质，增强政治观念，与时俱进，才能永葆青春活力，写出的作品才有战斗力。文学在很大程度上讲就是用材料和现象来诠释哲学、法律等意识形态，报告文学作家更应具备优秀的政治理论素质。

在进行写作时，作者应该注意到用事实说话的重要性，发表见解应该注意议论要有所依托，要有感而发，要正确，有深度，适可而止。一般新闻样式强调用事实说话，在表明编辑部的意见时含蓄委婉，充分尊重了观众的阅读审美能力；在传达上级理念时更多地用形式来反映内容，注意各种技巧的运用，比如版面设置、篇幅长短、字体字号、选择角度等等方面。报告文学作者在表明自己观点时可以更直接、更鲜明，当然也可以运用各种技巧，比如用作品中的人物发言代替作者发言，增加作品的真实可感性，又同时传达了传播者的声音。更多的时候，报告文学的政论性文字都是用直白的议论来表现的，如陈锡添《东方风来满眼春》第一部分写到了车子缓缓在市区穿行，看到到处高楼林立，出现生机勃勃的景象时，作者这样写道：

> 这正如他后来说的："8年过去了，这次来看深圳、珠海特区和香港的其他一些地方，发展得这么快，我没有想到，看了以后，信心增加了。"

这样的描写反映出了小平同志对特区建设充满信心，同时让全国人民深受鼓舞，也传达了作者的意图，达到了让作品中的人物发言以增强文章的厚重感和真实感的效果。当然，更多的时候作者的议论是从大处着眼的，其态度鲜明，一目了然。如秦维宪《许杰与他的难友们》，文末作者有这样一段话：

> 许杰可以安息了，但曾经发生在当代中国的那段丑恶历史，国人乃至我们的千秋万代是不能轻易忘却的；一个有希望的民族，只有在汲取惨痛的历史教训的基础上才能提升，才能奋进，才能自立在世界民族之林。

这段评论虽然不够新颖，但正确地把握了历史，态度鲜明，总结了全文，催人奋进。

第四节　报告文学的写作

一、选择典型题材

报告文学应该是"时代的报告"，起着引导舆论以正视听的重要作用。它所涉及的内容应该是那些关系国计民生的重大问题，同时这个内容应该具有时代性和代表性。报告文学作者应站在时代的高度，把握住时代发展的脉搏，正确领悟哪些问题应该反映，深刻挖掘生活现象，揭示其本质，全面地分析事件所产生的背景，鲜明地用历史的、哲学的、辩证的方法表明自己的立场。比如改革开放进入攻坚阶段的今天，我们看到的作品主要是反映为社会主义建设做出重要贡献的人物，如科学家袁隆平、共和国的钢铁卫士、1998年的抗洪英雄和一大批为改革开放做出重要贡献的各路英雄豪杰，以及在西部大开发中涌现出的可歌可泣的人物和故事。反映问题的有反腐倡廉中已有定论的如成克杰案、赖昌星案，生态环境问题，弱势群体的社会保障问题。此外，还包括世界上有重大影响的问题，如阿富汗问题、伊拉克问题、巴尔干问题、以巴冲突等等。

报告文学所写的题材有着非常重要的意义，它甚至在很大程度上决定着报告文学本身质量的高低。一般意义上的文学作品的价值并不完全取决于题材，形式在一定程度上就是一种有意味的内容。报告文学的题材必须真实，必须贴近现实，反映社会的热点，关注国家的前途和命运，表现人民的心声。而一般的文学作品如散文可以写随笔、小品，写身边琐事，写亲历的事情，很多时候带有"小"的特点，小说创作时可以想象，可以虚构、夸张、添油加醋，可以"杂取种种，合成一个"，可以是"一个拼凑起来的角色"。报告文学在这方面的要求非常严格，要求内容必须真实，同时应该有新闻价值，选取的往往是重大题材，即使题材本身不重大，也都应该具有时代普遍性或时代前瞻性。如突破当时题材禁区，以知识分子为主人公的《哥德巴赫猜想》《大雁情》等作品都是写个别知识分子，但这些知识分子却具有广泛的代表性，所反映出的知识分子问题因与"拨乱反正""科学技术是第一生产力"等相联系而具有较强的时代性。这些作品的发表跟落实知识分子的问题是紧密相连的。

当然，选择什么样的题材却是一门"艺术"。文学评论家雷达就说，报告文学是一门"选择的艺术"。主要是指报告文学作家应该学会选择，在选择材料时，有时甚至需要非凡的胆识和勇气。对于同样一个题材，不同的作者写出来效果也不一样。例如乔迈的《三门李轶闻》讲的是在"三门李"实行责任分组，五个共产党员是哪组都不要，后来他们自己插旗建组，发扬了党的传统，恢复了党的形象。作品以点带面、以小见大地触及了农村经济体制改革及党群关系等重大问题，选择好了角度。

二、深入采访调查

报告文学作家理由说:"报告文学的生命在于奔跑。"毛泽东说:"没有调查就没有发言权。"讲的就是调查的重要性。调查采访有很多好处,比如可以发现题材,核实细节,抓住感人的鲜活场面,找到写作的切入点。在采访时,态度要诚恳谦逊,应该和被采访者交朋友,即使作者知道事情的原委也应该尽量学会"用事实说话",避免武断和遗漏。

调查采访的方法一般有观察、询问、开座谈会等。

观察主要指作者在生活中的发现。如黄宗英在长城上"看见大雁,就想起了大雁塔下的植物园"及植物园实习研究员秦官属。就找到了很好的题材,顺藤摸瓜,让写作本身有了角度、有了线索、有了内容,也使得作者介入其中而使文章真实,创作出了《大雁情》。

询问这种方法适用于目的性很强的采访。询问的主要作用是核实细节和了解未知的问题。

开座谈会时要选取有代表性的方方面面的人物座谈。这种方法的好处是简便易行,因有多方人物发言而使作者显得中立,使文章显得真实。

这三种方法往往相辅相成、相得益彰。调查是调查问题和核实材料,往往在写批评揭露性的报告文学中运用,其好处是可以"微服采访",不打草惊蛇,揭出事物、事情、人物的本来面貌。

三、合理安排结构

报告文学与其他叙事文学相比,在结构上大同小异。但报告文学不像小说等文学样式那样可以虚构,因此在写作技巧、表现形式方面受到一些制约,合理安排结构就显得尤为重要。

(1)纵式结构:按照事件发生、发展的先后顺序来安排材料。如《大雁情》,就是按照这种方式写作的,随着调查采访结束,作品也就完成了。这种结构方式优点是线索明晰,有头有尾,前后呼应,交代清楚,容易被读者接受。它常用于记一人一事的报告文学写作。

(2)横式结构:按照空间的变换来安排作品结构。这种结构方式常用于多人物、多事件的报告文学写作中,有利于多侧面地展示人物,表现人物,如魏巍的《谁是最可爱的人》。

（3）纵横式结构：综合运用纵式结构和横式结构，在写比较复杂的事件时常用这种结构方式。比较典型的作品如《为了六十一个阶级弟兄》，表现同一时间发生的不同事件时就采用了这种结构方式。

（4）意识流结构：按照意识活动的流程来组织结构，如《一不留神拾来个劳模》的写作结构。

四、注重人物刻画

作为文学，就应该用形象反映生活，用典型环境、典型事件来刻画典型人物。前面在讲述报告文学的特点时对人物刻画的问题做了讲述，这里不再赘述。

五、发挥议论特色

议论可以旗帜鲜明地表明立场、态度，可以帮助读者提高认识，可以使文章连成有机整体。要注意的是议论要正确，20世纪90年代有一篇报告文学预言我国在不久的将来会取消高考制度就显得主观臆断。因此，议论要有依托，不能空发议论；议论要简洁，议论是表态，是定性，不应该占据大量的篇幅；议论要鲜明，若含糊其辞、模棱两可不如不表态；议论要出现在节骨眼上。

六、体现社会责任感

从一定程度上讲，报告文学是批评的艺术。它诞生伊始就和社会批判联系在一起。报告文学奠基人之一捷克作家基希把报告文学称为"艺术地揭发罪恶的文告"（范培松《论九十年代报告文学的批判退位》）。范培松说："正是批判把报告文学和游记等文学划清了界限，也正是批判把新闻的真实效应和文学的审美功能粘合起来，合成了新的文学样式——报告文学。"时至今日，报告文学的批判功能已大为减弱。其实用辩证的眼光来看，鞭挞落后就是张扬先进，批评揭露是为了更好地树立典型。就是讲"以正面宣传为主"，它也不排斥揭露假恶丑，揭露假恶丑同时就是彰显真善美。报告文学作为"时代的战鼓""战斗的轻骑"，它更应该是批评的文学。如果说其他文学样式是以写正面内容为主的话，报告文学则应该是以批评为主。它的批评正好是对直接写正面内容的有益补充，只是在批评时必须"服从和服务于维护国家和公众的利益"。

报告文学要求作者具有强烈的社会责任感，具有非凡的勇气、胆识。基希说,写报告文学"非有毫不弯曲报告文学的意志,强烈的社会感情,以及企图和被压迫者紧密的连接的努力的三个条件不可"。在风云多变的20世纪70年代,徐迟就站在时代的高度,为知识分子唱赞歌,具有超凡的勇气和胆识,其作品《哥德巴赫猜想》在报告文学中占有一席之地。《来自小康县的报道》让读者真实地了解到个别地方"官出数字,数字出官"的丑恶现象,从而理解政府在惩治贪污腐败等问题上的决心。

范文点评

【范文】

一个女硕士生的真情独白(节选)

1996年5月,大病初愈的我回到了家乡那个偏僻的小乡村。前来车站接我的是我姐(指嫂子——编者注)李民兵。她满脸喜色地抓过我的行李往肩上一背,就挽着我的手,连连说:"小妹,脸色好多了,真阿弥陀佛,托菩萨保佑哩。"我一个劲地问爹问妈问哥问我那可爱的小侄女,他们都好吗?妈的神志不清,能好到哪里去?其实我真正要问的还是爹,他还是不是那倔梗头的坏脾气。因为我的病,把原本贫寒的家弄得债台高筑,几近倾家荡产的地步,他见了我的面,本来乌云密布的脸不会来一阵霹雳闪电?我惶恐着,当然我不怕,有姐这棵柔韧的小树为我遮风挡雨,我多少有些宽慰。真是近乡情更怯啊!

一进那两间度过我艰辛时光的简陋屋子,首先便见到了给了我生命的爹。"儿,你回来了。"真是难得有了这声温馨的问候,而爹的脸色并不霁和,仿佛是硬生生地挤出来的。这就够了。打我上小学直到考进中国那所名牌大学,他就让我"不得开心颜"。现在我那准备接受风暴袭击的悬着的心才踏实下来。想想这些心里真不是滋味,打从我上学,我们门门功课都是名列前茅,给爹争够了脸面。尤其是考上了中国名牌大学,要是别人家的父母,不定怎样地欢欣鼓舞,而我这个古板的爹啊!我曾几次欲哭无泪,黯然而神伤。

晚上哥悄悄告诉我:为了我安心而宽心地养病,姐专门坐在爹的床边,作了一次女儿对父亲的长谈。门外走来走去不敢迈进的哥侧耳谛听着里面谈心的动静。有几句话哥是听清楚了的。姐说:"爹,你要是烦不过,就冲我或其银

（指其凤哥——编者注）吼几句，我们都是你的亲儿女。可对其凤万万不能使性子，她还是个病人哪。让她好好养病，她才能继续完成学业！"沉默许久后，爹才瓮声瓮气地说："我听你的，兵儿。"哥跟我说："爹敬重你姐，只有你姐的话，他才不敢马虎。换上我这么劝他，他准把我骂个七死八活。"

哥又神神秘秘地问我："你的病那样凶险，咋能死里逃生，好得这么快？"我说："我命大，又有姐的照顾，加医术高明呗！"哥狡黠地一笑说："可是还有一点怕是你做梦也想不到的吧，你姐从北京回来，天天烧香拜佛，求神仙保佑你，怕是感动了菩萨哟。"我和哥都开心地笑了。我丝毫不觉得姐的虔诚跪拜多么愚昧与落后，倒是分明触摸到一颗博大母爱之心的跳荡。当晚，我与姐抵足而眠，要不是怕我长途奔波的劳顿和身体虚弱，姐催促我快点闭上眼睛，我们姐妹俩会朋友似地聊到东方既白。

已经快两岁的小侄女乖巧伶俐，自然是哥与姐的掌上明珠。可自打我一回来，我渐渐发现，我竟取代了小侄女的位置。哥与姐把对小侄女的爱一股脑儿全给了我，我倒成了特保儿。

按常理，像我们这穷家小户，不逢年过节，没至亲好友登门，是舍不得杀鸡的。我回家后的第二天，姐就把正在下蛋的老母鸡给杀了。一番悉心操作打点，灶屋里飘出阵阵令人逸涎的香味。不一会，姐将一大碗热腾腾的鸡汤送到我手里，说："小妹，快趁热吃了吧。"她顺手拖过板凳拉我坐在桌边。这时我那小侄女也摸了进来："妈妈，我也要要……""你要什么？姑姑喝的是药，好苦好苦。"童心慧性的小侄女却不上这个当："妈妈骗人，是鸡汤，我要嘛，我要嘛！"我正要给姐的心肝宝贝拨一半出来，姐却抢着把我的手按住了，说："你的身体弱，要好好补补。"我的小侄女哭闹得厉害了。啪！生气的巴掌落在我的小侄女头上："死鬼，怎么这么不听话，姑姑有病。等姑姑病好了，我给你买好多好多好吃的东西。"姐边说边哄起大哭不止的小侄女，"我们到外面捉麻雀去。"姐姐抱着我的侄女出去了。而留在灶屋里的我则傻呆呆地坐在桌边没有动弹。不，我不能辜负了姐的一片苦心，我是和着眼泪喝下去的呀！我这次真的没有感觉鸡汤的鲜香，却觉着一股浓浓的苦涩……

在我的亲人们无微不至地照顾下，我的身体恢复得很快。当一年休学期满后，对镜理红妆，一个洋溢着青春与活力的少女冲我做着鬼脸。对生命的自信，对未来的憧憬，重又走进我的梦境。1996年8月底，名牌大学——北航美丽的校园里重又闪现着我意气风发的身姿。

四年的大学生活很快就过去了，门门功课都名列前茅的我在即将毕业、即将走向新的生活时,却自我树立起一座新的人生坐标:考研究生。这,我必须征求一下我姐的意见。于是2000年元月的第一天,我撇开往常靠书信沟通我们姐妹情感的老办法,狠狠心掏钱向千里以外的湖北菱湖农场要了一个传呼,请对方务必叫我姐接电话:"姐,我快毕业了。工作也联系好了,是浙江杭州一家大型企业,当白领管理人员……"电话那头姐好不高兴地说:"好哇好哇……""不,不,你听我说完,我不打算很快就业,我想考研究生,你说我怎么办才好?"姐仍然是一副兴奋的口吻:"这太好了!小妹,上班挣钱未尝不好,可考研究生更重要……过了这个村就没有这个店了,今后后悔都来不及了,有这个机会千万别错过了!"行!有姐这几句拨雾见日的话语,我决心已定,我决心立即投入到考研的复习中去。可是……"姐,爹他能同意吗?""你放一百二十个心,爹的工作我来做。"

这年春节,我没有赶回去与亲人团聚,一头扎进图书馆,扎进浩如烟海的各种复习资料中。中间我收到过姐姐寄来的腊肉腌鱼熏鸡等好吃的东西。这分明是我的亲人在为我加油打气呐喊助威。向着人生新的高度,我浑身是劲,满心愉悦地去拼搏,去进击。嘿!6月下旬,一张中国人民大学经济学硕士研究生的入学通知书翩然而至。

7月初,我怀揣着这份厚礼赶回我的老家,双手献给我的姐姐李民兵。我姐捧着这份金榜题名的"喜报",贪婪地左看右看总也看不够似的。叫我意想不到——不,其实也是在意料中的事情出现了:我那年迈的老父亲却满脸布着愤愤之色,他压根就不赞同我考什么"盐"究生还是"油"究生的。按他的想法,既然找到了一份好的工作,该知足啦!可偏要去坐冷板凳做什么鬼书虫。尽管姐曾劝说过他,他也曾沉默不语过。但他并没有转过弯来。好古怪的父亲哟!一瞬间,我真想放声大哭。爹呀!女儿我理解你:你这个似乎从久远年代走过来的人,一生受过太多的苦难,心灵上承受着太多的历史的负荷,总希望儿女们尽早给予丰厚的回报,又固执地认为,女孩儿读书再多,迟早也是别人家的人,在女孩儿身上花费那么多的钱财太不划算了。面对父亲刻写着太多沧桑与山峰般皱褶的脸,我真想哭喊一声:爹,我理解你,可你理解女儿吗?除了血脉相承外,我们父女之间怎么没法沟通呢?我有我的人生追求,我不愿回到你的生活轨道。我现在算明白了,横亘在我们两代人之间的其实就是迥然不同的价值取向!

7月初的一天,我陪姐到街上摆摊卖西瓜。——姐说尽管考上研究生,每月的生活费国家基本上包了下来,但还得给我凑几个钱带上。在落日的余晖中，我们姐妹俩满身汗水地回到家里。想不到阴沉着脸的老父亲到底忍不住蹦出了几句难听的话："有现成的工作等着，你不去，你不后悔，爹还替你后悔呢。"我老实不客气回击道："爹，你要后悔你就后悔去吧，我对于我的追求无怨无悔。"我愤愤地说完转身就要离去。"站住！"爹爆发似地喊住我："你、你这个不孝的东西，你回来这些天吃了我一百多斤大米不说，还给我气受。别人家养儿养女都能享到儿女的福，唯独你……"我们父女之间的战争就这样爆发了。"世上少见你这老顽固！"由于我的出言不逊，惹得老父亲勃然震怒："你现在翅膀变硬了，就嫌弃我这老不死的了！"他突然呜呜地哭叫起来，"我现在活着还有什么意思？"他急猴猴地东寻西找，"那瓶打虫子的毒药呢？老子今天就死在你的面前算了！"只见姐几步上前，一把将他拦住。

我则抽抽咽咽地转身冲出了门。说实在的，这个家要不是有我的姐姐，我是绝计不会回来的。遭遇到这么古怪的恩怨纠葛，我的心都碎了。我躲在门前菜地里一棵绿杨下，伤心伤意地哭了一场。我开始怀疑我的考研的选择是不是真的错了？想想疾病缠身的老父亲也真是可怜，我这做女儿的是不是真的该尽早投入到工作中去，来报答他老人家呢？

姐姐就像呼唤他的儿女一样寻找到我的身边。我猛地扑进她的怀里，截然地说："姐，这研究生我不念了，我还是到浙江工作去！"姐轻轻抹去我的泪水说："傻丫头，别人费尽移山心力都难考得上，你考上了却要放弃，岂不要后悔一辈子？挣再多的钱也有用完的时候，而知识却伴随你一生，永世也用不完呀。去吧，别耍小孩子脾气了。""我怕伤了爹的心。""爹就那性子，发作一阵就没事了。他担心他与妈老了，少了一份照顾——爹也是苦日子过怕了呀！我好好劝了劝爹，我说其凤这么有出息，我们向家为国培养出这么一个有用的人才，是向家祖上积德，十里八乡谁不羡慕？别人家要是出了这么一个状元郎，怕是梦中都要笑醒哩……我又说，你二老养老送终的事有我与其银，穿的吃的用的，我们砸锅卖铁也少不了你二老一分一毫的。'爹'我这么喊了一声，——小妹，我眼泪都差点喊出来了，我说过去一出戏，叫《三击掌》，要不要我这做儿媳妇的与你老也来个击掌为誓呢？爹好半天不做声了。他不做声，我就一直守候在他的身边。爹最后叹了一口气，说：'经你这一点拨……唉！你去告诉凤儿，说爹老糊涂了，爹对不起她……'"

果然，我与姐回到家里时，爹望着我半天没说话。我发现，他那昏花的眼睛里满是歉意与慈祥。

离开我的破败的小屋，前去中国人民大学报到时，年迈的爹破天荒地与我姐,还有我哥、堂哥堂嫂们一起簇拥着我来到汽车站。临上车时,爹抓住我的手抖动嘴说:"凤儿,莫怪爹,多保重,常写信,打电话太费钱……"说完他已泪流满面。我强忍着泪水连连点头。

9月8日,开始了我全新的研究生的生活。校园里到处是鲜花,到处是笑语,到处是歌声——这歌声里融进了我的深情呼唤:"嫂子,嫂子,我黑黑的嫂子……"

(节选自《报告文学》2000年第11期《一个女硕士生的真情独白》)

【点评】

全文采用第一人称的写法,使文章真实、亲切、自然、可信。同时,文章线索明晰、叙事流畅,且融入了作者对主人公向其凤深深的情意,达到了一箭"三"雕的效果。文中还用了多种描写手法,特别是在揣摩人物对话时深刻地把握了人物的身份,是什么人说什么话,姐姐李民兵富于口语化色彩,向其凤则书面语体意味浓厚一些,这样,文章雅俗兼具,显得别有韵致。在选材时,本文以小见大,把握了贫困大学生读书的热点问题。向其凤自强不息,奋勇拼搏,展示了当代大学生的风采。嫂子李民兵善良、淳朴、勇敢、无私、贤惠、孝顺,既渺小又伟大。

实践练习

1. 报告文学奠基人之一捷克作家基希曾经这样说:"报告文学作家的作品,不仅对于世界的剥削者来说,即对于作家自身来说也是一种容易招致危险的东西。"(语见《一种危险的文学样式》贾植芳译)结合报告文学发展的历史特点分析报告文学在写作上应注意的问题。

2. 试分别比较报告文学与小说、散文、消息、通讯的异同。

3. "报告文学的生命在于奔跑。"试分析这句话的意义,他给写作者提出了哪方面的要求?在采访时应注意哪些方面的问题?如果条件允许,在老师的指导下进行采访训练,并总结经验教训。

第十二章 新闻报道

第一节 新闻概述

一、新闻的界定

新闻有广义狭义之分。广义的新闻范围很广,一般是对报刊、广播、电视等新闻媒体所发布的各种报道性文体的总称。狭义的新闻即消息。它是以最直接、最简练的方式及时迅速地告诉读者新近发生的有传播价值的事件的文体。在我国,比较认同的是这样两种解释:

第一,新闻是新近发生的事实的报道。(陆定一)

第二,新闻是新近事实变动的信息。(李良荣)

显然,这两个定义虽然都揭示了新闻"真"和"新"的基本共同特性,但也有着不同的侧重点,"报道说"侧重于新闻的形式属性,"信息论"则侧重于揭示其实质,二者是互为表里的。

二、新闻的作用

(一)宣传、教育作用

新闻是与人们的社会生活,与人类社会密切联系在一起的。人们为了实现自己的政治理想,总是要占领宣传舆论阵地,利用宣传舆论工具来宣传自己的政治观点、政治主张，以便赢得更多更广泛的社会民众的参与和支持。因此，新闻的宣传教育功能是十分明显的。

（二）联系、沟通作用

人类社会既错综复杂，又是一个整体。不同国度、区域、性别、年龄、种族、阶层、行业、修养的人之间必须相互联系、相互了解、沟通、协作、理解、支持，才能互通有无，互相帮助，共渡难关，共谋发展，才能团结一致，齐心协力，共同进步。尽管联系沟通的方式有很多种，然而，最基本、最重要的还是新闻，还是新闻传播。

（三）揭露警示、张扬激励作用

新闻是舆论工具，可以利用其真实可靠、客观公正的特性来实施对社会的舆论监督。对好的、光明的、进步的，对人类社会有益有用的客观报道，热情褒扬，便于人们了解情况，使之发扬光大，对当事者起肯定、张扬作用，对他人起倡导、激励作用；对差的、坏的，对阴暗面的无情揭露和客观展示，则暴露其真面目，揭示其实质要害，让人警醒、厌恶、摒弃，从而在社会生活中惩恶扬善，促进社会的文明进步。

（四）促进推动作用

新闻与人类社会、与人们的密切关系及新闻在社会生活中的上述作用决定了它对人们的工作、学习、生产、生活，对社会生活中的各行各业、方方面面有着或间接或直接，或多或少，或大或小的促进推动作用。离开了它，人类社会的历史不可能如此演进，人类社会不可能向前推进，这应当是不争的事实。

三、新闻的分类

由于新闻事业的源远流长和现代新闻事业的迅猛发展，在今天，新闻已经成为一个体裁众多、五彩缤纷的大家族。仅据1995年杭州大学出版社出版的《新闻报道形式大全》（林永年著）统计，新闻报道形式就已多达60种。加上近二十年的创新，自然就更加多姿多彩了。对于众多新闻体裁的分类，虽然理论界一直没有停止过探讨，却没能达成一致的认识。究其原因，主要是分类标准问题。有以时间地域为标准的，也有以内容和手法为标准的，还有以新闻和读者的关系为标准的。标准不一，分出的类别自然也就不一样。因此新闻的分类有二类说、五类说、六类说、七类说、九类说等等。事实表明，新闻的分类也与什么是新闻一样，异常纷繁复杂，有待进一步认识和探讨。近年来，对新闻比较流行的分法有这样几种：

（1）以时间性为标准分为突出性新闻与延续性新闻。这是以时间性的强弱疾徐来做划分依据的。

突出性新闻指的是对出乎人们意料之外而突然发生的事件的报道，比如空难、车祸、水灾、火灾、政变、突发性战争、地震、热带风暴、突然爆发的瘟疫等等。其新闻性最强，报道也最具体、最精确、最吸引人。

延续性新闻是指对逐步发生变化的事件所做的报道，比如天气慢慢变热，祖国各地渐进的变化，人民生活水平的不断提高等等。其时间是渐进的，不很明确的，在报道时所用的表示时间的词语也是模糊的，是概数或约指，诸如"近来""近日""最近"等等。

（2）以地域为标准划分为国际新闻、全国新闻、地方新闻。

（3）以行业题材为标准划分为工业、农业、军事、教育、科技、卫生、体育、财经、政治新闻等。

（4）以新闻与社会的关系为标准分为硬新闻和软新闻。

硬新闻即人们通常所指的那种以政治、经济、科技领域的重大事件为题材，较为严肃，思想性、指导性和知识性较强，与国计民生关系密切的新闻。诸如路线方针政策和政局变化、银根紧缩、市场行情、国企改革、教育发展、医疗保险、劳动就业等等，这是社会生活中的主流新闻。

软新闻又叫社会新闻，是相对于硬新闻而言的。与硬新闻比较，其政治性、思想性相对弱一些，与人们的切身利益的关系也不那么密切，是一种提供娱乐，开阔眼界，增长知识，陶冶情操，人情味较浓，易于引起读者知晓兴趣的新闻。这也是人民群众喜闻乐见和社会生活中必不可少的。

（5）以新闻性的强弱划分为基本常规新闻体裁和边缘交叉性新闻体裁。

基本常规性新闻体裁是指那种较为传统的典型的新闻体裁。它又可分为报道性和评述性新闻两个类别。报道类涵盖了消息、通讯的所有类别，评述类则包括了评论员文章、述评、短评、编者按等。

边缘交叉性新闻体裁是新闻与文学、社会学及现代传播媒介手段交叉融合而生成的新兴新闻体裁，包括报告文学，解释性、预见性、趋势性深度报道等，也包括了广播电视中的新闻体裁。

四、新闻的特征

如同什么是新闻一样，人们对于新闻特征的认识也是有差异的。在我国新闻学界，对其特征没有统一的概括标准。显然，这是一个值得探究的问题。现依据多年来全国好新闻评选的相应标准将新闻的特征归纳为五个。

（一）真——新闻的生命

真，即真实可靠，也就是在新闻作品中要写真人，叙真事，说真话，揭示客观真理，实事求是，客观公正。这是新闻的根本属性，也是马克思主义文风的基本要求，是新闻的生命所在。真，首先要求事实真实确凿，这是新闻报道的基本要求。然后是本质真实，评判准确，这是真的进一步深化，是新闻工作者必须坚持的一条基本原则。

（二）短——新闻的规律

短也就是容量小，篇幅短。这是由现代信息社会，人们的生活节奏加快，社会信息量增大，人们需要接受的信息太多而又时间精力有限所决定的。穆青先生说："新闻不短，报纸无法用，读者无法看。全世界的报纸、电台都欢迎短新闻，看来这是新闻的一条规律。"正因为如此，胡乔木先生才提倡新闻要写得"短些，再短些"。无论报纸电台还是电视台，新闻都越来越短。如简明新闻、标题新闻、一句话新闻等等大量涌现，深受欢迎。即便是广义新闻中的通讯、调查报告、报告文学等等，相对其他作品而言也都是短的。辩证地讲，长与短是相对的，也是依据内容和需要而确立的。基本原则是长得有理，短得适当，一般新闻稿件不超过500字。在写作中，只要坚持抓主要事实，抓住构成新闻事实的基本要素，舍得割爱，不搞敝帚自珍，锤炼好语言文字，使之精警凝练，短是不难做到的。

（三）新——新闻的重要属性

从总体上讲，新也就是新鲜及时。具体地讲，新包含了时间性、时新性、适宜性三个层面的含义。时间性讲速度，指的是新闻事实从发生到被报道出来的时间要尽可能地短。因为当天的新闻是金子，隔天的新闻是银子，第三天的新闻是石子。时新性讲性质和意义，主要指新闻的事实是否新，意义是否新，手法是否新。适宜性一是指报道的时机要成熟，二是指报道的内容要适宜，诸如新闻要素的取舍、报道的切入点以及对事实的评判等等，都应以适宜为原则。

（四）活——新闻的魅力所在

"活"即新闻报道要生动活泼，有吸引力，让人喜闻乐见。因此，"活"首先要求内容要活。作者要善于选取典型、生动、别具新闻价值的事实来报道，不搞遇事就写，有闻必录，要能真正将其深层次的价值意义揭示出来，做到见人见事见思想见情景。不搞就事写事，平铺直叙，而要人事情理有机融合。其次要求写作手法要活。在不违背真实性的前提下调动各种手法来使新闻报道生动活泼，清新流畅，具有生气和灵气。第三是语言文字、体裁样式要生动活泼。新闻报道不能简单地依葫芦画瓢、生搬硬套，净是些枯燥乏味、毫无情趣的空话、套话，让新闻落入千篇一律的桎梏。新闻应增强文学色彩，增加灵气和可读性。

（五）深——新闻报道的大趋势

"深"即对新闻事实做深入深刻的报道，使之具有穿透力、震撼力，给人以更多的启示和教益。它至少包含了两方面的意蕴和要求。一是思想深度问题，要求新闻对客观事件的反映要深入一些，揭示社会生活、社会现象的本质，而不能停留在一般的报道上，更不能哗众取宠，一味地搜新猎奇。二是在报道新闻事实时要追求艺术性，从不同角度、用不同的手法挖掘得深一些，力求做到观念新手法活，形式与内容，新闻价值与宣传价值，审美价值和事实、效果的有机融合，和谐统一。这是当前世界新闻写作发展的大趋势，是新闻工作者苦苦追求的一种艺术境界，正如西方学者所言，这是"任何人都不能抗拒的，一天比一天流行的报道趋向"。

第二节 消息

一、消息的界定

消息即狭义新闻，也就是以简洁的文字迅速及时地报道新闻事实的一种最广泛、最常用、最典型的新闻体裁。

消息作为新闻中最常见最典型的文体是最具新闻特征的。因此，前面所讨论的新闻的五大特征的前四个都是消息的基本特征。其中，"真"和"新"是消息最主要、最基本、最突出的特征。

二、消息的分类

消息的种类多，分类的方法也多，可以按不同的分类标准进行分类。基本的分类法有：按地域分为国际消息、全国消息、地方消息，按传播形式分为广播、电视、报纸、图片消息，按题材分为工业、农业、文教、卫生、体育、财经、军事、外交、科技消息等。比较常见的是按内容特点分为以下六类。

（一）动态消息

动态消息也称动态新闻，也就是迅速及时地反映现实社会生活中最新变动状态的这一类消息。由于其写作的题材很广，举凡人物、事件、国际国内的重大活动、突偶发事件和各条战线的新成就、新情况、新动向等都可以纳入，因此其使用频率很高，是众多消息中最活跃、最基本的一种，也是最具新闻特征的体裁，故而又被称作"纯"新闻。其特点是以"变"和"动"为选材的基本着眼点，以时新性、重要性为基本价值取向，以开门见山、一事一报、内容集中单一为主要的写作原则，以客观叙事、用事实说话为基本的写作手法。

（二）经验消息

经验消息又称典型报道，是对某一具体部门或单位的成功经验所做的比较系统全面的报道。其基本功能在于推出并张扬典型，指导一般，带动全局。经验消息写作中要善于发现典型、选择典型；要遵循用事实说话的基本原则和规律；要实事求是，客观公正；力求生动活泼地宣传经验，避免空洞说教；要注意将其与业务部门的经验总结或报告区别开来。

（三）综合消息

综合消息又称"组织性消息"，是围绕一个中心，把不同地区不同战线的同类情况集中起来加以综合报道的一种新闻体裁。其特点是具有较强的综合性、宏观性和非事件性。这种报道的优点在于可以多侧面、多角度、立体全方位地反映重大的新闻事件；可以增加新闻报道的广度与深度，给人以恢宏、鲜明、深刻的新闻感受，比起单一报道给人的印象要鲜明深刻得多。

综合性消息可以是横向的广度综合，也可以是纵向的深度综合。无论哪种情形，写作时都应当善于观察，切实选好立足点、统摄点、聚光点；注意以点带面，点面结合；善于客观叙事，注重分析。

（四）述评消息

述评消息也称记者述评、时事述评和评述性新闻。这是一种以报道事实为主,以评述事实为最终目的,用边述边评、夹叙夹议的方式来报道国内外重大事件和问题的新闻体裁。它在述评对象、手法和功用上与新闻评论有相同相似之处,但又有着写作目的、手法、要求和时效性等方面的差异。它与新闻评论是两种不同的文体。

述评消息按内容标准可分为形势、事态、工作、思想述评四种。从量上看它是述多于评,从质上看是评重于述。因而它具有报道与评论之双重性,叙述与议论之兼容性,明显的针对性和指导性等特点。写作时要慎重选题,重点突出针对性、指导性,就事论理、述评结合,力求评出新意和深意来。

(五) 人物消息

人物消息即以消息的形式报道新闻人物,反映某个特定人物的思想言行、主要成就、突出事迹的新闻体裁。这种消息与人物通讯在反映对象、文体属性、功能作用上有相同相似点,但也有着选材侧重点、时效性、写作重心、表达方式、容量篇幅等方面的诸多不同。写作时要注意选材,千万不要削足适履,大材小用,把可以写人物通讯、报告文学、人物专访的材料用来写了消息;还要注重时效性,考究写法,处理好人和事的关系,把人物写好写活。

(六) 社会新闻

社会新闻也就是在新闻分类中已提到的软新闻。这是一种以反映社会生活中体现社会伦理道德的事件、社会风气、社会习俗、社会问题以及自然界和社会上的奇闻逸事为基本内容的新闻体裁。它是相对于题材严肃,思想性、指导性强的硬新闻而言的。由于它涉及社会生活的各个领域和空间,与人们的生活息息相关,具有传播性大、民间性强、人情味浓、两栖性强的突出特点,因而深受人们喜爱,又被称作"八小时以外的新闻",许多报纸都为之开有专版。

社会新闻有时代特点和社会气息强的"阳春白雪";有时代气息虽然不强却能为读者开阔视野、增长知识、明辨是非,在时代主旋律中起伴音作用的中性作品;也有以猎奇为目的的,展示社会治安的问题,给读者以感官刺激的新闻。因此写作中要突出思想性,讲求知识性,保持趣味性,要尽力处理好三者之间的关系,避免写成垃圾新闻。

三、消息的写作

(一) 消息的内容要素

在写作中,任何一种文体都有其基本的构成要素。新闻是事实的报道,是用事实来说话的,自然也少不了构成事实的基本要素。对于新闻事实的构成要素,延安《解放日报》1945年12月13日《从五个W谈起》的社论中指出:"新闻必须有'五个W'(When——何时,Where——何地,Who——何人,What——何事,Why——为何),犹之乎人的头脸必须有耳、目、口、鼻一样,缺少了一件就会不成样子。"社论认为这"是把事情弄清楚的最起码的条件,是走向精确的初步阶梯"。显然,《解放日报》所要求的"五个W"也就是新闻事实的基本构成要素,后来有人又在此基础上加了一个"H"(How——如何),认为这样才更完善,于是便有了我国新闻界的新闻六要素之说。所谓六要素,也就是"五个W"和"一个H",或者叫六何:何时、何地、何人、何事、何因、何果。有了这六个要素,才能把新闻事实叙述得准确、具体和完整。在实际运用中,虽然新闻的这六个要素并非都必须齐全不可,但是,其核心要素"何事"是消息的主体,无论如何也少不了。此外,无论新闻中使用的是哪几个要素,都必须是真实可靠的,这是新闻的生命,也是新闻写作的基本原则。

(二)消息的结构要素

从结构考察,消息一般由标题、消息头、导语、主体、背景材料、结语六部分组成。

1. 标题

消息的标题比其他文章的标题更特殊、更复杂、更重要。

从功能作用上看,消息的标题可以帮助读者选择信息,可以传情达意,帮助读者理解新闻主题,帮助作者很好地实现写作意图,为读者增加信息量。好的标题还可以增强消息的吸引力,提高可读性。因此,消息写作中应当重视标题的拟制。

消息标题的结构最复杂。从结构形式看,有单一型和复合型。单一型一般为单行式,只有一个主标题揭示消息的主要内容或主题。复合型标题则由主题和辅题构成。主题又叫"正题",它是消息主要内容或主题的直接揭示,字号要大些、醒目些、居中排列。辅题包括引题和副题。引题又称眉题或肩题,位于正题之上,起交代背景、烘托气氛、揭示意义、引出正题的作用;副题又称子题,位于正题之下,对主题起补充说明作用。引题和副题的字号都相对小于正题。

从内容上看,消息的标题有实题、虚题之分。实题重在叙事,具体交代新闻事实的时间、地点、人物、事件等要素；虚题重在说理和抒情，主要展示新闻事实所处的环境气氛和背景，揭示其所蕴含的价值意义等。二者相辅相成，密切配合，共同完成消息标题的特定使命，使消息锦上添花。一般地讲，单一标题无论单双行都是实题。例如：

21世纪住宅　你得有张绿卡

美国寻她千百度
她在广州阑珊处

上例中无论是一行两段，还是二行一题，都是写实性的实题。在复合型标题中，至少必须有一个是实题。例如：

中华民族的百年盛事　世界历史的永恒瞬间
中英香港政权交接仪式在港隆重举行
江泽民庄严宣告对香港恢复行使主权

在大多数情况下，引题的虚题较多，副题以实题居多，正题则可虚可实。但无论哪种情形，消息的标题都应力求内容准确具体，新颖别致；语言鲜明生动，简洁通俗；手法虚实相生，引人入胜，使之与消息的正文内容相得益彰。

2. 消息头

消息头也被称作"电头"，指的是消息正文开头的那一段表明消息来源的文字。它通常由通讯社名称、发电地点、时间及方式、记者姓名等内容组成。虽然文字不长，消息头却是消息类体裁的明显标志。

消息头有"电"和"讯"两类。"讯"是指通过邮寄或书面递交的方式向报社传递的稿件。凡是通讯社通过自己的新闻渠道获取的报道称"本报讯"；凡是从外埠寄发的则应注明发送的时间地点，如"本报西安6月6日专讯"。"电"是指通过电报、电传、电话、电子邮件的形式向报社传递的稿件，因而又称为"电头"，如"本报7月13日莫斯科专电"。显然，"电"和"讯"只是传递方式和手段上的差异，并无功能上的区别。为了不至于混淆二者的界限，故而以称"消息头"为宜。

消息头虽然短小，却能表明文体属性和版权，表明消息来源和时效，也便于分清文责，提高新闻质量。

3. 导语

导语是消息这一新闻体裁的特有概念，是消息的重要组成部分，是消息区别于其他文体的重要特征。

导语指的是消息开头以凝练的语言来传递基本信息，确定基调，揭示主旨，开启下文，吸引受众阅读全文的第一句话或第一段文字。

导语的产生中外有别。在中国，导语的产生一是源于一种写作理念，这可以从"立片言以居要，乃一篇之警策""起句当如爆竹，骤响易彻""开卷之初，当以奇句夺目，使之一见而惊，不敢弃去"等古典理论中发现端倪。二是与人们的阅读习惯、阅读心理有关。特别是当今信息社会，人们的生活节奏加快，对信息的摄取就更是不同于对戏剧小说、影视剧欣赏的细嚼慢咽。在国外，导语的产生与电报技术的发明及其在新闻传递中的运用有关。

导语之所以重要，是因为它在消息中置于文首，需要承接标题，吸引受众；需要为全文定下基调，以便后文展开；需要传递基本信息，让受众一开始便能对消息的基本内容有概括的了解。因此，东西方学者都把导语写作视为消息写作的关键。西方新闻学界还将其作为选择记者、区分记者优劣的主要标准和界线。

导语的种类很多，可以按不同的标准分出不同的类型。诸如按内容、修辞手法、关系和表达方式分为不同类型等等，但基本的常见的分法是按表达方式将导语分为以下三大类型。

（1）叙述型导语。叙述型导语是用叙述的方法直接交代新闻事实。它包括直叙式、概括式、对比式三种情形。

直叙式导语是开门见山，直接将最有新闻价值的事实叙述出来的。概括式导语是就所要报道的内容进行适当的概括，取其精、撮其要而加以介绍的。对比式导语是把具有对比关系的新闻事实放在一起，使之从对比映衬中显示出价值意义。它既可以纵向（过去和现在）比较，也可以横向（彼此间）对比。

（2）描写型导语。描写型导语即用描写方式写成的导语。这类导语以内容上的形象、场景展示，效果上的现场感强，以及形象、生动感人为主要特征。它因手法差异而分为见闻式和特写型导语两类。见闻式导语一般用于较大场面的描述，它以叙述为主，适当地穿插一些形象描绘，因而往往给人以身临其境的特殊感受。特写式导语则以表现近景见长。它主要是抓住人物的表情或事物的特征来细加描绘，予以放大，给人以特写镜头般的突出，极富鲜明印象。

（3）议论型导语。议论型导语即在叙事的基础上适当地穿插议论，以夹叙夹议、叙议结合的方式写成的导语。之所以存在这样的导语，是因为新闻固然以客观叙事为主，但不排斥议论；相反，若在叙事的基础上适当穿插议论，可以起到画龙点睛，巧妙揭示主旨的作用。议论型导语有评论式、设问式、引语式三种。

4．主体

消息的主体也称"正文"或"新闻的展开部分""新闻躯干"等等，指的是导语之后充分而具体地展示新闻内容、阐释新闻主题的部分。其作用主要是展开和补充新闻事实，解释深化主题。因此，写作中一要注意变换角度，不要与导语简单重复；二要紧扣主题展开，切忌信马由缰，离题千里；三要内容充实，生动具体；四要波澜起伏，注意调动读者的阅读兴趣；五要手法灵活，层次分明，充分考虑读者的阅读心理。

5．背景材料

背景材料又称作"新闻背后的新闻"，指的是与新闻人物和事件有关的环境和历史条件。它有广义和狭义之分。广义背景指的是新闻事件所处的时代和社会政治历史环境。狭义背景则是新闻事件所处的自然和社会局域环境。无论大小新闻事件，都在一定的自然和社会环境中产生和发展。因此，恰当地设置背景材料，也可对新闻事实或人物起对比映衬、分析阐释的作用，可以帮助读者理解新闻事实，突出新闻特点，提高新闻的价值，更好地阐释新闻作品的主题。可见，背景材料是消息中又一个重要的结构要素。

背景材料可以按作用分成以下三类：

（1）说明性背景材料。说明性背景材料是指对新闻事实产生的原因、形成的环境条件和来龙去脉及因果关系做说明，以帮助读者理解认识报道对象的一类材料。《华西都市报》2001年10月26日《背起丈夫去离婚》的报道中，所用的苏炳群的丈夫刘祥志因工致残后又因建房花掉所有补助和积蓄，加上病情恶化，使得家里已穷得揭不开锅，无钱为两个孩子交学费的事实便是一组解释性的背景材料。如果没有这些背景材料的展示，人们就很难理解苏炳群背起丈夫去离婚这一新闻事实了。

（2）对比衬托性背景材料。对比衬托性背景材料是指能与新闻事实构成对比映衬关系，借此突显新闻事实之价值意义的这类材料。在实际运用中，对比关系是多方面的，可以正反对比，也可今昔对比、彼此对比，通过比较来说明问题,揭示意义。

(3)注释性背景材料。注释性背景材料指的是对新闻报道中所涉及的不熟悉、较陌生的事物或名词术语、历史典故、人物产品加以阐释、介绍的一类材料。

选择好背景材料可产生的作用是多方面的,但背景材料的使用较为复杂。因此,选用背景材料一要紧扣主题或新闻事实,精选慎用;二要增强读者意识,突出针对性;三要据实处理,巧妙灵活,按需处理好多少、类型、位置、轻重、详略等等关系。背景材料的使用只能锦上添花、雪中送炭,不能节外生枝、画蛇添足。

6. 结尾

消息与其他文章一样,不但要有一个好的导语做开头,而且也应有一个好的结尾做收束。美联社特派记者马利根曾深有感触地说:"我长期以来一直信奉一篇报道既要有好的导语,也要有一个有力的结尾。事实上,我常常在最后一段下的功夫比在第一段下的功夫大,因为我希望那真正动人的最后一行话将使编辑高抬贵手,不致砍杀我努力的整个成功。"好的结尾要么如截奔马,似豹尾,飞扬有力;要么似撞钟,余音绕梁,清音有余。

消息的结尾形式灵活,写法多种多样,诸如自然收束法、卒章显志法、别开生面法、展示预告法、拾遗补阙法等等,均可自由选取。

第三节 通讯

一、通讯的界定

通讯最初叫"通信",是用"通信"形式写成的"外埠消息"。后来,随着新闻传播手段、新闻写作专业化和读者需求的变化,通信才变成了"通讯"。在国外没有"通讯"这个称谓,与之类似的是"新闻专稿"。通讯这种文体虽然在19世纪后期才逐步确立,但就其手法和文体特征看是与古代散文和描写性消息一脉相承的。

现在的通讯,指的是一种以叙述描写为主要表达方式,具体形象地报道有新闻特性的典型人物、事件和经验的新闻体裁。它是与消息最接近的典型的新闻体裁，因而被称为"充分展开了的消息""形象的消息"。

通讯与消息在真实性、思想性、时效性方面有相同相似之处，又都是报刊上常见的新闻体裁，但二者间又有着报道重心、选材侧重点、表现手法和效果、容量篇幅、结构形式及时效要求不同等诸多区别。通讯是有着独立品貌的新闻体裁。

二、通讯的特征

一是新闻性。通讯作为一种与消息最接近的典型新闻体裁，其新闻性是很强的，它与消息一样，写的是真人真事，没有半点虚假。在时效上虽不像消息那样分秒必争，但也需要尽可能地迅速及时，而且要讲求思想性、典型性。

二是形象性。作为新闻作品，通讯不仅用事实说话，而且还要用形象说话；不仅要展开情节，涉及场景和人物描写，而且还要尽可能地把人物写鲜活，写得生动形象感人。除去文学作品中的虚构、夸张、典型化手法不能用之外，在不违背真实的前提下，文学创作中的其他手法都可以用，这也是通讯与消息的主要区别所在。

三是评论性。在通讯中，作者不仅仅是叙事，也不像消息那样完全用事实来说话，还要议论和抒情。只不过通讯的议论和抒情既不同于议论性文体的规范化议论，也不同于散文式的抒情，而是在叙事基础上的一种画龙点睛式的议论，是一种抒情性议论，是一种升华式议论。通过议论来揭示新闻事实的价值意义，来抒发作者的爱憎情感，来表现作者鲜明的政治倾向。至此，通讯的评论性自然也就充分地体现出来了。显然，这也是通讯区别于消息的一个十分显著的特点。

三、通讯的分类

通讯的种类是较多的，通常按内容、性质的不同将其分为人物通讯、事件通讯、风貌通讯、工作通讯、集纳通讯等。

四、通讯的结构形态

通讯的结构形态与消息一样，也是多种多样、千姿百态的，但基本的常见的有三种结构。

（一）纵式结构

这是通讯的一种基本的结构形式。它包括以时间推移为序，以人们的认识进程为序，以事物的渐进过程和情感发展脉络为序等四种情形。

（二）横式结构

这是通讯结构的又一种基本的结构形式。它包括以空间变换为序，按材料性质归类两种情形。这种结构形式涉及面广，因而往往在风貌通讯中用来围绕一个主题，集中记叙各地区、各单位的新人、新事、新风尚、新经验，以集中展示社会的新风貌。

（三）纵横（时空）交错式结构

即以时间为"经"，空间为"纬"，采用纵横交错的结构形态来安排文章的段落层次和内容，使之既有时间的推移，又有空间位置的转换，从而全面、深入、广泛、集中、全方位立体地反映新闻人物和事件。

客观事物丰富多彩，千变万化，与之相应的通讯结构也是灵活多样的。上述三种结构只是最基本的结构形态，实际运用中要据实出发，灵活运用，富于变化，不断创新，这样才能更好地为通讯写作的内容服务，使通讯成为作者表情达意的最佳形式，具有更强更大的生命力。

五、通讯的写作

（一）人物通讯

1. 人物通讯的含义和作用

人物通讯是指具体而形象地报道具有典型意义的新闻人物的这样一种新闻体裁。人物通讯的写作题材十分广泛。在广阔的社会生活中，好与坏、大与小、老与少形形色色、方方面面的典型应有尽有，写人物通讯时，可以从中任意选择。人物通讯主要用于写先进模范人物，对其先进的思想、优秀的品质做正面宣传，以体现时代精神、传统道德，弘扬主旋律，高唱正气歌，对人们起教育、鼓舞、引导、激励作用，对时代社会起推动促进作用。这在现代社会生活中是比较多的，比如雷锋、焦裕禄、王进喜、徐虎、李素丽、徐洪刚等等，他们的事迹鼓舞着一代又一代人。

当然，通讯并非只能写正面人物，也可以写不同类型的人，写困惑者的奋斗与思考，写失败者的烦恼与教训，写罪恶者的丑陋与肮脏。所有这些，也都能从不同的角度对人们对社会起教育警示和震慑作用。因此，人物通讯深受欢迎，具有很强的生命力。

2. 人物通讯的分类

人物通讯可以按性质功能分为写先进模范人物与写后进反面典型两种，也可以从内容上分为写全人全貌、局部片段和人物群像三种。

3. 人物通讯的写作

人物通讯的写作要注意以下四点：

（1）善于发现并真实地再现典型。人物通讯是要写典型人物的，但人物通讯毕竟不是小说，不能违背生活的真实，这就要求新闻工作者要善于从凡人小事中去发现有价值的东西，而不能求全责备，搞历史虚无主义。不仅要发现其价值，而且要真实地再现其价值。写作者要处理好人物与环境、个体与群体之间的关系，不能让典型人物脱离群众，鹤立鸡群；也不能把人物写得高大全，给人以不真实的感觉。

（2）将人物放在矛盾斗争、风口浪尖上去写。要使所写人物像焦裕禄、吴吉昌、王进喜、李国安、徐洪刚那样在大风大浪中经受锻炼，在矛盾斗争中成长，而不是温室里的花朵。

（3）综合运用多种手法把人物写活。通讯虽不同于小说，但它可以在不违背生活真实的前提下调动各种手法来刻画人物。除去常见的叙述描写等方式之外，还可以把环境、细节、正侧面、语言、肖像、行动、心理描写和议论抒情等手法都运用起来，以求把人物形象写鲜活，写生动，写得更为真切感人。

（4）努力揭示并突出人物的思想境界、时代特征。这是通讯写作的基本目的，也是人物通讯的价值功用所在。如果做不到这一点，人物形象就不高大，人物表现就不深刻，通讯的价值意义也就不大。因此，能否揭示出人物性格品质中的闪光点，能否反映出人物的思想境界和时代特征，这是人物通讯写作的关键所在。

（二）事件通讯

1. 事件通讯的含义

事件通讯是指通过对具有重大社会影响的政治活动、事件或事故的完整、形象报道来再现新闻事件的发生、发展历程，揭示其价值意义和社会影响的这一类通讯。

2. 事件通讯的分类

事件通讯可以按功能属性分成三类。一是表彰歌颂型。其目的在于唱响主旋律，提倡新风尚，起鼓舞激励倡导作用。二是批评揭露型。其目的在于惩恶扬善，警示、教育人们，促进社会风气的根本好转。三是客观全面型。其目的在于客观、全面地揭示事件的真相，揭示社会生活中的问题、矛盾、热点、焦点等，给人以启示、教益和警示。

3. 事件通讯的写作

事件通讯的写作要注意以下几点：

（1）要充分揭示事件的价值意义。事件通讯主要是写事的，但写事不是目的，只是手段，叙事的目的在于透过事件来展示时代风貌，揭示社会生活的本质。在社会生活中，事件有大小，意义有轻重多少之别，写作时要注意选择人们普遍关注、内涵丰富、意义深远重大的新闻事件来写，使之对社会的价值功用更大更多。但也不能忽视了典型的小事件，不要忽视了以小见大、见微知著的写作手法。不管哪种类型的事件，都得以全面理解、深入开掘为基本手法；否则，再好的材料也只是一块璞而已。

（2）有声有色、生动地再现事件。通讯不是消息，它虽然要受真人真事的限制，但它完全可以调动除虚构、夸张之外的其他手法来尽力将事件写得生动形象、鲜活感人些，以给读者身临其境的现场感受，增强通讯的可读性、感召力。倘若平铺直叙，即使意义再深远重大，也难以得到很好展示，难以收到预期效果。因此，一定要从环境、过程、情景、描摹、语言文字上狠下功夫。

（3）要正确处理好人与事的关系，努力做到以事带人。事件通讯固然是以写事为主的，但毕竟要写到人。因为"事因人生，人以事显"，事是由人来干的，离开了人，则什么事都很难办成。但事件通讯又毕竟不是写人的，故而应以写事为主，坚持以事带人。

（三）工作通讯

1. 工作通讯的含义和作用

工作通讯又叫经验通讯，是指通过对当前的实际工作、重大问题进行剖析性报道来总结经验教训，教育警示人们，指导推进工作的这一类新闻体裁。这是社会主义国家所特有的研究问题，指导工作，促进社会发展的新闻形式。它既不同于工作研究，又在适用对象、内容写法上有别于工作总结，是一种政治性、政策性、指导性强，且具有一定理论色彩，与实际工作紧密联系，对实际工作的影响最直接的特殊通讯。

2. 工作通讯的写作

工作通讯的写作应注意三个问题：

（1）敏锐地发现问题，及时地报道经验。工作通讯是以指导、推动工作为基本目的的，因此，在写作中最重要、最基础的工作就是要善于发现工作中需要研究解决的问题，发现对相应问题具有指导意义的典型经验，这是写好工作通讯的基本前提。工作通讯涉及个人修养、能力水平和敏感性问题，且实际工作中存在的问题、经验是多种多样、客观实在的，关键就在于有没有人敏锐地发现和研究报道它。

（2）深入地剖析问题，很好地报道经验。在发现工作中存在的问题之后，要做深入的调查采访，在掌握大量可靠的第一手材料的基础上进行深入的剖析研究，把问题的症结、要害、本质、规律找出来，把工作中成功的经验、失败的教训很好地总结提炼出来，使之上升到理性的高度，成为具有普遍意义，能指导面上工作的东西，然后再将其融入事实之中来加以客观巧妙地报道。

（3）形象生动地报道，努力增强工作通讯的可读性。工作通讯不同于工作总结，也不同于工作研究，不能以总结报告的形式来介绍经验，而应当以生动活泼的形式和灵活多样的手法来展示。诸如可采用日记、见闻、谈话、故事、访问、随笔、书信、漫画小品等形式，也可采用散文、政论、杂文的笔法，结合使用评、赞、驳、议、比喻、引用、夹叙夹议等手法来写。所用形式和手法根据需要而定，灵活选取，既可单个，也可综合运用。总之，要避免空洞说教和抽象介绍，而应当用事实说话，在不违背生活真实的前提下尽力调动各种表现手法和形式，把经验写鲜活，以增强工作通讯的可读性和宣传效果。

（四）风貌通讯

1. 风貌通讯的含义

风貌通讯由旅途通讯发展而来，因而又称旅途通讯，是指着重描绘社会变化、时代风尚及风土人情的通讯报道。由于它大多是概略地对风土人情做轮廓式集中勾勒，因而又被称为概貌通讯。风貌通讯往往从现实社会生活中选取典型的、有特色的区域或单位，选取新鲜而有特色的自然风貌、人文景观、风俗民情来集中加以生动传神的描绘性报道，以突出反映其日新月异的巨大变化，为人们开阔眼界，增长见识。因此，它具有取材广泛，形式灵活，文笔优美动人的突出特点，深受人们喜爱。

2. 风貌通讯的分类

风貌通讯的表现形式是多种多样的。从总体上讲，其形式可以分为三类：一是见闻类，包括"见闻""见闻录"和各种各样的"记"之类，主要是写作者所见所闻所感。二是巡礼类，诸如"巡礼""纪行""掠影""拾零""拾趣""拾萃""一瞥"等等，主要是写作者现场观察到的新情况、新事物、新变化等。三是侧记类，包括"侧记""纪实"等等，常常是通过截取一个或几个片段来集中反映、报道重大活动和事件、事物全貌的这类通讯。

3. 风貌通讯的写作

风貌通讯的写作应注意四点：

（1）善于观察，突出见闻。风貌通讯是着重写见闻、变化的，变化来源于见闻，见闻来源于观察。科学研究表明，人生所得之信息90%以上来源于人的双眼，是观察所得的结果。因此，从孔子的周游列国到李白云游四方，从司马迁的《史记》到《徐霞客游记》，都无不昭示着"读万卷书，行万里路"的客观真理，都十分深刻地揭示了写风貌通讯要以实地观察、真见真闻、现场印象、直接感受为前提的基本道理。因此，要写好风貌通讯，就一定要善于观察，深入采访，活用五官，积累见闻。

（2）善于概括，着力写"变"。风貌通讯即概貌通讯，写的是"貌"，用的是"概"。"貌"即面貌，也就是发展变化的状况、结果，是新变化、新面貌，但这种新变化、新面貌不是全景式详尽反映的，而是"概貌"，是写大致情况，总体情状。如何以"概"写"貌"，有个能力、水平、方式、方法问题。基本手法是抓特征，尤其是能反映发展变化情况的总体特征，抓住了特征，就可以集中反映出整体情况。对于山川风物、人文景观、风土人情来讲，最大的特征莫过于"变"。抓住了现在与过去不同的主要变化，也就抓住了主要特征，也就能深入地写好风貌通讯。因此"概"是手法，"变"是特征，"貌"是情状；"变"是内容，"貌"是形式。写风貌通讯一定要重点突出一个"变"字，以之来吸引人，感染打动人。

（3）缘物寄情，情景交融。风貌通讯，自然是要写景状物的，但这不是目的，目的在于寄情山水、讴歌时代、社会、生活变迁所带来的崭新风貌，因此，这就有情与景融合的问题。首先得写景状物，作者要把所游历、见到的美好山川、风物、人文景观、风土人情，真实、生动、形象地再现出来。这些东西不是作者随便选取、信手拈来，而是从众多的见闻中选取出来的，是对作者印象最深、最好，深深吸引、打动过作者，激发了作者无限情思的。因此，这种写景状物不是简单的、随意的写景状物，而是一种情景交融、物我化一的情境与意境再造，是主客观的高度融合与完美统一。在通讯中，作者也不是简单的介绍风物、抒发情致，更主要的是要感染、打动读者，给读者以相应的启示和教益。这也是众多风貌通讯美不胜收、受人喜爱推崇的根本原因所在。

（4）旁征博引，涉笔成趣。风貌通讯之所以受人喜爱，除去山川貌美，作者倾注真情实感之外，还有一个重要的原因，那就是在写作手法上的旁征博引和内容上的情趣横生，使得本来就秀美可人的山川变得更加厚重、神秘，更具浓郁的文化色彩和书卷气息。因此，在写风貌通讯时，一定要尽可能地深入采访，深入挖掘山川风物、人文景观、风土人情之外的深刻的文化底蕴和丰富内涵，包括历史掌故、神话传说和相关知识，并将其烂熟于胸，以便在写作时能旁征博引、巧勾妙连，与美丽的山川风物相得益彰，增加其厚重感，增强其可读性和吸引力，真正写出读者爱不释手的美文佳作。

范文点评

【范文】

国庆放长假　消费掀热潮

今年国庆放假7天，不仅乐了百姓，也乐了商家。"假日消费"掀起热浪，消费市场红红火火。

在天安门广场，来自贵阳医学院附院的田强对记者说，今年国庆假期长，他有时间坐火车来北京旅游。他粗算了一下，这次少说也得花费5 000元。他的同事们都纷纷利用国庆假期到外地旅游，从贵阳到北京、昆明、海南等地的车票、机票在节前一下子紧俏起来。

上海春秋国际旅行社国内部副总经理陈基胜告诉记者，10月1日至4日，这个旅行社接团、发团人数比今年春节增长了50%以上。国家旅游局新闻发言人魏小安估计，全国近5 000家国内旅行社在国庆期间都忙得"不亦乐乎"，国庆期间，确实掀起了"南来北往""进城下乡"的旅游热。

各地旅游部门汇总的情况表明，今年国庆期间旅游"热度"明显比春节期间高。今年春节期间，出门旅游的人次就超过1 800万，旅游花费140多亿元。这还不包括庞大的个人旅游消费。虽然目前国庆期间出游人数、旅游花费还没有统计出来，但肯定比春节多。

　　来自交通部门的消息同样令人欣喜。10月1日到7日，全国铁路日均发送旅客347.8万人次，比春运多42.4万人次，客运收入超过6.7亿元。北京铁路局仅增开的54列临时客车就增加收入上千万元。

　　国庆期间，各大商场生意同样红火。北京赛特购物中心10月1日营业时间延长到凌晨2时，营业额大幅上升。北京西单商场日客流量达到10多万人，日销售额也都在500万元以上。其中照相器材日销售额达四五十万元，比平常翻一番。

　　文化、体育消费也明显升温。京城长安大戏院的多场戏票在节前就被抢购一空，各家体育场馆、健身场地也告"客满"。

　　有关人士指出，今年国庆的消费热浪，让旅游、交通、商贸等部门看到了国内"假日消费"巨大的市场潜力。只要各方面多动脑筋，早作准备，携手开发适应节假日市场需求的产品和服务，"假日消费"必将带来更大的商机。

（新华社1999年10月10日播发，选自《写作》2000年10期）

【点评】

　　这是一篇获得过"中国新闻奖"的消息。单行标题直接表明报道主题，开头一段为概括式的叙述型导语，主体部分运用具体的采访材料，从旅游、交通、商贸以及文化消费等方面来反映国庆长假期间掀起的消费热潮。第四段插入了一个对比性背景材料。结尾部分引用有关人士对"假日消费"前景的预测作结。该消息内容较充实，报道重点突出，运用具体数据和事例，点面结合，有力地揭示出了新闻的主题。

实践练习

1. 思考题。

（1）新闻的特点和作用各有哪些？

（2）消息和通讯有何异同，它们的分类情况及相应的写作要求怎样？

（3）消息有哪些结构和内容要素，其类型和相应的写作要求有哪些？

（4）消息和通讯的结构形式各有哪些？

2. 练习题。

分析下面这篇消息的结构和新闻要素。

以公民身份担负起建设祖国的重任
上海举行 18 岁成人仪式
800 名 18 岁青年在黄浦江边面对国旗庄严宣誓

18 日下午，上海市 800 名 18 岁青年在黄浦江边新外滩广场，缓缓举起右手，庄严宣读誓词，在国歌声中面对五星红旗举行了上海市首次 18 岁成人仪式。

这是上海市精神文明建设活动委员会、团上海市委、市青联和市学联联合发起的一项庄严、神圣和简朴的活动，旨在焕发青年人的青春朝气和表达社会对青年成人、成熟和成才的关心。

上海市为 18 岁青年举行成人仪式的建议，从一开始就得到了社会各界的关心支持和青年们的响应。中科院院士、著名科学家冯德培和 18 岁青年代表的家长今天在仪式上表达了他们对成人青年的期待。中共上海市委、市人大的有关领导也参加了仪式并讲了话。

上海外语学校学生张弘代表全体 18 岁青年在仪式上发言，他表示："从今天起，我们将踏上人生又一个新的里程。作为一个成人，我们应该以一个公民的身份担负起建设祖国的责任；作为一个成人，更应该对自己负责。太阳底下被人抱着、喂着固然舒服，可是，太阳底下晒不出金子。"

团中央第一书记李克强还专门为参加成人仪式的青年发来了贺词，贺词中说："祝贺你们加入到共和国公民的行列中来，这是人生旅程十分重要的一步，它意味着责任——年轻的公民将要担负起对社会、对国家的责任；它表现着希望，共和国将为自己拥有生气勃勃的新一代而显得更加富有活力。谨为你们、为我们的祖国祝福。"

（原载 1993 年 12 月 20 日《中国青年报》）

第十三章 公务文书

第一节 公务文书概述

一、公务文书的界定

公务文书,简称公文,是和私人文书相对而言的。公务文书的概念可以从广义和狭义两个角度来界定。广义的公务文书是指党政机关、企事业单位及社会团体在公务活动中所使用的各种文字材料,一般包括国家规定的各机关单位通用公文和各类业务专用公文。狭义的公务文书则专指国务院 2000 年 8 月 24 日发布,自 2001 年 1 月 1 日起施行的《国家行政机关公文处理办法》(以下简称《办法》)中所列的 13 类公文。它是行政机关在行政管理过程中形成的,具有法定效力和规范体式的文书。本章所介绍的就是狭义的公务文书。

公务文书是各机关单位传达贯彻党和国家的路线、方针和政策,发布行政法规和规章,施行行政措施,指导和布置工作,商洽公务,汇报情况,请示和答复问题以及进行宣传教育的重要工具,也是各级单位开展公务活动的依据和凭证。

二、公务文书的分类

在各级机关和企事业单位实际工作以及公文理论研究中,人们从不同的角度,根据不同的标准,对公文进行了不同的分类。常见的分法有以下几种:

（1）按行文关系和行文方向分为上行文、平行文和下行文。

上行文指下级机关向所属上级机关呈送的公文，有报告、请示等；平行文指同级机关或不相隶属机关之间来往的公文，主要是函；下行文指上级机关向所属下级机关发送的公文，有命令（令）、决定、通告、通报、批复、意见等。

（2）按公文性质和作用分为指挥性公文、知照性公文、报请性公文和实录性公文。

指挥性公文指向所属机关传达、贯彻党和国家方针政策，体现上级机关决策意图，实施行政指挥的公文。这类公文属于下行文。

知照性公文指向有关方面告知情况、关照事项的公文。这类公文既有下行文，也有平行文。

报请性公文指向上级机关汇报工作或请示问题的公文。这类公文是上行文。

实录性公文指真实记载和传达重要会议情况或议定事项的公文。会议纪要就属于这类公文。

本章后面所讲各类公文的写法，就是依照此种分类标准，着重介绍知照性公文和报请性公文的写作。

（3）按公文内容涉及秘级的程度分为秘密公文和普通公文。

秘密公文是指内容涉及党和国家机密的公文，它只能在限定的时间和范围内传达、阅办，以确保机密的安全。秘密公文按涉密程度由高到低分为绝密、机密、秘密三个密级。这类公文通常由指定的专人传递、处理和保管，有的还明文规定"用后收回"。

普通公文指内容不涉及党和国家机密，有的可向群众以及国外公布的公文。

（4）按公文办理的急切程度分为紧急公文和常规公文。

紧急公文指在发送和办理时间上要求紧急的公文，它可分为"特急件"和"急件"两种。

常规公文又称平件，指在发送和办理上没有特殊的时间要求，只按照常规办理的公文。

（5）按公文的使用范围分为通用公文和专用公文。

通用公文指各级党政机关、人民团体、企事业单位普遍使用的各种公文，既包括规范的党务公文和行政公文，也包括各单位常用事务文书（如计划、总结、简报和规章制度等）。

专用公文指在一定业务工作部门和范围内，根据特殊需要而使用的公文，如专用于司法、外交、军事、科技、财经等领域的公文。

三、公务文书的特征

（一）法定性

公文是由法定作者在法定范围内，为行使职权制作和发布的。所谓法定作者，指依据有关法律和章程而成立的，并能够行使权力和承担义务的机关或组织。国家各级党政机关、企事业单位和人民团体都是依法成立的，都是公文的法定作者，只有这些机关或组织才有权制发公文，也只有这些机关或组织制发的公文才能发挥相应的效力。公文的作者主要是以法定机关或组织的名义行文，有时也以特定机关或组织领导人个人的名义发布，但这并不代表领导本人，而是代表法定机关和组织，体现的是法定组织集体的意图。

（二）权威性

公文是代机关立言，代表制发机关行使职权的意志。公务文书的权威性，来自制发机关的权威和法定职权。党和国家各级政府的组织与领导工作，在很大程度上是通过公务文书来实施的。为使国家机器正常运转，为维护社会生活的正常秩序，各级行政机关经常要颁布一些法律、法令及规定，有些公文就是为此而制发的，如为颁布《中华人民共和国教育法》而制发的《中华人民共和国主席令》等。这类指挥性公文，具有行政领导和行政指挥的法定权威，一经发布，便具有法律效力和强制性，要求人们必须服从和遵守，令行禁止。也有一些公文的内容本身就是对有关事项做出的带有行政约束作用的规定，如《中共中央、国务院关于治理向企业乱收费、乱罚款和各种摊派等问题的决定》、《国务院关于进一步做好退耕还林还草试点工作的意见》等，都是就某一事项做出规定的公文，要求有关部门严格遵守。

（三）规范性

公文的撰写和制发有规范的格式与程序，为维护公文的权威性和严肃性，从公文的文种名称到行文关系、从结构形式到制发程序，都有严格的规定。制发公文必须按照统一的要求，不得随心所欲地选用文种、设置行文关系，或更改其固定的写作格式和制发程序。国务院发布的《办法》和国务院办公厅秘书局编发的国家标准《国家行政机关公文格式》（GB/T 9704—1999）对公文的种类、行文规则、格式和办理程序等做出了明确具体的规定。它使公文的制发更加规范，更具有操作性，有利于加强对公文的科学管理，提高公文写作质量和公文处理效率，便于更有效地发挥公文在公务活动中的作用。

（四）时效性

公文是依法行政和进行公务活动的重要工具，制发公文是为了开展某项工作或处理公务活动中的问题，而工作的开展和问题的处理必须迅速、及时，因此，对某些公文的制发和施行往往有严格的时间要求。另一方面，公文的作用也是有时间限制的，某项工作或任务完成，由这项工作或任务所形成并使用的公文，其作用也随之结束。由于公文始终是为现实的具体公务活动服务的，所以没有一份公文永远有效。有的重要公文虽然具有历史文献的价值，但从公文本身来说，它制发的目的还是着眼于现实的需要。

四、公务文书的规范

公文的制发是一件十分严肃的工作，具有很强的规范性。各机关单位在公文的制发和办理过程中，要严格遵循公文的行文规则。这些规则有些是国家有关部门以规定的形式正式颁行的，有的则是在公文的长期使用过程中约定俗成的。公文的规范主要包括文种选用的规范、制发程序的规范、用纸和印制装订的规范，当然，更重要的是公文写作格式的规范。

（一）公文文种的选用要规范

国务院发布的《办法》中列出了13类公文，明确规定了每一种公文的适用范围。在撰写公文时，必须对每一种公文的用途和具体功能有所了解，以便根据行文的需要，准确、规范地选择公文文种，错用、误用或混用文种，会使公文质量和效用受到严重影响。

公文文种的选用，应当考虑以下几个因素：首先，考虑行文关系，如果向下级机关发文，就应选择下行文范围内的文种；如果向平行机关或不相隶属机关发文，就应考虑选用平行文范围内的文种；如果向上级机关发文，则应选用报告或请示等上行文。其次，考虑行文目的和内容。由于上行文、平行文和下行文都不止一种，有些文种的性质和功能十分相近，如公告与通告、报告与请示等，这就要求公文撰写者在掌握各类公文用途的基础上，根据行文目的和公文内容，选用一种用途和功能与行文目的相吻合的文种。最后，还要考虑作者（发文机关）的权限。有一些文种对使用者的权限有明确规定，如命令、公告和议案等，如果作者不具备规定的法定权限，则不能使用这些文种。

（二）公文的制发程序要规范

公文有严格规范的制发程序，必须按照规定的程序发文办理。这些程序具体包括草拟、审核、签发、复核、缮印、用印、登记和分发等。

草拟是指公文文稿的起草。凡属重要公文，应由机关领导人亲自草拟文稿，一般性公文可由秘书部门或业务部门拟稿。文稿在送交单位负责人签发之前，应当由办公厅（室）对公文从内容到形式的所有要素加以审核。然后，由发文机关领导人在同意发出的公文文稿上签字（即签发）。公文正式印制前，文秘部门还应当进行复核。缮印指文件的印制和校对。缮印完毕的文件，要加盖发文机关印章，文件才正式生效。最后，文书档案管理部门应对所发公文的文号、标题、签发人、拟稿部门、密级、紧急时限、收文单位、发文日期等内容进行登记，然后再分发。

（三）公文用纸和印制装订要规范

国务院办公厅秘书局编发的国家标准《国家行政机关公文格式》中明确规定了公文通用的纸张要求和排版印制及装订要求，各机关、团体和企事业单位在制发公文时，要严格按照国家标准执行。

公文用纸采用国际标准 A4 型纸（297 mm×210 mm），张贴的公文用纸大小根据实际需要确定。公文正文用 3 号仿宋体字，从左至右横排，一般每面排 22 行，每行排 28 个字。双面印刷，页码要套正，两面误差不超过 2 mm。左侧装订，不掉页。裁切成品尺寸误差±1 mm，四角成 90 度，无毛茬或缺损。（本章范文由于篇幅限制，排版未按此规定处理，只取其内容做点评。）

需要指出的是，公文的规范还必须包括写作格式的规范，即公文各个部分的构成要素及其排列顺序，要符合统一的标识规则。关于公文的具体格式，下面将专门介绍。

五、公务文书的格式

为了提高各级机关公文撰写质量和公文管理水平，国务院及有关部门对公文的格式多次做过明确统一的规定，这些规定为全国机关公文格式标准化和规范化工作奠定了基础。国务院 2000 年发布的《国家行政机关公文处理办法》和国务院办公厅秘书局编发的《国家行政机关公文格式》中，将公文的格式划分为眉首、主体、版记三个部分，各部分又具体包含若干构成要素。下面按《国家行政机关公文格式》的规定，分别介绍三个部分中各构成要素的标识规则。

（一）眉首部分

眉首部分又称为文头部分，是置于公文首页红色反线（间隔线）以上的各要素，具体包括公文份数序号、秘密等级和保密期限、紧急程度、发文机关标识、发文字号、签发人等构成要素。

（1）公文份数序号指将同一文稿印制若干份时，每份公文的顺序编号。凡秘密公文应当编上份数序号，份数序号用阿拉伯数码顶格标识在眉首左上角。

（2）秘密等级和保密期限。秘密文件要标明"绝密""机密""秘密"三种密级，用3号黑体字顶格标识在眉首右上角。如果需要同时标识秘密等级和保密期限，两者之间要用"★"隔开。

（3）紧急程度。凡紧急公文，要根据紧急程度，在眉首右上角用3号黑体字标明"特急"或"急件"。如果需要同时标识密级和紧急程度，密级顶格标识在眉首右上角第1行，紧急程度标识在第2行。

（4）发文机关标识。它又称公文版头，由发文机关全称或规范化简称后加"文件"二字组成，如"国务院文件""××市人民政府文件""××大学文件"等。发文机关标志使用小标宋体字，用红色标志，人们常说的"红头文件"就是由此而来的。

（5）发文字号。它简称文号，是发文机关同一年度公文排列的顺序号，由发文机关代字、年份和序号组成。如国务院文件"国发〔2002〕3号"中，"国发"是发文机关代字，"2002"是发文年份，"3号"为文件序号。发文字号位于发文机关标志之下空2行，用3号仿宋体字居中排布；年份序号用阿拉伯数码标识，年份应标全称，用六角括号"〔〕"括入；序号不编虚位（即1不编为001），前面不加"第"字。

发文字号之下有一条与版心等宽的红色横线，即间隔线。凡属党的各级领导机关的文件，其间隔线中间印有一颗红色五角星。

（6）签发人。上行文应当标明签发公文的领导人姓名，平行排列于发文字号右侧，"签发人"用3号仿宋体字，其后标全角冒号，冒号后用3号楷体字标识签发人姓名。

（二）主体部分

主体部分又称行文部分，由标题、主送机关、正文、附件说明、成文日期、印章、附注等要素构成。

（1）标题。公文标题是对公文主要内容的高度概括，一般由发文机关、发文事由和文种三要素组成。冠有红色版头的公文，其标题也可由发文事由和文种两要素构成。也有由发文机关和文种构成的标题，在公开发布的公文中较常见，有的甚至只标明文种，但一般不宜采用。

标题位于红色反线下空2行,用2号小标宋体字,分1行或多行居中排布。标题中除法规、规章名称加书名号外,一般不用标点符号。

(2) 主送机关。主送机关指负有公文处理责任的受文机关。标注时要用全称或规范化简称,位于标题下空1行,左侧顶格用3号仿宋体字标识。

(3) 正文。正文是公文的核心部分,用于表达公文的具体内容。一般包括开头、主体、结尾三部分。开头简要说明发文目的、依据或缘由。主体是公文写作的重点,因为公文的主要事项要写入这部分,或者说公文的基本内容是在这一部分中被表述的。主体部分应做到内容充实、中心突出、表意明确、条理清楚。公文结尾的写法多样,其中常见的结尾方式有归结式、说明式、申明式、祈请式、期望式等,结尾总的要求是简洁、有力。也有些公文没有结尾部分,而是把可写入结尾中的事项作为一个条目,放在主体部分的最后。

(4) 附件说明。附件是对公文内容起说明和补充作用的文字材料,它是公文的有机组成部分。公文如有附件,应在正文下1行,前空2字,用3号仿宋体标识"附件",后标全角冒号和附件名称;如有多个附件,应在附件名称前用阿拉伯数码标明序号;附件名称后不加标点符号。

(5) 成文日期。成文日期指公文的成文和生效的时间,应以机关负责人签发的日期为准。成文日期要用汉字标注,同时标出年、月、日。

(6) 印章。印章是公文的生效标志。除会议纪要外,公文都应加盖发文机关的印章;否则应视为无效公文。加盖印章应上距正文2~4 mm,端正,居中,下压成文日期。

(7) 附注。附注是对公文的传达范围、使用方法的规定及对公文中有关名词术语的解释等。附注的内容使用3号仿宋体字,居左空2字,加圆括号标识在成文日期之下。

(三) 版记部分

版记部分又称文尾部分,主要有主题词、抄送机关、印发机关和印发日期等项目。版记中各要素之下均加有一条与版心等宽的反线。

(1) 主题词。指标示公文的归属类别和内容特征的关键性词语。标注主题词是为了便于利用计算机存储和检索公文。一般从内容到形式按类别词、类属词、文种词三个层次有序地标注。每份公文的主题词不超过7个。"主题词"用3号黑体字居左顶格标识在附注之下,后加冒号,词目用3号小标宋体字,词目之间空1个字。

(2) 抄送机关。指除主送机关外需要执行或知晓公文内容的其他机关。标注抄送机关应使用全称或规范化简称,在主题词下面一行左空1字,用3号仿宋体字标识。抄送后用冒号,抄送机关名称之间用逗号隔开。

(3)印发机关和印发日期。印发机关是指公文的印制单位,一般是发文机关的办公厅(室)或文秘部门。印发机关和印发日期位于抄送机关之下占1行位置,印发机关名称用3号仿宋体字标识,印发日期使用阿拉伯数码标识。

行政机关公文格式图样:

```
┌─────────────────────────────────────────────┐
│  000001                      机密★一年        │
│                                急  件         │
│                                               │
│          ××××× 文件                        │
│            ×××〔20××〕×号                   │
├─────────────────────────────────────────────┤
│                                               │
│     ×××××关于××××××××的决定               │
│   ××××:                                    │
│        ××××××××××××××××××××××        │
│   ××××××××××××××××××××××××××       │
│   ××××××××××××。                         │
│                                               │
│   附件:1.××××××                          │
│        2.×××××                            │
│                                               │
│                          ××××××           │
│                       二○××年×月×日         │
│                                               │
│   (×××××××××)                           │
│                                               │
│   主题词:××  ××  ××                     │
├─────────────────────────────────────────────┤
│   抄送:××××,××××,××××。              │
├─────────────────────────────────────────────┤
│   ×××××××××   20××年×月×日印发       │
└─────────────────────────────────────────────┘
```

第二节　知照性公文

一、公告

公告是向国内外宣布重要事项或法定事项时所使用的知照性公文。

公告的使用权限有严格的限制，一般只能由国家高层权力机构发布。某些部门经过授权，也可以代表国家对内对外发布公告，如新华社就可以发布授权公告。各基层单位不能随意使用公告，目前不适当地滥用公告的现象比较普遍。

公告宣布的一般是国内外关注的重大事项，如党和国家领导人的重要外事活动、举行重要会议、重大人事变动以及宣布具有广泛影响的重大举措等等。

公告的标题主要有三种形式，一种是由发文机关、发文事由和文种三要素构成的完全式标题，另一种是由发文机关和文种两要素构成的，还有一种标题只写文种"公告"二字。公告的正文部分一般比较简短，主要写明公告缘由和公告事项两方面内容。开头简要说明公告的原因和根据，然后再写明公告的具体事项，一般要求直述事项，不做分析。也有的公告不写缘由部分，直接写出公告事项。公告结尾往往使用"特此公告""现予公告"之类的结束语。

二、通告

通告是用于公布社会各方面应当遵守或周知事项的知照性公文。

通告与公告有许多相同之处，两者都具有广泛的公开性，一般都没有特定的发文对象，发布范围都很广泛；两者的发布方式都具有多样性，既可以用正式文件下发，也可以在报纸上刊载或公开张贴，还可以通过广播电视播出。它们也有明显的区别：从发文机关来看，公告通常是由国家高级权力机关发布，通告可以由各级行政机关和企事业单位发布；从内容属性上看，公告所宣布的是国内外关注的重要事项，通告则是公布社会各有关方面应遵守或周知的一般事项；从发布范围上看，公告是面向国内外发布，因而它比通告的发布范围更广泛。

根据通告的内容划分，可分为法规性通告和事务性通告两种类型。法规性通告是用来宣布有关规定，在一定范围内能够起到行政法规作用的通告。这类通告带有鲜明的政策性和行政约束力，要求所属单位和人员必须遵守。事务性通告则是用来公布某些单位或个人需要周知或办理的一般事宜。这类通告大多涉及某一部门的具体事务，带有明显的专业性和业务性，如税务登记、更换营业执照、单位更名或迁址等等事项均可使用通告。

通告的格式基本与公告相同。通告的正文部分主要包括通告缘由和告知事项两方面内容。开头先简要说明通告原因或依据，常用"特通告如下"这一习惯用语过渡；正文主体部分具体写出通告的事项，一般采用条文式的形式写明有关单位或人员应当遵守或周知的事项；通告结尾常使用"特此通告"或"此告"等结束语，有些通告结尾还要提出执行要求或发出号召。

三、通知

（一）通知的用途

通知是公文中使用范围最广泛、使用频率最高的文种。它既可以用来发布法规和规章，也可以用来批转下级机关公文或转发上级机关和不相隶属机关的公文，还可以用来传达要求下级机关办理和需要周知或者执行的事项，人员的任免也应使用通知。

（二）通知的分类

通知的种类很多，根据不同的标准有不同的分类。一般按内容和作用来划分，有发布性通知、指示性通知、批示性通知和事项性通知四种类型。

（1）发布性通知，指专门用来发布法规和规章的通知。它又分为两种类型，一种是印发、颁布已制定的规章，如《国务院关于发布〈工商企业登记管理条例〉的通知》；另一种通知本身就是对有关方面工作的具体规定，如《国务院关于发展房地产业若干政策问题的通知》。

（2）指示性通知，指上级机关用来对下级做出某项指示或布置工作的通知。上级机关宣布要求下级办理或执行的事项，但限于发文机关的权限，或因其内容不宜用命令或决定的，可用指示性通知。

（3）批示性通知，指转发上级机关、同级机关或不相隶属机关的公文，或者批转下级机关公文的通知。它也可分为两种类型，一类是"转发"型通知，如《国务院办公厅转发审计署〈关于加强内部审计工作报告〉的通知》，就是属于转发同级机关公文的"转发"型通知；另一种是"批转"型通知，如《国务院批转建设部〈关于进一步加强城市规划工作的请示〉的通知》，就是批转下级机关公文的"批转"型通知。

（4）事项性通知，又称为告知性通知，是用于告知有关单位和人员需要办理或周知的具体事宜的通知。这类通知是各级行政机关日常工作中经常使用的公文。比如召开会议的通知、修改行政规章的通知以及任免有关人员的通知等等，都属于事项性通知。

（三）通知的格式

通知的标题有多种形式，一种是由发文机关、事由和文种三要素构成的完全式标题。发布性通知和批示性通知的标题一般采用这种形式，其中"事由"部分还应写明所公布规章的名称或所转发、批转公文的发文机关及文件的名称。通知的另一种标题形式是由事由和文种两要素构成的。还有一些通知的标题只写文种"通知"二字，这大多是日常工作中一般事宜的通知。

不同类型通知的正文部分写法有所不同，下面着重介绍发布性通知、指示性通知和批示性通知正文的写法。

发布性通知的正文内容比较简单，开头简要说明发布的依据并写明所发布规章的名称，然后宣布正式下发该规章，最后可用"请遵照执行"之类的习惯用语作结。有些发布性通知结尾还要指出发布意义或提出执行要求。

指示性通知的正文主要由缘由和事项两部分组成。开头简要写明发文原因和理由，然后用"现通知如下"作为过渡，引出通知的具体事项。事项部分要写得简明具体、条理清楚，便于下级机关理解和执行。结尾可使用"特此通知，望认真执行"之类的结束语。

批示性通知的正文部分首先要表明对所批示的公文的态度；批转型通知要先写明"同意"所发文件，再写"转发给你们"；转发型通知一般只写"转发给你们"。然后，根据具体情况写明"请贯彻执行""请参照执行"或"请研究执行"等不同的执行要求。最后，还可简要说明所批转文件在实际工作中的意义和作用，或者进一步提出贯彻执行所发文件的要求。根据行文的具体情况，也可以不写批转意义和具体要求等内容。

四、通报

通报是党政机关、社会团体和企事业单位用来表彰先进、批评错误、传达重要精神或者情况时所使用的公文。根据通报的内容和作用，分为表彰性通报、批评性通报和情况通报三种类型。根据通报的写作形式，分为直述式通报和转述式通报两种，前者是直接叙述通报事项，再在此基础上做出分析、评价或处理；后者则是针对有关部门报送的情况报告等书面材料（作为通报的附件）所反映的先进事迹、错误事实或严重情况，加以分析和评价或做出处理决定。

通报的标题形式与通知基本一致，下面主要介绍通报正文部分的写法。

表彰性通报的正文主要有介绍先进事迹、宣布表彰决定和提出希望与要求等三方面内容。开头先简述受表彰者的先进事迹，这是表彰的缘由和客观基础，要写明事情的具体过程，突出重点，对能够突出人物思想品质和精神境界的事实要写得具体、详细，无关紧要之处则一笔带过。主体部分要对先进事迹加以分析和评价，在此基础上宣布表彰的具体事项。这一部分是行文的重点，分析和评价要实事求是，恰如其分，力戒浮夸。结尾可根据现实需要指出表彰的意义，提出希望或发出号召。

批评性通报正文的写法与表彰性通报基本一致，包括叙述错误事实，分析其性质与原因，宣布处理决定，提出引以为戒的要求和切实可行的防范措施三个方面的内容。

情况通报正文的写法较灵活，常见的主要有两种：一种是先写发布通报的缘由，然后介绍具体情况，最后提出要求和希望；另一种是将内容按问题分成若干个部分，采用条文式的形式来写。事项较单一的情况通报多采用前一种，事项较多、内容较复杂的情况通报可用后一种写法。

五、函

函是同级机关或不相隶属机关之间商洽工作、询问和答复问题、请求批准和答复审批事项等所使用的公文。

可从不同的角度来划分函的类型。从行文方向上分，有去函和复函两种；从内容和作用上分，有商洽函、答复函、询问函和请求函四种类型。

下面主要介绍去函和复函的写法。

去函是本机关为询问事项或请求批准而主动制发的函。去函的标题一般由发文机关、事由和文种三要素构成。在"事由"部分一般应标明"询问""商请"或"请求"等字样。去函的正文主要有缘由、事项和结语三部分。缘由部分要说明发函的原因和目的，即表明商洽工作、询问问题或请求批准的理由；事项部分具体写出所商洽、询问或请求批准的事项，这是去函的重点部分，如果内容较多，可采用分条列项的写法，使之条理清楚；结尾部分一般使用"即请函复""特此函达，务希见复"以及"为盼""为荷""盼复"等习惯性词语作为结束语。

复函是为答复受文机关来函所提出的问题或回复批准事项而被动制发的函。复函的标题也是由发文机关、事由和文种构成的，标题的"文种"可标明"复函"二字。复函的正文也主要分为缘由、答复事项和结语三部分。开头要针对来函写明收函情况，然后再具体表明答复意见。这是复函的核心内容，要注意针对来函所提出的问题给予明确、中肯的答复，必要时可引用有关政策、法规作为答复的依据。结尾往往使用"特此复函"或"此复"等结束语。

函的写作需要注意以下几点：一是要正确选用文种，明确函与请示、报告或批复的区别。比如函与请示都可用来请求指示或批准，但它们的行文关系不同，函主要是写给平行机关和不相隶属机关的平行文，而请示则是呈送给上级机关的上行文。二是要遵循"一文一事"的原则，内容要单一，行文要简练，切忌使用一些内容空洞的套话。三是措辞要得体，用语不宜过于强硬或傲慢，同时也应避免使用一些恭维奉承之辞。

第三节　报请性公文

一、报告

报告是向上级机关汇报工作、反映情况以及答复上级机关询问时所使用的报请性公文。

按报告的内容和功能划分，可分为工作报告、情况报告和答复报告三种类型。按报告的性质划分，可分为综合报告和专题报告两种。综合报告是向上级全面反映一定时期内各方面工作情况的报告，专题报告则是向上级专门反映某一事项或某一方面工作情况的报告。

报告一般由标题、主送机关、正文和落款四个部分组成。下面着重介绍综合报告和专题报告正文部分的写法。综合报告的正文主要有报告目的、工作情况、今后的任务和打算三方面内容。开头要写明报告的目的，也可简要概括各方面工作总的情况；主体部分具体介绍各项工作取得的成绩或存在的问题，这部分是报告的重点，可采用分条列项或小标题的形式来写；结尾可写明今后工作努力的方向或将采取的措施及打算。

专题报告的内容一般比较单一、集中，其正文部分主要写明所报告情况产生的原因、具体情况的介绍以及提出处理意见等内容。专题报告主要是上级机关在布置某项工作之后要求下面写的，或者是下级机关认为有必要就某一具体情况或问题向上级报告而写的。因此，写作专题报告一定要具体实在，简洁明了，注重时效。

报告的结尾常使用"特此报告""以上报告，请审阅"或"以上报告如无不妥，请批转各地执行"之类的惯用语作为结束语。

二、请示

请示是向上级机关请求指示和批准的报请性公文。下级机关在工作中遇到各种无权处理或无法解决的问题，需要上级做出指示或给予人力、物力和财力援助时，就可以使用请示。

请示与报告同属上行文，在某些方面有相似之处，但它们却是截然不同的公文。两者的主要区别有以下三点：一是行文目的不同。请示是为了解决某一问题而向上级请求指示或批准，上级接文后要给予明确答复；报告则只用来反映情况或汇报工作，主要目的是让上级及时掌握和了解情况，上级接文后不必做出答复。二是行文时限不同。请示必须事前行文；报告可以在工作进行之前或进行当中行文，更多的则是工作完成之后行文。三是内容含量不同。请示内容单一，要求"一文一事"，以便上级尽快给予答复；报告的内容则较丰富，特别是综合报告大都涉及多个事项。

请示的格式与报告相似，主要是正文部分的写法有所不同。请示的正文有请示缘由和请示事项两项内容。开头先写明请示的原因和理由，这是提出请示事项的基础，要讲清实际情况，着重表明需要请求指示或批准事项的重要性和迫切性，以引起上级领导的重视；主体部分再具体陈述请示的事项，这是请示写作的重点，要具体明确、条理清楚地写明需要请示的内容，注意在分析实际情况的基础上，提出切实可行的意见，供上级决策和批示；请示结尾可使用

"特此请示，请予批复"或"以上意见当否，请批示"等习惯用语作结。

写作请示应当做到以下几点：首先，要遵循"一文一事"的原则，一份请示只集中写一件事，切忌将互不相关的几件事写在同一份请示里；其次，不要"多头请示"，要按照"谁主管请示谁"的原则，只呈送给一个上级机关，如果需要同时送其他机关，应当用抄送的形式；最后，要逐级行文，不能越级请示，如果因特殊情况必须越级请示，应当抄送被越过的上级机关。

范文点评

【范文】

关于开展国家公务员普通话培训的通知

根据《中华人民共和国宪法》关于"国家推广全国通用的普通话"的规定，为进一步贯彻中央领导关于"推广普通话，公务员要带头"的指示精神，提高公务员的普通话水平，人事部、教育部、国家语委决定，在全国公务员中开展普通话培训工作。现就有关事项通知如下：

一、各级人事部门要通过多种渠道、多种方式加大公务员带头推广普通话的宣传力度，要进一步提高公务员对推广普通话重要意义的认识，充分调动公务员学习、推广、使用普通话的积极性和自觉性。

二、各地、各部门要采取措施，加强对公务员普通话的培训。通过培训，原则要求1954年1月1日以后出生的公务员达到普通话三级甲等以上水平。

三、对方言地区或使用方言以及普通话不熟练的公务员，要在认真调查研究的情况下，实施针对性培训，要结合公务员的业务实际，制定普通话培训的长期规划、达到的标准以及测试的办法。

四、公务员普通话培训工作按分级分类的原则组织实施。人事部负责国务院各部委、各直属机构公务员的普通话培训工作，各省、自治区、直辖市政府人事部门负责本辖区公务员的普通话培训工作，各级教育部门、语言文字工作部门协助配合。

五、各地、各部门要高度重视公务员普通话培训工作，要把推广普通话作为一项经常性工作来抓，作为提高公务员素质的内容列入工作日程。要从各地、各部门实际出发，激励公务员积极参加普通话培训，发挥公务员推广普通话的表率作用。

六、国家公务员在公务活动中应当自觉使用普通话,各地、各部门要逐步将普通话作为考核公务员能力水平的内容之一。

人事部　教育部
国家语言文字工作委员会
一九九九年五月十二日

【点评】

这是一篇布置工作的指示性通知。标题由事由和文种两要素构成,发文机关标在正文后面落款部分。正文开头先简要说明发文依据和目的,然后用"现将有关事项通知如下"这一习惯用语作为过渡;正文主体部分采用条文式的形式写出通知的具体事项,将开展公务员普通话培训工作的要求、方法及措施一一写明。通知简明具体,切实可行,条理清楚,体式规范。

【范文】

国务院办公厅关于表彰奖励中国女子足球队的通报

各省、自治区、直辖市人民政府,国务院各部委、各直属机构:

中国女子足球队是我国体育战线上的一支优秀队伍,长期以来,刻苦训练,锐意进取,在历次重大比赛中都获得了好的成绩,为我国体育事业的发展作出了贡献。中国女子足球队在第三届世界杯女子足球赛中,发扬为国争光、不畏强手、团结协作、顽强拼搏的精神,荣获亚军,为祖国赢得了荣誉,受到全国人民的称赞。为此,国务院决定对中国女子足球队给予表彰并予奖励。

各地区、各部门要认真学习中国女子足球队热爱祖国、无私奉献、坚忍不拔、团结拼搏的优秀品质和高尚情操,更紧密地团结在以江泽民同志为核心的党中央周围,高举邓小平理论伟大旗帜,振奋精神、开拓进取、立足本职、扎实工作,为把建设有中国特色社会主义伟大事业全面推向21世纪而努力奋斗。

国务院办公厅
一九九九年七月十二日

【点评】

这是国务院为表彰中国女子足球队而制发的表彰性通报。全文由标题、主送机关、正文、落款和成文日期五个部分构成，通报标题是由发文机关、事由和文种三要素组成的完全式标题。正文的第一段先简要介绍中国女子足球队的先进事迹，并对表彰对象进行评价，在此基础上宣布表彰决定；正文第二段紧扣表彰对象的先进事迹发出学习的号召，体现了通报所具有的宣传教育功能。

【范文】

成都市人民政府关于承办全国糖酒商品交易会有关问题的请示

四川省人民政府：

国内贸易部决定，19××年春季全国糖酒商品交易会将于明年3月下旬在成都举行，并委托我市承办有关会务工作。为使这次交易会达到预期目的，并取得圆满成功，现将有关问题请示如下：

一、成立全国糖酒会会务领导小组。大会筹备及大会期间的有关重大事项，由会务领导小组负责组织协调。领导小组下设办公室，负责日常具体工作。

二、大会会务接待工作由交易会办公室牵头，市工商局和市糖酒公司共同承办，请省级各有关部门大力支持、指导。

三、交易会期间，有接待任务的各宾馆、饭店、招待所及大会交易场，应接受会务办公室的统一安排，做好与会人员的住宿和交易场地的安排与管理工作。

四、交易会期间，公安、交通部门要切实加强社会治安和市内交通管理，确保与会人员的人身和财产安全；铁路、航空和航运部门要尽力做好代表的返程中转工作……

五、预计本届交易会将有5万余人要由大会统一安排接待，在此期间，望各市、地、州和省级各部门尽量不在成都安排会议。

以上请示，请予审批。

成都市人民政府
一九××年九月二十日

【点评】

这是一篇请求批准的请示。标题为发文机关、事由和文种三要素具备的完全式标题。只写有一个主送机关,符合请示撰写要求,避免了多头请示和越级请示。正文包括请示缘由和请示事项两部分,开头先简要说明请示原因和理由,然后以一习惯用语引出下文;正文主体部分采用分条列项的形式,提出五条意见作为请示的具体事项;最后使用请示惯用的结束语作结。该请示遵循了"一文一事"的原则,内容单一,语言简洁,措辞得体,提出的请示意见全面、周详。

实践练习

1. 简答题:
(1) 什么是广义和狭义的公文?公文有哪些基本特点?
(2) 制发公文怎样才能做到规范?
(3) 公文的格式分为哪几个部分?各部分具体包括哪些构成要素?
(4) 公告与通告、报告与请示有何区别?
(5) 按内容和作用可将通知分为哪几种类型?它们的写法有何特点?
(6) 表彰性通报和批评性通报的正文应写明哪些内容?
(7) 去函与复函的写法有何不同?写作函时需注意哪几个问题?
(8) 请示的写作要求有哪些?
2. 阅读下面这份公文,指出文中的错误:

××市政府公文

(02)市政发第05号　　签发人××
市政府关于转发市乡镇企业局
《关于加速发展我市乡镇企业的报告》

各有关单位:

市政府同意市乡镇企业局《关于加速发展我市乡镇企业的报告》,现印发给你们,请遵照执行。

2002.5.12

主题词：工业、乡镇企业。

抄送：市委、市人大、市政协、省政府

二○○二年五月十二日　市政府办公室印制

3. 给下面这篇公文补写一个标题，并拟写答复此文的公文：

××县财政局：

　　县政府办公楼因年久失修，不少门窗破烂，漏水严重，急需维修。为保证县政府机关正常办公，请拨给房屋修缮费×万元。

××县人民政府办公室
二○××年×月×日

4. 根据下述情况拟写一份公文：

　　××市××中学校区范围内有15户居民占用学校用地自建住宅。多年来，这些居民常因用水、用电等问题同学校纠纷不断。由于这些住户多系外单位人员，他们不归学校管理，严重干扰和影响了学校正常的教学和管理秩序，妨碍了学校的工作。该校面积本来就狭小，而这十几户居民却占用学校大量用地，并且他们的房屋布局杂乱，这不仅有碍观瞻，给学校校园美化带来极大困难，也成为学校发展建设中的障碍。因此，学校决定向上级主管部门请求将这15户居民住宅迁出学校，另择地安置建房。

第十四章 事务文书

第一节 事务文书概述

一、事务文书的界定

事务文书是除法定党政公文之外,党政机关、企事业单位、社会团体等在处理机关日常事务时所使用的、格式较固定的公务文书。事务文书是与法定的党政公文相对而言的。法定的党政公文是具有法定效力和规范体式的正式文件,事务文书更多的是作为法定公文的一种补充而存在,是办理机关具体事务过程中经常使用的一种应用文体。

事务文书对于实现管理的科学化,提高公务人员和管理者的素质,提高办事效率,有着极为重要的作用。

二、事务文书的分类

事务文书涉及面广,种类繁多。按其性质和使用范围,大体可以分为:
(1) 计划决策类,如计划、总结、工作研究、答复等。
(2) 法规、规章类,如条例、规定、办法、章程、守则、细则、公约等。
(3) 公务信息类,如简报、调研报告、公务信息、信访分析报告等。
(4) 公务书信类,如慰问信、感谢信、贺信、倡议书等。

（5）礼仪文书类，如欢迎词、欢送词、答谢词等。

三、事务文书的特征

（1）事务文书是处理具体事务，指导实践，提高工作效率的重要工具。

（2）事务文书实用性强，使用频率高，是传递信息、沟通关系、交流思想、传播经验必不可少的应用文体。

（3）许多事务文书在机关内部或一定范围内有约束、法规的作用。

（4）事务文书与法定的党政公文相比，其制发程序、行文格式等没有那样严格的规定性的规范要求，写作上有较大的灵活性；但各类事务文书也有它比较固定的惯用格式。

第二节　计划和总结

一、计划的写作

（一）计划的含义、特点和作用

计划是单位或个人对未来一定时间内将要进行的某项工作、活动预先做考虑、打算和安排时使用的一种文书。我们平时称的"规划""安排""方案""要点""意见""设想""打算"等等都属于计划类事务文书。规划着重定方向、定规模、定远景，是一种粗线条的长远计划，规划的期限一般不短于两年。"安排"与"规划"完全相反，是短期的、近期的计划，写得比较具体。"方案"是布置一定时期的工作，提供工作方法，是一种比较庄重的提法。"要点""意见"主要用于上级向下级交代政策、提出要求，或本单位内部通报情况。"设想"也是一种长远计划，带有假设性质，可看作是初步的、非正式的计划。

计划的特点：（1）科学的预见性。计划事先要对即将进行的工作、活动有个正确的估计和分析，充分考虑到可能出现的问题。（2）现实的可行性。计划要针对现实情况，密切联系实际，制定出具体可行的措施。（3）周密的程序性。计划的制定要明确先干什么、后干什么，执行计划时又要分阶段性和轻重缓急。

计划的作用：（1）计划具有指导、推动和保证作用。计划是行动的纲领，有了计划，工作才可能做到目标统一、意志统一、行动统一。（2）计划是现代化大生产的客观要求和提高工作效率、经济效益的重要手段。（3）有了计划，便于定期对工作进行检查、督促。

（二）计划的分类

（1）按内容分，可以分为生产计划、工作计划、学习计划等。

（2）按范围分，可以分为国家计划、部门或单位计划、小组计划、个人计划等。

（3）按时间分，可以分为年度计划、季度计划、月度计划，也可以分为长期计划、中期计划、短期计划。

（4）按性质分，可以分为综合性计划和专题性计划。

（5）按表述形式分，可以分为文字叙述式计划（又称条文式计划）、表格填充式计划（又称表格式计划）、文字叙述和表格填充结合的计划、文件形式的计划。

（三）计划的写作

1. 标题

计划的标题由计划单位的名称、适用时间和计划内容组成。如果计划考虑还不成熟，有待上级部门批准或下级部门讨论，可根据需要在标题后面用括号注明"（讨论稿）""（征求意见稿）""（草案）"等字样。

2. 正文

计划正文的写作，一般包括两个方面的内容：

（1）计划的指导思想：写在正文开头部分，又叫前言。它是制定计划的依据和目的，也是制定计划的基本出发点和计划事项的正确概括。在写作具体的计划时，其前言通常有两种类型：一是"根据……"型，这种前言在开头写明制定计划的依据，也就是写明所遵循的是什么方针政策以及上级的什么规定等。二是"为了……"型，这种前言在开头即阐明计划的目的、意义。

（2）计划事项：包括任务、目标和步骤、做法等内容。主要应写明在一定时间内做什么，做多少，谁来做，做到什么程度。要列清项目，明确要求，分清主次，突出重点。还要写明计划价值大小，是否可行，明确计划的阶段性，注意做法的合理性，保证措施的可行性。

3. 结尾

计划的结尾应在正文的右下方写明单位名称（个人计划应写上个人姓名）和日期，如果单位名称在标题中已写明，在这里就可以省略不写。如果是作为文件的计划，必须在单位名称处加盖单位公章，否则无效。

（四）计划的写作要求

（1）要认真进行调查研究，全面了解情况，使计划切实可行。

（2）制定计划要反对几种不良倾向：一是主观主义；二是盲目冒进；三是草率从事，不负责任；四是有始无终。

（3）计划要经常检查，主要检查计划的实施情况。在检查中，如发现某些地方违背客观情况或客观情况有所变化，要及时适当地修改、补充计划。

二、总结的写作

（一）总结的含义

总结是某单位、某部门或个人对一定时期的工作情况加以回顾和分析，并从中找出经验和教训，以便为今后的工作提供帮助和借鉴的一种事务性文书。较计划而言，总结是在工作结束以后进行的，而计划则是在工作开始以前进行的；但是，它们都可以看作是同一工作前后不同的两个阶段，因此有着相互制约、促进、提高的关系。

（二）总结的分类

（1）按内容分，可以分为工作总结、学习总结、生产总结等。

（2）按范围分，可以分为单位总结、部门总结、班组总结、个人总结等。

（3）按时间分，可以分为年度总结、季度总结、月度总结、学期总结、阶段总结等。

（4）按性质分，可以分为全面总结和专题总结。

（三）总结的特点

（1）材料的真实性。总结的内容应该反映本单位、本部门或个人的实际情况，做到实事求是。

（2）分析的辩证性。在总结的过程中，对零星的、肤浅的、表面的、感性的认识，必须运用一分为二的观点，进行辩证的分析，以形成全面的、系统的、本质的、理性的认识，并从中找到经验教训，总结出规律性的东西。

（3）结论的客观性。总结的评析性较强，但总结的"评"和"析"都是在"述"的基础上进行的。在客观真实的"述"的基础上进行辩证的"评"和"析"，其得出的结论必然是客观的，是不容许人为夸大或缩小的。

（四）总结的作用

（1）推动作用。总结能使人全面系统地了解工作中有什么成绩和存在的问题，做到心中有"底"，并从中得出经验和教训，从而避免工作的盲目性，增强工作的主动性，有效地提高工作质量和工作效率。

（2）借鉴作用。总结是从客观真实的材料中总结归纳出规律性的东西。这个规律性的东西便会使他人受到启发，得到教益。

（3）为决策提供依据。通过总结而得出的经验和教训，可以为后期工作的开展以及制定正确的决策提供重要而可靠的依据。

（五）总结的写作

1. 总结的内容

（1）基本情况概述。概述就是对工作的主客观条件、有利条件和不利条件，以及工作的主要成绩等作概略而简明的交代，也可对总结的主要精神和中心内容作必要的提示。为进一步阐述主要内容奠定基础，也给读者一个概括的印象。

（2）成绩和缺点。这是总结的重点。总结的目的就是要肯定成绩，找出缺点。成绩如何，表现在哪些方面，是如何取得的；缺点有多少，表现在哪些方面，是怎样造成的。写总结要特别注意这一部分的写作。

（3）经验和教训。这一部分也是总结中极为重要的内容。无论是正面的经验还是反面的教训，只要总结得好，都是宝贵的精神财富，都对以后工作的开展有着重要的借鉴、指导作用，因此这一部分一定要写好。

（4）存在的问题和今后工作的意见或努力的方向。存在的问题是在实践活动中深切感受到应当解决而暂时没有条件解决或没有办法解决的问题。因此，在总结中，既要谈已解决的问题，也要谈尚未解决的问题，同时还要对存在的问题提出今后的改进意见或今后的努力方向。这是总结的收尾部分。

2. 总结的结构

总结的结构包括标题、正文、署名和日期几个部分。

（1）标题。总结的标题一般包括总结单位、总结期限、总结内容以及文种名称四个要素。有些总结还以正副标题的形式出现。当然，也有直接用"总结"两个字做标题的。

(2) 正文。总结的正文也就是我们前面所说的总结的内容。其结构方式多种多样，常见的主要有小标题式、条文式、全文贯通式、问题式等。写作时究竟采用哪种形式，可根据总结内容的实际情况灵活选用。

(3) 署名和日期。总结的署名一般都放在标题中，要么放在正题中，要么放在副题中。也有将署名放在标题和正文之间的，这主要是指那种集体或个人的专题性总结。日期一般在文末，其作用在于标明总结的写作时间。当然，有的总结（如工作总结）将日期放在标题和署名之间也是可以的。

3. 总结的写作要求

(1) 首先要进行深入细致的调查研究，广泛地占有材料，以使总结客观真实，符合实际。

(2) 坚持两点论，克服片面性。总结中既要看到成绩，也要看到缺点；既要找出经验，也要发现教训。

(3) 要总结出规律性的东西。

第三节 简报和规章制度

一、简报的写作

（一）简报的含义

所谓简报就是情况的简要报告，它是国家机关、社会团体、企事业单位内部用来汇报工作、沟通情况、反映问题、交流经验的一种陈述性事务文书。"动态""信息""简讯""情况反映""情况交流""内部参考""内部通报""通讯""工作通讯"等等都属于简报类事务文书。简报的应用极其广泛，它可以向上汇报工作，反映情况，也可以下发，传达有关指示和会议精神，以达到交代情况、部署指导工作的目的。平行机关之间也可以通过简报来传递信息、启发工作。但是，简报无论是上报还是下发都不能代替正式上行下达的公文。一份简报只有被作为附件用正式文件的通知等形式下发，才应看作正式文件。

（二）简报的分类

依据不同的划分标准，简报可以划分出不同的类别。一是按性质分，简报包括综合性简报、专题性简报；二是按内容分，简报包括动态简报、情况简报、会议简报；三是按时间分，简报包括定期的、不定期的，也有根据实际情况而编发的临时性简报；四是按行文关系分，简报包括上行、平行、下行三种。平时最常见的简报有以下三种。

1. 动态简报

动态简报是反映社会情况，为有关部门及有关人员研究问题、决定方针政策和具体措施提供依据的简报。这种简报常见的又有思想动态和业务动态两大类。思想动态主要是反映一定阶段、一定情况下影响本单位、本部门工作的各种思想动向，包括思想苗头、目前的思想状况、对党和国家重大方针政策或重大事件的认识等。业务动态主要是反映与本单位、本部门工作有关的业务动向，如市场动态、科技动态、供销信息等等。

2. 情况简报

情况简报又叫工作简报，是用来反映各项工作情况、经验得失的简报。常见的形式有日常工作简报、中心工作简报、专题简报。日常工作简报是以反映日常工作的情况和问题、工作中的经验和教训、工作中的先进典型等为内容的常年性简报。中心工作简报是反映本单位、本部门、本系统所做的某项中心工作的情况和问题的短期性工作简报，如文明礼貌宣传月简报。专题简报是报道某项专门工作的简报，如人口普查工作简报。

3. 会议简报

会议简报是反映召开某种会议的会议进程、会议情况或与会者相关情况的临时性简报。一般由会议秘书处或会议的主持单位编写。会议简报往往有四种情况：一是会议召开之初，编发有关会议概况，包括会议筹备情况、会议召开时间和议事日程安排、参加的人数、会议目的及要求等。二是关于会议研究或讨论问题的简报，内容包括会议提出的中心问题，与会者的意见、建议等。三是关于与会者典型发言的摘要的简报，内容包括重要发言、有代表性或有特殊见解的发言，以及可供参考或有启发性的发言等。四是在会议结束后，写一份归纳总结性的综合简报，概述会议过程、会议内容以及决议事项等。

（三）简报的作用

从现行简报的情况来看，简报主要具有三大作用：

(1) 上情下达作用。简报能尽快地把上级部门的意图或指示精神传达给下级各职能部门以迅速推动各项工作。

(2) 下情上报作用。简报可用来向上级部门反映工作中的主要经验体会、存在的问题及其解决办法，以及下一步的工作安排等情况，从而使上级部门及时掌握下面的新情况、新动向，为领导的决策提供依据和信息。

(3) 互通情况、交流信息的作用。对内，通过简报进行内部交流和沟通，可以使本单位各部门及时了解全面情况，以协调工作，达到共同提高的目的；对外，简报可以同上级单位、同级单位、下级单位进行交换，以促进了解，达到相互参考、交流经验的目的。

另外，简报还可以送阅科研部门、宣传部门、新闻单位，为对方提供有价值的材料或信息，从而加快本单位、本部门与社会公众的沟通。

（四）简报的特点

简报之所以应用广泛，主要就在于它具有真、简、新、快、活的特点。

(1) 真，即准确。实事求是、坚持准确性是简报最基本的也是最重要的特点。具体说来，包括问题抓得准、材料可靠、语言准确等方面。

(2) 简，即精练。简报的内容一般都是集中而单一的，并且往往是一事一报，其篇幅短小精悍。

(3) 新，即新鲜。简报反映的是新情况、新问题、新经验、新动向，给人以新的信息，处处体现着新鲜感。

(4) 快，即迅速。同新闻报道一样，"快"是简报的生命线。无论是阶段性的简报，定时的还是临时的简报都要求迅速及时，以便有关人员及时、准确地掌握情况，正确做出决策。

(5) 活，即广泛。凡是值得参考、借鉴的事实、动态，都可以简报的形式加以反映。

（五）简报的格式

简报的书写格式是约定俗成的，由报头、报尾、报体三部分组成。

(1) 报头由六部分组成：①简报的名称，写在简报最前面的上端中央，一般用红色大号字体，可直接标作"简报"，也可标作"××动态""××信息"等等。②期数，写在简报名称的正下方。③编发单位。④印发日期，写年、月、日。⑤密级，分"绝密""机密""秘密"等级别，也有写"内部刊物，注意保存""供领导参阅""请交换"等字样的。⑥编号。

(2) 报体是简报的主要部分，通常包括标题和正文两部分。标题是对正文内容或主要意旨的集中概括，要求通俗明白而且醒目。其字号小于简报名称而大于正文字号。正文的开头要写明时间、地点、人物、事件（包括起因、结果）等，揭示出全文的主要内容，让读者有一个概括的了解。接着，就要以客观事实中的典型材料为依据将正文开头的内容具体化。正文的末尾或归结全文，卒章显志；或提出任务，明确方向；或提出问题，给人启示。

(3) 报尾在正文结束以后用一横线同正文隔开。在横线下面，左边注明简报的报送、发送单位，右边注明本期共印多少份，以备查。

简报的一般格式：

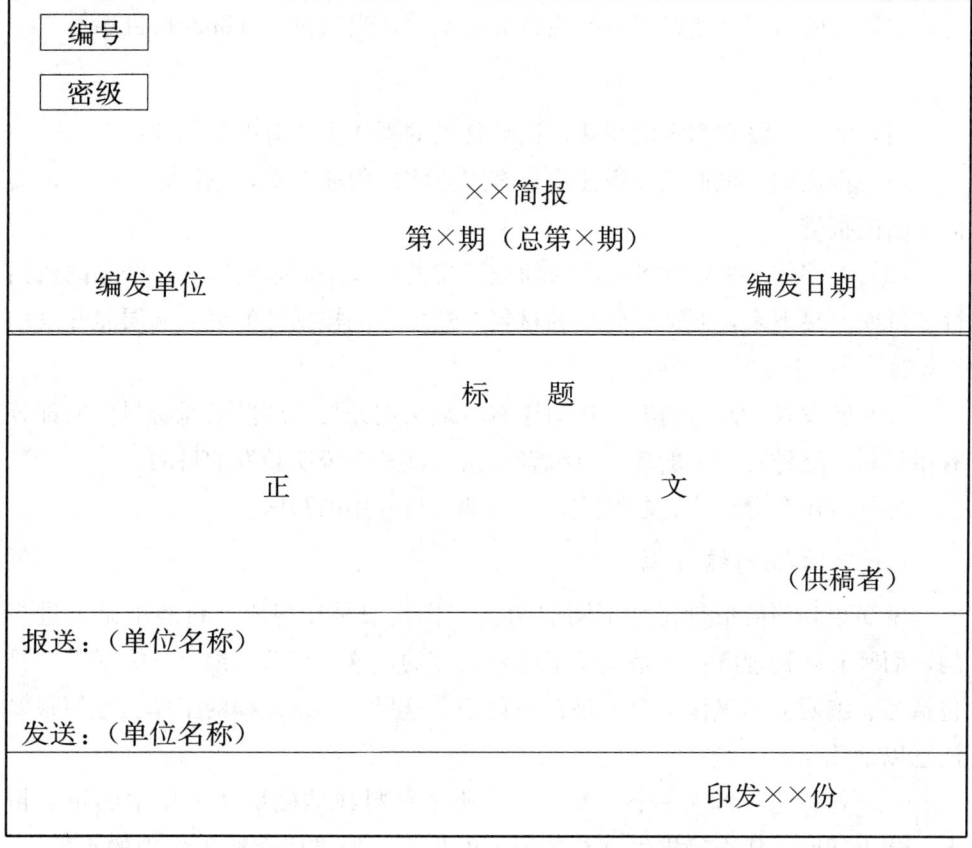

（六）简报的编写

1. 标题

简报标题的作用主要是提示或概括简报的内容。因此，拟写简报的标题就必须符合题文一致、明了简短两个要求。标题是从简报内容中概括出来的，或者是提示简报内容中最主要、最值得注意的内容，所以，简报的标题一定要做到题文相符，这是简报标题拟写的最基本要求。所谓明了简短指的是简报的标题能让人一瞥便知其意。这样"直言其事"的标题不能太长，否则简报就显得头重脚轻。因此，简报的标题最好能用寥寥数字概括简报的内容，一语破的，使人一目了然。

对于比较复杂或内容较多的简报，可以用目录的形式将简报的内容标示出来，以起到醒目的作用。目录一般在简报的扉页，同简报的报头一起占一页的页面。其编写形式主要有：按页码顺序编写，按简报内容的重要程度顺序编写。定期性的简报往往以固定的栏目形式编写，当然也可开辟新栏目。

2. 正文

简报的正文没有固定的写法，比较常见的写法主要有以下几种：

（1）报道式。报道式简报往往是客观真实地叙述事实，也可略加评论，类似于新闻报道。

（2）汇编式。采取这种写法时简报正文的开头是简报内容的一个总的概括性的说明。接下来，便选择合宜的材料对这个总的概括性的说明逐层展开来加以印证。

（3）转发式。简报内容直接原原本本地引用原材料或摘录原材料中的部分有用材料。这种写法一般都加有编者按语，其意在说明转发的目的。

另外，还有分析式、总结式、总结和分析并用的写法。

（七）简报的编和写

编简报和写简报是完全不同的两项工作。编是在现成材料的基础上进行的，而写有两种理解：一是就简报内容而言的，这一环节在编之前完成；二是包括写、编两方面工作，也就是自写自编。这里重点谈谈编的工作。编简报要注意以下几点：

（1）材料选取力求一个"准"字。所选材料或准确反映工作中的重要情况、焦点问题，或准确提供有参考价值的信息，或准确介绍工作中的新事物、新经验等。

（2）编者要对材料慎重推敲、认真修改，以求简洁。对于编简报而言，并不是任何材料都可以用，所以需要编者认真修改。

（3）为了引起注意，有的简报还需要写编者按语。编者按语既可以放在开头，也可以放在文后，放在文后称为"编后语"。

二、规章制度的写作

（一）规章制度的含义

规章制度是国家机关、社会团体、企事业单位为保证生产、工作、学习和生活的正常进行，根据政策法规，并结合本单位、本部门、本系统的实际而制定的在一定范围内要求相关人员必须共同遵守的各种行为准则的总称。

（二）规章制度的种类

规章制度类文书类别颇多，包括章程、规程、规定、办法、条例、规则、准则、细则、守则、规范、公约等。

（三）规章制度的作用

（1）规范约束作用。规章制度在一定范围内要求人们必须共同遵守，它对什么该做，什么不该做，该怎样做，不该怎样做，都有明确规定，不容许人违背。这对人们的行为就起到了规范约束作用。

（2）保障促进作用。规章制度的规范约束作用可以保障人们生产、工作、学习和生活的正常有序进行，这本身也就包含了规章制度的促进作用。同时，规章制度的保障促进作用对规章制度的实施也起到了良性互动作用。

（四）规章制度的特点

（1）强制性。这是规章制度最大的特点。规章制度的制定和实施不以个人的主观意志为转移，只要得到人们认可，得到社会认可，就在一定范围内要求有关人员必须遵守。

（2）严明性。规章制度不能有任何疏漏和前后抵触之处，其措辞必须清楚确切，不能模棱两可；否则，规章制度的制定就失去了意义。

（3）可行性。规章制度的内容不能喊口号，必须根据实际情况充分考虑到它的可行性；否则，规章制度就不可能得到贯彻实施。

（五）规章制度的写作

1. 格式

规章制度的写作格式由标题和正文两部分组成。标题一般由制定者、事由（内容）和文种名称组成，如《中华人民共和国国库券条例》。有些规章制度的标题略去了事由（内容）或制定者，如《竞赛规则》等。规章制度的正文往往都是条款式的,先总则后分则,最后是附则。规章制度的开头一般概要说明制定此规章制度的依据、目的和所遵循的基本原则等。这部分内容一般都单列一章,称为"总则",也可称作"总纲"。有的规章制度只有条款,没有分章,那这部分内容一般就作为此规章制度的第一条。附则是对规章制度具体内容的补充说明,主要内容包括此规章制度适用的范围和对象、解释权的从属、实施的具体时间等。

2. 内容

由于规章制度具有强制性,这就要求规章制度的制定必须慎重而严肃,以保证其严明性。具体说来制定规章制度要注意以下几点:

(1) 规章制度的制定要符合党和国家的政策、法规。任何规章制度的制定都要服从于党和国家的政策、法规、法令;否则,规章制度即使制定出来也不可能得到实施。

(2) 规章制度的制定要符合实际。规章制度的制定要以客观实际为依据,做到既合情又合理,既有针对性、可行性,又易于为大家接受;否则,规章制度将失去其规范保障作用。

(3) 规章制度的制定要考虑全面,以保持其相对稳定性。规章制度是严肃的,不能随便轻易改动,要保持其相对稳定性。当然,随着新形势、新情况、新要求的出现,规章制度要及时修订、补充完善。

(六) 几种常见的规章制度

1. 规定

(1) 规定的含义。规定是一种针对特定范围内某项事宜提出要求,并制定相应措施,要求相关部门和下级机关贯彻执行的文书。规定的使用范围很广,其主要作用就是规范人们的行为,如《股份制试点企业有关税收问题的暂行规定》。

(2) 规定的拟写。规定通常包括标题、正文、签署三个部分。标题的格式为"事由(内容)+文种名称"。正文部分又分为两部分:一是序言,说明做出规定的目的、缘由;二是主体,分条说明原则要求和具体措施。签署可放在标题中,也可放在正文之后。

2. 办法

(1) 办法的含义。办法是一种对某项工作或活动做出具体安排或提出具体要求的法规性文书。

（2）办法的拟写。办法通常有标题、正文、落款三个部分。办法的标题有两种：一是用表示范围的"关于……的实施办法"的介词结构来表示，二是在"介词结构"式标题之前加上限定"办法"的单位名称。正文多由开头、主体、结尾组成，写三层内容。落款是写制定办法的单位名称和日期。

3. 章程

（1）章程的含义。章程是一个党派、团体或组织用以规定自身的组织机构、组成人员、活动形式和行动准则的一种法规性文件，如《中国共产党章程》。

（2）章程的拟写。章程的标题格式为"组织名称＋文种名称"。在标题和正文之间要将通过章程的会议名称和日期加括号注明。章程的正文采用条款式写法，特点是"章断条连"，即分章分条，各章的条数前后相连。第一章为"总则"，最后一章为"附则"，中间各章为"分则"。总则主要是概要说明组织的性质、宗旨、工作重点、奋斗目标等基本内容。分则都是围绕总则来展开的，主要阐明组织成员的权利和义务、组织原则、组织形式等。附则的内容为说明解释权、修订权、生效日期、实施要求等。由于章程是一个党派、团体或组织的成员行动的准则，因此，章程的制定必须广泛征求意见，反复讨论、修改，并要经过其代表大会讨论通过。

4. 条例

（1）条例的含义。条例是一种由国家机关制定或批准发布的对某项事宜或某方面工作和活动作原则性规定的法规性文件。

（2）条例的拟写。条例的格式同样也包括标题、正文和附则三个方面。标题由发布机关、事由、文种名称组成。正文是条例的内容，一般为工作的要求、规定和方法等。正文可分章写，也可不分章写。附则和章程的附则一样，内容是说明解释权、条例的生效日期、实施要求等。

5. 规则、细则

规则是对一定范围内从事某项工作或某种活动的人员所提出的要求必须共同遵守的总的原则性的要求和规范，如《考试规则》。

细则是根据上级部门或国家机关的政策、法规、法令、条例、规定，结合本单位、本部门、本系统实际情况而制定的具体实施的详细规则，如《中华人民共和国个人所得税实施细则》。

第四节 调研报告

一、调研报告的界定

调研报告是对某一情况、事件、问题、经验等进行调查研究、综合分析以反映调查研究情况和结果的一种书面报告,也称"考察报告""调查报告""调查"等。作为调查研究成果反映的调研报告,既有客观情况的陈述,又有对客观情况的分析,是一种陈述性和说明性相结合的应用性文体。它在提供决策依据、推广典型经验、揭露社会问题、扶植新生事物、澄清事实真相等方面具有很重要的作用。

二、调研报告的分类

按调研报告的内容和作用大致可将其分为五类。

（一）反映基本情况的调研报告

这类调研报告主要反映某一具体事件、事物、问题、经验等的基本情况,旨在为人们了解情况、认清形势、制定方针政策提供依据。其适用范围很广,政治、经济、文化等领域的情况都可以反映,如《茶·茶文化·茶产业——关于振兴云南茶叶产业的调查报告》（《求是》2002.7）。

（二）推广典型经验的调研报告

这类调研报告以先进单位或个人的典型经验为反映对象,旨在为人们"传经送宝",如《让有限的教育经费真正用于教育——江西省广昌县财务核算中心"教育专柜"运行情况的调查报告》（《中国教育报》2001.11.1）、《创新是企业的生命——上海日立电器有限公司调查》（《求是》2002.5）。

（三）介绍新生事物的调研报告

这类调研报告以社会生活中涌现出来的能体现时代精神的新人、新事、新风尚为反映对象,旨在扶植新生事物,促进其进一步发展,如《促进农村社区协调发展的新路——益阳市开展"十星级农户"创评活动的调查》（《求是》

2002.4)。

(四) 揭露问题的调研报告

这类调研报告以揭露各种社会问题，揭示其严重性、危害性及产生根源，指出其解决办法、途径为内容，旨在引起人们的重视，促进问题的解决，发挥舆论监督作用，如《民营企业的制度与管理创新——珠江三角洲部分民营企业的调研报告》(《管理现代化》2002.1)、《我国中小学教师教育技术能力的调查与分析》(《中国电化教育》2002.3)。

(五) 澄清事实真相的调研报告

这类调研报告以澄清事实真相为内容，旨在消除误解，揭穿谎言，匡正视听。

三、调研报告的特征

(1) 对象的针对性。调研报告究竟要揭示什么问题、推广什么经验、反映什么新生事物，这要求调研之前有准确的把握，从而确定好要调研的对象，并不是什么对象都具有调研的价值。

(2) 选材的典型性。在对调研对象有了一个全面系统、客观真实的了解以后，要在总结分析形成书面材料之前对所掌握了解的材料进行精细地选择。选择那种具有代表性、典型性的材料，这样就可以增强调研报告的说服力。

(3) 内容的新闻性。调研报告所反映的情况、事件、问题、经验等往往都是新近发生的，因此，调研报告的内容十分强调一个"新"字。仅此而言，调研报告和通讯差不多。

四、调研报告的写作

(一) 写好调研报告的前提

调研报告是调查研究成果的反映。如果调查研究工作没有做好，情况不明，认识不清，那怎么能写出好的调研报告呢？可以肯定地说，凡是好的调研报告都是在充分调查研究的基础上完成的。调查研究，有时也称调查、调研，它包括调查了解和分析研究两项工作。

1. 调查

在进行调查之前必须确定好调查的对象，即选题。然后在做好相关准备工作后就进入实地调查。这一环节是接下来进行研究的基础,也是最后写好调研报告的基础。

(1) 调查的要求。首先,调查要力求全面,万万不可满足于一知半解;否则,就易犯以偏概全的错误,最后得出结论的正确性也就难以保证了。其次,调查要在全面了解实情的基础上力求深入,以避免被表面现象或假象所蒙蔽。另外,调查切忌"走马观花"、笼统、含糊,要力求准确。

(2) 调查的方法。调查的方法很多,常见的有以下几种:

开会调查。这种调查方法事先要准备好调查的提纲,根据调查的目的邀请有关人员参加会议。

问卷调查。这种调查方法要将调查的内容设计成表格和问题,要求调查对象认真填写,如实回答,从而取得所要了解的情况。

个别询问。这种调查方法要确定好询问对象。询问对象必须是知情者、当事人或有代表性的人物等。这种调查方法比较特别,可能会让被询问的人产生心理顾虑,所以这种调查方法要视具体情况而选用。

资料查阅。查阅有关资料也是了解情况的方法之一。当然,这种调查方法所使用的材料不是第一手材料,需要注意用其他调查方法加以核实。

2. 研究

面对调查得来的材料,如果不去做"去粗取精、去伪存真"的研究,那调查也就失去了意义。在实际工作中,调查和研究是相辅相成、密不可分的。调查为研究提供材料,研究为进一步的调查指明方向。

(1) 研究的要求。总的来说,研究要实事求是,一切从事实出发,从全面、深入、准确的调查中获得的材料出发,从中得出客观的令人信服的结论。为此,研究要"唯实",而不能"唯书""唯上"。同时,研究还要抓住事物的本质特征,而不能仅仅停留在表面肤浅的认识上。

(2) 研究的方法。研究的方法主要有分析、综合、比较等。所谓分析研究就是将事物整体分解成若干个部分、若干个方面去研究,为认识事物的整体打下基础。分析有纵向分析和横向分析之别。纵向分析就是把事物的发展过程分成若干部分,一部分一部分地进行研究。横向分析则是把事物的整体分成若干个方面,一方面一方面地进行研究。这两种分析方法结合起来,就是再复杂的事物也会变得清晰明了。所谓综合研究就是把事物的各个部分、各个方面结合成一个统一的整体进行研究。它与分析一起贯穿于整个研究过程。比较研究也是研究工作最常用的方法之一。它是通过对事物的不同阶段、事物与事物之间进行对比来认识事物本质的重要方法。

(二) 调研报告的写作要求

1. 标题

调研报告标题的写法较灵活。但无论哪种写法，都应该准确简要地概括其主要内容，并标明文种名称"调查报告"或"调查"。常见的写法有以下两种：

(1) 正副式标题：标题由正题和副题构成。正题概括调研报告的主要内容，副题标明调研报告的内容范围和文种名称，如《农民思想道德教育的成功实践——河南省竹林镇精神文明建设调查》(《求是》2002.8)。

(2) 公文式标题：标题为调研报告的主要内容加上"调研报告"或"调查"字样。这种标题类似于公文的标题，如《关于"大学生对考试舞弊的态度"的调查与思考》(《学校党建与思想教育》2002.4)。

另外，还有一种报纸杂志上常见的写法，即只写明主要内容或内容范围。这种标题的调研报告往往刊发在报纸杂志的固定栏目——调研报告或调查报告内。

2. 正文

调研报告的正文由开头（导言）、主体和结尾三部分构成。

(1) 开头，又称为前言、导言或引言。其写法颇多，这里举三种常见的写法：一是交代说明式开头。这种开头主要是说明调研的根据、目的、时间、地点、方法以及调研对象的基本情况。这种开头可以为下文的展开打下基础。二是概括主题式开头。这种开头好比新闻报道的导语，即一开头就概括出调研报告的结论。这种开头最能体现应用性文体开门见山的原则。三是提出问题式开头。这种开头直接提出人们关心的问题，从而引起下文，吸引读者看下去。

(2) 主体，紧承开头，是调研报告的核心。主体写什么内容，要根据调研的内容和目的来确定。比如说，推广典型经验的调研报告，主体一般是先摆出成绩，然后分析取得这些成绩的原因。面对不同的调研内容，主体写作需要注意：首先，观点和材料要有机结合，用观点统帅材料，用材料证明观点；其次，结构安排要井井有条，不可杂乱无章，逻辑混乱；再次，叙述和议论要得体，即要符合调研报告的文体特点，不能混同于一般的夹叙夹议。

(3) 结尾，这部分内容有的调研报告有，有的调研报告没有。有结尾的调研报告，其结尾内容通常为总结全文、深化主题、提出希望等。

3. 署名和成文日期

署名有两种方式：一是把调研组的名称或调研人的姓名写在全文之后的右下方，二是直接写在标题之下。

成文日期是调研报告时效的记载，作为公务文书的调研报告是不能省略的，应把日期完整地写在最后署名之下。如果是报纸杂志上刊发的调研报告，则可不注明。

范文点评

【范文】

在这些数字后面……
——对在校生调查综述

了 之

最近，校团委就学习积极性和勤工助学活动两个方面在学生中进行了抽样调查，得到的结果引人深思。

调查表明，除上课外，每天用于专业学习时间所占的比例，在20%以下的占被调查学生的30.3%，20%~40%的占43.1%，把两项相加有73.4%的学生用于专业学习的时间不到课余时间的一半！只有9.2%的学生，下课以后60%以上的时间用在专业学习上，那么相当一部分学生的课余时间干什么了？通过座谈了解到，聊天、玩琴、打扑克、下棋、看电影、看录像、踢球、谈恋爱、逛大街、回家等消磨了这部分时间。而当问及"您对我校学风状况"态度时，很满意的为6.4%，基本满意的占57.2%，不满意的为36.4%。

影响学生学习积极性的主要因素是什么呢？调查表明（依次排列），认为教师职业地位低，收入少，没前途，占被调查人的41.3%；认为现行的教学方法陈旧占25.4%；认为课程设置不合理，学非所用，占20.2%；想学不知从何处下手，占12.3%；其他占8.8%。

座谈中，学生说："从国家现代化建设需要知识、需要人才、需要教师的重要性上说，师范生又神圣又崇高，但从经济地位和社会舆论看，却怎么也自豪不起来。我在外边，有人问是哪个学校的，从来就不敢说是师大的。"有的学生说："这些人也富起来了，那些人也富起来了，当老师就是富不起来。"许多学生承认，当初报考师大并非喜爱教师职业，而是不上师大就上不了大学，而大学文凭是唯一的谋取职业的凭证。但现在不同了，研究生有的还分不出去了，社会注重实际了，社会用人观念变化，有的一毕业就能挑担子，见效益，只要有本事就行。有的学生说："上大学现在看不是唯一的出路，从金钱收入比较，上大学花的钱多，赚的钱少，是赔本的。因此，越想越没劲，越想越觉得没前途。"

座谈中，许多学生认为，目前开设的课程不是从师范院校特点出发，面向中学需要的。在"您认为现在学习的课程，将来工作需要的占多大比例？"中，有29.4%的被调查学生认为不足20%，有35.8%的认为能用上20%~40%，只是9.1%的认为能用上90%以上。

在"您认为提高学生学习积极性的关键"一项中，45%的被调查学生认为是"提高教师待遇"，31.7%的学生认为是"改革教学体制"，20%的学生认为"增加对社会的了解"，仅有3.3%的学生认为要"加强思想政治工作"。

调查还表明学生对勤工助学和学习实用技术的热情很高：对勤工助学"愿望强烈"的占被调查学生的49%，"有愿望"的占43.3%，"没有考虑"的仅占6.7%，"反对"的为0。"愿望强烈"和"有愿望"的占学生的92.3%。"您认为在专业知识外，还应学一些实用技术"一项中，认为"非常必要"占69.4%，认为"必要"占28.7%，认为"不必要"仅占1.9%。在您认为"勤工助学对学习影响"一项中，有23.9%的学生认为"促进学习，提高学习效率"，有71.5%的学生认为"关键是处理得当"，仅有4.6%的学生认为"必然影响学习"。在您"参加勤工助学的目的"一项中，有29%的学生认为是"培养自立精神，锻炼能力"，有10.3%学生认为是"增加收入，改善学习生活条件"，"两者兼有"的占60.7%。

【点评】

调查报告主要靠事实说话，向人们提供可资借鉴的思考。这篇调查报告在这方面的特点较为突出。文章一开头就把要调查的问题摆了出来，即"校团委就学习积极性和勤工助学活动两个方面在学生中进行了抽样调查"。

对上述两方面情况的调查，其结果通过具体的比例数字显示出来，这无疑给人以真切实在之感，具有无可辩驳的逻辑力量。此外，本文还对座谈时学生的发言进行了适当的分析，由此可看出了调查者仍以具体的事实促使人们对其结果进一步深思。

全文几乎没有议论，但是感到文外的呼声四起，似乎都在进行没有议论的议论，于是看出标题《在这些数字后面……》的魅力。这样更能发人深省，推本溯源。

实践练习

1. 事务文书和公务文书有何联系、区别？
2. 简报带有汇报性、交流性和指导性，它能不能代替上行的"请示""报告"或下行的"通知""通报""指示"？
3. 结合实际谈谈计划的写作要求。
4. 结合自身实际，按照写总结的要求写一份思想总结。
5. 调研报告与报告有何不同？

第十五章　日常应用文书

第一节　专用书信

书信，是人们在日常生活和工作中，为互通信息、交流思想、联系工作、商讨问题等写作的一种日常应用文书。其实质是一种书面谈话。书信通常分为一般书信和专用书信两种。一般书信是指个人之间往来的书信。专用书信是指专门用于团体之间或个人与团体之间联系工作的具有特定格式的书信，如介绍信、证明信、感谢信、慰问信、祝贺信、申请书、倡议书、建议书、保证书等等。专用书信的写作格式大同小异，主要分为标题、称谓、正文、祝颂语和落款五部分。其中正文一般包括前言、主体、结尾等几部分。

一、自荐信与推荐信

自荐信与推荐信都是祈使性的专用书信。其目的，都是向收信方进行推荐并且要求其能按自己信中表达的意愿办。所以，其写作方法基本相同，只是表达角度不一样，自荐信重在介绍自己，推荐信重在介绍被推荐者。

（一）自荐信的写作

自荐信也叫自荐书，是求职者根据用人单位的需求，向用人单位或负责人进行自我推荐而写作的专用书信。其内容具有鲜明的针对性，格式较为灵活。写作时应注意以下几点：

(1) 称谓恰当。无论称呼收信方还是求职者自称，都要根据双方身份、地位、年龄以及相互关系等因素，确定恰当称呼，做到谦恭有礼。为表示尊重，往往在前面加上"尊敬的"三字，若姓名、地位明确，可在姓名后面加上职务称谓；不太明确的，一般可在单位名称之后泛称"领导同志""负责同志""经理先生""厂长先生"等等。

(2) 重点突出。在针对用人单位的需求和自己的情况，概括介绍自己的相关阅历、学历、知识和经验等情况时，做到层次清楚，重点突出，特点鲜明。如果确实需要更多地展示自己，可以将"个人简历"及相关重要材料等作为自荐信的"附件"处理。

(3) 态度诚恳。既然是主动自愿向收信方求职，就要在自荐信中明确表现出真诚和恳切的态度，切忌模糊、含混或者闪烁其词，表意不明。

(4) 语言简练、得体。自荐信以短小精干为宜，语言冗杂、篇幅过长则会引起厌烦，所以语言表达力求简练、得体。一是通俗、晓畅，便于对方阅读、理解；二是贴切、妥善，便于对方愉悦接受；三是从容自信、不卑不亢，既能激发对方的好感又不失人格尊严。不要使用冷僻、古奥，令人费解的语言。切忌故意过高夸大事实、张扬自己或者故意自我贬损。

(5) 便于考查、联系。自荐信中所写情况及"附件"均应讲明性质和出处，便于对方判断、考查。同时，应写明本人或联系人的地址及联系方式，便于对方联系。

（二）推荐信的写作

推荐信，是写信人向用人单位推荐所需求的合适人选而写作的专用书信。写信人要具备两个条件，一是必须对被推荐者的相应情况有足够了解，二是必须对收信人有足够了解并且有相互信任的良好关系。其格式及写作要求与自荐书基本相同。写作时需注意以下几点：

(1) 目的明确。集中谈论向对方推荐所需合适人选并希望予以接纳的问题。要避免转移主题，喧宾夺主。

(2) 内容实在。信中针对用人需求而对被推荐者所做的相应介绍，应做到真实可靠，关键问题必须清楚、确定，以免造成不良后果。

(3) 语气委婉。替对方着想，对双方负责。宜用商量、建议的口吻，切忌不留余地，强加于人。

二、感谢信

感谢信,是用来向团体或个人表示感激和谢忱的一种专用书信。其写作格式与一般书信基本相同。

(1) 标题。在第一行正中用较大字体写上"感谢信"三字做标题。

(2) 称谓。在标题下一行,顶格写上对受感谢团体或个人的称呼。

(3) 正文。提行空两格,写明以下内容:感谢的缘由——在何时、何地,因何故受到何单位或何人的何种帮助和支援,有何价值和意义;感谢的方式——通常写明"表示诚挚的感谢"之类的话语,有的还表明自己将采取的感谢行为和措施。

(4) 祝颂语。在正文下提行空两格写上祝颂语。如用"此致敬礼",则分两行书写——将"敬礼"写在下一行的顶格处,不加标点符号。

(5) 落款。在右下方写上写信者的单位名称或个人姓名及时间。

感谢信的写作,内容要真实、具体,语言要真诚、朴实,切忌虚情假意。

三、慰问信

慰问信是机关、单位、团体等向有关方面表示安慰、问候、表彰、鼓励等情感和意思而写作的一种专用文书。其写作格式与感谢信基本相同。

(1) 标题。可直接以"慰问信"为标题,也可以由发信单位、受文对象和文种组成标题,如《绵阳市人民政府致全市职工的慰问信》。

(2) 称谓。在标题下一行,顶格写上被慰问者的单位名称、群体称谓或个人姓名。

(3) 正文。提行空两格,首先写明慰问的原因、背景及表示慰问、致意的话。其次针对不同的慰问对象,或侧重赞扬对方在特定事件或事业中的突出表现、显著成绩、高尚品德,慰问其辛苦;或侧重对其不幸表示同情和安慰,对其克服困难的勇气、行为表示钦佩;或者是就某一具有特殊意义的节日、纪念日表示祝贺与慰劳等。最后,提出希望和勉励。

(4) 祝颂语。通常用一句热情的话表达良好的祝愿。

(5) 落款。在右下方写上写慰问信者单位或个人的名称及时间。

写慰问信,感情要真挚、自然,语气要诚恳、热情,言辞要富有感染力,能使被慰问者从中得到安慰和鼓励。

四、申请书

申请书，是个人或集体向组织或有关部门表达愿望或提出请求时使用的一种专用书信。申请书的目的明确，用途专一，内容单纯，一般是一事一书。

申请书的结构模式较为固定，一般由以下五个部分组成：

（1）标题。可以直接写"申请书"三字，也可以根据申请的事项和目的，写得具体些，如"助学贷款申请书""加入某某组织申请书"等。

（2）称谓。在标题下顶格写上申请书接受者的名称。单位名称或者部门负责人姓名及职务称谓均可，如"某某学校人事处""尊敬的某某校长"等。

（3）正文。这是申请书的主体部分。一般着重写明以下内容：一是申请的事项。宜开门见山，清楚明白地提出申请的事项和意愿。二是申请的理由。这是全文的重点，必须下功夫写好，尽量做到理由充分，内容完整，条理分明，表达中肯。三是申请人的态度。在正文结束时，明确表达自己对申请事项批准与否的态度，以增强申请书的分量。

（4）祝颂语。祝颂语不一定都用。需用祝颂语时可以用"此致敬礼"之类的语言。

（5）落款。在右下方写明申请人单位、姓名及提出申请的日期。

申请书的写作，应注意以下几点：一是实事求是。既要求说话有根有据，又应该推心置腹地说出真实想法，以便加深理解、信任。二要尊重阅读对象。在提出申请、表达意愿时，宜从尊重、信任和理解的角度来谈话，而不能用强求对方"非接受不可"的口气来说话。三是文字简练，书写工整。

第二节　告启文书

告启文书，特指那些通过招贴、标牌或广播、电视、报刊等形式向社会宣传介绍或公开说明某种事情的应用文书。主要文体样式有启事、广告和海报等。

告启文书的内容单一，形式灵活，写作简便，传递快捷，具有很强的针对性和实用价值。它是传递信息、促进交流、协调关系以及排除困难的有效媒介和手段，为社会团体、企事业单位或个人在社会生活的各个方面广泛使用。

告启文书在写法上虽然因用途、对象和文体不同而在表达形式与风格上存在差别，但是也要共同遵守以下事项：其一，内容要真实可靠，不能无中生有，夸大缩小；其二，形式要活泼大方，切忌呆板、陈旧、平淡、庸俗；其三，表达要简明生动，不能含混、冗赘、晦涩、枯燥；其四，写作要及时，传播要得法，以便所告启的事项既快又好地得到有关方面响应，收到预期效果。

下面对启事和海报做简要介绍。

一、启事

（一）启事的界定

启事是机关、团体或个人公开向社会说明并请求协助办理的事情的告启文书。它一般通过广播、电视、报纸等媒体传播，有的也张贴在公共场所显眼之处。

启事应用范围宽，种类也多。常见的有招聘启事、招生启事、招领启事、更名启事、寻访启事、征稿启事、征订启事、开业启事、迁移启事、鸣谢启事等等。

（二）启事的格式和写法

启事形式灵活，写法多样。一般有标题、正文和落款三部分。

1. 标题

要通过标题明确告诉公众："是谁""要做什么"。标题一般由单位名称、事由和文种构成，如："某某学校某某培训班招生启事""某某公司重要启事"。也可以由事由和文种构成，如："寻物启事""征稿启事"。

2. 正文

主要是简明扼要地把启事要告诉的事情说清楚。通常采用两种表达方式。

（1）直陈式，即落笔入题直接讲出具体事情和要求。可以用短文式结构，也可以用条款式结构，直接标出事项条目或数字序码，逐一明确陈述。

（2）总分式，即在正文的开头先简要概括启事的缘由及目的、意义作为前言，然后再分条列项地写明启事的具体事项。

二、海报

（一）海报的界定

海报是机关、单位和文化、教育、艺术、体育等团体或个人，向社会公众预告临时性活动消息时所使用的告启性文书。

海报的名称最早起于戏剧界。旧时，人们把参与戏剧表演活动的行为称为"下海"，随即便把宣传戏剧演出信息的张贴物叫作"海报"。现在，海报的宣传形式与启事、广告一样，已经大多利用报纸、广播、电视以及互联网等传媒工具了。

（二）海报的格式和写法

海报内容丰富，形式多样，常用大幅纸张，以简练动人的文字和形象精美的图案相结合的方式，来进行特定内容的宣传，文字的撰写没有固定的模式。就整体看，海报一般也有标题、正文和落款三项。

1. 标题

一般是在纸的上方中间，写上"海报"两个大字，也可以把要宣传的内容直接用大字标题写出来，如："月末文艺晚会""足球比赛""教育实习成果展"等。

2. 正文

正文主要写明活动内容，具体时间、地点，参加方式，主办单位或主讲者、主演者等主要信息，突出主题。

3. 落款

落款写明海报发出单位的名称及日期。

（三）写海报的注意事项

（1）内容要真实、确凿，不得有失实、有差错，更不能无中生有，撒谎骗人。

（2）用语要新鲜、活泼，具有很强的宣传性、鼓励性、号召性，力求通俗、简明、生动，直截了当。

（3）结构要醒目、美观。海报的文面布局和内容的安排、文字的书写、图案的配制等要精心设计，力求主题突出、醒目、美观，富有表现力。

第三节 礼仪文书

在当今社会中，人们的社交活动日趋频繁，为社交活动服务的礼仪类应用文也随之受到越来越多的重视。所谓礼仪，是指人们进行社交活动的礼节和仪式。而礼仪文书，则是人们在社交活动中经常使用的一类应用文书。

礼仪文书主要包含贺辞、请柬、题词、赠言、讣告、悼词、唁电、碑文、对联等。这些应用文的使用场合是：（1）祝贺人们在生产建设和科学研究中取得的卓越成就；（2）庆祝国内外的重大节日或重大活动；（3）庆祝人们的其他纪念日或值得纪念的事件；（4）聚会或惜别，张扬个性或美化环境；（5）向死亡者表达沉痛的哀思，对其亲属表示亲切的慰问等等。

礼仪文书具有以下特点：

（1）有特定的使用范围。礼仪文书的应用要讲究一定的场合，有时甚至还很严肃、庄重。特别是讣告、悼词、唁电及碑文等，不能随便使用。

（2）有强烈的感情色彩。礼仪文书都带有强烈的感情色彩，无论哪种礼仪文书，表达情感都言辞恳切。当然，这种情感要真实、自然、具体，切忌矫揉造作，过分夸张。

（3）有相应的写作方法。经过人们的长期实践，各种不同的礼仪文书，已经基本形成了自己较为固定的行款格式及惯常用语。语言表达自由、灵活，各有特点。

一、贺辞与请柬

（一）贺辞的写作

贺辞是在喜庆的仪式上所说的表示祝贺的话，有口头和书面两种形式。用书面形式表达的贺辞又叫贺信。贺辞若用电报传递给对方，即称为贺电。

贺辞大多用于以下场合：特别值得庆祝、纪念的重要会议，重大活动与重大事件，机关、单位、团体或个人在工作、生产、经营、科研和学习中取得了突破性的成绩，文艺、体育、军事等活动中的显著成果，以及其他值得庆祝的事件。

贺辞的撰写者和接受者，可以是个人，也可以是单位、集体，甚至是国家。

贺辞跟一般书信相比，在结构和格式上基本相同，有称呼、正文、结尾、落款等几个部分。它们的区别体现在内容上：一般书信的内容多半是互通消息，商讨问题，交流思想；贺辞的内容则是以写作者一方就某一事件向接受贺辞的一方表示祝贺为主。

写贺辞要注意以下几点：

（1）明确双方关系，恰当使用称呼。
（2）注意使用范围，注重实际效果。
（3）内容紧扣中心，不要东拉西扯。
（4）语言简洁生动，情感真挚自然。

（二）请柬的写作

请柬又叫请帖、邀请书。它是邀请有关单位或个人参加某个特别会议或某个庆祝活动时使用的一种比较庄重的应用文。因为发请柬是严肃的事情，所以请柬都是特制的。

请柬的格式和写法有两种情况。

一种是在第一行正中用较大的字体写"请柬"二字，在第二行顶格写被邀请者的姓名或单位名称，第三行空两格开始写正文，讲明邀请的时间、地点和事由及"敬请光临"等结语（结语也可提行空两格写）。最后在右下方写邀请者的单位名称及日期。

另一种是分两面写。封面写"请柬"二字，里面按第一种的格式写上其余内容。

二、讣告与悼词

（一）讣告

讣告是向死者的家属及亲朋好友报丧的告知性应用文。讣告的写作方法是：先在首行的正中用较大的黑体字写"讣告"二字，再换行空两格写正文。正文的写法是：先写死者的姓名、职务、逝世的时间、地点和原因，终年的岁数，然后概括介绍死者的生平和事迹。正文写完之后，提行写召开追悼会或举行告别仪式的时间、地点，并提出要有关人士参加的邀请。最后换行写治丧委员会的名单和写讣告的日期（有的讣告将治丧委员会的名单另发）。

讣告的用纸一般都用黄纸（也有用白纸的），这样才严肃、庄重；切忌用红纸。

（二）悼词

悼词古称祭文，是对死者表示哀悼和怀念的应用文。悼词的写法比较灵活，一般都是叙述死者的生平事迹，讴歌他的人格品行及其影响，抒发对死者的诚挚怀念，寄托生者的哀思，表达化悲痛为力量、继承其遗风、实现其遗愿等等感情。悼词的语言要朴实无华，节奏要深沉舒缓。悼词的篇幅，应该是短小、简明，语言力求精练、隽永。例如苏轼悼欧阳修母亲的悼词，就只有"孟轲亚圣，母之教也；夫人生子如轲，虽死无憾。尚飨！"二十字。

三、对联

（一）对联的界定及种类

对联又叫"对子"。它是用来张贴悬挂的呈一组两行形式的对偶语句。对联的右边一联称上联，左边一联称下联。有的对联，加几个概括对联内容或主旨的字，写在两联的上方，称为横联或横额、横批。对联是我国人民根据汉字的平仄声调创造出来的深受广大群众喜爱的文学样式。它既可以用作宣传工具，又可以用来美化环境，经常用于节日庆祝、红白喜事以及住所居室、建筑物、景观等的文化布置。同时，因对联常常配以优美的书法，又可供人们作为文化艺术品欣赏，所以从古至今流传着许多对联佳话。

据说，对联是由古代的桃符演变而来。两千多年前的战国时期，中原地区人们过春节时，便有在家门前悬挂刻有灭祸降福咒语的"桃梗"，以驱邪避灾的风俗。这"桃梗"又称"桃符"。大约到公元七百多年，有人开始在桃符上面写了"新年纳庆余，佳节号长春"一类联语，表达对生活的期望。此后，桃符便逐渐被题写有文字的对联所代替了。

对联的特点是对称。对联之所以叫对联，在于"形相对，神相连"。对联的表达形式，是在古代律诗对偶句的基础上发展而来的，十分注意语言的形式美，讲究结构的严谨和对仗的工整，即要求上联和下联字数要相等，句式要相同，词语的词性要对应。一副对联表达一定的思想感情，在内容上，上下联的意思必须有关联。例如"海阔凭鱼跃，天高任鸟飞"一联，它的上下两句都是五个字且句型完全一样；海阔和天高都是主谓词组，在句子中作主语；鱼跃和鸟飞也是主谓词组，在句子中分别做动词"凭""任"的谓语。上下两句的意思相近，互为补充。上下句相对应的词的词性相同，都是名词—形容词—动词—名词—动词。

工整的对联还讲究文字音韵的平仄协调，使对联具有声调美、音乐美。平仄是古汉语中字的声调。现代普通话里的阴平、阳平算平声字，上声、去声算仄声字。对联的双字和末字须平仄相间。末字要求上联为仄声，下联为平声，即所谓"上联仄落，下联平收"。从整体上讲，上下联对等地位的字的平仄应该相拗。如上面所举"海阔凭鱼跃，天高任鸟飞"其上联是"仄仄平平仄"，下联是"平平仄仄平"，双字和末字平仄相间；上联末字"跃"是仄声，下联末字"飞"是平声，上下联末字平仄相拗，读起来就十分上口。

对联的横联，多为四字句。一般即兴编写或者选用成语，与对联的内容相辅相成。横联用得好，有画龙点睛的作用。如成都某饭店的对联是"精洁廉小餐特色，麻辣烫川味正宗"，用了"看菜吃饭"的横联，将熟语活用，语意双关，对联的意义就大为增色了。竖着张贴对联时，对偶句的上联贴在右边，下联贴在左边，横联贴在上下两联的上边。

对联具有包容丰富思想内容，适应各种人士不同表达需要和审美情趣的特点。对联运用广泛，种类繁多，常见的有春联、喜联、寿联、挽联、装饰联、娱乐讽刺联、赠答联等等。

1. 春联

春联，是专门在"春节"期间撰写、张贴的，用来表现辞旧迎新的欢乐喜庆气氛，赞颂时代风尚，表达生活愿望等情感的对联。例如："爆竹声声辞旧岁，欢歌阵阵迎新年"，"春来了窗外桃花迎客笑，冬去矣门前芍药对我开"，"尊师喜看桃李春，育人乐做孺子牛"，"山青水青处处青青堪入画，禽胖畜胖娃娃胖胖可为诗"。

2. 喜联

喜联多用来表示庆贺。结婚、寿诞、升迁、考试得中、工程竣工等，多用喜联。婚联如："人间传佳话，龙凤喜结秦晋好；爱苑绘妙图，福寿长伴鱼水情"，"琴瑟和调，环宇风云化甘露；苦乐同心，尘世沧桑有坦途"，"联珠合璧美缘双增彩，并蒂比翼佳偶两相停"，"因荷而得藕，有杏不需梅"，等等。寿联如："福如东海长流水，寿比南山不老松"，"南山峨峨生者百岁，天风浪浪饮之太和"，等等。

3. 挽联

挽联专用于对死者表示哀悼和怀念。如："勤俭承先，礼义忠信千秋颂；图强启后，智仁孝悌万古钦"，"风号鹤唳人何处，月落乌啼霜满天"，"真不幸满园芳菲伤化雨，最难堪一门桃李哭春风"，"将略冠军门，日寇几回遭重创；英魂羁缅境，国人无处不哀思"（朱德、彭德怀挽戴安澜），"综四十年胼手胼足之功，真是为生民立命，为天地立心，历程中揖让征诛视同粪土；流九万里志士劳民之泪，始知其来也有由，其生也有由，瞑目后精神肝胆尤照人间"（于右任挽孙中山），等等。

4. 装饰联

装饰联多用于山水名胜、楼堂馆所、居室景观等的题咏。如："室雅无须大，花香不在多"，"知从前知现在知将来才能知理，读学校读社会读世界方是读书"，"四面湖山收眼底，万家忧乐到心头"（岳阳楼联），"事在人为，休道万般皆是命；景由心造，退后一步自然宽"（青城山天师洞联），"能攻心则反侧自消，自古知兵非好战；不审时即宽严皆误，后来治蜀要深思"（成都武侯祠联），等等。

5. 娱乐讽刺联

娱乐联轻松、巧妙，富于情趣，使人高兴，给人愉悦。如"孙行者"对"祖冲之"，无论是构思、词性还是内容、平仄，都十分巧妙，给人以艺术的享受。又如"水水山山处处明明秀秀，晴晴雨雨时时好好奇奇"，这是一副叠字联，将相同的字重叠起来使用，表达不同的语气和感情色彩，可以用多种读法，读出不同情味儿，令人赞叹。讽刺联寓深刻的含义于讽刺中，给人以教育、启迪。如讽刺某些干部作风的对联："官出数字，数字出官"，"说你行你就行不行也行，说你不行你就不行行也不行"。又如讽刺求神拜佛的对联："只有几文钱，你也求，他也求，给谁是好？不做半点事，朝来拜，夕来拜，使我为难"，"我若有灵，也不至灰土处处堆，筋骨块块落；汝休妄想，须知道勤俭般般有，懒惰件件无"，"经忏可超生，难道阎王怕和尚？纸钱能通神，分明菩萨是赃官"，等等。

6. 赠答联

赠答联是用于赠与、酬答的对联，如"生于忧患，死于安乐"，"少读书便是低天分，行刻薄真乃大糊涂"，"创业难守业亦难，明知物力维艰，事事莫争虚体面；败家易治家不易，欲自我身作则，行行当立好规模"，"四体不勤五谷不分孰为夫子，小疑必问大事必闻才算学生"，"千教万教教人求真，千学万学学做真人"，"精神到处文章老，学问深时意气平"，"有关家国书常读，无益身心事莫为"，等等。

（二）对联的写作方法和要求

写对联的关键是注意上下联的字数相等，平仄相异，词性相对，句式均衡，力求做到对仗工整，平仄协调和意思相关。具体如何搭配其字、词、句，可参见《笠翁对韵》一书。此外，要注意在不同的场合恰当地使用不同的对联。

写作对联时，一般还应注意以下几点：

（1）要体现时代精神。对联写作应观点正确，内容健康，贴近现实，能使人感受到时代脉搏的跳动，从中受到教育和鼓舞。如"群策群力创千秋大业，同心同德绘世纪宏图"，"继往开来中华振兴在望，革故鼎新祖国繁荣有日"，这一类对联就歌颂改革开放，体现了创新、实干的时代精神，读来令人振奋。

（2）要充满生活气息。要根据对联的写作意图、张贴场所、阅读对象等实际情况，有针对性地选取写作题材，写出具有明显行业特征和浓郁生活气息的对偶联语来，使人能一见如故，引起强烈的情感共鸣。例如"站三尺柜台百问不烦百拿不厌，迎八方宾客笑容常在笑口常开"，"三尺讲台三寸舌三寸笔三千桃李，十年树木十载风十载雨十万栋梁"，这两副对联，一看就知道写的是什么，因为它的字里行间包含着独特的行业语汇和行业生活。

（3）要富于文采情趣。对联的语言要贴切、新颖，情趣要高雅、健康，要能恰当运用各种修辞手法，生动形象地表情达意。例如："虎入雪地梅花五，鹤落霜田竹叶三。"在这副对联中，白雪清霜，猛虎睛鹤，本已诗中有画，加上一边是虎的足迹犹如梅花五瓣，一边是鹤的爪痕好似竹叶三点，巧用比喻，相映成趣，点染出了春的气息，这就造成了奇妙的意境。又如"曲是曲也，曲尽人情，愈曲愈妙；戏其戏乎，戏推物理，越戏越真"，这副对联，巧妙地利用了一字多义的汉语特点，将"戏曲"二字或做名词，或做动词，或做形容词，使文辞诙谐活泼，意思丰富深刻，具有较强的艺术感染力，足令会意者吟咏赞赏。再如："书有未曾经我读，事无不可对人言"一联，从第一人称角度，用对比的手法，自况的语调，写出了正直的知识分子应有的胸襟和品格，透露出一种崇高的道德力量和健康的生活情趣，使人一读到它，便会不自主地产生钦佩和向往。

（4）要把握书写格式。对联的书写讲究大方、匀称和美观。赠送别人的对联还要注意落款的安排。对联的正文应居中均匀对应排列。提款时，上款应写在上联的右上角，通常写被赠送者的名字和对他的称呼，喜联加写"结婚志喜"或"结婚纪念"，挽联加写"千古"或"逝世"等；下款应写在下联的左下角，写上赠送者的单位名称或个人姓名，喜联应写上"敬赠"或"敬贺"，挽联应写上"敬挽"或"哀挽"等。

第四节　演说文书

演说就是当众讲话。演说文书即指人们在各类演说活动中所使用或凭借的"底本"和文稿。常见的主要是演讲稿、解说词和新闻发布稿。

演说是一种主要靠有声语言来进行思想交流和宣传鼓动的社会活动，因此，演说文书的表达一般是解说与论辩相结合，具有注重针对性、说服力和临场听觉效果的特点。

演说文书写作有如下基本要求：

（1）立意的针对性。不论哪种形式的演说，都应有一个明确的目标。或者解说某个问题，或者阐明某个道理，或者进行某种诱导，或者传递某个信息，都应针对听众的实际情况和演说的目的，结合掌握的材料，在选择立意角度和提炼主题上下功夫，把听众引向既定的目标。要达到这一要求，一要真切了解听众的有关情况，包括他们的年龄、职业、文化程度、接受习惯、心理状况等，探求到较好的心理共容的基础和感情沟通的渠道；二要认真研究和掌握好演说所用的有关材料，做到了如指掌，运用自如；三要精心设计突出主题的关键环节和切入点，保证演说自始至终针对和围绕主题进行。

（2）内容的完整性。演说一般都有较严格的时间、空间限制，要在约定的时间内讲清既定的意思，演说文书就必须写得简练短小，而短小的文章就特别需要注重内容的完整性，不能因为时间少、篇幅短就砍头去尾，说"半截子话"。要做到内容完整，需要从两方面努力：一是材料要精当，二是表述要明白。要尽量使用最有代表意义、最能说明问题的材料为例证。对听众熟悉的、非用不可的材料，宜点到为止，不必详述。不管议事论理，还是讲解说明，都应头绪清楚，内容完整，符合逻辑，便于听众理解、接受。

（3）表达的灵活性。演讲、解说和发布新闻，都是直接面对听众进行的谈话，听众的多样性、复杂性，决定了演说表达的灵活性。在演说中，不同的主题、内容，不同的对象、场合，应采用不同的演说形式和表达方法。具体说来，一是要精心设计出与主体部分配合得当的开头和结尾，使之具有较强的吸引力；二是要抓住重点、难点，围绕中心组织内容，安排结构，处理好开头和结尾、段落和层次、主次和详略、过渡和照应以及临场机动调整等环节，力求主干突出，血肉丰满，逻辑严谨，具有较强的说服力；三是灵活运用表达方法与口语艺术，变深奥为浅显，化抽象为具体，变枯燥为生动，化腐朽为神奇，使演说文书具有较强的"可讲性"和感染力。

一、演讲稿

（一）演讲稿的界定

演讲稿是一种具有论辩性、鼓动性的演说文书。它是演讲的蓝本和依据，演讲者凭借它，面对听众用口语表达方式来阐明自己的思想观点。因此，演讲稿十分讲究临场的听讲效果，注重通俗性和口语艺术，注重与听众的心理沟通和感情交流。写作演讲稿时，重在要点的突出和思路的清晰，有较大的灵活性，留有适当余地，以便演讲者根据现场情况，在运用演讲技巧和发挥临场机智时，进行适当的伸缩调整。

（二）演讲稿写作的方法和要求

演讲稿是直接为演讲提供内容提示的书面文字，是一种介乎口语与书面语之间的语体文章。其格式和写法与一般议论文相似。就正文讲，其结构可以分为开头、主体和结尾三个部分。

1. 开头

演讲稿的开头，又叫作开场白。其任务有二：一是建立讲者与听者的同感；二是打开场面，引入正题。好的开头，有如春色初展，鲜花含露，叫人钟情，几句话就能在演讲人与听众之间架起一座自如交流的桥梁，既可赢得听众的共鸣，使听众接受整个演讲的内容铺平了道路，又可以创造出适合演讲的气氛，为整个演讲奠定相宜的情感基调。因而，精心设计一个引人入胜的开场白具有十分重要的意义。

开头的方式很多，如问候致意的方式，提问的方式，讲故事的方式，引经据典的方式，展示实物、图片引出话题的方式，赞扬听众、触景生情的方式，或者开门见山、解释题目，或者单刀直入、讲出话题等等。当然，开头方式的设计必须新颖、巧妙，切合话题，简明扼要，力争一开始就抓住听众，打开局面。切忌故弄玄虚，华而不实，或者东拉西扯，不着边际，更不能因现场偶发小事的干扰，乱了方寸，节外生枝，转移话题。这样，会败坏兴致，影响双方情绪和演讲的进行。

2. 主体

主体是演讲稿正文最重要的部分。它的任务是通过阐发主题来感染听众、说服听众、鼓动听众，因而必须全力以赴来对待。其原则是：从演讲的目的出发，选择最有利于表现中心论题的结构形式来安排正文内容和表达次序。主体要做到条理清楚，逻辑性强，纵横自如，波澜起伏，扣人心弦。主体的结构安排，一般有如下三种形式：

其一是纵式结构，又叫递进式结构，即按某一事物的自然发展进程或某种规律来安排内容，抓住中心，由浅入深地层层分析，纵向递进地进行表达。如美国第32届总统罗斯福1941年12月8日向参众两院发表的名为《一个遗臭万年的日子》（《名人演讲》，江苏文艺出版社）的演讲，全篇演讲是针对日本偷袭珍珠港一事进行的宣战动员，其叙事论理的逻辑层次就是按纵式结构安排的，文中每段开头均有明显的时态语词，依序为："昨天""合众国当时""应该记录在案的是""昨天""昨夜""今晨""因此""我现在断言""我要求国会宣布"。这种结构形式，头绪清楚，主干突出，易于为听众接受。

其二是横式结构，即并列式结构，就是对内容进行分类处理，从不同角度、不同侧面去分析论题，各层之间呈现并列关系。如蔡元培1917年1月4日发表的名为《就任北京大学校长之演说》（《名人演讲》），在开场白提出"予今长斯校，请更以三事为诸君告"的话题之后，将主体分为三层，每层首句分别是："一曰抱定宗旨"，"二曰砥砺德行"，"三曰敬爱师友"。这种结构具有层次分明、表达自如的特点。

其三是合式结构，即以纵串横、纵横结合地安排结构。如李燕杰的演讲稿《国家、民族与正气》的主体部分，从外在形式上看，演讲稿并列着三个问题，分别为"爱国之心""民族之魂""正气之歌"，这是一种横式结构。但是，从三者的内在联系来看，却又是一种纵式结构。请看下面文中的三段话：

爱国主义就是对于祖国的热爱，就是千百年来巩固起来的对自己祖国的一种最深厚的感情。这种热爱和感情根深蒂固地根植在人民的心里，成为道义上的一种巨大力量。

> 爱国之心，是人民对自己祖国的一种最深厚的感情。这种感情集中表现为民族的自尊和自豪感……从某种意义上说，这不就是民族之魄吗？
>
> 什么叫正气呢？正气就是所谓浩然之气，即孟子所说的'其为气也，至大至刚'，'塞于天地之间'，我们还可以把这种正气看作是中华民族之魂。

将以上三个问题中的三段关键性的话摆在一起，就不难看出这既是一种横式结构，又贯穿着纵式的递进关系。这种结构较为复杂，适用于论题较宽、内容较多的演讲稿的写作。

3. 结尾

演讲稿的结尾与开头一样是全篇的重要环节。它一方面体现着演讲内容的完整性，另一方面又密切关系着整个演讲的气氛和效果。结尾是走向成功的最后一步，写得好，能够曲终奏雅，给听众留下美好而深刻的印象；写得不好，则会功亏一篑，令人扫兴和失望。因而，结尾也是演讲稿最需要讲究策略的地方。演讲稿常用的结尾有四种方式：

其一，总结式。这就是把讲过的要点，用精粹的语言做一个简略的回顾，使整个演讲的中心论题在结尾处有一个鲜明而又概括的强调，以便给听众留下完整、深刻的印象。如毛泽东1937年10月19日发表的《在鲁迅逝世周年大会上的演讲》（《名人演讲》）的结尾：

> 综合上述这几个特点，形成了一种伟大的"鲁迅精神"。鲁迅的一生就贯穿了这种精神。所以，他在文艺上成了一个了不起的作家。在革命队伍中是一个很优秀的很老练的先锋分子。我们纪念鲁迅，就是要学习鲁迅的精神，把它带到全国各地的抗战队伍中去，为中华民族的解放而奋斗！

其二，鼓动式。该方式以提出希望，展望未来或鼓励、劝勉的形式结尾。这样，易使听众受到鼓舞激励，情绪达到高潮。例如梁启超1922年11月6日所做的名为《人权与女权》（《名人演讲》）的演讲结尾：

> 诸君啊！现在全国中女子知识的制造场，就靠这十几个女子师范学校，诸君就是女权运动的基本军队。庄子说得好："水之积不厚，则其负大舟也无力。"诸君要知道自己责任重大，又要知道想尽此责任，除把学

问做好，知识能力提高外，别无捷径。我盼望诸君和全国姊妹们，都彻底觉悟自己是一个人，都加倍努力完成一个人的资格，将来和全世界女子共同协力做广义的人权运动。这回运动成功的时候，真可以欢呼人权万岁了！

其三，咏叹式。这是一种结束演讲时感情不能自已的抒发，演讲者不是以豪言壮语去鼓动听众，而是借用名言警句或自我的动情表白来为演讲作结。如："最后，我想借用××的一句话来结束我的演说……"或者是"现在，我把自己此时的心情凑成一首小诗奉献大家，也算是这次演说的结尾……"之类。这种结尾方式用得好时，可收到以情动人、余音绕梁的效果。

其四，告别式。这多用于告别性演讲或某种特殊场合演讲时礼仪的需要。如："我的话谈完了，预祝马到成功，再见"，"最后，借这个机会，向大家表示我衷心的祝愿……"，等等。再如美国将军麦克阿瑟1962年5月2日在他的母校和曾任校长的西点军校做的名为《最后的演讲》（《名人演讲》）的结尾：

今天标志着我对你们的最后一次点名。但是，我希望你们知道，当我死去时，我最后自觉的思想一定是这个部队的——这个部队的——这个部队的。

我向你们告别了。

这个结尾，在强烈的咏叹式感情抒发中，以告别式作结，颇具表现性和感染力，属于结尾方法的综合运用。

此外，演讲结尾的方法很多，如提问式、幽默式、赞语式、正反比较式等等，结尾无定法，妙在巧用中。结尾的写作可不拘一格，尽量创新。

（三）演讲稿写作的注意事项

1. 立意新颖

这主要指话题的新颖和主题的新颖。演讲选题，宜根据目的选择听众最感兴趣而自己又最了解的话题。即使是谈"老话题"，也应从新颖的角度去阐述，力求赋予它有别于先前的意思。古人云："语贵创新。"演讲是面对听众讲话，话题是否新颖直接影响到听众的接受程度，因而尤其重要。

生活是立体的，认识生活、说明生活也是多元的、多侧面的。对生活的全面认识往往有一个过程,从看到它的一个侧面,去思索、发现生活的另一个侧面,便是我们确立新观点所要努力寻找的最佳角度。演讲中新颖的观点、独到的见地、巧妙的解说,常常能出奇制胜,赢得赞同与喝彩。这就需要在酝酿选题和思考立意时养成"求异思维"的习惯,善于挖掘别人尚未发现的东西,找到崭新的话题,提炼崭新的观点。当然,立意的新颖还有赖于材料的质量。凡是演讲中所涉及的一切用以说明主题的事实根据与生活现象,包括事例、知识、言论、数字等等,都应力求真实、准确、典型、新颖,让材料说明问题,观点和材料相得益彰。

2. 重点突出

演讲要有一个明确的中心。主题集中,观点鲜明,重点突出,才能给听众留下清晰而深刻的印象。因此,演讲稿结构的安排和内容的取舍,必须为主题服务。要注意从思考过的众多观点中选择最能体现演讲宗旨的观点作为中心论点,而让其他观点和材料服从和服务于中心论点的阐述。不能多头并行,面面俱到;不能主次不分,平均用力。同时,注重线索清晰、语言简洁,使篇幅短小。最好一篇演讲只针对一个问题,说明一个道理,突出一个重点,达到一个目的。

3. 表达生动

演讲是通过语言来吸引人、打动人、感染人和影响人的语言交际活动,语言表达的生动是实现演讲目的的重要保证。生动的演讲应努力体现以下特点:

(1) 感情真挚、自然。演讲要从理解听众、体谅听众的前提出发,以情动人,以理服人,而这个情必须发自内心、出于自然,才会使人接受,令人信赖。切忌虚情假意,装腔作势,矫揉造作。

(2) 内容精巧、紧凑。除了巧妙设计开头和结尾之外,演讲稿主体内容的安排,层次的衔接,也要讲求临场效果。最好做到内容安排既紧凑、严密,又波澜起伏;表述层次既眉目清晰,又错落有致;观点提炼既顺理成章,又出人意料。为此,可以在演讲中设置一两次高潮,着意筑起突兀的奇峰,使用非同寻常的表达方式,如尖锐的提问、精彩的修辞、巧妙的推理、透彻的论析、得体的神态,以及极富机警的语句、充满激情的语气等等,说出精彩、感人的要点,使演讲者与听者的感情来一次大的碰撞、交融和升华。为了加强这种戏剧性的表达效果,可以在内容安排上特意突出主要观点,并且按其程度和影响递增的顺序,将较好的放前,更好的居中,最好的留到最后。这样,就可以让主要观点金字塔般地呈现给听众，留下完美、深刻的印象。

（3）语言通俗、形象。演讲稿是讲话的底稿，因而必须适合有声语言的特点，做到口语化、通俗化。即使是高深的道理，也应用浅显的语言表达，尽可能像哲学家那样思考，像平常人一样说话。要根据特定的听众对象的文化状况、身心特点、语言习惯、职业身份等选择和使用演讲语汇，便于听众理解。同时，无论对象如何，演讲的语言都应该生动形象，新鲜活泼，富于情趣。

（4）适当使用辅助手段。为了增强演讲的感染力，应适当使用直观道具和面部表情、手势、动作等"态势语"来"顺情达意"。有条件的，还应使用多媒体技术制作的"课件"，将音乐、美术、电子字幕、音像资料等恰当穿插于演讲之中，尽量实现演讲内容及思想情感的有效传递。

（5）注重与听众的情感交流。演讲表达的生动性还体现在演讲进行中讲者与听众的情感交流和心灵沟通上，这是演讲效果最客观的检验尺。因此，演讲稿的撰写，自始至终要针对听众，照应听众，除了内容要紧贴听众关切处之外，还要注意通过致意、提问、夸赞、呼唤、演示、邀请等方式直接把听众的情绪纳入演讲的氛围，激发他们对演讲内容的专注和参与的热情，把演讲者的个人"独白"变成演讲者与听众的心灵"对话"，从而，产生相应的情感"共鸣"，收到理想的演讲效果。

二、解说词

（一）解说词的界定

解说词是对事物或人物的情况进行解释、说明的一种演说文书，是主要供解说人员口头传递的书面文字。它通过具体的事物与人物的介绍、评说来感染观众和听众，使其明白意义，加深了解，收到宣讲的效果。

按照解说的对象，解说词可以分为实物解说、画面解说和音响解说等三类。实物解说的对象是各种实在的物体，如文物、古迹、商品、艺术品、生物标本、盆景、花卉、山水风光、园林建筑等。画面解说的对象是各类动态或静态的画面，如对以新闻、科技、风光、故事为内容的电影、电视、录像片、幻灯片以及美术作品的画面等等。音响解说的对象，主要是影视录音剪辑、广播剧插话、音乐作品、现场录音内容等。

解说词具有明显的附属性，没有具体可感的实物做对象，解说词就无从下笔。解说词对人们的感知活动起着引导与补充的作用。影视解说词、文物古迹解说词、专题展览解说词、商品展销解说词等,是帮助观众在观赏实物和画面形象的过程中,了解对象,加深感受的。这类解说词可以说是对人们视觉的引导和补充。而像广播音乐会、广播剧、电影录音剪辑解说词之类,听众处于只能听不能看的情况下,难于真切深入了解其内容和感情,只有靠解说词准确、生动地描述,精练、中肯地评说,才能获得较深的感受,这类解说词就是对人们听觉的引导和补充了。

解说词是说明文的形象化和文艺化发展的结果。随着社会的进步,它已经广泛地应用于教育、科技、艺术、历史、旅游和商贸等各个领域。在今天这个科学、文化、经济飞速发展的知识经济时代,解说词和演讲稿一样,将越来越显示出强大的生命力和广泛的使用价值。

(二)解说词写作的方法和要求

解说词是对客观事物进行解释、介绍的语言文字辅助形式。客观事物是复杂的,人们对事物的认识是有一定过程及顺序的,因而,解说词也十分注意结构的安排和语言的表达。一般地讲,解说词的结构是随人们对解说对象了解的自然顺序来安排的,写作时随需要而定,不苛求严谨,并可适当变化。在通常情况下,解说词一般有前言、主体和尾声三个部分。

1. 前言

前言是在解说对象的主体正式展现之前的话。其作用在于对观众或听众进行必要的提示和诱导,以便较好地理解解说对象。在写法上,它类似一部书的前言或内容提要,可以写成说明文,也可以用散文笔调。内容应根据对象的性质和观众、听众的具体需要而定,可以做情况介绍,可以做内容提示,可以讲背景、意图,可以谈价值、意义,可以介绍方法、线索,可以交代注意事项,如此等等。前言内容力求简短、扼要,具有高度的概括性和较强的吸引力,使人们听罢或看罢前言,就如同获得了理解的钥匙,并增强继续详细了解解说对象的兴趣和欲望。如电视片《话说长江》第一回"源远流长"里开头的话:

> 您可能以为,这是大海,这是汪洋吧?不,这是崇明岛岛外的长江!
> 〔俯瞰三峡长江水。〕
> 您可能会联想到长长的飘带,洁白的哈达,是啊,多么美丽,这也是长江!
> 如果说是三级跳远的话,我们刚才从长江的入海处起跳,中间在三峡

落了一下脚,现在已经跳到世界屋脊的青藏高原了,长江就是从这起步,昂首高歌,飘逸豪放地奔向太平洋。

长江在这个世界上已经生活了千千万万个春秋,但是它依旧这样年轻,这样清秀;它总像初生的牛犊一样不知疲倦,永远充满着青春的活力。那么,长江的音容笑貌和性格究竟如何呢?

我们准备从长江的源头开始,顺流而下,逐段介绍长江的千姿百态及长江流域的山乡风光、风土人情、历史文化和古往今来的变迁发展。在这第一回里,我们打算先对长江的总体形象和长江的身世做一个粗略的介绍,使大家对长江有一个大概印象。

我们更热切地希望朋友们看完了《话说长江》之后,能够激起一腔美化中华大地的热血……有如长江之水,惊涛拍岸!那该有多好啊!

2. 主体

解说词的主体是对解说对象具体内容的呈现和解释,其写作质量的高低直接影响到观众或听众对解说对象的了解和认识。由于主体中所要解说的对象本身的复杂性、丰富性,以及观众、听众的认识水平、接受能力的差异等产生的诸种矛盾都要在这里求得解决,所以,主体部分的撰写难度极大,稍不注意,解说词就会"不对口味"或者成为浮光掠影般的可有可无的东西。

为了帮助指导观众或听众较好地了解解说对象,达到预期的解说目的,主体结构的安排就应尽量顾及顺序的自然和层次的清晰。从原则上来说,一是要根据解说对象的方位、角度、时空顺序来安排和组织解说内容,做到自然、妥帖,主旨鲜明,重点突出,使它符合客观事物的内在规律和人们的认识过程;二是要根据人们的语言习惯和接受能力以及审美情趣来选择和组织解说语言,力求头绪清楚,主次分明,富于条理性和感染力,使它符合人们的需要和表达的原则。就解说顺序的安排讲,一般属于实物解说类的,可按照陈列的顺序、实物的构造过程、地理位置的转移顺序等来介绍;属于画面解说类的,可按照场景的流动、情节的发展、镜头的转换、画面的布局等顺序来解说;属于音响解说类的,可根据剧情的发展、旋律的进行、乐章的层次等顺序来进行讲解。

解说写法比较灵活,可综合运用多种解说、演讲方法和修辞手段。在一个主题下,各个层次间可相对独立,内容可详可略,语言可长可短,允许适当跳跃和穿插,以利于增强解说的针对性、有效性和生动性。例如电视片《话说长江》中对重庆市的一段解说:

重庆并不高,但是人们又称它山城。这是有些说头的。
　　……
　　在北京的一些学校里,有的住校学生上课也得骑自行车。但是在重庆,即使在热闹的街区,你也难得看到骑自行车的人。
　　有人开玩笑说:在重庆,有时候是人骑车,有时候是车骑人,但是坡路毕竟不会辜负背车人。
　　重庆的台阶特别多。它们多像是数不尽的钢琴琴键啊。山城的居民们不分男女老少,从黎明到午夜,就这样共同演奏着生活的交响乐,就这样共同弹出了时代的最强音。

　　这段短短的解说词,在说明、叙述、议论和抒情的综合表达里,又运用了对比、插入、引用、比喻等修辞方法,其表现力确实不同凡响。由此可见,明确解说目的,分清解说场合,针对解说对象,恰当、灵活地运用解说方法,也是解说词写作的一个重要原则。

3. 尾声

　　尾声作为结束的话,其内容与方式可根据写作的整体构思和临场的实际需要灵活掌握,或做补充说明,或做总结概括,或做重点强调,或提希望建议。总之,尾声应在点化主题、升华意义上下功夫,语言要简洁、精练,富有表现力,尽可能"曲终奏雅",给观众或听众留下深刻的印象。

(三) 解说词写作的注意事项

　　解说词的写作,除了注重立意的针对性、内容的完整性和表达的灵活性之外,还要注意以下两点:

　　其一,要充分研究解说对象,做到全面了解,正确认识,熟练把握。解说词是使人们对解说对象由直观的感性认识上升到概括的理性认识的"桥梁"。没有解说词的帮助,被观看、欣赏的实物只是未经发掘的"矿藏"。只有事先对这个"矿藏"进行了认真科学的发掘和提炼,并且获得了正确而透彻的认识,我们才获得了向他人介绍解说这个对象的发言权,解说词才可能具有桥梁的作用。

　　其二,态度要热忱,语言要中肯,方法要适当。解说词主要通过解说人员的口头传递,而人们在接受解说词时,主要是把它作为一种具体了解解说对象的辅助工具来对待的。所以，解说词的使用是穿针引线似的、点拨提示性的，是一种辅助性的服务，不能一开始就长篇大论、絮絮叨叨，那种喧宾夺主似的解说，只会令人生厌。因此，解说词的撰写和使用，必须注重态度的热忱、语气的熨帖、用词的中肯和方法的适当，使解说者与听者之间心理上获得相容，语言上顺利交流，感情上产生共鸣。这样，解说词的写作质量和使用价值也就有了基本保证。

范文点评

【申请书范文】

开业申请书

××区工商局：

　　我于1979年高中毕业后，一直在家待业。为了不在家中吃闲饭，给父母减轻经济负担，为国家和社会做出贡献，起到青年在"四化"建设中应起的作用，我申请在××市中同公园附近开办个体摄影快速冲洗部，为广大游人服务。

　　我很喜爱摄影。毕业后自学了大专物理、化学课程，去年又在市摄影学习班进修了三个月，较为熟练地掌握了摄影、冲洗等项专门技术。平时为亲友拍的照片受到了一致好评，为同学摄的两张生活照，曾在××区文化馆举办的群众业余摄影展览上展出。在《××晚报》也发表过几幅工业现场照片。

　　通过一个时期的筹备工作，摄影门市部已选定，所需资金也筹齐，摄影机和冲洗、印制等设备都已俱全。恳请考核我的技术，审查开业条件，批准我的请求，并发给营业执照。

　　开业后，我保证遵守国家一切政策、法令，维护市场秩序；按章准时交纳税金，如实反映服务情况；做到热情为游客和群众服务，美化人们的生活；价格公平、合理，不高于国有单位价格。

　　此致

敬礼

申请人：王×
1983年2月3日

【点评】

这篇开业申请书写得很好。它除了向工商局提出开办个体摄影快速冲洗部的请求之外，还重点写明了请求原因和已具备的各种开业条件，以及开业之后的信用承诺，为审查提供了方便。其条款格式也符合要求。

【招聘启事范文】

江苏省无锡市江阴培尔外国语学校诚聘

培尔外国语学校是由中国台湾地区培尔教育机构及江苏联通集团等海内外有识之士，联合创办的一所与世界接轨的国际化学校。学校占地33.3公顷，建筑面积15万平方米，现有幼儿部、小学部、中学部、国外升学部、外语培训部和大学部（培尔学院）。因发展之需要，高薪诚聘下列人员：

1. 培尔外国语学校校长、副校长及各部领导：50岁以下，具有新的教育理念、创新意识、良好的外语能力，有民办学校管理经验者优先。

2. 优秀英语教师：45岁以下，英语达六级以上水平，教育理念新颖，教学成绩优秀，有一定的英语口语能力，能用英语进行教学者优先。

待遇：年薪3万～10万元

招聘办法：请将个人资料（含个人详细简历及近照）寄往江苏省无锡市江阴锡澄路2号培尔学校董事长办公室

邮编：214405

联系电话： 　　　　　　　传真：

【征文启事范文】

"现代教育理论与实践论坛"征稿启事

为促进我国教育理论研究的发展，给各教育单位及广大教育工作者提供经验交流和展示教育成果的机会，中国教育报刊社培训中心和人民日报出版社联合开展"现代教育理论与实践论坛"征稿活动。具体事项如下：

一、征稿对象为各级教育行政主管部门、教研人员、学校教育管理工作者和广大教师。

二、征稿内容为人才与教育思考、创新教育、素质教育、教育行政管理、教育教学管理、教育现代化和信息化、教材教法研究、教育教学经验总结等。以上范围仅供参考，来稿还可自行确定选题和内容。

三、征稿说明。

1. 征稿时间从现在起到 2002 年 8 月 30 日止，应征稿件可以是公开发表过的，也可以是新撰写的。来稿一律打印，自留底稿，恕不退稿。

2. 来稿限 3 000 字以内，单位或集体稿件可放宽至 5 000 字。

3. 来稿不收取任何费用，且应征稿件可入选人民日报出版社《现代教育管理理论与实践》一书。该书是各类教育部门和广大教育工作者的重要参考文献，可作为单位评优和个人晋职晋级的重要成果。该书将于 2002 年 10 月出版，面向全国发行。

4. 本活动将评出一、二、三等奖，优秀奖和组织奖若干名。以上奖项均颁发荣誉证书。

5. 此次活动将在各级教育行政部门、教研机构和学校管理工作者中聘请若干名组稿编委，优秀者将获得组织奖。有意者请来电来函联系。

联系人：

电　话：

来稿请寄：

邮编：

中国教育报刊社培训中心
人民日报出版社

【点评】

以上两篇启事，一为征稿，一为招聘。标题表明了事由，正文采用"总分式"写法。在用前言阐明意义之后，分条列款地把具体要求及有关事项清楚明白地写了出来，十分方便读者阅读、理解与使用，是比较规范的启事范文。

【贺信范文】

国防科工委转参加"澳星"发射的全体人员

"澳星"发射的圆满成功，是你们的光荣，也是中国人民的骄傲，海内外人士为你们的成就欢欣鼓舞。对此，我谨表示热烈的祝贺，并向参加航天运载研制和发射测控工作的科学家、技术人员以及全体工作人员表示亲切的问候。祝我国航天事业高歌猛进，造福人类。

杨尚昆

一九九二年八月十六日

【点评】

这是一封以当时的国家主席名义发出的贺信。主旨突出，内容紧凑，语言简要、得体，稳沉而充满热情，是贺信的好范文。

【讣告范文】

讣　告

××市××局局长王××同志因患肝癌，经长期医治无效，于二〇〇一年八月二十五日五时五十分在××医院逝世，终年五十九岁。

王××同志自参加工作以来，特别是担任领导干部以后，勤政廉洁，奉公守法，作风朴素，善于创新，深受群众的尊敬与爱戴。他的逝世，使我们失去了一位好同志。为了寄托我们的哀思，兹定于八月三十日上午九时在××殡仪馆举行王××同志遗体告别仪式，希王××同志生前友好届时参加。

王××同志治丧委员会

主　任：

副主任：

委　员：

王××同志治丧委员会

二〇〇一年八月二十五日

【点评】

这篇讣告，行款格式符合写作规范。正文分两段，首段写明讣告主人逝世原因、时间、年龄；第二段，先简介其生平以及大家对他值得怀念的人品和事迹的一致好评，表达感念之情，后发布治丧的安排和吁请参加的信息。整篇讣告内容完整，语气庄重，符合规范。

【演讲稿范文】

学做一个人

我要讲的题目是：《学做一个人》。要做一个整个的人，别做一个不完全、命分式的人。中国虽然有四万万人，试问有几个是整个的人？诸君，试想一想："我自己是不是一个整个的人？"

《抱朴子》上有几句话："全生为上；亏生次之；死又次之；不生为下。"

但是何种人算不是整个的人呢？依我看来，约有五种：

（一）残废的——他的身体有了缺欠，他当然不能算是整个的人。

（二）依靠他人的——他的生活不是独立的，他的生活只能算是他人生活的一部分。

（三）为他人当作工具用的——这种人的性命，为他人支配，没有自己独立的人格。

（四）被人买卖的——被贩卖人口所贩卖的人，就是猪仔，或是受金钱的贿赂，卖身的议员，就是代表者。

（五）一身兼管数事的——人的一分精神，只能专做一件事业，一个人兼了十几个差使，精神难以兼顾，他的事业即难以成功。结果是只拿钱不做事。

我希望诸君至少要做一个人；至少也只做一个人，一个整个的人。做一个整个的人，有三种要素：

（一）要有健康的身体——身体好，我们可以在物质的环境里站个稳固。诸君，要做一个八十岁的青年，可以担负很重的责任，别做一个十八岁的老翁。

（二）要有独立的思想——要能虚心，要思想透彻，有判断是非的能力。

（三）要有独立的职业——要有独立的职业，为的是要生利。生利的人，自然可以得到社会的报酬。

我觉得中学生有一个大问题，即是"择业问题"。我以为择业时要根据个人的才干和兴趣，做事要有快乐，所以我们要根据个人的兴趣来择业。但是我们若要做事成功，我们必要有那样的才干。

我曾作了一首白话诗，说人要有独立的职业：

滴自己的汗，吃自己的饭。

自己的事，自己干。

靠人，靠天，靠祖先，都不算好汉。

现在我们专讲"学"和"做"二个字，要一面学，一面做。"学"和"做"要连起来。我们要应用学理来指导生活，同时再以生活来印证学理。

将来诸君有的升学，有的就业，但是为学的方法全要研究。学农的人要有科学的脑筋和农夫的手；学工的人，也要有科学的脑筋和工人的手。这样也才可以学得好。

我希望到会的个人，是四万万人中的一个人。诸君还要时常想：

中国有几个整个的人？

我是不是一个整个的人？

陶行知　1925年底讲

（原载1926年2月28日《生活周刊》第1卷第19期）

【点评】

这是著名教育家陶行知先生当时应邀到南开中学演讲时的演讲稿。在交代题目，提问激疑之后，借用东晋葛洪所著《抱朴子》的话来展开论述，观点新颖而论证深刻，语言通俗而充满情趣。整个演讲，既紧扣"要学做一个有健康的身体、独立的思想、独立的职业的整个的人"这个主题，又处处联系听众实际，替听众着想，因而很具有诱导性和说服力，是演讲稿的典范之作。

实践练习

1. 根据自己的情况及构想，向用人单位写一份求职自荐书和一封相应的推荐信。

2. 以最近报刊上所报道的引起社会普遍尊敬或关注的新闻人物为对象，

写一封 300 字左右的慰问信。

3. 自拟给不同对象的赠言五条，做到主旨正确，情趣健康。

4. 收集 10 副不同类型的现代题材的对联，并且做简要评点。

5. 以现实人生或社会问题为题材，写一篇 1 000 字以上的演讲稿。

6. 以你熟悉的名胜景观、旅游景点或展览活动为对象，写一篇 1 000 字左右的解说词。

第十六章 经济文书

第一节 经济文书概述

一、经济文书的界定

经济文书是单位或个人为了妥善处理经济实践活动中的具体事务而使用的各种专门文书的统称。由于它是在经济领域内广泛使用的,直接为生产、销售和经营管理服务的实用写作,对于开展经济交流,促进商品生产与销售,保证经济活动按市场经济的客观规律正常健康运行具有明显的指导、沟通、促进和保证作用,因此,受到各方面的重视。学习和掌握各种专门的经济文书的写作知识和写作技能,是市场经济对经营管理工作者以及参与经济活动的其他人员的必然要求。

二、经济文书的分类

从经济文书的功用和体裁看,常用经济文书可以划分为三种类型。

1. 广告说明类

这类经济文书侧重于对商品和服务信息的宣传,使用较多的是商业广告和商品说明书。商业广告是把有关商品、服务信息或需求情报广而告之,以谋求商业利益的广告。商品说明书包括服务说明书,是专门向公众简要介绍某种商品的功用、性能、使用方法、销售方式，或者某种服务的性质、对象、内容、收费标准、联系方式等情况的说明书。

2. 合同协议类

这类经济文书侧重于对外的商务沟通、联系与协作，主要包括经济合同、协议书和意向书等。经济合同是经济活动参与者之间为实现一定目的，经平等协商，共同订立的确定各自责任、权力、义务关系的一种经济文书。依法签订的经济合同，具有法律效力，受法律保护。协议书，是经济活动参与者之间，为商定合作事项或调整各自责任、权力、义务，经平等协商而共同订立的经济文书。意向书，是经济活动参与者之间，经平等协商而形成的意向性意见的纪要。一般说来，经济合同的项目比较单一，协议书却可以包含所协商过的各种项目，但是，其内容不如合同具体。有些协议书签订后，还需订立一系列相应的单项合同。而意向书则只是便于各方掌握情况，作为进一步签订协议书或合同的一种备忘录似的书面材料。

3. 调研报告类

这类经济文书侧重于经济活动的问题研究、现象分析以及规律探讨，主要包括经济报告和经济论文。经济报告，是在对客观事实进行调查研究的基础上形成的具体意见的书面报告。它又可分为经济预测报告、经济活动分析报告、经济项目可行性研究报告等三种。一种用于对未来经济发展变化的前瞻性预测，一种用于对现在经济活动情况的回顾性总结，还有一种用于对拟议中的经济活动项目所涉及问题的理性探讨。经济论文，是专门以经济活动为研究对象的学术论文，研究从宏观经济到微观经济所涉及的种种理论问题和实践问题，内容十分丰富。其研究类型可以分为以下几种：

（1）基础性研究。它的主要目的在于认识未知，发现普遍规律，形成或发展其基本理论。

（2）应用性研究。它运用基础研究得出的一般原理，针对某个具体的实际问题，深入考察某一局部的特殊规律，提出比基础研究更有针对性的应用理论和方法。

（3）开发性研究。这是商品研究与开发的简称，是一个提出和确认某种新产品的过程。

（4）行为性研究。这是一种针对经济活动实践环节中操作性强的具体行为方式，以求找到最佳方案，获得最大效益的研究。

（5）评价研究。它从兴利除弊，促进和提高经济研究活动质量的目的出发，对所有关于经济活动的做法和成果进行科学鉴定和理性评价。经济论文是影响面大、要求最高的经济文书。

三、经济文书的特征

1. 合法性

市场经济是法制经济。任何经济文书都必须严格依法制作，不得与相关的政策、法规相抵触。任何单位和个人不得利用经济文书进行违法活动，扰乱经济秩序，损害公私利益，谋取非法收入。

2. 时效性

在这个"时间就是金钱，效率就是生命"的时代，作为经济工作重要工具的经济文书，当然应更加注重时效性。这一特点主要表现为：其一，为了取得最佳的经济效益和社会效益，必要的经济文书的撰写必须抓住时机，尽快完成；其二，一般经济文书只在规定的时限内发生效力，事过境迁，也就失去了现实效用，只具有历史档案作用或参考价值了。

3. 规范性

由于经济文书是管理经济工作、处理经济事务的，其制作质量直接关系到相关各方的经济责任和经济权益，因而规范性就成为经济文书写作的特别要求，无论文体样式还是表达方式都要符合约定俗成的写作规范。在长期的实践中，各种经济文书大多已经形成了相对固定的惯常体式。改革开放以来，保证经济文书的写作质量，已经成为维护经济生活正常秩序的重要措施，有关部门在总结经验教训的基础上，又对一些经济文书的制作程序、内容、形式等做了相应的规范要求。我国加入世界贸易组织之后，经济活动将更加频繁而复杂，对经济文书写作的规范性要求也必然愈来愈高。

第二节　商业广告

一、商业广告的界定

（一）什么是商业广告

广告，即"广而告之"的意思。凡是以说服的方式，进行有助于商品和服务销售的公开宣传，无论是文字的、图画的还是口头的，都可称为广告。商业广告，是通过书面语言和一定的媒介，把有关商品、服务信息或情报有计划地传递给人们的一种广告。其写作目的在于影响舆论，吸引消费者对自己生产和经营的商品或服务项目产生消费兴趣。

（二）商业广告的作用

在市场经济时代，商业广告时时刻刻影响着人们的经济生活，它的作用有以下几方面：

（1）传递信息，刺激需求。商业广告是消费信息的一种形式，它不断地向人们传递着商品信息、服务信息、市场信息等等经济信息，起着指导消费，刺激需求的作用。

（2）扩大流通，促进生产。商业广告可以较好地沟通生产、流通、消费等各个环节，既有利于加强企业和消费者之间的紧密联系，开拓产销渠道，又有利于推动企业的自身改造，从而增强企业优势，促进生产。

（3）塑造形象，提升品牌。商业广告可以通过各种形式宣传企业的产品、服务项目及服务理念，从而达到塑造企业良好形象，提高企业品牌社会知名度的作用。

（三）商业广告的特点

在当代，商业广告具有以下显著的特点：

（1）真实性。这是商业广告的生命。如果在向顾客推介商品或服务时，不是以事实为依据，准确、清楚地说明有关情况，而是为了某种利益无中生有，弄虚作假，即使一时得逞，最终也会失去信用，失去市场。

（2）功利性。这是商业广告的目标。事实上，商业企业每个制作精良的广告，都有突出的主旨和明显的功利追求，或为了促销商品，或为了开拓市场，或为了传递信息，或为了塑造形象，而且其商业效益也往往是与广告的投入成正比的。

（3）艺术性。这是商业广告的形象。当代商业广告，不仅注重语言表达的艺术性，而且十分注重艺术手段如音乐、美术、舞蹈等的综合应用，以增强其艺术感染力和视听效果。好广告能给人留下深刻印象，有的还过目不忘，这对于传递信息，吸引和诱导消费者，具有重要意义。

二、商业广告的写作

（一）写作要求

1. 实事求是

无论何种广告，都要实事求是，体现商业道德和社会公德。《中华人民共和国广告法》明确规定："广告应当真实、合法，符合社会主义精神文明建设的要求。""广告不得含有虚假的内容，不得欺骗和误导消费者。"只有讲求诚信，杜绝欺诈，才能建立良好的商业信誉。尽管广告允许一定的艺术加工，但是，必须以客观事实为依据，不得虚吹浮夸；否则，会弄巧成拙，疏远顾客，造成自砸牌子的后果。例如，我们不时见到的，类似"你想白发转青吗？黑发灵帮你一次根除，永不复发"，"你想更年轻吗？用了本品——今年二十，明年十八"这样的广告。也许这类商品本身具有一定的使用价值，若广告写得实在些，可能会令消费者动心；但是，如此夸张，必然引起反感，拒顾客于千里之外。这和那种把具有一定延年益寿功效的药品，硬说成"长生不老药"一样荒唐可笑。

2. 风格独特

一般说来，高质量的商业广告都有自己独特的风格和特色。这类广告，能够使人在接触的瞬间即被吸引，读后印象深刻，久久不忘。例如下面几则广告：

（1）"长虹以产业报国、民族兴盛为己任。"（四川长虹电器股份有限公司广告）

（2）"悠悠岁月久，滴滴沱牌情。"（四川沱牌酒厂广告）

（3）"实不相瞒，天仙的名气是吹出来的。"（湖南天仙牌电扇厂广告）

（4）"你只要压一下按钮，其余的事包在我身上。"（"柯达"小型照相机广

告）

这些广告，看似平常，却从独特的角度，起到了有效地宣传自己和商品的作用。

3. 情趣高雅

由于商业广告涉及千家万户，影响广泛，所以商业广告撰写必须要对社会负责，讲求审美情趣的高雅。要以高尚的情怀、健康的情调、文雅的语言来表达广告的诉求，避免低级、庸俗、丑恶、污秽的东西在广告中出现。

4. 适合公众心理

商业广告的关键在于有效的心理渗透。拟写商业广告，是要借以对消费者和服务对象产生影响，因而就要尽量适应公众的心理。他们有什么需要和想法，愿意接受什么样的宣传方式，对某种广告内容可能做出什么样的反应等等，都应认真调查研究和仔细考虑。这样才能做到有的放矢、投其所好，使公众在自然而然的状态中接受广告的宣传指导。例如以下几则广告：

"如果你不读改刊后的《文化与生活》，本刊将失掉一个读者，而你将失掉一个世界。"

"你的眼力真是好，一眼看中'视力宝'。"

"日咳夜咳不用愁，'咳特灵'为你解忧愁。"

"新鲜的一天，从刷牙开始。"（牙刷广告）

"一日三省吾车，省油、省钱、省时。"（汽车火花塞广告）

5. 注意标题制作

有人做过研究，发觉人们看广告时，五个人中就有四个人只看标题。因此，广告标题的制作特别重要。一则好的广告，其标题往往就起到了画龙点睛的作用。一些独具特色、引人入胜的商业广告标题，本身就能起到强化广告诉求、刺激消费热情的作用。有的广告标题甚至成了可以单独使用的标语口号。例如：

"万家乐，乐万家"（万家乐燃气热水器广告标题）

"长城电扇，电扇长城"（苏州电扇总厂长城牌电扇广告标题）

"说英语就像说国语一样棒"（英语教材录音带广告标题）

6. 讲求语言的规范、通俗

由于商业广告是面向大众的，其语言必然要求大众化，既要合乎语言文字规范和语法规范，又要合乎常人的表达习惯，使人一目了然，便于记忆；切忌晦涩枯燥、乱造词语、故弄玄虚。诸如"加油打胎""免费尝购""很德国""大爆价""男牛""女牛"之类含混不清、随意拼凑的用语毛病，应该坚决摈弃。

（二）写作方法

商业广告的写作方法一般有重点介绍法和综合介绍法两种。

1. 重点介绍法

侧重介绍商品或服务项目某一方面的特色，或功用、意义，或品牌、声誉，或质量、价格，这些应针对特定的宣传对象对商品或服务项目的需求心理而定。一则广告往往就只有一两句话。例如：

"太阳最红，长虹更新。"这则广告，很形象地宣传了长虹电器股份有限公司电视机生产具有突出的创新能力这一特点，给人留下深刻印象。

"世界的早晨，都是雀巢咖啡！"这则广告，以突出雀巢咖啡的市场占有优势为重点，给人以震撼性影响。

"施美系列化妆品——高档产品，中档售价，馈赠亲友，物美价廉。"这则广告，着重宣传了施美化妆品物美价廉的特点，合乎一般顾客的消费心理，虽然语言不多，也起到了促销的作用。

2. 综合介绍法

这种方法适用于商品或服务项目的整体介绍，文体形式也较为完整。一般有标题、正文、落款三个部分：

（1）标题。标题是广告主题和内容的集中体现。标题制作可以分为艺术型和平实型两类。艺术型标题重在形象描绘和画龙点睛，如"万家乐，乐万家""要好钢，找宝钢""晶晶亮，透心凉"（雪碧饮料标题）之类。平实型标题重在明确揭示广告主题，如"鼎铭中文磁卡考勤钟""热忱提供'电子讯响器'""《中国大百科全书》光盘正式发行"之类。

（2）正文。这是广告的主体。综合介绍服务项目的主要内容或者商品的名称、规格、功能、声誉、使用方法、注意事项、价格等等。例如，无锡洗衣机厂"小天鹅全自动套缸洗衣机"的广告正文：

> 这种洗衣机体积小，很适合小房间内使用。可以按需要调节水位高低、洗涤时间、漂洗次数；洗衣完毕，鸣音报信；具有溢水、自动循环过滤绒毛功能；脱水桶比一般双缸洗衣机大三倍，衣服甩干后不易起皱。每

台售价617元。

这段文字突出地介绍了商品的主要优点，内容实在，具有很强的说服力。

当然，广告不同于商品说明书，其正文大多使用概括性语言，可以用形容词适当修饰，可以不具体写明各项技术指标或功能质量等数据，而用"品质优良""性能稳定""低耗高效""节能省时"之类的词语予以概括形容。广告正文多用陈述语气，明确、简练。如项目较多，还可以用列表的方式来做介绍。

（3）落款。落款写明商家地址、电话、传真、银行账号、联系人以及发广告的日期等等。

第三节　商品说明书

一、商品说明书的界定

说明书是以说明为主要表达方式，对事物的有关知识进行解释、介绍的书面材料。商品说明书是专门介绍各种商品的性质、功用、构成、用法以及有关注意事项的。其目的在于推销商品并帮助顾客了解和使用好商品。商品说明书普遍具有目的的实用性、内容的科学性、语言的简明性等特点。为了帮助消费者和用户更好地了解、使用商品，有的说明书还配有图例，以图示像，即直观又形象，具有示像性。

二、商品说明书的写作

（一）有的放矢

说明书是写给顾客看的，写作前首先应明确说明对象，准确揣摩顾客心理，以便针对情况，从满足顾客需求、消除顾客疑虑出发，有的放矢地进行说明。

（二）内容真实

真实是说明书的生命。在说明商品的性能、功用、效果以及可能引起的后果或应当注意的事项等等情况时，必须以对消费者负责的态度，实事求是地完全告知；切勿遮掩粉饰，凭空吹嘘。

（三）结构简明

说明书的结构力求简单、明了，既引人注意，一目了然，又能给人留下深刻印象。说明书的结构形式一般有三种：

（1）条款式，多用于程序性的说明。写法上注重说明内容的安排顺序，往往依照操作程序或人们的认知习惯逐一列出要点，分条予以解说。各条标以序码或条目，让人一目了然，便于阅读理解和参照实践。

（2）短文式，一般用于介绍性的说明。其特点是文字连贯、语言形象、概括性强，便于读者了解说明对象的基本内容和所关心的情况，激起阅读、欣赏和消费、使用的兴趣。

（3）表格式，一般用于集中说明一些内容相近、相似的情况。如手机使用说明书中"故障诊断和排除"一项内容，就制作了列有"现象""诊断""排出操作"三项内容的表格，逐一将手机常见故障的"现象"以及相应的"诊断"和"排除操作"的方法罗列其中，便于顾客参照实践，排除疑难，放心使用。

当然，形式是为内容服务的，以上介绍的说明书的三种结构方式，在写作实践中也常常灵活处理，综合运用。

（四）语言通俗、准确、简要、严密

商品说明书面对的是社会公众，语言自然应该通俗、简要、准确、严密，便于人们理解和接受。如果晦涩难懂，冗赘啰嗦，内容繁杂，篇幅过长，或者故意夹杂外国文字和专业术语，则会令人望而生厌。在解说专门知识、方法以及相关事项时，必须要有科学依据，准确、严密表述，避免疏漏，防止发生歧义。

第四节　经济合同

一、经济合同的界定

合同是单位之间、个人之间或者单位与个人之间为实现一定目的，按照法律规定共同商定分工协作的条件和确定双方责任、权利、义务关系的一种契约性文书。合同一般在当事者平等协商（要约和承诺）的基础上进行，是一种具体的信用协议。经济合同是法人之间为实现一定的经济活动目标而签订的合同。它依法成立后，对当事者具有法律约束力。

二、经济合同的写作

经济合同一般有条款式和表格式两种。项目及内容相对固定的经济合同，常常使用表格式的结构，如购销合同、货物运输合同、借款合同等；项目及内容不太固定的经济合同，常常使用条款式结构。不论哪种结构形式的经济合同，一般都包括标题、要约者、正文和落款四个部分。表格式合同根据具体的经济活动特点，周详考虑，严谨设计，以实用、方便为宜。条款式合同的结构形式与写法如下：

（1）标题。在合同的第一行居中书写，主要写明合同的性质，如"技术成果转让合同""建筑工程承包合同"等等。

（2）要约者。在标题下面空两格，前面写上"立合同单位（人）"几个字，后面写上要约双方（或各方）单位（或个人）的正规名称。单位名称之后用括号分别注明"甲方"、"乙方"或者"供方""需方""买方""卖方"。

（3）正文。分序言和主体两部分。序言简略写明订立合同的目的、依据。主体分条列款，写明合同的全部内容。一般包括以下几个方面：①标的：经济活动所要达到的目的；②数量和质量：重要数据要大写，避免涂改；③价款或酬金：写明币种及支付形式；④履行的期限、地点和方式：分别做出明确具体的规定；⑤违约责任：包括经济责任和法律责任；⑥其他必备条款：包括对合同附件的认定、对可能出现的意外情况的处理、合同的有效期限、合同的份数和保存等等。主体是合同的核心部分，内容要周全详尽，表达要准确严密，避免遗漏，防止产生歧义。

（4）落款。要约单位及代表应签章署名和写明签约的日期。有公证的，还须公证单位及代表签章署名。

范文点评

【商业广告范文】

好教师还需好帮手

科技教育优先发展,是中华民族自立于世界民族之林的首要。联想集团将内涵丰富、使用简便的电子教室奉献给广大教师,只为还一个长久的心愿:让老师的讲课更潇洒、生动、深刻。

联想电子教室由一台服务器、教师机及若干台学生机组成,学生机可达60台。通过网络可创造出一个图文声像俱现的课堂环境,不但可以进行计算机教学,更以各门课程利用计算机辅助教学见长。教学中对学生的演示、提问、答疑、测验、批改作业、辅导,都可通过联想系列微机的运作帮助完成。

(联想"电子教室"广告)

【点评】

这则商业广告的标题十分引人注目,从关心、体谅教师辛劳的角度出发,使人感到既生动又亲切。正文分两段,首段说明研制和生产联想电子教室的目的意义,随后着重介绍其功能和特点,分别从有助于教师的教、有助于学生的学两个方面突出该产品的使用价值,具有较强的宣传作用。

【商品说明书范文】

《世界100位作家谈写作》内容简介

1985年,巴黎图书沙龙通过法国驻各国使馆,分别邀请包括我国在内的世界各国著名作家就"你为什么写作"一题撰文。本书从中精选笔答100篇。

笔答丰富多彩,有的庄严深刻,有的幽默诙谐,有的故作冷漠,有的答非所问;但无一不反映了他们的才智和心态,为我们了解世界各国作家们的创作动机、创作历程以及他们的人生追求和情感世界,提供了颇具价值的信息。

(上海文化出版社 1987 年 11 月第 1 版)

【点评】

这是介绍新书的短文式商品说明书。首段说明成书背景,后段介绍内容及价值。简介立意鲜明,文字简洁,语言形象且极富概括性和感染力,起到了向读者宣传推荐该书的良好作用。

【经济合同范文】

建筑安装工程借款合同

订立合同单位

××建筑公司(以下简称甲方)

××建设银行(以下简称乙方)

根据国家规定,甲方为进行基本建设所需贷款,经乙方审查发放。为明确双方责任,恪守信用,特签订本合同,共同遵守。

一、甲方向乙方借款人民币(大写)××元,用于××建筑安装工程。预计××××年××元,××××年××元。

二、自支用贷款之日起,按实际支用数计算利息,并计算复利。在合同规定的借款期内,年息为××。甲方如果不按期归还贷款,逾期部分加收利息××。

三、甲方保证从××(时间)起至××(时间)止,用国家规定的还款资金偿还全部贷款。预定为××××年××元,××××年××元。贷款逾期不还的部分,乙方有权限期追回贷款,或商请甲方的其他开户银行代为扣款清偿。

国家调整计划、产品价格、税率,以及修正概算等原因,需变更合同条款时,由双方签订变革合同的文件,作为本合同的组成部分。

五、乙方保证按照规定供应资金。如未按期提供贷款,应承担由此造成的经济损失。

六、乙方有权检查、监督贷款使用情况,了解甲方经营、计划、财务、库存等情况。甲方应提供有关资料。甲方如果不按合同规定使用贷款,乙方有权收回部分贷款,并对违约使用部分按原定利率罚××元。

七、本合同条款以外其他事项,双方遵照《中华人民共和国经济合同法》有关规定办理。

八、本合同经过签章后生效。贷款本息清偿后失效。本合同一式五份。甲乙双方各执一份,报送××(有关单位)各一份。

甲　方_____(盖章)　　　　乙　方_____(盖章)

代表人_____(签字)　　　　代表人_____(签字)

地　址_____　　　　　　　　地　址_____

电　话_____　　　　　　　　电　话_____

年　　月　　日

【点评】

这是一份条款式合同,其内容周详,条款完备,表述清楚、严密。在谈到"本合同条款以外其他事项"时,强调"遵照《中华人民共和国经济合同法》有关规定办理",十分中肯。这是一份较为规范、妥帖的经济合同。

实践练习

1. 收集三则写作风格不同的商业广告,并且运用所学知识分别予以评议。
2. 运用综合介绍法撰写一则商业广告。
3. 收集三篇不同结构形式的商品说明书,并做简要鉴析。
4. 以当地某一旅游景点为对象,写一篇导游指南似的说明书。
5. 试根据所学经济合同知识,写一份家教合同或者房屋租赁合同。

第十七章　文学评论

第一节　文学评论的界定

在整个文学的领地上，虽然文学评论是一种更趋向和侧重于理性思维的科学活动，但它与文学创作、文学欣赏之间却存在着十分密切的联系。我们可以这样说，文学创作、文学欣赏和文学评论一起建构了整个文学活动的全过程和文学研究的核心。但在较长的文学史上，人们一直这样认为：在整个文学创作活动中，是先有了文学创作和文学欣赏，然后才有文学评论。然而，从它们彼此的内在联系上予以深刻的分析、理性的认识就会发现，文学评论是建立在文学创作与文学欣赏之间的一座不可或缺的桥梁，起着十分重要的作用。一方面是它对文学创作、文学思潮、文学流派、文学运动等做出理性的评价和科学的分析，以高屋建瓴的理论来推动或促进文学自身的发展；另一方面则是作家可以凭借这些理论对文学作品做更加理性化的分析和认知。所以，忽视文学评论的重要作用，把它置于不甚重要、无关大碍的地位，都将不利于文学的发展，也是对文学评论价值的否定。

有不少著名的文艺理论家、评论家都把20世纪誉为是"批评的世纪""批评自省的世纪"。在中国文学进入新时期以来，历经了对苏联文学批评模式的痛苦而深刻的反思，历经了现代西方文论的洗礼，终于进入了"自觉的时代"。这就有利于我们建构自己的文学理论体系和形成自身的文学批评范式。

那么，什么是文学评论？在理论上又如何对它做出正确的内涵界定呢？

我们认为，文学评论是建立在文学欣赏基础之上的，以一定的文学理论作为指导思想，对以文学作品为中心以及文学现象、文学理论、文学思潮、文学风格、文学运动和作家的创作实践进行探讨和评论的一种文章样式，也称文学批评。

作为文学评论的对象它包括作家作品、文学理论、文学运动、文学流派、文学史等，其中以对作家作品的分析、评价为基本内容。它可以对一部具体的文学作品从艺术风格、创作方法、思想倾向的角度出发，总结创作经验，分析作品的艺术特色，指出作品中的倾向性问题，评估作品的社会价值和审美价值；也可以从某个作家系列作品中的形象、场面、细节等切入来进行具体入微的分析、研究，发现其作品的总体艺术风格和创作个性；还可以抓住作品中感受最深的一点，针对现实生活中的某一问题阐发议论，以揭示其中所蕴含的社会意义。

文学评论是一个系统的工程，在整个文学评论的活动过程中，必须依据一定的标准进行，比如真、善、美价值观念的标准，社会功利价值的标准，艺术美感价值的标准等。这些标准的运用，就可以使评论者不致对文学作品做盲目地评价，也可以使阅读者领略到评论者的思想、方法等。与此同时，在进行文学评论时，还应该有着思维方式上的思考和运用，因为作为文学评论的主体若思维方式陈旧、僵化、偏颇与谬误，则可能导致文学评论在思维方向的确立、思维线路的选择、评论的切入、观点的形成和提炼等方面受到严重的阻碍，直接影响到文学评论的质量。一般而言，在文学评论活动中，具有宏观思维与微观思维、有我思维与无我思维、顺向思维与逆向思维、趋同思维与求异思维等多种选择。不同的选择，就会造成不尽相同的评论效果。除此而外，评论者还必须具有起码的修养，这些修养可能是生活经验和历史知识方面的，也可以是文学理论和艺术审美方面的，还可能是涉及审美感受力和求实态度的。作为一个评论工作者，如果缺失了这些起码的修养，他的文学评论就不可能好到哪里去。

文学评论作为一种"运动的美学"的科学，对于促进文学创作的繁荣，提高文学欣赏者的欣赏能力，加强文学理论的建设等都具有不可忽视的作用。因此，作为一个文学评论工作者，如果没有科学理论的指导，没有一定的评论标准来限制，或是没有说理透彻、分析恰当、论述正确的能力，不具有较高的思想水平、较宽的文化视野、较强的艺术审美能力，是不能够写好文学评论的。

第二节　文学评论的分类

关于文学评论的分类，我们从各种现行的教材里已经有所了解，但为了便于我们很好地把握，增强在实际运用中的可操作性，我们将文学评论根据其评论对象、现代批评模式等进行以下几种分类。

一、根据评论对象划分

（一）小说评论

小说评论是指对小说文本、小说作家、小说流派等进行分析和评价，探讨其创作规律、艺术表现及思想倾向的一种文学评论。

小说评论既然以小说文本作为主要的评论对象，那么凡是被界定在小说范畴的内容都可作为评论对象。诸如小说中人物的典型性格以及所处的典型环境、小说家的艺术构思方式、小说中的情节结构特征、人物的语言、文本的审美价值、作品的思想意义、小说家的创作动机等都可以进行评论。

在写作小说评论时，遵循由简单文本到复杂文本的原则，一般有个别分析法、比较分析法和综合分析法三种。个别分析法是指评论者集中地对一篇作品中的一个人物、一个细节、一个场面等做细致入微的分析，以求得对这部小说文本的艺术特色或思想性的认识。比较分析法是指对两篇以上的小说在其社会意义、表现手法、典型人物、艺术构思等方面进行对比分析，以探求到它们在某些方面的一致性或相似性。综合分析法是指将同一作家的几篇或系列小说文本从社会意义、思想倾向、艺术构思、风格特征、语言技巧等方面做较为全面而系统的分析，其目的在于对这位小说家创作的整体了解和艺术定位。

在具体的评论过程中，我们要运用现代社会科学的新理论、新方法、新视点，本着实事求是，重点把握艺术特点，深入全面了解作品的态度，选择新的角度，开拓新的领域，强调不同时代的小说在反映社会生活与表达方式上的不同特征，以指导小说的创作实践和鉴赏活动。

（二）散文评论

散文评论是针对狭义上的散文文本以及散文作者等的思想倾向、艺术表现进行的一种文学评论。

散文评论的内容包括散文的体裁、嬗变、创作、作品、风格、流派、技法、欣赏等。在评论时，应根据其表现特点或做全面综合的评论，或选取一个片段深入分析，或选取角度进行细致的剖析。但在评论具体的散文作品时，则通常是以评论其立意、结构、语言或整体的风格为主。因为对于不同的散文家而言，由于其成长的历程、所接受的文化熏陶、地域特性、世界观的形成等的影响，所形成的艺术个性也就具有这样那样的差异，尤其是会从语言使用上表现出不同。因此，对这些方面进行分析，就可以看出散文作家的取事视角、切入点、结构形态、艺术功力和作品所具有的感染力。

作为评论的主体，就既要强调对作家的独特个性和作品风格的多样化有深刻的了解和认知，引导作家走贴近生活、反映社会现实的艺术创作之路，又要给读者创造一个较大的艺术审美空间。

（三）诗歌评论

诗歌评论就是对诗人及其诗歌作品和诗歌理论等进行的一种文学评论。

诗歌具有想象丰富，意境新颖奇特，语言甚为精练，画面富于跳跃性，抒情节奏显著，以及强烈的音乐感等特性。在评论时，就要坚持内容和形式相统一的原则，面向大多数、面向总体趋向、面向诗歌创作现实，认真研究，从中总结出具有规律性的东西，以推动诗歌的健康发展。

作为对诗歌具体形态的分析，我们以为一般从三个方面入手较有成效。其一是从诗歌的形象入手进行分析。诗歌的形象是理解诗歌的关键，它是诗人揭示社会生活、表达自我思想和内在情感的所在。通过其形象的分析，就能挖掘出蕴涵在形象里的社会意义、时代精神和诗人的丰富情感，找出通向诗歌腹地的钥匙，为诗歌评论奠定基础。其二是对诗歌意境的分析。诗歌的意境是诗人的主观情感与客观物象相结合而形成的艺术境界。它既是对艺术形象的一种极高的美学要求，又是艺术形象"隐秀"之美高度集中体现的产物，还是由艺术形象的比喻、象征、暗示作用充分发挥而造成的一种比艺术形象本身更加广阔深远的美学境界。对它进行分析就能够使诗人情感与物象神性奇妙结合，揭示其情感的深度，也让读者在美的熏陶中受到启迪和教育。其三是对诗歌技巧的分析。任何诗歌都离不开对艺术技巧的运用，尤其优秀的诗歌，更是对诗歌技巧进行了创造性的发展和发挥。作为诗歌技巧的运用，我们又不能简单地视为是诗人在创造意境、塑造形象时对某些手法的运用，应看到在它背后体现的是诗人切入事物的思维方式和对事物感性体验的深沉。所以，那些从表象上看是对想象、构思、修辞、烘托、点染的运用，实则体现出更深的东西，对之，我们就应该从另一个层面予以深刻的理解。

当然，在评论的过程中，我们还要对诗人的生平、世界观、审美趣味以及诗歌产生的历史背景、当时的具体情况进行一定的分析，以求得对于构成诗歌的诸多内外因素的整个认知，才会得出正确的评价。

（四）影视评论

影视评论是指以影视作品作为评论对象，探讨和分析影视理论、影视艺术实践及其在观众中的影响和地位的一种文学评论。

由于影视是一种新型的综合艺术形式，因此它的内容涉及较为广泛，对之评论的范围也就较多，比如影视文学的主题、影视作品中的人物、影视作品中不同于其他文学样式的细节、影视艺术的特点等都可以作为评论的对象；同时，作为影视作品在剧情上的艺术处理、导演在美学上的探索与追求、影视演员的表现技巧、影视摄影的意境创造和造型构思的独特性等也同样可以作为评论的对象。但无论从哪个方面作为评论的切入点，或是用什么样的手段予以评论，都应该具有严密的科学性，要充分尊重影视艺术创作的艺术规律，注意影视作品的艺术形象、认识价值、审美功能和在社会生活中的意义。

社会发展到今天，影视文学作为一种新型的综合艺术形式已经越来越更深刻而广泛地吸引着广大观众，作为影视评论这种后起的新型的文学评论样式也就会格外引起广大观众的注意。因此，在对它进行评论的过程中，除了要考虑其艺术形象、认识价值、审美功能外，还必须突出新闻性、典型性，要关注影视观众对影视作品是如何认识、理解的，这些认识、理解是否正确地传达出了影视艺术的审美特性。由此出发，作为影视文学的评论者，就应该掌握更为丰富的影视艺术知识和它在现代生活中的意义，这样做出的影视评论才会具有前瞻性和现实意义。那种对影视艺术只是一知半解的人，是绝不可能搞好影视评论的。

二、根据现代批评模式划分

（一）文本批评

文本批评，又称为本体论批评，其代表是19世纪30年代到50年代盛行于英美的新批评和在苏联兴盛一时的结构主义批评。这种批评模式着眼于文学作品的内涵关系——文学作品内部各种因素及其有机构成。它将文学作品看成是一个一经产生就不再依赖于任何外部关系的独立自主的存在实体，即独立于外部世界的自主体。文学批评的对象就是文学作品的"语言形式"和"结构形式"；文学批评的任务就是对文本本身的存在方式和内在结构进行剖析，而作家的生平、创作的时代背景、作家与读者的关系等所谓的外部因素没有任何参考价值。

显然，这种批评模式同以往的文学批评具有很大的差异性，也有着自己的某些优势和不足。说它有优势，是因为它比以往任何形式的文学批评都注重文学作品的内在构成，把文学作品的语言和结构作为重点加以更为深刻而全面的阐释，看到了它们在作品中具有不可替代的作用和价值，从而开拓了文学批评新的视野。说它存在不足，是因为它把作品之外的构成因素视为是无关大碍的、没有多少实际意义的东西，一方面就使得其对文学的研究具有"内在的、封闭的"特性而忽略了文学是一个包容了诸多构成因子的富于整体性的特征，另一方面则是有意识地切断了作家与读者以及社会生活的联系。因此，在进行文学评论时，我们就应该对这种批评模式的优势予以继承，对其不足则应当摒弃。

（二）读者批评

读者批评亦即读者反映批评，它否认文本只是一种客观存在，而是依据批评家自己的阅读体验来分析评论文学作品。所以，读者对文学作品有什么样的感受体验和判断评价，主要与读者自身的主观意识结构有关，从而突出了批评自身的主观性，显示了读者作为批评主体的积极意义和价值。

这种批评模式也存在着某些不足。诚然，文学作品的命运或存在方式要取决于读者，但它的文本本身的意义却未必都取决于读者，从某种意义上讲，读者只能决定文学作品接受意义的价值，而不能决定其自我存在的价值。如果文学作品的全部价值都要依赖于读者，这显然不符合文学创作的规律，也同文学所具有的独立的美学价值和意义相违背。毕竟并不是每一个读者都具有较高的文学审美能力和阅读的经验，他们对文学作品的理解就存在着较大的差异性，因此，一部很好的文学作品就可能因其理解、感受的不同而使得审美的内在性东西被消解或削弱，这就同文学的美学接受相异而行。对此，我们在进行文学批评时，就应该有所鉴取，而不是一味遵从。

（三）心理学批评

心理学批评是20世纪最重要的文学批评模式，它侧重研究作家与作品之间的关系，并把对作家本体的研究作为重点，分析作家的写作动机，所以被称为作家本体批评。

心理学批评主要包括精神分析学文学批评和神话原型批评两种。精神分析学文学批评以奥地利著名的精神病学家和精神分析学派的创始人西格蒙德·弗洛伊德的精神分析学为理论依据，探讨文学的产生、作家的创作动机、文艺的性质与效果，分析作家的内心世界与创作的关系以及文学作品中人物行为的心里动机及其态势。神话原型批评是以瑞士最著名的心理学家荣格的分析心理学理论和英国的人类学家詹姆斯·弗雷泽的人类学理论为依据，认为文学的价值在于体现了种族的以至整个人类的潜意识和深沉的心理结构，并由此出发来分析文学作品所体现的神话、宗教仪式和原型的意义。

（四）社会学批评

社会学批评是一种十分强调文学与社会生活关系，认为文学创作并非纯粹个人活动而是社会文化活动，文学作品的价值在于其历史性的文学批评模式。

社会学批评是一种历史最为悠久的文学批评，从18世纪意大利的法学家和哲学家维柯起到圣·佩韦和泰纳的实证主义批评，再到别林斯基、车尔尼雪夫斯基和杜勃罗留波夫为代表的俄国民主主义批评家，其间历经了一百多年。这种文学批评模式认为，要理解、评价一部作品，必须将它置于所产生的历史时代、社会文化背景下，和作家的生平联系起来考察，才能揭示出它与一定社会生活、文化传统的联系，以及它在社会生活和文化背景下的意义和价值。

这种文学批评模式也曾经在我国现代文学史上产生过重要的影响。鲁迅、茅盾、郭沫若、瞿秋白等人就用这种批评模式对中国现代文学史上的作家作品进行过评价，对我国文学的发展和文学理论体系的建立起到了一定的积极意义。

以上我们仅仅是从文学评论的对象和现代批评模式来进行的分类，这只是为了便于我们在具体的文学批评中的实际运用。事实上，对文学评论的划分还可以有其他方式，比如根据文学批评的文本呈现形式进行划分，就可以将它分为论文、随笔杂记、书信体评论、对话体评论、序跋体评论等。因为本节篇幅的限制，就不一一给大家介绍，希望大家参考有关教材加以理解和把握。

第三节　文学评论的特征

在前面的两节里,我们着重讲述了文学评论的内涵界定和分类,相信大家对文学评论已经有了一定的感性认识和基本了解。在这一节里,我们就着重谈谈文学评论的特征。

文学评论的特征,显然同我们已经学过的有关文学体裁,诸如小说、散文、诗歌、戏剧等具有的特征是不一样的。如果说一般的文学体裁是以形象来反映社会生活,体现出明显的形象性、概括性、情感性和想象性,那么我们就可以以此出发来对它们的本质予以很好的把握,凭借我们的感性认识予以认知。但是,作为文学评论,我们就不能仅仅凭借感性认识来理解文学作品。同一般的文学体裁相比,文学评论的最大不同就在于它是一门科学,是一种必须运用理性思维才能阐释文学作品内涵、分析文学现象、认识文学思潮的科学活动。因此,这种科学活动就使文学评论具有自身的特性。

一、科学性

文学评论的科学性是指文学评论家在文学欣赏的基础上凭借一定的文学理论对文学作品进行审美评价、判断和把握的同时,必须运用抽象思维的概念、判断、推理,来达到对评论对象的理性认识和科学评价。科学性是文学评论特征中最为重要的特性。

文学评论的主要对象是文学作品以及其他文学现象,其任务是对评论对象做出科学界定与客观的评价。所谓科学的客观评价,就是对评论对象是否符合科学精神的一种理性思考。具体而言,就是在一定的文学理论的指导下,经过科学客观地分析、研究和评价,指出文学作品在思想和艺术上的价值。

俄国最伟大的诗人普希金在其《论批评》一文中曾说:"批评是科学。批评是揭示文学艺术作品的美和缺点的科学。它是以充分理解艺术家或作家在自己的作品中所遵循的规律、深刻研究典范的作用和积极观察当代突出的现象为基础。"当代美国最有影响的批评家托马斯·斯蒂恩斯·艾略特在他的《批评的功能》里也认为:"批评活动只有同那种在艺术家的工作过程中直接实现的创作活动的独特的结合中才能得到它最高的、真正的实现。"那么,作为文学评论就不能离开对以文学作品为中心的科学评价，离开了它也就无所谓科学的客观的文学评论。

既然文学评论是一种对以文学作品为中心的科学的客观的评价活动，它就要求评论工作者在评论活动过程中必须有缜密和严格的科学论证，要把自己作为评价主体的感性经验和对艺术的纯洁的爱融入对具体作品的感知和理解中，要把感性经验和对艺术的纯洁的爱上升为普遍的理性法则，最终达到对审美经验和对艺术情感的科学概括。因此，文学评论工作者根据文学创作与文学鉴赏的规律，遵循一定的文学批评标准，对文学作品等文学现象所做出的判断、分析、评价就应该是客观的、科学的。那种只是凭借个人的直觉来替代科学思维的文学评论，就只能是那种被别林斯基在《关于批评的讲话》中视为的"既不能肯定任何东西也不能否定任何东西"的没有任何意义的评论。

二、理论性

文学评论的理论性是指文学批评工作者在深入分析、研究文学作品等各种文学现象时，必须以一定的文学理论作为指导，并借助理性的抽象思维去感知和认识文学形象的典型性的本质和内涵，对之进行既是审美形态又是科学意义上的理性把握。理论性是文学评论的灵魂。

文学评论不仅要接受一定的文学理论作为自己评价文学的指导，而且还要为丰富和发展文学理论做出自己的贡献。文学评论和其他社会科学一样，应具有鲜明的理论特色，因此，它不能滞于感怀式、想象式的评价上，而应该努力去"发现"，亦即通过各种各样的文学现象，从理论上发现问题、提出问题、分析问题、解决问题，把握文学的审美规律。

文学评论理论性的特征就不仅要求评论工作者在具有充分的审美感受基础上，将主体的感性经验和感受所得上升到理性思维范畴并形成理论意义上的认知，而且还要把文学评论体系中的各种基本原理、概念和所规定的范畴，按一定的结构层次和抽象思维秩序组织起来，从而建构为评论者的思维与评论活动的理论网络、格式，并为以后的文学评论提供思想资源和理论依据。

三、社会性

文学评论同单纯意义上的道德、哲学、宗教、政治、历史评论不一样，它要凭借它们的某些观点，但更为重要的是它必须依据一定的美学观点来进行，而这种美学的观点又主要是由分析和评价文学作品的形象和围绕着形象的一系列诸多因素构成的。

文学是社会生活在作家头脑中的形象反映,并在反映中渗透着作家对社会生活的本质和规律的理解、分析和评价。作为优秀的文学作品无不同各种各样的社会问题有着紧密的联系,作为成功的文学典型也无一不是对某个历史时期的社会生活的本质特征和规律的具有个性化的形象反映。这就使得文学作品具有社会性的内涵,并表现出它的社会意义和价值。正如别林斯基在《关于批评的讲话》中所说的那样:"如果一部艺术作品只是为了描写生活而描写生活,没有发自时代主导思想的、强大的、主观的激动,如果它不是痛苦的哀号或者欢乐的颂赞,如果它不是问题或者对于问题的解答,那么,对于我们时代而言,它便是一部僵死的作品。"

文学评论既然是以文学作品作为自己的分析与评价对象,就不可能对作品中作家对社会生活的评判、对社会问题的看法、对社会存在的本质和规律的揭示无动于衷,对它们的判断、分析和评价就是文学评论的主要任务之一,这也就会成为一种我们检验作家对社会生活的思考、判断、分析是否真实、正确、深刻程度的重要标志。因此,对于以充满思考社会问题的文学作品为评价对象的文学评论就不可能不是一种社会批评,而具有强烈的社会性的特征。

四、再创造性

文学评论的再创造性是指文学评论工作者在对具体文学作品进行分析、评价的时候,往往具有一种再创造性的美学观照、审视和理性发现。或者说,文学评论工作者的批评实践并不仅仅局限于对作家所表现的东西的复述,而是必须要说出作家在作品中没有说过或没有意识到的东西,即奥斯卡·王尔德在《评论家也是艺术家》中所说的,是"艺术家遗漏的,或不理解和不完全理解的艺术空白"。由此来赋予文学作品以无限的意义和审美享受。

在现代批评的实践过程中,要使文学评论具有再创造性的特点,评论者就必须提出自己的富于创造性的见解。一方面是对作品要有正确而公允的评价和富于自身的独特理解、体验;另一方面则是要对作品进行必需的超越,以抵达较高的理性层面和具有较高的理论意义,并予以理论的总结。

第四节 文学评论的写作

文学评论是主体（评论者）与客体（评论对象）融合和再认识的"发现"过程。作为评论工作者，文学评论就是他感知、理解、分析并把它转化为物态形式（文学评论文本）的心理活动与实践活动的过程，倘若仅仅是"纸上谈兵"，无论他的理论有多么深奥、分析有多么透彻，也是无济于事的。因此，我们在对文学评论有了一定理性认识的基础上，必须培养自己较强的实际操作能力，即在实际写作中解决对文学作品采取什么样的角度进行切入，怎样才能正确地理解、分析和评价一篇或一部具体的文学作品，又如何把在思维、意识上所形成的对作品内容与形式的透彻认知转化为具体的文学评论文本等问题。

本节的内容就是着重讲述我们应该怎样去写作文学评论，在写作中该注意哪些环节。

一、阅读是写作好文学评论的基础

文学评论首先是要以通过对文学作品的阅读以及由此形成的对作品的感受、理解作为基础的。作为文学作品，它总是首先以其外在的文本样式呈现在我们的面前，而作品中更为深奥的思想内蕴、人物形象意义、艺术构思的特点以及审美倾向等却总是隐性地包孕在文本内容中，即美国当代著名作家海明威在其"冰山理论"中所说的，"八分之七的深层内蕴则是隐藏在海水的下面"。作为文学评论工作者就必须通过对作品仔细而深入地阅读，才能透过现象看到本质，发现作品的精髓神韵，也才可能谈得上对作品正确的判断、分析、评价、想象。如果我们仅仅是对作品进行一番"扫描"，对作品就只能是一知半解，根本不能进入到作品隐藏的层面，那样的文学评论将会成什么样子，就不难想象了。

为了做到认真阅读，仔细和深入地理解作品，评论者就应该明确以下四个基本的要求。

（一）阅读不能带任何功利性

对文学作品的阅读同其他实用性强或是以消遣为主的阅读完全不一样，它不能在阅读前设下定框，更不能带有任何的功利性，而是要彻底放任自己的情思，在艺术的胜景里漫游，这样的阅读才是一种保持静心的审美观照的文学阅读。那种在阅读之前就具有很强的功利色彩，或是纯粹把它视为是一种消遣性的生活方式的阅读，会破坏文学阅读所具有的较为纯净的美感，对作品的理解也不会透彻、真切。所以，我们在阅读文学作品时，必须不带任何功利色彩，这样才能进入到文学作品所具有的美感的"腹地"。

（二）要区别作家与阅读者的情感

在阅读文学作品时，不少读者往往会犯一种看似简单实则违背了审美原则的毛病，就是他们在阅读时能够很快地进入作家为读者设置的充满浓郁情愫的意境，并不断地将自己的情感融入其中而不能自拔，这样就造成了作家在作品中所表达的情感同自己阅读时的情感相混淆，往往分不清哪个是作家的情感、哪个是自己的情感。这样的情感混淆就会把作家在作品中表达的真实情感削弱或是淡化，不利于我们对作品更深入地理解、分析和评价。与此同时，阅读者还不能将自己的好恶情绪带到作品中去，因为这样一来，就自然而然地会根据自己的好恶来对作品进行评判，也就失去了评判的客观和公正。

（三）要进行反复阅读

中国有句俗语叫作"读书百遍，其义自现"，它的意思就是告诉我们：读书只有通过反复阅读，才能理解文章中的深刻意义所在。作为文学作品，尤其是一些表达思想相当含蓄、隐晦的作品，如果仅仅是"来也匆匆，去也匆匆"的阅读，或者是把它作为一时的消遣性之阅读，对作品的"隐秀"之美、"隐蓄"之意的悟会和理解自然不会深刻。通过反复阅读，就能够对自己初读的印象进行检视，对其准确性进行再认，而反复阅读的次数越多，这种检视和再认的精确性就越高，对指导文学评论的具体实践就越能显示出重要的意义和价值。

（四）要学会读记相结合

反复阅读作品，次数较多，时间一长，就总会有所遗忘，这就需要评论者在阅读中要对自己理解深刻、认识独到、见解不凡之处做必要的记录。这样的好处是多方面的，既能够把自己零星的感受、成熟的想法、散乱的观点记录在册，又可以对它们进行总结、归纳、集中以形成一种完备的组装。到动笔写作时，就不会因为材料不足、观点不甚明了、印象不够深刻或缺乏必要的系统性而捉襟见肘。

二、准确选定论题

文学评论既是评论者才、学、识的综合体现，又是其知、情、意的传达，而这里所说的"意"就是指评论者对评论论题的选择和表现。

对评论论题的选择，在整个文学评论活动过程中是极其重要的一环。文学评论的对象是一切文学现象，而文学现象又是处于不断变化之中的，作为评论者就应该随时对选题进行调整，即使是对一篇或一部自己已经非常熟悉的作品，也应对论题变动考虑。这样才能从处于变易状态的文学现象中选定正确的选题，不致使自己的选题步别人的后尘，而失去应有的新鲜价值。

我们以为，文学评论对评论论题的选择至少包含着这样三个层次：其一是对评论对象的选择。选择什么样的文学作品或选择哪些作家的作品进行评论，可能会出自于评论者自己的兴趣爱好，或是由于作品中作家表达出了与自己相近似的人生经历和感受，但作为一个理智的评论者，他应首先看到的是这个作品的思想内容所开掘出的深度与广度，或是作家展示社会生活的不同所在，或者是表现出了相当高超的艺术技巧和水平，即作品的独特之处何在。如果盲目地选择评论对象，其所收到的社会效果就可能非常一般。其二是对角度的选择。即作为评论者是选择作品的立意、形式、技巧、风格，还是选择作品的整体意绪，抑或是对作品与现实生活的紧密联系，及由此揭示思想意义的深刻性有着较深的理解的角度来进行，这就需要每一位评论者根据作品的具体情况而定，但它必须是作品的典型所在。其三是对评论论题的选择。评论的论题是在确定对象、角度的基础上形成的，是对象、角度的延伸与具体化，是评论者的意识趋于明朗化、外在化的重要标志。文学评论的论题常常由论文的标题直接或间接地加以显现，所以论题和标题往往结合在一起进行。一旦论题选定，评论者就可以进入到对论文的整体构思中去。

为了做到对论题更加准确的选择，我们以为具体可以从三个方面考虑：一是从实用的角度来选择，以此来加强文学评论对社会的实用功效；二是从独特所见的角度来选择，以显示自己从别人习以为常的事物里发现其独特的价值；三是从增加人的智慧的角度加以选择，用以对自身与读者起完善自我的作用，进而提升人的艺术修养，树立艺术精神的旗子。

三、对论文文本进行缜密的构思

构思是文学评论活动过程中另一个十分重要的环节，它是评论者的思维成果由内在的隐秘性转向外在的明确性的架构与设计。文学评论的思维内容、再现文本的方式、表现文本的技巧和评论者在进行评论时的原则、方法和要求等都会通过构思予以显现。

同一般人所理解的构思不一样，我们以为它既是一种预设的见解和对作品所彰显的规律性的东西的发现，又是对文学评论所要达到的目的的一种重新凝聚。从对见解的预设角度看，作为文学评论者，他对评论文本所进行的先行设想并不会像建筑一幢高楼大厦一般具有很高的精确性，而是一种主体明晰、细枝末节却不甚明了的一种大概。构思则可以使这些不甚明了的局部逐渐变得十分清晰，进而把评论文本向前推进。从独到的发现角度来看，作为文学评论者并非一开始就对作品有着很深刻的理解和独到的发现，而是在对评论文本的具体写作过程中逐步形成的，要想对某一篇或某一部作品有更加深刻的理解和发现，构思是必不可少的。所以从某种意义上讲，构思是一种"发现"的催生器，在文学评论的活动过程中能够不断催生出具有独特意义的"意外发现"。从整个文学评论的进程上看，构思也有着分解、化合和重新凝聚的作用，它可以对以前的思想见解、结构处理、评论笔调等予以新的审视和重构。

四、文学评论文本成型的处理

无论是阅读，还是选题，抑或构思，它们都不是严格意义的评论文本形态，只有将它的形态予以固定，才可以称得上是文学评论文本的成型。那么，怎样才能使文学评论文本有一个好的成型呢？我们以为它必须使用一定的技巧。一般而言，文学评论文本成型的技巧处理主要有以下几个方面值得我们注意。

（一）具有复述的能力

在对叙述类或戏剧类的文学作品进行评论时，作为评论者就必须具有对故事梗概、情节线索、人物关系、主要事件等的复述能力。这种复述并不是对全部文学作品从评论者的角度做一成不变的叙述，而是要对原作做一种概括又具体、客观又富于情味、有所选择又不失其整体神韵、看似叙述又蕴涵评论的复述。这不仅能体现评论者概括的能力，也可以显示其表现与传达的艺术功力。

在对文学作品的实际复述中，常见的有陈述式复述、梗概式复述和解读式复述三种，作为评论者可以将它们分别运用于实际中，也可以综合加以应用，但必须有主次之分。

（二）具有描述的能力

对文学作品的描述，是一个评论者将自己对文学进行观照的感受和审美愉快传达给别人的一种必不可少的手段。文学评论者通过对作品进行细致、深入的揣摩之后，发现并亲身感受到了作品所赋予的丰富的美感，激发起一股按捺不住的热切欲望，并通过描述感染读者；读者也通过评论者的这种描述增加对文学的艺术直觉，跟随着评论者去体会和发现文中之美。

在文学评论的具体写作过程中，对作品描述的形态很多，但具有重要意义的主要有两种：一是描述评论者对所评作品的感受过程，二是描述评论者阅读作品后的总体印象。

（三）具有分析的能力

分析与描述虽不尽相同，但作为文学评论却是不可或缺的手段。一般而言，分析比较重直观，而描述则重推理。

分析既是人们认识事物的重要方法，更是文学评论者评论作家、作品的重要手段。分析的形态多种多样，既可以针对一篇作品或一个问题进行分析，也可以综合几篇作品或几个问题进行分析；既可以从纵向对文学形象进行解剖式分析，也可以从横向对作品的思想内涵进行比较分析。分析的基本要求有两点。

1. 具有针对性

不论是分析某个具体的作家作品，还是综合论述一种文艺现象和理论问题，都必须目标明确，有的放矢。因此，分析要落在实处，观点要摆在明处。防止不清不楚，虚空不实。

2. 顾及全面

在文学评论中，评论工作者要具有一种"全视"的眼光，既要全面地认识作品的普遍意义，又要注意评论对象的独特之处，还要顾及它在社会生活中的影响，要防止顾此失彼，以偏概全。

以上关于文学评论的写作，我们也主要是从理论的角度加以探讨，而实际的文学评论因为各种各样的原因未必会如这种理论上的写作界定。只有我们在具体的文学评论实践过程中加以摸索和探究，才能创作出更多具有实际意义的文学评论，对自身评论才能的提高也才具有实际的意义。

范文点评

【范文】

凄美而无奈的爱——张爱玲散文《爱》赏析

周　茜

"爱"这一永恒的主题，古往今来述说不尽的主题，张爱玲仅以三百四十余字的袖珍篇幅，看似轻松地淡淡道来。语言洗尽铅华，单纯干净，全然没有她惯有的华丽绚烂。然而，一种不动声色的人生苦难和沧桑已被她轻轻地触及；而一份爱的无奈和哀痛也被她暗暗地激起，让人想想就忍不住要心酸落泪。

文章以四个字起首做一段："这是真的"，潜台词即：这不是小说，更不是传奇。"这是真的"，读完全文，回味过来，更加重了故事的悲剧性。

接下来叙述一个真的、美的、纯的，同时又是那么虚的、淡的、凄的关于"爱"的故事。春天的晚上，桃树的底下，着月白衫子的十五六岁的少女，正是青春如花，做梦怀春的豆蔻年华，对爱可以有无数的美好憧憬。正当此际，那个对门的他，从来没有打过招呼的他，走了过来，对她说了一声："噢，你也在这里吗？"然后，"她没有说什么，他也没有再说什么，站了一会儿，各自走开了"。

仿佛要发生点什么，却什么也没发生。结果的确什么也没有发生——"就这样就完了"，张爱玲在此另起一段，六个字里用了两个"就"，就冷酷的葬送了那个春天的桃花盛开的萌芽着爱的情感的晚上。

在中国传统文化中，"桃花"意象总是与美丽缠绵的爱情相联系。

《诗经》中《桃夭》云："桃之夭夭，灼灼其华。之子于归，宜其室家。"桃花烂漫的春天，艳如桃花的女子，在大家的祝贺中出嫁，这是多么喜气、欢欣的场景。这首"娶艳女以还家"的咏桃诗，给芳龄女子的爱情找到了一个幸福的归宿。

唐代诗人崔护的《题都城南庄》："去年今日此门中，人面桃花相映红。人面不知何处去，桃花依旧笑春风。"那种惆怅伤怀的情感唤起了大众隐秘的梦想和物是人非的长叹，传达的既是个人的又是共同的经验。因此这首"人面桃花"诗，被后来不断地解读出一个个悱恻动人的爱情故事。

孔尚任的《桃花扇》一剧，以坚贞丽人的斑斑血迹描画出的一幅桃花扇为道具来演绎人世间的悲欢离合，抒发家国兴亡之感。

以上种种以桃花、爱情交相映照的文学作品历经了千百万年而魅力不衰。本来，以张爱玲的天才和妙笔不难为读者营造出一个同样动人的桃花爱情故事，然而，她"就这样就完了"，没有希望，没有余地，只有无尽的遗憾和深深的无奈。

可是，不曾想，张爱玲在紧接的一段，寥寥数语，把以为"就这样就完了"的爱的故事平静地推向了高潮——那个曾经如桃花般春华妙龄的女子，在成为历尽沧桑的老妇人之时，还"常常说起，在那春天的晚上，在后门口的桃树下，那年轻人"。那刚要开始就已经结束的了无痕迹的"爱"，是何等的虚无又是何等的强大！一个女人的不幸的一生，一个女人可以凭借那虚无缥缈的爱去承受一切苦难的一生啊。也许那年轻人的一声问候并没有什么深意，而她却赋予了它无比巨大的想象和希望，那一刻，那一晚竟化为了生命中的永恒，成为无情岁月里、悲凉人生中可以时时怀想的一段闪亮时光。这就是张爱玲的爱——那样的凄美绝美又那样的无助无奈。

通常，张爱玲在她的散文里言及的多是琐琐碎碎的日常生活、身边感受。她有滋有味地品尝着世俗人生的种种乐趣，但又能超越庸常和浅薄。她的灵智和深刻是在娓娓道来中的不经意的流露，往往举重若轻。一个女子一波三折的坎坷命运，一个女子历经苦难而痴痴不忘某种朦胧的爱的宿命，张爱玲仅有简洁的几笔，看似淡淡的，却有令人触目惊心、悲从中来的感染力。

至此，故事真正完结，张爱玲却又欲罢不能，在末了一段忍不住要为她所体认的"爱"再作诠释："于千万人之中遇见你所要遇见的人，于千万年之中，时间的无涯的荒野里，没有早一步，也没有晚一步，刚巧赶上了。"这是典型的张爱玲的调子，张爱玲的苍凉。爱是人生极其重要的章节，不能不追寻又难以遭遇，不能不遭遇又难以遭遇，不能不追寻又难以追寻，它是千万人、千万年中的"刚巧"——潜伏的是落花流水的偶然，莺飞燕过的渺茫啊！尽管张爱玲在前面故事的叙述中保持着冷静，最终也不由自主地流露出她的悲音。

张爱玲曾在《自己的文章》里阐述她的创作理念："我是喜欢悲壮，更喜欢苍凉。壮烈只有力，没有美，似乎缺少人性。悲壮则如大红大绿的配色，是一种强烈的对照。但它的刺激性还是大于启发性。苍凉之所以有更深长的回味，就因为它像葱绿配桃红，是一种参差的对照。……悲壮是一种完成，而苍凉则是一种启示。"可以说苍凉是张爱玲作品的底子——无论是她的散文或是小说，无论她以素朴或是华艳的风格呈现。此篇作者对于逝水流年的敏感，对于美和爱稍纵即逝的无奈，对于女人无以把握自身命运的悲哀，也无不深透着一种苍茫感、悲凉感。而令人惊叹的是，这一切都浓缩在三百多字的篇幅里，正是"妙在短——才抬头，已经完了，更使人低回不已"。

（《名作欣赏》2002年第四期）

【点评】

该文学评论文本以活跃在19世纪40年代的中国文坛的著名女作家张爱玲的散文《爱》作为评析对象，把一篇三百余字的散文分析得深入透彻、鞭辟入里，既把隐蓄在散文文本背后的意蕴揭示出来，又不失评论主体极强的情绪渗透，读来具有强烈的感染力。

实践练习

1. 理解文学评论的内涵、特征、分类和基本的写作方法。
2. 以你对文学评论写作的实践经历，谈谈如何才能写好一篇文学评论。
3. 以某一篇文学评论为例，分析其写作的思维方式和操作特性。
4. 请阅读一篇文学作品，试将阅读所得写成一篇三千字左右的文学评论。

后　记

　　《现代基础写作学》是四川省高等师范院校课程教材编委会确定编写的教材之一。全书分为上编写作基本理论和下编文体基本理论，每一章均由写作原理、范文点评和实践练习三部分组成。

　　全书各部分执笔者是：绪论、第一章为梁中杰，第二章为艾莲、黄昌林，第三章为谭筱玲、黄昌林，第四章为梁冀，第五章为张先华，第六章为何文善，第七、十章为陈正平，第八、十七章为冯学全，第九章为田应国，第十一章为周正，第十二章为王金星，第十三章为张松，第十四章为秦伟远，第十五、十六章为李海涛。

　　写作基本理论部分最后由梁中杰、梁冀统稿、审定。

　　文体基本理论部分最后由梁中杰、陈正平统稿、审定。

　　在教材编写过程中，参阅了有关书刊，吸取了许多同仁的研究成果，未能一一注明，这里谨致谢意！

编　者